庄子选集

（战国）庄子◎著

名师批注

无障碍阅读

有声伴读

原创手绘

北方妇女儿童出版社

图书在版编目（CIP）数据

庄子选集 / (战国) 庄子著. -- 长春 : 北方妇女儿童出版社, 2021.1

（悦享丛书）

ISBN 978-7-5585-4984-7

Ⅰ. ①庄… Ⅱ. ①庄… Ⅲ. ①道家②《庄子》—少儿读物 Ⅳ. ①B223.5-49

中国版本图书馆CIP数据核字(2020)第261854号

庄子选集

ZHUANGZI XUANJI

出 版 人　师晓晖

责任编辑　张晓峰　吴　桐

装帧设计　旧雨出版

开　　本　787 mm × 1092 mm　1/16

印　　张　18.5

字　　数　435千字

版　　次　2021年1月第1版

印　　次　2023年1月第1次印刷

印　　刷　北京市兴怀印刷厂

出　　版　北方妇女儿童出版社

发　　行　北方妇女儿童出版社

地　　址　长春市福祉大路5788号

电　　话　总编办：0431-81629600

定　　价　46.80元

前言

Preface

德国诗人歌德说过："读一本好书，就等于和一位高尚的人对话。"阅读中外文学名著，简直就是在和一位文学大师对话。他们创作的名著，纵贯古今，横跨中外，大浪淘沙，沙里淘金，成为全人类共同的宝贵财富。

名著是历史的回音壁，是自然的旅行册。它可以拉近古今的距离：我们阅读名著可以探访在时间长河中和我们擦肩而过的人，看看他们怎样面对生活。它可以缩短地域间的距离：我们阅读名著便可足不出户而卧游千山万水，欣赏各地的风土人情。

名著是全人类智慧的结晶，那里面充满了智者的箴言。谁读了《论语》《老子》，不觉得是大师们站在人类思想的巅峰上，为我们播撒智慧的种子？我们阅读他们的书，就是站在巨人的肩膀上俯瞰世界。

名著是人类感情的储藏室，是传承文明的火炬手。它们展示着人类审视、确认、表现自身情感的过程，表现出一种摆脱生活的琐杂而趋向美与高尚的努力，其深厚的底蕴总是能够在我们的生活中唤起这种寓于诗意的情怀，因而具有永恒的魅力。

名著是真、善、美的化身，是人类生活中难得的一片净土。大师们在炼狱中心灵首先得到了净化，他们的作品无处不放射着高尚的光辉。在紧张而浮躁的社会中，我们的心灵有时会由于四处奔波而疲惫，由于过于好斗而阴暗，这时阅读名著能使我们变得宁静而高尚，在阅读的过程中抚慰心灵的创痕，涤荡心灵的浮尘。

本套丛书有《红楼梦》《水浒传》等中国传统名著，还有《钢铁是怎样炼成的》《格林童话》等国外经典名著。可以带领学生领略中外人文差异，徜徉思想之海，探索文字奥秘。编者在编制本套丛书时，本着学生的认知层面和生活经验，对原著进行了全方位的解读。每一章节前加上了“精彩导读”，帮助他们获取本章的大致内容，增强总结能力；同时，在每一章的大量文段中选取了优美的词句，有精彩解读，帮助他们理解作者的情感变化、写作手法等，提升他们的写作技巧；在章节后有“精彩点拨”，总结中心思想，剖析艺术手法，加深他们的阅读印象；还有“阅读积累”，拓展了他们的知识层面。

相信广大学子们读完这套为他们精心打造的丛书后一定能开阔眼界，增加智慧，健全人格，铸就人生的新境界！

编　者

庄子，名周，宋国蒙人，曾担任过漆园吏之职，是先秦道家的重要代表人物，世人常常将其与老子并称为“老庄”。庄子一生大部分时间都在隐居，楚威王听说庄子博学，曾不惜重金邀请庄周担任国相，但被庄周拒绝了。唐初时，庄子被称为“南华仙人”，天宝元年被封为“南华真人”，故而《庄子》也被称为《南华真经》。庄子擅长以讲故事的形式来阐发自己的主张，很多我们耳熟能详的典故都出自《庄子》，如“庄生晓梦”“庖丁解牛”“井底之蛙”“呆若木鸡”等。庄子以自己神奇的想象力把哲理说得引人入胜、灵活多变，其最早提出了“内圣外王”，对儒家思想影响深远。

《庄子》一书，汉代著录为52篇，现存33篇，分为“内篇”“外篇”“杂篇”三个部分。其内容丰富，博大精深，乃先秦诸子散文的典范之作。作为道家经典读物的《庄子》，其塑造了一种洒脱的人生境界，认为追求绝对的自由才值得，在某种程度上体现的是唯心主义宿命论的消极思想。《庄子》的文笔也十分自由，想象神奇、变幻莫测，其与《老子》《周易》并称为“三玄”。其文学语言对后世的影响也极大，到现在，我们仍在使用其中的很多词句，如“沉鱼落雁”“朝三暮四”“望洋兴叹”“心如死灰”等。一些名家的诗句中也有《庄子》的影子，如陶渊明“归去来兮辞”和李白的“侠客行”。《庄子》还发明了许多双音节词，如“尘埃”“死灰”“天理”等，丰富了汉语语言。《庄子》文学造诣极高，被誉为“文学中的哲学，哲学中的文学”。

庄子曾经提出“三言”并且加以运用，以此来着重表现他超脱现实的想象和无拘无束的理念。他说：“以卮言为曼衍，以重言为真，以寓言为广。”这表现出他不同于寻常的理念和观点。他的代表作《逍遥游》就是这“三言”的交替使用，相互结合。这类作品在当时掀起了一股“三言”的作品风潮，使很多人认同并且加以运用。其中，“寓言”“重言”是叙述描写手法，“卮言”是议论方法。这“三言”没有所谓的先后和主次之分，只能交融合并，互相辅助。在特殊环境中，既不能用庄严肃穆的言词来谈论，又不能玩笑似的说明、提示。这就需要运用“三言”的方式来阐述了。《庄子》用“寓言”来广泛地表明事理，开拓思路，扩大影响范围，这是“以寓言为广”；用“重言”来使人信以为真，使人在潜移默化中乐于接受，这是“以重言为真”；用“卮言”来点悟、引用、发挥，这是“以卮言为曼衍”。这三者的相互结合形成了《庄子》超脱物外的言论和思想。

古　代

战国·荀子：《庄子》蔽于天而不知人。（《荀子·解蔽》）

西汉·司马迁：其学无所不窥，然其要本归于老子之言。故其著书十余万言，大抵率寓言也。善属书离辞，指事类情，用剽剥儒、墨，虽当世宿学不能自解免也。（《史记·庄周列传》）

唐·白居易：庄生齐物同归一，我道同中有不同。遂性逍遥中一致，鸾凤终较胜蛇虫。（《读〈庄子〉》）

明·徐渭：庄周轻生死，旷达古无比。何为数论量，死生反大事？乃知无言者，莫得窥其际。身没名不传，此中有高士。（《读〈庄子〉》）

现　代

鲁迅：其文则汪洋捭阖，仪态万方，晚周诸子之作，莫能先也。（《汉文学史纲要》）

郭沫若：秦汉以来的每一部中国文学史，差不多大半是在他的影响之下发展的：以思想家而兼文章家的人，在中国古代哲人中，实在是绝无仅有。（《鲁迅与庄子》）

闻一多：中国人的文化上永远留着《庄子》的烙印。

李泽厚：中国文人的外表是儒家，但内心永远是《庄子》。

胡文英：庄子眼极冷，心肠最热。眼冷，故是非不管；心肠热，故感慨万端。虽知无用，而未能忘情，到底是热肠挂住；虽不能忘情，而终不下手，到底是冷眼看穿。（《庄子独见》）

《庄子》艺术“三美”

一、“寓言”之美

司马迁在《史记·庄周列传》中曾指出：“著书十余万言，大抵率寓言也。”可见寓言的确是《庄子》的主体内容和思想的精要与灵魂。在《庄子·逍遥游》中，庄子用大鹏与巨鲲的寓言来论证只有做到“无所待 ”，才能真正地进入逍遥之境；又用“蜩与学鸠”和“斥鹌”两则寓言来与大鹏和鲲的境界形成对比，以说明“小知不及大知，小年不及大年”的美学价值取向；在《庄子·养生主》中，庄子运用“庖丁解牛”的寓言来说明人应当顺时处事，要遵循世间万物的客观规律，做任何事情只要找到对的方法，遵循原则，最困难的事情也可以迎刃而解，千万不可以违逆自然法则做事情。综观《庄子》全书，几乎以寓言贯穿首尾。如果直观的去描述深奥的道理恐怕几天几夜也不能使人明白，几千万字也不能使人透析。庄子将自己的思想观点渗透于寓言故事当中，用一则小小的寓言故事就能将精神要旨传达给读者，让读者自己去体悟其中的道理，这便是寓言表现形式的精妙之处。此为《庄子》艺术一美——“寓言”之美。

二、“想象”之美

《庄子》一书的文学价值不仅由于寓言数量多，全书仿佛是一部寓言故事集，还在于这些寓言表现出超常的想象力，构成了奇特的形象世界，“意出尘外，怪生笔端”（刘熙载《艺概 ·文概》）。《庄子》想象丰富，构思奇特，选象组象，大胆夸张，波诡云谲，意境雄阔，具有浓厚的浪漫主义色彩。如“任公子钓鱼 ”（《外物》），“五十犗（健牛）以为饵，蹲乎会稽，投竿东海”，鱼吞钩后，奋鬐抗争，“白波若山，海水震荡，声侔鬼神 ”，惊心动魄，气象万千。所钓之鱼竟能供大半个中国的人饱餐不尽。《秋水》篇：秋水时至，百川灌河。泾流之大，两涘渚崖之间不辩牛马。于是焉河伯欣然自喜，以天下之美为尽在己。顺流而东行，至于北海，东面而视，不见水端。于是焉河伯始旋其面目，望洋向若而叹曰，“野语有之曰，‘闻道百，以为莫己若’者，我之谓也”。这里写河水因百川之灌，泾流之大，两岸之间，连牛马都分辨不清，水势滂湃，足以使河伯欣然自喜。可是，当河伯扬扬自得东行至海，“东面而视，不见水端”，不禁望洋兴叹了。行文至此，给人以一种大手巨笔，意境开阔之雄壮美，又予以一张一弛，抑扬顿挫的回环美。

《逍遥游》中的大鹏展翅图景写来尤为雄阔。“不知其几千里 ”大的鲲鱼变化而成，振翅而飞，竟“水击三千里，抟扶摇而上者九万里 ”，其境之壮，其思之奇，前所未有。《庄子》的哲学思想博大精深，深奥玄妙，具有高深莫测、不可捉摸的神秘色彩，用概念和逻辑推理来直接表达，不如通过想象和虚构的形象世界来象征暗示。同时，从“道”的立场来看待万物，万物等齐一体，物与物之间可以互相转化。而且，庄子认识到了时间的无限、空间的无限、宇宙的无穷。他不仅站在个人的立场看待世界万物，也站在宇宙的高度看待世界万物，《庄子》的想象虚构往往超越时空的局限和物我的分别，恢诡谲怪，奇幻异常，变化万千。这是《庄子》艺术二美——“想象”之美。

三、“哲理”之美

在庄子看来，现实的人生总是被外物所累。世俗之事即为人之樊笼，驱使人们为私己之利钩心斗角，束缚着人的心灵，人在世俗的桎梏中永远不可能有心灵的宁静和幸福。

正因如此，庄子主张超脱世俗名利是非之外，摆脱现实中的种种苦闷，追求一种理想的“逍遥游 ”式的自由境界。《逍遥游》是庄子的精神追求和生活理想，是他极力推崇的自由观，也是其人生论的核心内容。

在《逍遥游》篇中，庄子先后描绘了“水击三千里，抟扶摇而上者九万里”的大鹏、“翱翔于蓬蒿之间 ”的斥鹌、“御风而行”的列子、对是非荣辱无所感觉的宋荣子。但在他看来，所有这些 “游”仍要为外物所累，受各种条件的束缚，仍犹有所待，没有达到逍遥之境，没有实现真正的自由。而真正的自由则是超脱“有待 ”之状态：“若夫乘天地之正，御六气之辩，以游无穷者，彼且恶乎待哉？”“至人无己，神人无功，圣人无名。”“无己 ”即 “无所待 ”，也是庄子所追求的 “道” “我”合一的理想境界。但是庄子认为，要实现“道”与“我”的合一，需要有一个修养的过程，即“心斋 ”和“坐忘 ”。所谓 “心斋 ”，即指虚心以得道。《庄子》的人生哲学是历史地、具体地形成的，其中既包含许多超越性的、有益的、具有启发性的积极因素，也蕴含有一些宿命颓废的消极成分。对庄子的人生哲学，我们应当辩证看待，应当充分吸取其超时代性合理因素，化消极为积极，使其为现实人生提供更多的借鉴和启示，在现实社会中发挥更大作用。此为《庄子》艺术三美——“哲理”之美。

目录

Contents

杂　篇

内 篇

精彩导读

在经世的流传中，世人一致认为这部分是庄子本人的著述，体现了庄子的宇宙观、人生观、价值观，呈现的内容主要与人的内在心理活动相关。庄子的想象力非常丰富，他在文笔变化多端的同时，又善于表述形容，语言生动形象，兼以其创作的艺术典型恢诡谲怪，如《逍遥游》中的鲲鹏变化：“鹏之徙于南冥也，水击三千里，抟扶摇而上者九万里”，使《庄子》一书具有浓厚的浪漫主义色彩，令人于惊奇骇怪中获得非凡的审美享受。下面就让我们来一一悦享吧！

逍遥游

原文

北冥[①]有鱼，其名为鲲[②]。鲲之大，不知其几千里也。化而为鸟，其名为鹏[③]。鹏之背，不知其几千里也。怒[④]而飞，其翼若垂天[⑤]之云。是[⑥]鸟也，海运则将徙于南冥[⑦]。南冥者，天池[⑧]也。

《齐谐》[⑨]者，志怪[⑩]者也。《谐》之言曰：“鹏之徙于南冥也，水击[⑪]三千里，抟扶摇而上者九万里[⑫]，去以六月息[⑬]者也。”野马也，尘埃也，生物之以息[⑭]相吹也。天之苍苍[⑮]，其正色邪[⑯]？其远而无所至极[⑰]邪？其视下也，亦若是则已[⑱]矣。

且夫水之积也不厚，则其负[⑲]大舟也无力。覆杯水于坳堂之上[⑳]，则芥[㉑]为之舟；置杯焉则胶[㉒]，水浅而舟大也。风之积也不厚，则其负大翼[㉓]也无力。故九万里，则风斯在下矣，而后乃今培[㉔]风；背负青天而莫之夭阏[㉕]者，而后乃今将图南[㉖]。

蜩与学鸠笑之曰[㉗]：“我决起[㉘]而飞，抢榆枋[㉙]而止，时则不至而控[㉚]于地而已矣，奚以之九万里而南为[㉛]？”适莽苍者[㉜]，三餐而反[㉝]，腹犹果然[㉞]；适百里者，宿舂粮[㉟]；适千里者，三月聚粮[㊱]。之二虫[㊲]，又何知！

小知不及大知[㊳]，小年不及大年[㊴]。奚以知其然也？朝菌不知晦朔[㊵]，蟪蛄不知春秋[㊶]，

此小年也。楚之南有冥灵[42]者，以五百岁为春，五百岁为秋；上古有大椿[43]者，以八千岁为春，八千岁为秋，此大年也。而彭祖乃今以久特闻[44]，众人匹[45]之，不亦悲乎！

汤之问棘也是已[46]：穷发之北[47]，有冥海者，天池也。有鱼焉，其广数千里，未有知其修[48]者，其名为鲲。有鸟焉，其名为鹏，背若太山[49]，翼若垂天之云，抟扶摇羊角[50]而上者九万里，绝[51]云气，负青天，然后图南，且适南冥也。斥鴳笑之曰[52]："彼且奚适也？我腾跃而上，不过数仞[53]而下，翱翔蓬蒿之间，此亦飞之至[54]也，而彼且奚适也？"此小大之辩[55]也。

故夫知效一官[56]，行比[57]一乡，德合[58]一君而征[59]一国者，其自视[60]也，亦若此矣。而宋荣子犹然[61]笑之。且举世誉之而不加劝[62]，举世而非之而不加沮[63]，定乎内外之分[64]，辩乎荣辱之境[65]，斯已矣[66]。彼其于世，未数数然[67]也。虽然，犹有未树[68]也。夫列子御风而行[69]，泠然[70]善也，旬有五日而后反。彼于致福[71]者，未数数然也。此虽免乎行，犹有所待[72]者也。若夫乘天地之正[73]，而御六气之辩[74]，以游无穷[75]者，彼且恶乎待哉[76]！故曰：至人无己[77]，神人无功[78]，圣人无名[79]。

尧让天下于许由[80]，曰："日月出矣，而爝火[81]不息，其于光也，不亦难乎！时雨[82]降矣，而犹浸灌，其于泽[83]也，不亦劳乎！夫子[84]立而天下治，而我犹尸[85]之，吾自视缺然[86]。请致[87]天下。"许由曰："子治天下，天下既已治也，而我犹代子，吾将为名乎？名者，实之宾[88]也，吾将为宾乎？鹪鹩[89]巢于深林，不过一枝；偃鼠饮河，不过满腹。归休乎君，予无所用天下为！庖人[90]虽不治庖，尸祝不越樽俎而代之矣[91]。"

肩吾[92]问于连叔曰："吾闻言于接舆[93]，大而无当，往而不返。吾惊怖其言犹河汉[94]而无极也，大有径庭[95]，不近人情焉。"

连叔曰："其言谓何哉？"

"曰：'藐姑射之山[96]，有神人居焉。肌肤若冰雪，淖约若处子[97]；不食五谷，吸风饮露；乘云气，御飞龙，而游乎四海之外。其神凝[98]，使物不疵疠[99]而年谷熟。'吾是以狂而不信也。"

连叔曰："然，瞽[100]者无以与乎文章之观，聋者无以与乎钟鼓之声。岂惟形骸有聋盲哉？夫知亦有之。是其言也，犹时女[101]也。之人[102]也，之德也，将磅礴[103]万物以为一。世蕲乎乱[104]，孰弊弊焉以天下为事！之人也，物莫之伤[105]，大浸稽天而不溺[106]，大旱金石流、土山焦而不热。是其尘垢粃糠[107]，将犹陶铸尧舜者也，孰肯以物为事！

"宋人资章甫适诸越[108]，越人断发文身[109]，无所用之。尧治天下之民，平海内之政。往见四子[110]藐姑射之山，汾水之阳[111]，窅然[112]丧其天下焉。"

惠子[113]谓庄子曰："魏王贻我大瓠之种[114]，我树之成而实五石[115]。以盛水浆，其坚[116]不能自举也；剖之以为瓢，则瓠落[117]无所容。非不呺然[118]大也，吾为其无用而掊[119]之。"

庄子曰："夫子固拙于[120]用大矣。宋人有善为不龟[121]手之药者，世世以洴澼絖为事[122]。客闻之，请买其方[123]百金。聚族而谋曰：'我世世为洴澼絖，不过数金。今一朝而鬻[124]技百金，请与之。'客得之，以说[125]吴王。越有难，吴王使之将。冬，与越人水战，大败越人，裂地而封之[126]。能不龟手一也，或以封，或不免于洴澼絖，则所用之异也。今子有五石之瓠。何不虑以为大樽[127]而浮乎江湖，而忧其瓠落无所容？则夫子犹有蓬之心[128]也夫！"

惠子谓庄子曰："吾有大树，人谓之樗[129]。其大本臃肿而不中绳墨[130]，其小枝卷曲而不中规矩。立之涂[131]，匠者不顾[132]。今子之言，大而无用，众所同去[133]也。"

庄子曰："子独不见狸狌乎[134]？卑身而伏，以候敖者[135]。东西跳梁，不避高下，中于机辟[136]，死于罔罟[137]。今夫斄牛[138]，其大若垂天之云，此能为大矣，而不能执鼠。今子有大树，患其无用，何不树之于无何有[139]之乡，广莫[140]之野，彷徨乎无为其侧，逍遥乎寝卧其下。不夭斤斧[141]，物无害者。无所可用，安所困苦哉！"

注释

①冥（míng）：同"溟"，指海。

②鲲（kūn）：大鱼。

③鹏：传说中的神鸟。

④怒：奋飞的样子。

⑤垂：同"陲"，边际。垂天：天边。

⑥是：此。

⑦海运：指海啸，海动。徙：迁移。

⑧天池：天然形成的大池。

⑨《齐谐（xié）》：书名。

⑩志怪：记载怪异的事物。

⑪击：击水，拍击。

⑫抟（tuán）：盘旋着向上空飞。扶摇：旋风。

⑬息：止息。

⑭息：气息。

⑮苍苍：深蓝色。

⑯正色：本色。邪：同"耶"。

⑰极：尽头。

⑱则已：而已。

⑲负：承载。

⑳覆：倒。坳（ào）堂：堂中低洼处。

㉑芥：小草。

㉒胶：粘住。

㉓大翼：抵代大鹏。

㉔培：凭借。

㉕夭阏（è）：阻挡，遏止。

㉖图南：打算向南飞去。

㉗蜩（tiáo）：蝉。学鸠（jiū）：斑鸠。

㉘决起：迅速飞起。

㉙抢（qiāng）：冲，碰到。榆：榆树。枋（fāng）：檀木。

㉚控：投。

㉛奚以：哪里用。之：到。

㉜适：往。莽苍：野色迷茫的样子，此处指郊野。

㉝三餐：指一日。反：通“返”。

㉞果然：饱的样子。

㉟宿舂（chōng）粮：宿，过夜。舂粮，舂米备粮。

㊱三月聚粮：用三个月的时间准备食粮。

㊲之二虫：之，此。二虫，指蜩与学鸠。

㊳知（zhì）：通“智”。不及：比不上。

㊴年：寿命。小年：短命。大年：长寿。

㊵朝菌：一种朝生暮死的菌类植物。晦朔：晦，月终；朔，月初。

㊶蟪蛄（huì gū）：寒蝉，夏生秋死，生存不足一年。春秋：指一年。

㊷冥灵：树名。

㊸椿（chūn）：椿树。

㊹彭祖：传说中的人物，相传其活了800岁。乃今：现今。

㊺匹：相比。

㊻汤：商朝的建立者。棘（jí）：亦名夏革、夏棘，相传为商朝大夫，商汤曾以他为师。

㊼穷发之北：极北的不毛之地。

㊽修：长。

㊾太山：即泰山。

㊿羊角：形容旋风的旋转像羊角一样。

51绝：超越。

52斥：小池泽。鴳（yàn）：小雀。

(53)仞（rèn）：一仞约为七尺。

(54)飞之至：飞翔的最高度。

(55)辩：通“辨”，区别。

(56)知：智慧。效：胜任。

(57)行：品行行为。比：亲近合乎。

(58)德：道德。合：符合。

(59)而：同“能”。征：信。

(60)自视：自己看自己。

(61)宋荣子：即宋钘，战国时代著名的思想家。犹然：笑的样子。

(62)劝：努力。

(63)沮（jǔ）：沮丧。

(64)定：确定。内：主观。外：客观。分：界限。

(65)辩：别。境：界限。

(66)斯：此。已：止。

(67)数数（shuò shuò）然：急切的样子。

(68)树：立。

(69)列子：即列御寇，郑国人，相传其得风仙之道，乘风游行。御：乘。

(70)泠（líng）然：轻妙的样子。

(71)致福：得到幸福。

(72)待：凭借、依靠。

(73)天地之正：自然的本性。

(74)六气：指阴、阳、风、雨、晦、明。辩：变化。

(75)无穷：无穷无尽的天地，此处指宇宙。

(76)恶（wū）：何。待：依赖。

(77)无己：忘掉自我。

(78)无功：不追求有功。

(79)无名：不求有名。

(80)尧：传说中的古帝王，号陶唐氏。许由：传说中的隐士。

(81)爝（jué）火：火把。

(82)时雨：及时雨。

(83)泽：润泽作物。

(84)夫子：古人对男子的尊称，此处指许由。

(85)尸：古代替死者受祭的人称为“尸”，此处意为主持。

⑧⑥缺然：能力不足的样子。

⑧⑦致：送给。

⑧⑧宾：从属次要的东西。

⑧⑨鹪鹩（jiāo liáo）：鸟名，善筑巢。

⑨⓪庖人：厨师。

⑨①尸祝：主持祭祀的人。樽（zūn）：古代酒器。俎（zǔ）：古代祭祀时盛放牛羊的礼器。

⑨②肩吾、连叔：人名，相传均为古代贤人。

⑨③接舆：人名，楚国隐士。

⑨④河汉：银河。

⑨⑤径：门外路。庭：堂前。两者相隔很远，互不相关。

⑨⑥藐（miǎo）：遥远状。姑射（yè）山：传说中的神居之山。

⑨⑦淖约：美好柔弱的样子。处子：处女。

⑨⑧凝：神情专一。

⑨⑨疵疠（cì lì）：灾害。

⑩⓪瞽（gǔ）者：盲人。

⑩①女：同“汝”。你。

⑩②之人：这种人，指神人。

⑩③磅礴：形容无所不包。

⑩④蕲（qí）：求。乱：治。

⑩⑤物莫之伤：没有什么东西能伤害他。

⑩⑥大浸：大水。稽（jī）：至。溺（nì）：淹没。

⑩⑦尘垢（gòu）：指身上的尘土污垢。粃糠：秕谷和谷皮，指糟粕。

⑩⑧资：贩卖。章甫：古时的一种帽子。

⑩⑨断发文身：不留头发，身刺花纹。

⑪⓪四子：寓言中的四位神人，指王倪、齧缺、被衣、许由。

⑪①汾水之阳：汾水的北面。

⑪②窅（yǎo）然：深远之状。

⑪③惠子：即惠施，宋国人，曾任梁惠王相，是先秦名家学派的代表人物。

⑪④贻（yí）：赠送。大瓠（hù）：大葫芦。种：种子。

⑪⑤实五石（dàn）：可容五石。

⑪⑥坚：硬度。

⑪⑦瓠（hù）落：很大的样子。

⑱呺（xiāo）然：空虚巨大的样子。

⑲掊（pǒu）：击破。

⑳拙于：不善于。

㉑龟：通“皲”（jūn），皮肤因寒冷或干燥而破裂。

㉒洴澼（píng bì）：漂洗。絖（kuàng）：丝絮。

㉓方：药方。

㉔鬻（xù）：卖。

㉕说（shuì）：说服。

㉖裂地而封之：分出一块土地封赐给他。

㉗樽：形似酒樽的葫芦腰舟。

㉘蓬之心：心如蓬草塞蔽，不开窍。喻指见识浅陋。

㉙樗（chū）：臭椿树。

㉚大本：树之主干。雍：通“臃”。

㉛涂：通“途”，道路。

㉜匠者：木工。顾：看。

㉝去：抛弃。

㉞狸：野猫。狌（shēng）：黄鼠狼。

㉟候：等待。敖：通“遨”，遨游。

㊱中：碰上。机辟：捕捉禽兽的工具。

㊲罔：通“网”，捕鸟用。罟（gǔ）：网类，捕鱼用。

㊳斄（lí）牛：牦牛。

㊴无何有：一无所有的地方。

㊵莫：通“漠”。广大辽阔。

㊶夭：折。斤：大斧。

译文

北海有一条鱼，它的名字叫鲲。鲲巨大无比，不知道有几千里。鲲变成叫鹏的鸟，它的背不知有几千里。此鸟奋起而飞，翅膀就像天边的云彩。当海动风起的时候，这只鸟将乘风迁往南海，那里是天然形成的大池。

《齐谐》是记载怪异之事的书。《齐谐》上说：“大鹏飞往南海时，激荡起的水花达三千里，借着盘旋的旋风直上九万里高空，一直飞了六个月才止息。”野马奔腾般的游气，以及飞扬的尘埃都是被生物的气息吹拂着而在空中游荡。天空蓝蓝的，这是它真正的

本色吗？它的高远果真是无穷无尽吗？大鹏往下看，其景象就是这个样子罢了。

水积得不深，就无力承载大船。在房子前的低洼地上倒一杯水，小草就可以当船；放进一个杯子就粘住不动，这是因为水浅而船大。风的强度不大，就无力负载巨大的翅膀。鹏之所以能够高飞九万里，是因为风在它的翅膀下面，使它可以凭借风力翱翔长空；背负青天而不受阻地飞翔，然后才能飞往南海。

蝉和斑鸠讥笑大鹏说："我一下子飞起来，碰到榆树、檀树之类的小树就停落在上面，有时飞不上去，就落在地上，何必非要高飞九万里而往南海去呢？"到郊野去的，只需带一天食物，当天返回肚子还饱饱的；到百里之外去的，要准备一宿食物；到千里以外的地方去，则要用三个月的时间准备食物。这两种虫鸟怎么会知道这个道理呢？

才智小的不理解才智大的，短命的不了解长寿的。为什么这样说呢？朝生暮死的蘑菇不可能知道一个月的时光，夏生秋死的寒蝉不可能知道一年的时光，这就是短命。楚国南面有一种冥灵树，以五百年为一个春季，五百年为一个秋季；远古有一种椿树，却以八千年为一个春季，八千年为一个秋季，这就是"大年"。而彭祖现在还以长寿闻名于世，众人还都想和他相比，这不是可悲吗？

汤问棘也有这样的话：在不毛之地的北方，有无边无际的大海，那就是天池。有一条鱼，它的宽度有几千里，没有人知道它有多长，它的名字叫鲲。有一只鸟，它的名字叫鹏，其背像泰山，翅膀像天边的云气，乘旋风可直上九万里的云霄，超越云层，背负青天，飞往南海。小池泽中的麻雀讥笑它说："它想飞往何处？我腾飞起来，不过几丈就落下来，在蒿草丛中飞来飞去，这也就是我飞翔的极限了，而它究竟要飞到哪里去呢？"这就是小和大的区别。

才智能够胜任一官之职，品行合乎近一乡人的心愿，品德可以符合一国之君，能力可以取得全国的信任，这类人的自鸣得意恰似小雀一般。宋荣子就嘲笑这种人。宋荣子之所以能够做到全社会赞誉他却不感到得意，全社会非议他却毫不沮丧，这是因为他能够认定自我和外物的区别，能分清光荣与耻辱的界限。于是，他从来不去追求世俗的声誉。即便如此，他的道德修养还是没有达到理想的境界。列子乘风游行，轻快飘然，十五天后返回。他对得到的幸福也没有极力追求。虽然他免于步行，但还是有所凭借的。若顺应自然以及六气的变化，遨游于无边无际的宇宙，那么他还需依赖什么呢？所以说，至人能超越自我，神人能不求有功，圣人能不求有名。

尧把天下让给许由，说："日月都出来了，火把还不熄灭，要和日月比光亮，不是很难吗？及时雨都降了，却还在灌溉田园，不是白费力气吗？先生若为天下之主，则天下一定安定，而我却占据其位，自感能力不足，请允许我将天下让给您。"许由说："您治理天下，天下已经大治，却还要我来取代你，我是为了名吗？名是实的从属，我是为了求得从属性的东西吗？鹪鹩在密林深处筑巢，所占不过一枝；鼹鼠饮水于河，所需不过满腹而已。请回去吧，君主，我要天下做什么用呢！厨师虽不下厨，但主持祭祀的人是不会超越自己的职责而去代替他下厨烹调的。”

肩吾问连叔说：“我听接舆的谈话，夸夸其谈，漫无边际。我甚感惊讶的是，他的话像银河一样海阔天空，不合常理，不近人情。”

连叔问：“他说了些什么呢？”

肩吾说：“他说：‘在遥远的姑射山上，居住着一位神人。他的肌肤像冰雪一样洁白，姿容如处女一般柔美；不食人间烟火，吸风饮露；乘着云气，驾着飞龙，遨游于四海之外。他神情专一，使万物不受灾害，使五谷丰登。’我以为他的话是诳言，而不相信。”

连叔说：“是呀！人们无法和瞎子一起观赏华丽的纹饰，无法和聋子共同欣赏钟鼓乐声。由此看来，人们不只是在生理上有聋盲的缺陷，在智慧上也有同样的情形啊！我所说的指的就是你呀！神人和他的道德是包容万物而为一体的。世人期望他来治理天下，他哪里肯辛辛苦苦地管世间的事情呢！这个神人，任何东西都无法伤害他，漫天洪水淹不着地，熔化金石，烧焦土山的大旱，他也不觉得热。他的尘垢糟粕就可以造就出尧舜来，他哪里肯管世俗之事呢！”

“宋国人到越国去卖帽子，但越国人不留头发、身刺花纹，根本用不着帽子。尧治理天下之民，安定国内的政事，但如果他到遥远的姑射山和汾水北面去拜见四位得道的神人，那他就会感到深奥而忘掉自己是一国之君。”

惠子对庄子说：“魏王送给我一颗大葫芦种子，我用它种植出来的葫芦有五石的容量。用来盛水，它的坚硬程度不够而难以承受；将它剖开做成瓢，瓢太大没什么可装的。虽然这种东西很大，但我因为它没有用处而将其打碎了。”

庄子说：“你太不善于使用大东西了！宋国有一个人善于制造防手冻裂的药，他家世世代代以漂洗丝絮为业，有一个客人听说了，愿出一百金买他的药方。于是他召集全家人来商量，说：‘我家世世代代从事漂洗丝絮，所得不过数金，现在卖出这个药方就可得到百金，卖给他吧！’客人获得这个药方，就去游说吴王。此时越国出兵侵吴，吴王就派他率兵御敌。到了冬天，吴国和越国进行水战，大败越军，于是越王用土地来封赐他。同样是一种防手冻裂的药，有人用它来建功得到了封赏，有人却只能用它漂洗丝絮，这是因为其用途不同所致。现在你有五石容量的大葫芦，为什么不考虑将它系于腰上以浮游江湖，而只是发愁太大无所用之呢！你真是不开窍啊！”

惠子对庄子说：“我有一棵大树，人们叫它‘樗’。它的主干粗而不正，不合绳墨；它的小枝弯弯曲曲，不合规矩。这棵树生长在路边，过往的木工看都不看它一眼。你所说的话大而无用，大家都不予理睬。”

庄子说：“你没有见过野猫和黄鼠狼吗？屈身隐伏，等待捕捉出游的小动物。东奔西跑，不避高低，结果踩中捕兽的机关，死于罗网之中。再看那牦牛，身子大得像遮盖天边

的云，虽然不能捕鼠，但它的能力可做大事。现在你有一棵大树，正发愁没有用场，为什么你不把它种植于空荒的乡土、广漠的旷野，徘徊于树旁，逍遥自在地躺在树下。这棵树不会遭受斧子砍伐，其他东西也不能伤害它。虽然它没有什么用途，但又有什么可苦恼的呢？”

齐物论

南郭子綦[①]隐机[②]而坐，仰天而嘘，荅焉似丧其耦。颜成子游[③]立侍乎前，曰：“何居乎？形固可使如槁木，而心固可使如死灰乎？今之隐机者，非昔之隐机者也。”

子綦曰：“偃，不亦善乎，而[④]问之也！今者吾丧我，汝知之乎？汝闻人籁而未闻地籁；汝闻地籁而未闻天籁夫[⑤]！”

子游曰：“敢问其方。”

子綦曰：“夫大块噫气，其名为风。是唯无作，作则万窍怒呺[⑥]。而独不闻之翏翏[⑦]乎？山林之畏佳，大木百围之窍穴，似鼻，似口，似耳，似枅[⑧]，似圈，似臼，似洼者，似污者；激者，謞者，叱者，吸者，叫者，譹者，宎[⑨]者，咬者。前者唱于而随者唱喁。泠风则小和，飘风则大和，厉风济则众窍为虚。而独不见之调调之刁刁乎？”

子游曰：“地籁则众窍是已，人籁则比竹是已，敢问天籁。”

子綦曰：“夫吹万不同，而使其自己也，咸其自取，怒者其谁邪[⑩]！”

大知闲闲，小知閒閒；大言炎炎，小言詹詹。其寐也魂交[⑪]，其觉也形开，与接为构[⑫]，日以心斗。缦者，窖者，密者，小恐惴惴[⑬]，大恐缦缦。其发若机栝[⑭]，其司是非之谓也；其留如诅盟，其守胜之谓也；其杀[⑮]若秋冬，以言其日消也；其溺之所为之，不可使复之也；其厌也如缄，以言其老洫也；近死之心，莫使复阳也。喜怒哀乐，虑叹变慹，姚佚启态[⑯]；乐出虚，蒸成菌。日夜相代乎前，而莫知其所萌，已乎，已乎！旦暮得此[⑰]，其所由以生乎！

非彼无我[⑱]，非我无所取。是亦近矣，而不知所为。若有真宰，而特不得其眹[⑲]。可行已信，而不见其形；有情而无形。

百骸、九窍、六藏，赅而存焉，吾谁与为亲？汝皆说[⑳]之乎？其有私焉？如是皆有为臣妾乎？其臣妾不足以相治乎？其有真君有焉？如求得其情与不得，无益损乎其真。

一受其成形，不亡以待尽。与物相刃相靡，其行进如驰，而莫之能止，不亦悲乎！终身役役而不见其成功，苶然[㉑]疲役而不知其所归，可不哀耶！人谓之不死，奚益！其形化，其心与之然，可不谓大哀乎？人之生也，固若是芒乎？其我独芒，而人亦有不芒者乎？

夫随其成心[22]而师之，谁独且无师乎？奚必知代[23]而心自取者有之？愚者与有焉。未成乎心而有是非，是今日适越而昔至也。是以无有为有。无有为有，虽有神禹，且不能知，吾独且奈何哉！

夫言非吹也[24]，言者有言，其所言者特未定也[25]。果有言邪？其未尝有言邪？其以为异于鷇音[26]，亦有辩乎，其无辩乎？

道恶乎隐而有真伪？言恶乎隐而有是非？道恶乎往而不存？言恶乎存而不可？道隐于小成，言隐于荣华。故有儒墨之是非，以是其所非而非其所是。欲是其所非而非其所是，则莫若以明。

物无非彼，物无非是。自彼则不见，自是则知之。故曰彼出于是，是亦因彼。彼是方生[27]之说也，虽然，方生方死，方死方生；方可方不可，方不可方可。因是因非，因非因是，是以圣人不由[28]，而照之于天，亦因是也。

是亦彼也，彼亦是也。彼亦一是非，此亦一是非。果且有彼是乎哉？果且无彼是乎哉？彼是莫得其偶，谓之道枢。枢始得其环中，以应无穷。是亦一无穷，非亦一无穷也[29]。故曰鞹：莫若以明。

以指喻指之非指，不若以非指喻指之非指也；以马喻马之非马，不若以非马喻马之非马也。

天地一指也，万物一马也[30]。

道行之而成，物谓之而然。可乎可，不可乎不可。恶乎然？然于然，恶乎不然？不然于不然。物固有所然，物固有所可。无物不然，无物不可。故为是举莛与楹[31]；厉与西施，恢恑憰怪，道通为一。其分也，成也；其成也，毁也。凡物无成与毁，复通为一。

唯达者知通为一，为是不用而寓诸庸；因是已[32]。已而不知其然，谓之道。

劳神明为一，而不知其同也，谓之朝三。何谓朝三？狙公赋芧曰："朝三而暮四。"众狙皆怒。曰："然则朝四而暮三。"众狙皆悦。名实未亏而喜怒为用，亦因是也。是以圣人和之以是非，而休乎天钧[33]，是之谓两行。

古之人，其知有所至矣。恶乎至？有以为未始有物者，至矣，尽矣，不可以加矣。其次，以为有物矣，而未始有封[34]也。其次，以为有封焉，而未始有是非也。是非之彰也，道之所以亏也。道之所以亏，爱之所以成。果且有成与亏乎哉？果且无成与亏乎哉？有成与亏，故昭氏之鼓琴也；无成与亏，故昭氏之不鼓琴也。昭文之鼓琴也，师旷[35]之枝策也，惠子之据梧也，三子之知几乎皆其盛者也，故载之末年。唯其好之也，以异于彼[36]；其好之也，欲以明之。彼非所明而明之，故以坚白之昧终。而其子又以文之纶终，终身无成。若是而可谓成乎？虽我亦成也，亦可谓成矣。若是而不可谓成乎？物与我无成也。是故滑疑之耀，圣人之所图也。为是不用而寓诸庸，此之谓以明。

今且有言于此，不知其与是类乎？其与是不类乎？类与不类，相与为类，则与彼无以异矣。

虽然，请尝言之。有始也者[37]，有未始有始也者，有未始有夫未始有始也者。有有也者，有无也者，有未始有无也者[38]，有未始有夫未始有无也者。俄而有无矣，而未知有无之果孰有孰无也。今我则已有谓矣，而未知吾所谓之其果有谓乎，其果无谓乎？

天下莫大于秋毫之末，而太山为小；莫寿于殇子，而彭祖为夭。天地与我并生，而万物与我为一。既已为一矣，且得有言乎？既已谓之一矣，且得无言乎？一与言为二，二与一为三。自此以往，巧历[39]不能得，而况其凡乎！故自无适有以至于三，而况自有适有乎！无适焉，因是已。

夫道未始有封，言未始有常[40]，为是而有畛也，请言其畛：有左，有右，有伦，有义，有分，有辩，有竞，有争，此之谓八德。六合[41]之外，圣人存而不论；六合之内，圣人论而不议。春秋经世先王之志，圣人议而不辩。故分也者，有不分也；辩也者，有不辩也。曰：何也？圣人怀之[42]，众人辩之以相示也。故曰：辩也者，有不见也[43]。

夫大道不称，大辩不言，大仁不仁，大廉不嗛[44]，大勇不忮[45]。道昭而不道，言辩而不及，仁常而不周，廉清而不信[46]，勇忮而不成。五者圆而几向方矣。

故知止其所不知，至矣。孰知不言之辩，不道之道？若有能知，此之谓天府[47]。注焉而不满，酌焉而不竭，而不知其所由来，此之谓葆光。

故[48]昔者尧问于舜曰："我欲伐宗、脍、胥敖，南面而不释然。其故何也？"舜曰："夫三子者，犹存乎蓬艾之间。若[49]不释然，何哉？昔者十日并出[50]，万物皆照，而况德之进[51]乎日者乎！"

啮缺问乎王倪[52]曰："子知物之所同是乎？"

曰："吾恶乎知之！"

"子知子之所不知邪？"

曰："吾恶乎知之！"

"然则物无知耶！"

曰："吾恶乎知之！虽然，尝试言之。庸讵知吾所谓知之非不知邪？庸讵知吾所谓不知之非知邪？且吾尝试问乎女：民湿寝则腰疾偏死[53]，鳅然乎哉？木处则惴栗恂惧，猨猴然乎哉？三者孰知正处？民食刍豢[54]，麋鹿食荐，蝍蛆甘带，鸱鸦耆鼠，四者孰知正味？猨猵狙以为雌，麋与鹿交，鳅与鱼游。毛嫱、丽姬，人之所美也；鱼见之深入，鸟见之高飞，麋鹿见之决骤。四者孰知天下之正色哉？自我观之，仁义之端，是非之涂，樊然殽乱，吾恶能知其辩！"

啮缺曰："子不知利害，则至人固不知利害乎？"王倪曰："至人神矣！大泽焚而不能热，河汉沍[55]而不能寒，疾雷破山、飘风振海而不能惊。若然者，乘云气，骑日月，而游乎四海之外。死生无变于己，而况利害之端乎！”

瞿鹊子问乎长梧子曰：“吾闻诸夫子，‘圣人不从事于务，不就利，不违害，不喜求，不缘道；无谓有谓，有谓无谓，而游乎尘垢之外。’夫子以为孟浪之言，而我以为妙道之行也。吾子以为奚若？”

长梧子曰：“是黄帝之所听荧也，而丘也何足以知之！且女亦大早计，见卵而求时夜，见弹而求鸮炙。

予尝为女妄言之，女以妄听之。奚旁日月，挟宇宙，为其吻合，置其滑涽，以隶相尊[56]。众人役役，圣人愚芚[57]，参万岁而一成纯[58]。万物尽然，而以是相蕴[59]。

予恶乎知说生之非惑邪！予恶乎知恶死之非弱丧而不知归者邪！丽之姬，艾封人之子也，晋国之始得之也，涕泣沾襟；及其至于王所，与王同筐床，食刍豢，而后悔其泣也。予恶乎知夫死者不悔其始之蕲生乎！

梦饮酒者，旦而哭泣；梦哭泣者，旦而田猎。方其梦也，不知其梦也。梦之中又占其梦焉，觉而后知其梦也。且有大觉而后知此其大梦也。而愚者自以为觉，窃窃然知之。君乎？牧乎？固哉！丘也与女，皆梦也；予谓女梦，亦梦也。是其言也，其名为吊诡。万世之后而一遇大圣，知其解者，是旦暮遇之也。

既使我与若辩矣，若胜我，我不若胜，若果是也，我果非也邪？我胜若，若不吾胜，我果是也，而果非也邪？其或是也，其或非也邪？其俱是也，其俱非也邪？我与若不能相知也，则人固受黮闇，吾谁使正之？使同乎若者正之？既与若同矣，恶能正之！使同乎我者正之？既同乎我矣，恶能正之！使异乎我与若者正之？既异乎我与若矣，恶能正之！使同乎我与若者正之？既同乎我与若矣，恶能正之！然则我与若与人俱不能相知也，而待彼也邪？

“化声之相待[60]，若其不相待，和之以天倪，因之以曼衍，所以穷年也。何谓和之以天倪？”曰：“是不是，然不然。是若果是也，则是之异乎不是也，亦无辩；然若果然也，则然之异乎不然也，亦无辩。忘年忘义[61]，振于无竟，故寓诸无竟。”

罔两问景曰：“曩子行，今子止；曩子坐，今子起；何其无特操与？”

景曰：“吾有待而然者邪？吾所待又有待而然者邪？吾待蛇蚹蜩翼邪？恶识所以然！恶识所以不然[62]！”

昔者庄周梦为胡蝶，栩栩[63]然胡蝶也，自喻适志与！不知周也。俄然觉，则蘧蘧然周也。不知周之梦为胡蝶与？胡蝶之梦为周与？周与胡蝶则必有分矣。此之谓物化。

注释

①南郭子綦：楚人，住城郭南端，因以为名，古人多以居处为号。旧说其人为楚庄王的司马，疑为庄子寓托的高士，并非历史人物。

②隐机：凭几而坐。隐，凭倚。机，亦作“几”，案几。

③颜成子游：南郭子綦的弟子，颜成是复姓，名偃，字子游。

④而：同“尔”，汝。下文“而独不见之调调之刁刁乎”的“而”字同作“汝”。

⑤汝闻人籁而未闻地籁；汝闻地籁而未闻天籁夫：籁，箫，古代的一种管状乐器，这里泛指从空虚地方发出的声响。人籁，是人吹箫管发出的声响，比喻无主观成见的言论。地籁，指风吹各种窍孔所发出的声响。天籁，指各物因其各自的自然状态而自鸣。可见“三籁”都是天地间自然的声响。

⑥号（háo）：亦作“号”，吼叫。

⑦翏翏：亦作“飂飂”，长风声，或叫大风的呼呼声。

⑧枅（jī）：柱头上的横木。

⑨宎（yǎo）：风吹到深谷的那种深而沉的声响。

⑩怒者其谁邪：发动的是谁呢？怒：发动。

⑪魂交：心灵驰躁，神魂交错。

⑫与接为构：与外界环境接触，发生交合。

⑬惴惴（zhuì zhuì）：恐惧不安。

⑭其发若机栝（guā）：形容辩者骤然发言，速度如飞箭。栝，箭杆末端和弦部位。

⑮杀（shài）：肃杀，衰败。

⑯姚佚（yì）启态：浮躁，放纵，张狂，作态。这里形容辩者们的行为、姿态。

⑰此：指上述种种反复无常的情态。

⑱非彼无我：指上述各种情态。

⑲眹（zhèn）：端倪，征兆。

⑳说：同“悦”。

㉑苶（nié）然：疲倦困顿的样子。

㉒成心：业已形成的偏执的见解，或执一家之偏见。

㉓知代：懂得变化更替的道理。代：更改，变化。

㉔言非吹也：辩论与风吹不同。意指辩论出于成见，风吹发于自然。

㉕言者有言，其所言者特未定也：谓辩者各有所说，但其所说者尚不足为定准。特：但，只。

㉖鷇（gōu）音：刚刚破卵而出的鸟的叫声。

㉗彼是方生：彼此的观念是相对而生，相依而成的。

㉘不由：指不走是非对立的路子。

㉙是亦一无穷，非亦一无穷：指彼此人物、现象、事态的转换对立中产生无穷的是非判断。

㉚天地一指也，万物一马也：从相同的观点来看，天地万物都有它们的共同性。一指、一马，代表天地万物同质的概念。

㉛莛与楹：指物之细小者和巨大者。莛，草茎。楹，木柱。古人往往以莛楹比喻大小。

㉜因是已：因，顺应。是，比，这里指上述“为一”的观点，即物之本然而不要去加以分别的观点。已，语末助词。

㉝天钧：自然而又均衡的道理。钧，通“均”。

㉞封：界域，界线。

㉟师旷：晋平公时的著名乐师。

㊱异于彼：炫异于他人。彼，他人，众人。

㊲有始也者：宇宙万物有它的开始。

㊳有未始有无也者：有未曾有无的“无”。

㊴巧历：善于计算的人。

㊵言未始有常：言未曾有定论。常，定论。

㊶六合：指天地四方。

㊷怀之：默默体认一切事理。怀，囊括于胸。

㊸辩也者，有不见也：凡争辩的人只见自己的是，而不见自己的非。

㊹大廉不嗛（qiǎn）：大廉是不谦逊的。嗛，通“谦”，谦逊。

㊺本勇不忮（zhì）：大勇是不伤害的。忮，伤害。

㊻廉清而不信：廉若露形迹就不真实了。

㊼天府：自然的府库，也就是整个宇宙。

㊽故：发语词，作用与“夫”同。

㊾若：汝，指尧。

㊿十日并出：这是个寓言，这里借来比喻阳光普照到每个地方。

51进：超过，胜过。

52啮（niè）缺问乎王倪：啮缺、王倪，传说中的古代贤人，实际是庄子寓言中虚构的人物。

53偏死：半身不遂。

54刍豢：用草喂的叫作刍，用谷物喂的叫作豢。

55沍（hù）：河水冻结。

(56)以隶相尊：把世俗上尊卑看作一样的。隶，奴仆，这里指地位卑贱。

(57)芚（chūn）：浑然无所觉察或识别之貌。

(58)参万岁而一成纯：糅合历史的长久变异与沉浮却精纯不当。参，糅合。万岁，年代久远。

(59)相蕴：互相蕴含于精纯浑朴之中。

(60)化声之相待：变化的声音是相待而成的。

(61)忘年忘义：忘生死，忘是非。

(62)恶识所以然，恶识所以不然：既不知道为什么会是这样，又不知道为什么会不是这样。

(63)栩栩：即翩翩。形容蝴蝶飞舞的情态。

译文

南郭子綦靠着几案而坐，仰头向天缓缓地呼吸，那离形去智的样子真像精神脱出了躯体。他的弟子颜成子游陪站在跟前，问道："怎么回事呀？形体诚然可以使它像干枯的枝木，心灵难道也可以像熄灭的灰烬吗？你今天凭几而坐的神情和往昔凭几而坐的情景大不一样。"

子綦回答说："偃，你问得正好！今天我摒弃了偏执的我，你知道吗？你听说过'人籁'，没有听说过'地籁'，即使你听说过'地籁'，却没有听说过'天籁'吧！"

子游说："请问'三籁'的究竟？"

子綦说："大地发出的气，叫作风。风不发作则已，一发作则万种不同的窍孔都怒吼起来。你没有听过长风呼啸的声音吧？山陵中高下盘回的地方，百围大树上的窍穴，有的像鼻子，有的像嘴巴，有的像耳朵，有的像梁上的方孔，有的像杯圈，有的像舂米的臼，有的像浅洼，有的像沼泽。它们发出的声音像湍急的流水声，像迅疾的箭镞声，像大声的呵斥，像细细的呼吸声，像放声叫喊，像号啕大哭，像在山谷里深沉回荡，像鸟儿鸣叫叽喳。真好像前面在呜呜唱导，后面在呼呼地和着。小风相和的声音小，大风相和的声音大。大风吹过去了，所有的窍孔都空寂无声。你不见草木还在摇摇曳曳地摆动吗？"

子游说："'地籁'是众窍孔发出的风声，'人籁'则是竹箫所吹出的乐声。请问'天籁'是什么？"

子綦说："所谓天籁，乃是风吹万种窍孔发出的各种不同的声音。这些声音之所以千差万别，乃是各个窍孔的自然状态所致，既然由自己决定，鼓动它们发声的还有谁呢？"

大智广博，小智精细；大言气焰凌人，小言则论辩不休。他们睡觉的时候精神交错，醒来的时候形体不宁，和外界交接相应，整天钩心斗角。有的出言迟缓，有的高深莫测，有的用词机谨严密。小的惧怕惴惴不安，大的惊恐失魂落魄。他们发言就像放出利箭一般，专心窥伺别人的是非来攻击；他们不发言就像咒过誓一样，默默不语地等待制胜的机会；他们的衰败如同秋冬景物凋零，这说明他们日益销毁；他们沉溺于所作所为当中，无法使他们恢复到原来的情状；他们心灵闭塞好像被绳索缚往，这说明他们衰老颓败，没法儿使他们恢复生气。他们欣喜、愤怒、悲哀、欢乐，他们忧思、叹惋、反复、恐惧，他们躁动轻浮、奢华放纵、情张欲往、造姿作态。好像乐声从中空的乐管中发出，又像菌类由地气蒸腾而成。这种种情态日夜在心中交侵不已，但不知道它们是怎样发生的。算了吧！算了吧！一旦领悟到这些情态发生的道理，就可以明白这些情态所以发生的根由了吧！

没有它（指种种情态）就没有我，没有我，那它就无从呈现。我和它是近似的，然而不知道这一切是受什么所驱使的。仿佛有“真宰”，却又寻不到它的端倪。可从它的作用上得到验证，但是看不见它的形体，但它却是真实的存在而又没有具体形态的。

众多的骨节，眼耳口鼻等九个孔窍和心肺肝肾等六脏全部齐备地存在于我的身上，我和它们哪一部分最为亲近呢？你对它们都是同样的喜欢吗？还是对其中某一部分有所偏爱呢？这样，每一部分都只会成为臣妾似的仆属吗？难道又果真有什么“真君”存在？无论求得真君的真实情况与否，那都不会对它的真实存在有什么增益和损害。

人一旦禀受成形体，不参与变化而等待形体耗尽，和外物接触便互相摩擦，驰骋追逐于其中而不能止步，这不是很可悲的吗？终身承受役使，却看不到自己的成功，一辈子困顿疲劳，却不知道自己的归宿，这能不悲哀吗？人们说这种人不会死亡，但又有什么意思呢？人的形体逐渐衰老，而人的精神又困缚于其中随之销毁，这能不算是莫大的悲哀吗？人生在世，本来就像这样迷昧无知吗？难道只有我才这么迷昧无知，而别人也有不迷昧无知的呢？

如果依据自己的成见作为判断的标准，那么谁没有一个标准呢？何必一定要了解自然变化之理的智者才有呢？就是愚人也是有的。如果说还没有成见就已经存有是非，那就好比“今天到越国去而昨天就已经到了”。这种说法是把没有看成有。如果要把没有看成有，就是神明的大禹尚且无法理解，而我又有什么办法呢？

说话辩论并不像风的吹动，善辩的人议论纷纷，他们所说的话也不曾有定论，这果真算是发了言吗？还是等于不曾说过什么呢？他们都认为自己的发言不同于小鸟的叫声，真有区别，还是没有区别呢？

大道是怎样隐藏起来而有了真伪之分的？言论怎样隐蔽起来而有了是与非的？大道怎么会出现而又不复存在呢？言论又怎么存在而又不宜认可？大道是被小的成就隐蔽了，言论是被浮华的辞藻隐蔽了，于是才有儒家和墨家的是非之争辩，肯定对方所否定的东西而否定对方所肯定的东西。若要肯定对方所否定的东西而非难对方所肯定的东西，那么不如用明的心境去观察事物本然的情形而求得明鉴。

世界上的事物没有不存在它自身对立的那一面，也没有不存在它自身对立的这一面。从事物相对立的那一面看，便看不见这一面，从事物相对立的这一面看，就能有所认识和了解。所以说，事物的那一面出自事物的这一面，事物的这一面亦起因于事物的那一面。

虽然事物对立的两个方面是相互并存、相互依赖的，但是任何事物随起就随灭，随灭就随起；刚肯定就转向否定，刚否定就又转向肯定；有因而认为非的，就有因而认为是的。所以圣人不走划分是非这条道路，而是观察比照事物的本然，也就是顺着事物自身的道理。

事物的这一面也就是事物的那一面，事物的那一面也就是事物的这一面。事物的那一面有它的是与非，事物的这一面同样也有它的是与非。事物果真有彼此的分别吗？果真没有彼此的分别吗？彼此不相对待，就是“道”的枢纽。抓住了“道”的枢纽，也就抓住了事物的要害，以顺应事物无穷无尽的变化。“是”的变化是没有穷尽的，“非”的变化也是没有穷尽的。所以说，不如用明静的心境去观照事物的实况。

以大拇指来说明大拇指不是手指，不如以非大拇指来说明大拇指不是手指；以白马来说明白马不是马，不如以非白马来说明白马不是马。

（事实上，从事理相同的观点来看）天地就是“一指”，万物就是“一马”。

道路是人走出来的，事物的名称是人叫出来的。为什么是？自有它是的道理。为什么不可？自有它不可的道理。一切事物本来都有它是的地方，一切事物本来都有它不可的地方。没有什么东西不是，没有什么东西不可。从道的观点来看小的草茎和大的庭柱，丑陋的癞头女人和美貌的西施，以及一切千奇百怪的事情都是可以相通为一的。万事有所分，必有所成；有所成，必有所毁。从整体来看，一切事物没有完成和毁坏的区别，都复归于一个整体。

只有通达的人才能了解这个通而为一的道理，于是他不用固执自己的成见而寓于各物的功分上，这就是因任自然的道理。顺着自然的路径行走而不知道它的所以然，这就叫作“道”。

耗费心神去求得事物的一致，而不知事物本身就具有同一的性状和特点，这就是所说的“朝三”。什么叫作“朝三”？养猴的人给猴子吃小栗时说：“早上给你们三升，晚上给你们四升。”这群被养的猴子听了都非常生气。养猴的人又说：“那么早上给你们四升，而晚上给你们三升。”这群猴子听了都高兴起来。名和实都未改变，然而猴子的喜怒却因各为所用而有了变化，这也是顺着猴子主观的心理作用的结果吧！于是圣人把是与非混同起来，悠然自得地生活在自然而又均衡的境界里，这就叫作物与我各得其所、自行发展。

古时候的人的智慧达到了最高的境界。何以达到最高的境界呢？有的人认为，宇宙初始未曾形成什么具体的事物。这种认识是十分了不起的，是尽善尽美、到达尽头，无以复加的了。次一等的人认为宇宙之始是存在事物，但是不曾有严格的区分和界域。再次一等的人认为事物虽有分界，但不曾有过是与非的不同。是与非的显现，“道”就有了亏损。“道”有亏损，私爱也就随之而形成。果真有形成与亏损吗？果真没有形成与亏损吗？有形成与亏损，则昭文弹琴；没有形成与亏损，则昭文不弹琴。昭文善于弹琴，师旷精于乐律，惠施乐于靠着梧桐树高谈阔论，他们三个人的技艺几乎都算得上是登峰造极的了，于是载誉于晚年。正因为他们各有所好，以炫异于别人；他们各以所好，而想显现于他人。

不是别人所非了解不可的而勉强要人了解，因此终身迷于“坚白论”的偏蔽。而昭文的儿子又终身从事昭的余绪，终身没有什么成就。像这样子可以说有成就吗？那么虽然我们没有成就，但也可算有成就了。如果这样不能算有成就，那么人与我都谈不上有什么成就。由此可见，迷乱世人的炫耀乃是圣人所要摒弃的。无用均寄托于有用之中，这才是因事物的本然观察事物，而求得真知。

现在暂且在这里说一番话，不知道这些话和其他人的言论是相同的呢，还是不相同的呢？无论是同类与不同类，既然发了言，就都算是一类了，那么和其他的言论便没有什么分别了。

既然如此，那么请容许我说说：宇宙有一个开始，有一个未曾开始的开始，还有它未曾开始的未曾开始的开始。宇宙之初的形态有它的“有”，有它的“无”，还有个未曾有无的“无”，同样也有那未曾有无的未曾有无的“无”。忽然间发生了“有”和“无”，却不知道“有”与“无”谁是真正的“有”、谁是真正的“无”。现在我已经说了这些话，但不知道我果真说了呢，还是没有说？

天下没有什么比秋毫毛的末端更大的东西，而泰山却是小的；没有比夭折的孩子更长寿的人，而彭祖却是短命的。天地和我共生，万物和我为一体。既然合为一体，那么还需要言论吗？既然已经称作一体，还能说没有言论吗？客观存在的一体加上的我的议论就成了“二”。“二”再加上“一”，就成了“三”，这样继续往下算，就是最精明的计算也不可能得出最后的数字，何况普通人呢？从无到有已经生出三个名称了，何况从有到有呢？没有必要再往下计算了，还是顺应事物的本原吧！

“道”不曾有过界限，语言也不曾有过定说，为了争一个“是”字而划出许多的界限，如有左，有右，行伦序，有评判，有分别，有辩论，有竞言，有争持，这是界限的八种表现。天地以外的事，圣人知道存在而不研究；天地以内的事，圣人只是研究而不评说。至于古代历史上善于治理社会的前代君王们的记载，圣人只评说而不争辩。天下事理有分别，就有不分别；有辩论，就有不辩论。这是如何讲呢？圣人把事物都囊括于胸、容藏于已，而一般的人则争辩不休，夸耀于外，所以说，凡事争辩，总因为有自己所看不见的一面。

高深的“道”是不可名称的，最了不起的辩说是不必言的，最具仁义的人是无所偏爱的，最廉洁的人是不必表示谦让的，最勇敢的人是从不伤害他人的。“道”完全表露于外就不算是“道”，“言”争辩总有表达不到的地方，“仁”常守滞一处就不能周遍，“廉”若露形迹就不真实，“勇”怀害意就不能成为勇。这五种情况不要疏忽，就可以近于“道”了。

一个人能停止于自己所不知晓的境界，那就是明智到极点了。谁能通晓不用语言的辩论，不用称说得很深的道理呢？若有谁能知道，就可称得上是天然的府库。无论注入多少东西，它都不会满溢，无论取出多少东西，它也不会枯竭，而且不知这些东西源流自何处，这就叫作潜藏的光明。

从前，尧问舜说："我想讨伐宗、脍、胥敖三个小国，每当临朝，总是放在心里感到不安，为什么呢？"

舜回答说："那三个小国的国君就像生存在蓬蒿艾草中间一样，为什么还要放在心里呢？从前十个太阳一块儿升起，普照万物，何况道德的光芒远远超过了太阳的光亮呢！"

啮缺问王倪："你知道万物有共同的标准吗？"

王倪说："我怎么知道呢？"

啮缺又问："你知道所不明白的东西吗？"

王倪说："我怎么知道呢？"

啮缺再问："那么万物就无法知道了吗？"

王倪说："我怎么知道呢？虽然这样，姑且让我说说看。你怎么知道我所说的'知'不是'不知'呢？你又怎么知道我所说的'不知'并不是'知'呢？我且问你：人睡在潮湿的地方，就会患腰痛或半身不遂，泥鳅也会这样吗？人爬上高高的树木，就会心惊胆战、惶恐不安，猿猴也会这样吗？人、泥鳅、猿猴这三种动物究竟谁最懂得居处的标准呢？人吃肉类，麋鹿食草芥，蜈蚣喜欢吃小蛇，猫头鹰和乌鸦则喜欢吃老鼠，人、麋鹿、蜈蚣、猫头鹰和乌鸦这四类动物究竟谁才懂得真正的美味？猿猴把猵狙当作配偶，麋喜欢与鹿交配，泥鳅则与鱼交尾。毛嫱和西施是世人认为最美的，但是鱼见了却深潜潜入水底，鸟见了就要高高飞向天空，麋鹿见了就要急迷逃离，人、鱼、鸟和麋鹿这四种动物究竟谁才懂得天下真正的美色呢？依我来看，仁义的论点和是非的途径纷杂错乱，我怎么能知晓它们之间的分别呢？"

啮缺说："你不了解利与害，难道品德高尚的至人也不知晓利与害吗？"

王倪说："啊！进入物我两忘境界的至人实在是神妙极了！山林焚烧而不能使他感到热，江河封冻而不能使他感到冷，雷霆撼山岳，狂风激起海浪，这些都不能使他感到惊恐。这样品德高尚的至人，驾着云气，骑着日月，在四海之外遨游，生死的变化对他没有影响，何况利害的观念呢？"

瞿鹊子问长梧子说："我听孔夫子说过，'圣人不去从事琐碎的事务，不贪图利益，不回避灾害，不喜欢妄求，不拘泥于道；没有说话又好像说了，说了话又好像没有说，心神遨游于尘俗世界之外'。孔夫子认为这些都是不着实际的轻率不当的言论，而是精妙之道的行径。长梧子你认为怎么样？"

长梧子说："黄帝听了这些话也会疑惑不解的，而孔丘怎能了解呢？你未免操之过急了，就像见到鸡蛋便想立即得到报晓的公鸡，见到弹丸便想立即获取烤熟的鸮鸟肉。现在我姑且说说，你则姑且听听，怎么样？圣人同日月并明，怀抱宇宙，和万物吻合一体，是非混乱之置不同，把卑贱与尊贵等同起来。众人一心忙于去争辩是非，圣人却好像十分愚昧而无所觉察，糅合古今无数变异而自己却精纯不杂。万物全是一样，互相蕴含于精纯浑朴之中。

“我怎么知道贪生不是迷惑呢？我又怎么知道厌恶死亡不是像自幼流落他乡而不知返回家园呢？丽姬是艾地封疆守土之人的女儿，晋国征伐丽戎时俘获了她，当时她哭得泪水浸透了衣襟，等她到了晋国进入王宫，跟晋王同睡一床、同吃美味的鱼肉，这才后悔当初不该哭泣。我怎么知道那些死去的人不会后悔当初的求生呢？

“睡梦里饮酒作乐的人，早晨醒来后很可能痛哭饮泣；睡梦中痛哭饮泣的人，早晨醒来后又可能会有一场欢快的打猎。当人在做梦的时候，并不知道自己是在做梦。有时睡梦中还会卜问所做之梦的吉凶，醒来后才知是在做梦。只有非常清醒的人才知道人的一生就像是一场大梦。可是愚人却自以为清醒，自以为什么都知道。什么君呀，臣呀，实在浅陋极了！孔丘和你都是在做梦，我说你们在做梦，其实我也在做梦。上面讲的这番话，它的名字可以叫作奇特和怪异。万世之后，假若一朝遇上一位大圣人，悟出上述一番话的道理，这恐怕是极少的时间可以遇上的吧！

“倘若我和你展开辩论，你胜了我，我没有胜你，那么，你果真对，我果真错吗？我胜了你，你没有胜我，我果真对，你果真错吗？难道我们两人有谁是正确的，有谁是不正确的吗？难道我们两人都是正确的，或都是不正确的吗？我和你都无从知道，而世人原本也都承受着蒙昧与晦暗，我们又能让谁做出正确的裁判？让观点跟你相同的人来裁判吗？既然看法跟你相同，又怎么能做出公正的评判？让观点跟我相同的人来裁判吗？既然看法跟我相同，又怎么能做出公正的判断？如此，那么我和你跟大家都无从知道这一点，还等待别的什么人呢？

“变化的声音是相待而成的，如果要使它们不相对待，就要用自然的分际来调和它，我的言论散漫流行（不拘常规），随物因变而悠游一生。什么叫作用‘自然的分际’来调和一切是非？就是说，任何东西有‘是’，便有‘不是’，有‘然’，便有‘不然’。‘是’果真是‘是’就和‘不是’有区别，这样就不须辩论；‘然’果真是‘然’，就和‘不然’有区别，这样也不须辩论。忘掉生死年岁，忘掉是非仁义，遨游于无穷的境域，这样也就能寄寓于无穷的境域。”

影子之外的微阴问影子：“从前你行走，现在又停下；从前你坐着，现在又站了起来。你怎么没有自己独立的操守呢？”

影子回答说：“我是有所依靠才这样的吗？我所依靠的东西又有所依靠才这样的吗？我所依靠的东西难道像蛇的蚹鳞和鸣蝉的翅膀吗？我怎么知道因为什么缘故会是这样？我又怎么知道因为什么缘故而不会是这样？”

过去庄周梦见自己变成了蝴蝶，欣然自得地飞舞着的一只蝴蝶，遨游各处，悠游自在，根本不知道自己原来是庄周。突然醒过来，自己分明是庄周。不知是庄周做梦变成蝴蝶了呢，还是蝴蝶做梦变成庄周了呢？庄周和蝴蝶必定是有所区别的。这种转变就叫作“物化”。

养生主

吾生也有涯①，而知也无涯，以有涯随无涯，殆②已！已而为知者，殆而已矣！为善无近名③，为恶无近刑，缘督④以为经，可以保身，可以全生，可以养亲⑤，可以尽年。

庖丁为文惠君解牛⑥，手之所触，肩之所倚，足之所履，膝之所踦，砉然⑦响然，奏刀騞然⑧，莫不中音⑨。合于《桑林》⑩之舞，乃中《经首》之会⑪。

文惠君曰："嘻，善哉！技盖至此乎？"

庖丁释刀对曰："臣之所好者，道也，进乎⑫技矣。始臣之解牛之时，所见无非全牛者，三年之后未尝见全牛也；方今之时，臣以神遇，而不以目视，官知止而神欲行⑬。依乎天理⑭，批大郤⑮，导大窾⑯，因其固然⑰。技经肯綮之未尝⑱，而况大軱⑲乎！良庖岁更刀⑳，割也；族㉑庖月更刀，折也；今臣之刀十九年矣，所解数千牛矣，而刀刃若新发于硎㉒。彼节者有间㉓，而刀刃者无厚，以无厚入有间，恢恢乎其于游刃必有余地矣，是以十九年而刀刃若新发于硎。虽然，每至于族㉔，吾见其难为，怵㉕然为戒，视为止㉖，行为迟㉗动刀甚微㉘，謋然㉙已解，如土委地㉚。提刀而立，为之四顾，为之踌躇㉛满志，善刀㉜而藏之。"

文惠君曰："善哉！吾闻庖丁之言，得养生焉㉝。"

公文轩见右师而惊曰㉞："是何人也？恶乎介㉟也？天与？其人与？"

曰："天也，非人也。天之生是使独也，人之貌有与也。以是知其天也，非人也。"

泽雉㊱十步一啄，百步一饮，不蕲畜乎樊㊲中。神虽王㊳，不善也。

老聃㊴死，秦失㊵吊之，三号㊶而出。弟子曰："非夫子之友邪？"

曰："然。"

"然则吊焉若此，可乎？"

曰："然。始也吾以为其人也，而今非也。向㊷吾入而吊焉，有老者哭之，如哭其子；少者哭之，如哭其母。彼其所以会㊸之，必有不蕲言而言，不蕲哭而哭者。是遁天倍情㊹，忘其所受㊺，古者谓之遁天之刑㊻。适来，夫子时也；适去，夫子顺也。安时而处顺，哀乐不能入也，古者谓是帝之县解㊼。"

指穷于为薪㊽，火传也，不知其尽㊾也。

注 释

①涯：限度。

②殆：疲困。

③名：名利。

④缘督：因顺自然。

⑤亲：天性，精神。

⑥庖（páo）丁：厨师。文惠君：梁惠王。

⑦砉（huā）然：形容解牛时发出的声音。

⑧奏刀：进刀。騞（huō）然：形容骨肉分离的声音。

⑨中音：合于乐音。

⑩《桑林》：商汤时的乐曲名。

⑪《经首》：尧时《咸池》乐曲中的一章。会：音节。

⑫进乎：超过。

⑬官：器官。神：精神。

⑭天理：自然的纹理。

⑮批：击。郤：指筋骨间的空隙。

⑯导：引向。窾（kuǎn）：空。

⑰因：顺着。固然：本来的结构。

⑱技经：技艺所过的地方。肯：附在骨头上的肉。綮（qìng）：筋骨连接的地方。

⑲大軱（gū）：大骨。

⑳良庖：好厨师。更：换。

㉑族：普通。

㉒发：磨。硎（xíng）：磨刀石。

㉓节：骨节。间：间隙。

㉔族：指筋骨结聚之处。

㉕怵（chù）：小心谨慎。

㉖视为止：目不转睛。

㉗行为迟：动作缓慢。

㉘甚微：很轻。

㉙謋（huò）然：形容牛体解开时发出的声音。

㉚委地：丢在地上。

㉛踌躇（chóu chú）：从容自得的样子。

㉜善刀：好好收拾刀。

㉝得养生焉：领悟到养生之道。

㉞公文轩：相传为宋国人。右师：官名。

㉟介：一只脚。

㊱泽雉（zhì）：生活在草泽中的野鸡。

㊲樊：笼子。

㊳王（wàng）：旺盛。

㊴老聃（dān）：即老子。

㊵秦失：老子的朋友。

㊶三号：哭号三声。

㊷向：刚才。

㊸会：聚集。

㊹遁天：失去天性。倍情：违背真情。

㊺所受：禀受的本性。

㊻遁天之刑：违背天理受到刑罚。

㊼帝：天帝。县解：县同“悬”，束缚解除。

㊽指：通脂，油脂。薪：烛火。

㊾尽：穷尽。

译文

我们的生命是有限的，而知识是无限的，以有限的生命去追求无限的知识，必然疲惫不堪。既然知道这一点，还要去追求知识，只会更加疲惫不堪。做好事不要追求名利，做世俗认为的“恶”不要遭到刑戮之害，做事顺应自然，就可以明哲保身，可以修身养性，可以高寿善终。

庖丁替文惠君宰牛，手所抓的，肩所扛的，脚所踩的，膝所顶的，霍霍有声，进刀割解，“哗”的一声，那声音无不合于音乐的节奏。像《桑林》舞的动作一样轻松悠然，像《经首》乐章中的音乐那样和谐。

文惠君惊叹道：“啊！真是妙极了！你的技术怎么会达到如此高超的地步呢？”

庖丁放下刀，回答说：“我所爱好的是道，对道的追求已远远超过了技术。我开始宰牛时，看到的是一头整体的牛；三年以后，所看到的就不是整体的牛了。到了现在，我是根据心神去用刀，不需要用眼睛看着，感官的作用停止了，而精神活动还在进行。按照牛身上的自然纹理，击打筋骨间的空隙，把刀子引向骨节间的窍穴，顺着牛体的自然结构用刀，我的用刀技艺就连筋骨盘结的地方都不去碰，何况那些大骨头呢？好厨师一年换一把刀，他们是用刀去割筋肉的；普通厨师一个月换一把刀，他们是用刀去砍骨头的。现在我这把刀已经用了二十九年，所宰的牛已有几千头了，可刀口仍像刚在磨刀石上新磨过的一样锋利。牛骨关节是有空隙的，而刀刃很薄，用很薄的刀刃伸入有空隙的筋骨，自然会宽宽绰绰地游刃有余，所以我这把刀用了二十九年还像新磨的一样。尽管如此，每当碰到筋骨盘结的地方，不容易下刀，就特别小心谨慎，聚精会神，慢慢动手将刀轻轻一动，牛一下子就解体了，如同泥土溃散落地一般。这时我提刀站立，四面张望，心满意足，将刀擦干净收藏起来。”

文惠君说：“好啊！我听了庖丁这番话，领悟到养生之道了。”

公文轩看见右师，惊讶地说：“这是什么人？为什么只有一只脚？这是天生的呢，还是人为的？”

右师说：“这是天生的，不是人为的。天生下来就一只脚，而人的自然形态是天赋予的。由此而知这是天生的，而不是人为的。”

生活在草泽中的野鸡走十步才能啄到一口食，走百步才能喝到一口水，但它并不希望被圈养在笼子里。尽管不愁饮食，精神旺盛，但失去了自由。

老子死了，秦失去吊唁，哭号了三声就出来了。弟子问：“您不是先生的朋友吗？”

秦失说：“是的呀！”

弟子又问：“那么，您这样吊唁可以吗？”

秦失说：“可以。原先我以为他是至人，现在不这样认为了。刚才我进去吊唁的时候，看见有老年人哭他，如同哭自己的儿子；有少年哭他，如同哭自己的母亲。由此看来，他们之所以聚集在这里痛哭，一定有不想吊唁而吊唁，有不想痛哭而痛哭的，吊唁和痛哭只是一种礼节形式罢了。这种表现是没有天性并违背真情的，忘记了禀受的本性，古时候将这称为逃避自然的刑法。该来的时候，老子应时而生；该去的时候，老子顺理而死。生死顺应自然，就不会受到哀乐之情的困扰，古时候将这称为上苍为人解除倒悬。”

烛芯的燃烧是有穷尽的，而火却一直传下去，没有穷尽的时候。

人间世

原文

颜回见仲尼，请行。曰：“奚之[①]？”曰：“将之卫。”曰：“奚为焉？”曰：“回闻卫君，其年壮，其行独。轻用其国，而不见过。轻用民死，死者以国量乎泽若蕉，民其无如矣！回尝闻之夫子曰：‘治国去[②]之，乱国就之，医门多疾。’愿以所闻思其则，庶几其国有瘳乎[③]！”

仲尼曰：“嘻！若殆往而刑耳。夫道不欲杂。杂则多，多则扰，扰则忧，忧而不救。古之至人，先存诸己而后存诸人。所存于己者未定，何暇至于暴人之所行！

“且若亦知夫德之所荡而知之所为出乎哉？德荡乎名，知出乎争。名也者，相轧也；知也者，争之器也。二者凶器，非所以尽行也。

“且德厚信矼，未达人气；名闻不争，未达人心。而强以仁义绳墨之言术暴人之前

者，是以人恶有其美也，命之曰菑人[4]。菑人者，人必所反菑之，若殆为人菑夫！且苟为悦贤而恶不肖，恶用而求有以异？若唯无诏，王公必将乘人而斗其捷。而目将荧之，而色将平之，口将营之，容将形之，心且成之。是以火救火，以水救水，名之曰益多。顺始无穷，若殆以不信厚言，必死于暴人之前矣！

“且昔者桀[5]杀关龙逢，纣杀王子比干，是皆修其身，以下伛拊人之民，以下拂其上者也，故其君因其修以挤之。是好名者也。昔者尧攻丛枝、胥敖，禹攻有扈，国为虚厉，身为刑戮。其用兵不止，其求实无已，是皆求名实者也，而独不闻之乎？名实者，圣人之所不能胜也，而况若乎！虽然，若必有以也，尝以语我来。”

颜回曰：“端而虚，勉而一。则可乎？”

曰：“恶[6]！恶可？夫以阳为充孔扬[7]，采色不定，常人之所不违，因案人之所感，以求容与其心，名之曰日渐之德不成，而况大德乎！将执而不化，外合而内不訾，其庸讵可乎！

“然则我内直而外曲，成而上比。内直者，与天为徒。与天为徒者，知天子之与己，皆天之所子，而独以己言蕲乎而人善之，蕲乎而人不善之邪？若然者，人谓之童子，是之谓与天为徒。外曲者，与人之为徒也。擎跽曲拳，人臣之礼也。人皆为之，吾敢不为邪？为人之所为者，人亦无疵焉。是之谓与人为徒。成而上比者，与古为徒。其言虽教，谪之实也[8]”，古之有也，非吾有也。若然者，虽直而不病，是之谓与古为徒。若是则可乎？”

仲尼曰：“恶！恶可？大多政法而不谍。虽固，亦无罪。虽然，止是耳矣，夫胡可以及化！犹师心者也。”

颜回曰：“吾无以进矣，敢问其方。”

仲尼曰：“斋，吾将语若。有心而为之，其易邪？易之者，皞天不宜。”

颜回曰：“回之家贫，唯不饮酒、不茹荤者数月矣。如此，则可以为斋乎？”

曰：“是祭祀之斋，非心斋也。”

回曰：“敢问心斋。”

仲尼曰：“若一志，无听之以耳而听之以心；无听之以心而听之以气。听止于耳，心止于符。气也者，虚而待物者也。唯道集虚。虚者，心斋也。”

颜回曰：“回之未始得使，实自回也；得使之也，未始有回也。可谓虚乎？”

夫子曰：“尽矣。吾语若：若能入游其樊而无感其名，入则鸣，不入则止。无门无毒，一宅而寓于不得已，则几矣。绝迹易，无行地难。为人使易以伪，为天使难以伪。闻以有翼飞者矣，未闻以无翼飞者也；闻以有知知者矣，未闻以无知知者也。瞻彼阕者，虚室生白，吉祥止止。夫且不止，是之谓坐驰，夫徇耳目内通，而外于心知，鬼神将来舍，而况人乎！是万物之化也，禹舜之所纽也，伏羲、几蘧之所行终，而况散焉者乎！”

叶公子高将使于齐，问于仲尼曰：“王使诸梁也甚重。齐之待使者，盖将甚敬而不急，匹夫犹未可动，而况诸侯乎！吾甚栗之。子常语诸梁也曰：‘凡事若小若大，寡不道以欢成。事若不成，则必有人道之患；事若成，则必有阴阳之患。若成若不成而后无患者，唯有德者能之。’吾食也执粗而不臧，爨无欲清之人。今吾朝受命而夕饮冰，我其内热与？吾未至乎事之情，而既有阴阳之患矣；事若不成，必有人道之患，是两也。为人臣者不足以任之，子其有以语我来！”

仲尼曰：“天下有大戒二：其一，命也；其一，义也。子之爱亲，命也，不可解于心；臣之事君，义也，无适而非君也，无所逃于天地之间。是之谓大戒。是以夫事其亲者，不择地而安之，孝之至也；夫事其君者，不择事而安之，忠之盛也；自事其心者，哀乐不易施乎前，知其不可奈何而安之若命，德之至也。为人臣子者，固有所不得已。行事之情而忘其身，何暇至于悦生而恶死？夫子其行可矣！

“丘请复以所闻：凡交近则必相靡以信，远则必忠之以言，言必或传之。夫传两喜、两怒之言，天下之难者也。夫两喜必多溢美之言，两怒必多溢恶之言。凡溢之类妄，妄则其信之也莫，莫则传言者殃。故法言曰：‘传其常情，无传其溢言，则几乎全。’且以巧斗力者，始乎阳[⑨]，常卒乎阴[⑩]，泰至则多奇巧；以礼饮酒者，始乎治，常卒乎乱，泰至则多奇乐。凡事亦然，始乎谅，常卒乎鄙，其作始也简，其将毕也必巨。

“言者，风波也；行者，实丧也。夫风波易以动，实丧易以危。故忿设无由，巧言偏辞。兽死不择音，气息茀然，于是并生心厉[⑪]。克核大至[⑫]，则心有不肖之心应之，而不知其然也。苟为不知其然也，孰知其所终？故法言曰：‘无迁令，无劝成，过度益也’。迁令、劝成，殆事。美成在久，恶成不及改，可不慎与！且夫乘物以游心，托不得已以养中，至矣！何作为报也？莫若为致命，此其难者。”

颜阖将傅卫灵公大子，而问于蘧伯玉[⑬]曰：“有人于此，其德天杀。与之为无方，则危吾国；与之为有方，则危吾身。其知适足以知人之过，而不知其所以过。若然者，吾奈之何？”

蘧伯玉曰：“善哉问乎！戒之，慎之，正女身哉！形莫若就，心莫若和。虽然，之二者有患。就不欲入，和不欲出。形就而入，且为颜为灭，为崩为蹶。心和而出，且为声为名[⑭]，为妖为孽[⑮]。彼且为婴儿，亦与之为婴儿；彼且为无町畦，亦与之为无町畦；彼且为无崖，亦与之为无崖。达之，入于无疵[⑯]。

“汝不知夫螳螂乎？怒其臂以当车辙，不知其不胜任也，是其才之美者也。戒之，慎之，积伐而美者以犯之，几矣。汝不知夫养虎者乎？不敢以生物与之，为其杀之之怒也；不敢以全物与之，为其决之之怒也。时其饥饱，达其怒心。虎之与人异类而媚养己者，顺

也；故其杀者，逆也。

夫爱马者，以筐盛矢，以蜃盛溺。适有蚊虻仆缘，而拊之不时，则缺衔毁首碎胸。意有所至而爱有所亡，可不慎邪！”

匠石之齐，至于曲辕，见栎社树。其大蔽数千牛，絜之百围[17]，其高临山十仞而后有枝，其可以为舟者旁[18]十数。观者如市，匠伯不顾，遂行不辍。弟子厌观之，走及匠石，曰：“自吾执斧斤以随夫子，未尝见材如此其美也。先生不肯视，行不辍，何邪？”

曰：“已矣，勿言之矣！散木也，以为舟则沈，以为棺椁[19]则速腐，以为器则速毁，以为门户则液樠，以为柱则蠹，是不材之木也。无所可用，故能若是之寿。”

匠石归，栎社见梦曰：“女将恶乎比予哉？若将比予于文木邪？夫柤梨、橘柚，果蓏之属[20]，实熟则剥，剥则辱。大枝折，小枝泄。此以其能苦其生者也，故不终其天年而中道夭，自掊[21]击于世俗者也。物莫不若是。且予求无所不用久矣！几死，乃今得之，为予大用。使予也而有用，且得有此大也邪？且也若与予也皆物也，奈何哉其相物也？而几死之散人，又恶知散木？”

匠石觉而诊其梦。弟子曰："趣取无用，则为社何邪？"曰："密！若无言，彼亦直寄焉，以为不知己者诟厉也。不为社者，且几有剪乎？且也彼其所保与众异，而以义誉之，不亦远乎！"

南伯子綦游乎商之丘，见大木焉有异，结驷千乘，隐将芘其所藾[22]。子綦曰："此何木也哉？此必有异材夫！"仰而视其细枝，则拳曲而不可以为栋梁；俯而视其大根，则轴解而不可以为棺椁；咶[23]其叶，则口烂而为伤；嗅之，则使人狂酲三日而不已。

子綦曰："此果不材之木也，以至于此其大也。嗟乎神人，以此不材！"宋有荆氏[24]者，宜楸柏桑。其拱把而上者，求狙猴之杙者斩之；三围四围，求高明之丽者斩之；七围八围，贵人富商之家求樿傍者斩之。故未终其天年，而中道之夭于斧斤，此材之患也。故解之以牛之白颡者与豚之亢鼻者[25]，与人有痔病者不可以适河。此皆巫祝以知之矣，所以为不实也。此乃神人之所以为大祥也。

支离疏者，颐隐于脐，肩高于顶，会撮指天，五管在上，两髀为胁。挫针治繲[26]，足以糊口；鼓荚播精[27]，足以食十人。上征武士，则支离攘臂而游于其间；上有大役，则支离以有常疾不受功；上与病者粟，则受三钟[28]与十束薪。夫支离其形者，犹足以养其身，终其天年，又况支离其德者乎？

注释

①之：动词，往。

②去：离开。

③庶几其国有瘳（chōu）乎：庶几，也许可以，含有希望的意思。瘳，病愈，指国家恢复了元气。

④命之曰菑（zāi）人：命之，名之，称谓它。菑，"災"字的异体，"災"字今简化为"灾"。

⑤桀：夏代最后一个国君，历史上称为暴君。

⑥恶（wū）：叹词，驳斥的声音。

⑦以阳为充孔扬：阳，盛气。充，满。孔扬，甚为扬扬自得。即是说：骄盛之气充满于内，显扬于外。

⑧谪（zhé）：谴责、责备。

⑨始乎阳：指开始时的公开斗争。

⑩常卒乎阴：卒，终。阴，指暗地里使计谋。指最后使阴谋。

⑪并生心厉：厉，狠虐；"心厉"，指伤害人的恶念。

⑫核大至：逼迫太甚。

⑬蘧（qú）伯玉：蘧，姓。蘧伯玉，名“瑗”，卫国的贤大夫。

⑭为声为名：本句两个“为”字均作介词用，表“为了”的意思。

⑮为妖为孽（niè）：孽，灾害。两个“为”字均作动词，含造成或招致的意思。

⑯疵：病，这里指的是行动上的过失。

⑰絜之百围：絜，量。围，圆周一尺。即用绳子计量周围。

⑱旁：旁枝。

⑲椁（guǒ）：指棺外的套棺。

⑳果蓏（luǒ）之属：一瓜果之类。属，类。

㉑掊（póu）：打。

㉒隐净芘（pí）其所藾（lài）：芘，通“庇”，荫庇的意思。藾，荫。

㉓咶（shì）：通“舐”，用舌舔。

㉔荆氏：地名。

㉕解之以牛之白颡者与豚之亢鼻者：解之，指祈祷神灵以消灾。颡，额。亢鼻，指鼻孔上仰。古时的人以高鼻折额、毛色不纯的牲畜和痔漏的人为不洁净，因而不用于祭祀。

㉖挫针治繲（xiè）：挫针，缝衣。繲，洗衣。

㉗鼓荚播精：鼓，簸动。荚，小簸箕。播，扬去灰土与糠屑。即指以簸箕筛米去灰土糠屑。

㉘钟：古代以六斛四斗为一钟。官吏俸禄多以钟计。

译文

颜回拜见老师仲尼，向他辞行。孔子问：“到哪里去？”颜回回答：“要到卫国去。”孔子问：“去做什么？”颜回说：“我听说卫国的君主年轻气盛，办事专断；处理国事轻举妄动，却看不见自己的过失；轻率地用兵而不恤人民的生命，死的人积满了山泽，好像干枯的草芥一样，人民无所依归。我曾听老师说过：‘治理得好的国家可以离开，危乱的国家可以前往，好像医生的门前病人多一样。’希望根据老师的这些教诲去实行，或许卫国还可以逐渐恢复元气吧！”

孔子说：“嘻！你去卫国后恐怕会遭到杀害啊！推行大道是不宜喧杂的，喧杂就会多事，多事就会心生扰乱，心生扰乱就会产生忧患，忧患多了自救也来不及了。古时候的‘至人’先求自己日臻充实后，方才去扶助别人。如果在自己的道德修养方面还没有什么成绩，怎么能去纠正暴君的过失呢？

“你知道‘德’之所以失真，而‘智’之所以外露的原因吗？‘德’的失真是由于追求名声，‘智’的外露是在于争辩是非。‘名’是人们相互倾轧的原因，‘智’是人们相互斗争的工具；这两者都是凶器，不可将它们推行于世。

“虽然一个人德行纯厚，信誉着实，但未必能与对方声气相通；虽然一个人不与别人争夺名誉，但未必能得到广泛的理解。如果勉强把仁义和规范的言辞述说在暴君的面前，这就好比用别人的丑行来显示自己的美德，这种做法可以说是在害人。害人的人一定会被别人所害。你恐怕会被人所害呀！如果说，卫君喜爱贤才而讨厌恶人，那么，哪里还用得着等待你去才有所改变？除非你不向卫君进言，否则卫君一定会抓住你说话的漏洞而展开他的辩才。而你必将眼花缭乱，面色佯作平和，口里只顾得营营自救，于是容貌迁就，内心无主地依顺他的主张了。这就是用火去救火，用水去救水，可以说是错上加错。有了依顺的开始，以后就永远没个完结。如果你未能取信便深深进言，那就会死在这位暴君的面前。

“从前，夏桀杀害了敢于直谏的关龙逄，商纣王杀害了力谏的叔叔比干，这些贤臣修身蓄德以在下的地位爱抚人君的民众，以在下的地位违逆了上位君主的猜忌之性，所以君主因为他们的修身蓄德而排斥他们、杀害他们。这就是爱好名声的结果。当年尧帝征伐丛、枝和胥敖，夏禹攻打有扈，这些国家变成废墟，人民死尽，国君被杀，这是因为他们不断用兵，贪求别国的土地和人口。这些都是求名好利的结果，你没有听说过吗？就是圣人也不可以超越名利，何况是你呢？虽然这样，你必定有所依凭，试用言辞告诉我吧！”

颜回说：“外貌端庄而内心谦虚，勉力行事而意志专一，这样可以吗？”孔子说：“唉，这怎么可以呢？卫君骄气横溢，喜怒无常，平常人都不敢违背他，压抑别人对他的劝告，以求自己内心的畅快。他这种人每天用小德慢慢感化都不会有成效，更何况用大德来劝导呢？他必将固执己见而不会改变，即使表面赞同，内心里也不会对自己的言行做出反省，你用的方法怎么行得通呢？”

颜回说：“如此，那我就内心诚直而外表恭敬，内心自有主见并处处以古代贤人做比较。所谓‘内心诚直’，就是与自然同类。与自然同类的，就可知道国君与自己在本性上都属于天生的，又何必把自己的言论宣之于外而希望得到人们的赞同，还是希望人们不予赞同呢？像这样做，人们就会称之为未失童心，这就叫作跟自然为同类。所谓‘外表恭敬’，是和世人一样。手拿朝笏躬身下拜，这是人臣应尽的礼节，人家都这么去做，我敢不这么做吗？做大家所做的事，别人就不会责难我，这就叫作跟世人为同类。心有成见上比古代贤人，是跟古人为同类。虽然他们的言论很有教益，但指责世事才是真情实意。这样做自古就有，并不是我自己造出来的，像这样做，虽然正直不阿，却也不会受到伤害，这就叫作跟古人为同类。这样做可以吗？”孔子说：“唉！怎么可以呢？太多的事情需要纠正，就是有所效法，也会出现不当，虽然固陋而不通达也没有什么罪责。即使这样，也

不过如此而已，又怎么能感化他呢！你太执着自己的成见了。”

颜回说：“我没有更好的办法了，请问有什么方法？”孔子说：“你先斋戒，我再告诉。你有了成心去做事，哪里有这么容易呢？如果你以为容易，那就不合自然的道理了。”颜回说：“我家贫穷，不饮酒、不吃荤菜已经好几个月了，像这样，可以说是斋戒了吧？”孔子说：“这是祭祀的斋戒，并不是‘心斋’。”颜回说：“我请教什么是‘心斋’？”孔子说：“你必须摒除杂念，专一心思，不用耳去听而用心去体会，不用心去体会而用气去感应。耳的功能只在于聆听，心的功能只在于跟外界事物交合。气乃是空明而能容纳外物的。只要你到达空明的心境，道理自然与你相合。‘虚’（空明的心境）就是‘心斋’。”

颜回说：“我不曾禀受过‘心斋’的教诲，所以确实存在一个真实的颜回；我禀受了‘心斋’的教诲，顿时便感到不曾有过真实的颜回。这样可算达到空明的心境吗？”孔子说：“对了，我告诉你，如果能够进入追名逐利的环境中遨游而又不为名利地位所动，卫国君主能采纳你的意见，你就说，不能采纳你的意见，你就不说。不去寻找仕途的门径，也不向世人提示索求的标的，心思凝聚全无杂念，把自己寄托于无可奈何的境域，那么就差不多合于‘心斋’的要求了。人不走路容易，但走路不留行迹就困难了。为情欲所驱使容易造伪，顺其自然而行便难以作假。听说过凭借翅膀才能飞翔，不曾听说过没有翅膀也能飞翔；听说过有智慧才能了解事物，不曾听说过没有智慧也可以了解事物。观照那个空明的心境，空明的心境可以生出光明来。福善之事止于凝静之心。如果心境不能宁静，这就叫作‘坐驰’。使耳目感官向内通达而排除心机，鬼神也会来依附，何况是人呢！这样万物都可以感化，这是禹和舜所把握的要领，也是伏羲、几蘧所遵循始终的道理，似况普通的人兆？”

叶公子高将要出使齐国，问孔子说：“楚王交给我的使命是很重大的，齐国对待外来的使者总是表面恭敬而实际怠慢。普通老百姓尚且不易说服，何况是诸侯呢！我很害怕。老师曾经对我说：‘凡事无论大小，很少有不合乎道而结果是好的。如果事情办不成功，那么必定会受到国君惩罚；如果事情办成功了，那又一定会忧喜交集酿出病害。事情办成功或者办不成功都不会留下祸患，那只有盛德的人才能做到。平时我吃粗食而不求精美，家中没有求清凉的人。我早上接到使命而晚上就要喝冰水，我是心中焦灼了吧！我还不曾接触到事的真情，就已经有了忧喜交加所导致的病患；如果事情真办不成，那一定还会受到国君的惩罚。成与不成这两种结果，为人臣的我都不足以承担，老师可以教导我吗？’”

孔子说：“世上有两个足以为戒的大法：一是‘天命’，一是‘道义’。子女爱父母，这是自然的天性，无法解释的；臣子侍奉国君，这是人为的道义，世间任何国家不可没有国君，这是没法儿逃避的。这就是足以为戒的大法。所以子女赡养父母，无论什么境遇都要使他们安适，这是行孝的极点；臣子侍奉国君，无论办什么样的事情都要让国君放心，这是尽忠的极点。注重内心修养的人不受悲欢、哀乐的影响，知道世事艰难，无可奈何而能安心去做，这就是道德已达到极点了。做人臣子的当然有不得已的事情，但是遇事要能把握真情并忘掉自己，这哪里还有贪生怕死的念头呢？你这样去做就可以了！

“我还把所听到的再告诉你：大凡国与国相交往，邻近的国家一定要以信用往来，远途的国家一定要用真诚的语言来表示相互间的忠诚。用语言来建立邦交就要靠使臣去传达。传达两国国君喜怒的言辞。是天下最困难的事情。两国国君喜悦的言辞必定过度地添加许多好话，两国国君愤怒的言辞必定过度地添加许多坏话。凡是过度添加的话，都是失真的，失真双方都不会相信，不相信则传话的使臣要遭殃了。所以古语说：‘要传达真实的言辞，不要传达过甚的言辞，这样就可以保全自己。’那些以技巧相互较量的人，开始时明来明去，到最后往往使出阴谋，太过分时就诡计百出了；以礼节饮酒的人，开始时规规矩矩，合乎人情，到后来往往一片混乱，相互欺诈了。无论什么事情，恐怕都是这样：开始的时候很单纯，到后来就变得艰难了。

语言就像风波，传达语言，有得有失。风波容易兴作，得失之间容易发生危难。所以愤怒发作没有别的什么缘由，就是因为言辞虚浮而又片面失当。猛兽临死前尖声嘶叫，勃然发怒，于是产生伤害人性命的恶念。凡事威逼过分，必定会产生恶念来应付，而他自己还不知道是什么缘故。如果做了些什么而他自己却又不知道那是怎么回事，谁能知道他会遭到什么结果呢？所以古人说：‘不要改变所受的使命，不要强求他人去做力不胜任的事，说话过头必定是多余、添加的。’强求事情成功是很危险的，成就一件好事需要很久的时间，做成一件坏事就后悔不及了。行为处世能不谨慎吗？至于贤者的事物自然而使心志自在遨游，寄托于不得已而蓄养心中的精气，这就是最好的办法。有什么必要去原原本本完成国君的使命呢！不如顺乎自然的分际，这是十分困难的。

颜阖被请去做卫灵公太子的师父，他去请教卫国贤大夫蘧伯玉说：“现在有一个人，天性残酷。如果任其性，就会危害国家；如用法度来约束他，就会危及自身。他的智慧足以了解别的过失，但不知道自己的错误。碰到这种情况，我该怎么办呢？”

蘧伯玉说：“问得很好，要小心谨慎，首先要自己站得稳。外表不如表现亲近的样子，内心却要存诱导的思想。虽然这样，这两种方法仍有隐患。亲近他不要关系密切，诱导他不要心意显露。外表亲近到关系密切，就要颠败毁火，内心诱导太显露，将被认为是为了名声，这样就会招致灾祸。如果他像个天真的孩子那样烂漫，你也姑且跟他不分界限；如果他跟你无拘无束，那么你也姑且跟他无拘无束。慢慢地引导，就可以使他达到没有过错的地步。

“你不知道那螳螂吗？奋力举臂去阻挡车轮，不知道自己的力量全然不能胜任，这

是把自己的才能看得过高的缘故。要小心谨慎呀！经常夸耀自己的长处上触犯他，就危险了！你不知道那养老虎的吗？他从不敢以活物去喂养，因为担心老虎扑杀活物会激起凶残的天性；他也从不敢用整个的动物去喂养，因为担心老虎撕裂动物也会激起凶残的天性。知道老虎饥饱的时刻，通晓它喜怒的性情。老虎与人不同类，却驯服于喂养的人，原是能顺着它的性子。至于那些遭伤害的人，是因为触犯了它的天性。

“爱马的人用精致的竹筐去接马粪，用珍贵的蛤壳接马尿。恰巧一只牛虻叮在马身上，爱马人出于爱惜马，随手扑打牛虻，没料到马受惊，咬断勒口、挣断辔头、弄坏胸络。本意在于爱马而结果适得其反，能不谨慎吗？”

一个名叫石的木匠去齐国，到了曲辕，看见一棵被世人当作神的栎树。这棵栎树大得可供几千头牛遮阴，用绳子量一量树干，足有十丈粗，树梢高临山头，好几丈以上的树身才生旁枝。可以造船的旁枝有十余根。观赏的人群像赶集似的涌来涌去，而匠人石不瞧一眼，直往前走。他的徒弟站在树旁看了个够，然后追上匠人石，问：“自从我拿斧头跟随先生，还没有见过这么大的树木。先生不肯看一眼，直往前走，为什么呢？”匠人石回答说：“算了，不要再说了！那是一棵没有用的散木，用它做船定会沉没，用它做棺椁就很快会腐烂，用它做成器皿就很快会折毁，用它做门户就会流污浆，用它做屋柱就会被虫蛀。这是不能取材的树，没有一点用处，所以它才有这么长的寿命。”

匠人石回到家里，梦见栎社树对他说：“你要拿什么东西和我相比呢？你打算拿可用之木来跟我相比吗？那楂、梨、橘、柚都属于果树，果实成熟了就会惨遭剥落，剥落就被扭折；大枝被折断，小枝被拽下来。这都是因为它们的才能害苦了自己的一生，于是不能享尽天赋的寿命而中途夭折。这都是自己显露有用而招来的世俗打击。一切事物莫为如此。我寻求没有用的办法已经很久很久了，几乎被砍死，到现在我才保全了自己。这无用也正是我的大用。倘若我有用，我还能长到这么大吗？况且你和我都是‘物’，为什么要这样议物呢？你是快要死的散人，又怎么能知道散木呢？”

匠人石醒来把梦中的情况告诉给他的徒弟。徒弟说：“它意在求取无用，为什么又做社树让人观赏呢？”匠人石说：“闭嘴！别说了！它不过是在寄托于社，让那些不了解的人说它的坏话。如果它不做社树的话，不就要遭到砍伐吗？况且它用来保护自己的办法与众不同，你只用常理度量它，不是相差太远了吗？”

南伯子綦去商丘游玩，看见一棵大树十分奇特，可供上千辆驾着四马的大车在树荫下歇息。子綦说：“这是什么树？这树一定有特异的材质啊！”他仰头看大树的旁枝，弯弯曲曲的不能做栋梁；低头看大树的主干，却见木纹旋散，不能做棺椁；用舌舔树叶，嘴即溃烂受伤；用鼻闻一闻气味，就会使人狂醉，三天三夜醒不过来。

子綦说：“因为这是不材之木，所以才长得这么大。唉，神人也是这样显示自己的不材的呀！”宋国荆氏这个地方适宜种楸树、柏树、桑树。树干长到一两把粗，做系猴子木桩的人便把它砍了去；树干长到三四围粗，想用做屋栋的人就把它砍了去；树干长到七八围粗，富贵人家想用做棺材的人就把它砍了去。所以不能终享天赋的寿命，而中途被刀斧砍伐掉。这就是材质有用所带来的祸患。因此，古人祈祷神灵消除灾害，不用白色额头的牛、鼻孔翻上的猪以及患有痔漏疾病的人来祭奠河神。巫师全都了解这些情况，认为他们都是不吉祥的。但这正是神人以为最大的吉祥。

有一个名叫支离疏的人（因形体支离不全而得名），下巴隐藏在肚脐下，双肩高过头顶，颈后的发髻朝天，五脏的血管出口都向上，两条大腿和胸旁肋骨并生在一起。他为人缝衣浆洗，足够度日，又为人簸米筛糠，足够养活十口人。国君征兵时，支离捋袖扬臂在征兵人面前摇摆而游；国君有大的差役，支离因身残而免除劳役；国君向残疾人赈济米粟时，支离还领得三钟米和十捆柴禾。像支离那样形体残缺不全的人还能够养身，享尽天赋的寿命，又何况像形体残缺不全那样的德行呢？

德充符

原文

鲁有兀者王骀[①]，从之游者与仲尼相若[②]。常季[③]问于仲尼曰：“王骀，兀者也，从之游者，与夫子中分[④]鲁。立不教，坐不议，虚而往，实而归。固有不言之教，无形而心成者邪？是何人也？”

仲尼曰：“夫子，圣人也，丘也直后而未往[⑤]耳！丘将以为师，而况不若[⑥]丘者乎？奚假[⑦]鲁国，丘将引天下而与从之！”

常季曰：“彼兀者也，而王[⑧]先生，其与庸[⑨]亦远矣。若然者，其用心也，独若之何？”

仲尼曰：“死生亦大矣，而不得与之变；虽天地覆坠，亦将不与之遗。审乎无假而不与物迁[⑩]，命物之化而守其宗也[⑪]。”

常季曰：“何谓也？”

仲尼曰：“自其异者视之，肝胆楚越也；自其同者视之，万物皆一也。夫若然者，且不知耳目之所宜，而游心乎德之和。物视其所一而不见其所丧，视丧其足犹遗土也。”

常季曰：“彼为己[⑫]，以其知得其心，以其心得其常心。物何为最[⑬]之哉？”

仲尼曰：“人莫鉴[⑭]于流水，而鉴于止水[⑮]。唯止能止众止[⑯]。受命于地，唯松柏独也正，在冬夏青青；受命于天，唯尧、舜独也正，在万物之首。幸能正生[⑰]，以正众生。夫保始之征[⑱]，不惧之实，勇士一人，雄入于九军。将求名而能自要[⑲]者而犹若是，而况官[20]天地，府[21]万物、直寓六骸[22]、象耳目[23]、一知之所知而心未尝死者乎！彼且择日而登假[24]，人则从是也。彼且何肯以物为事乎！”

申徒嘉[25]，兀者也，而与郑子产同师于伯昏无人[26]。子产谓申徒嘉曰：“我先出则子止，子先出则我止。”其明日，又与合堂[27]同席而坐，子产谓申徒嘉曰：“我先出则子止，子先出则我止。今我将出，子可以止乎？其未邪？且子见执政[28]而不违，子齐[29]执政乎？”

申徒嘉曰：“先生[30]之门，固有执政焉如此哉？子而说子之执政而后人者也[31]。闻之曰：‘鉴明则尘垢不止，止则不明也。久与贤人处则无过。’今子之所取大[32]者，先生也，而犹出言若是，不亦过乎！”

子产曰：“子既若是矣，犹与尧争善[33]。计[34]子之德，不足以自反邪？”

申徒嘉曰：“自状[35]其过，以不当亡[36]者众；不状其过，以不当存者寡。知不可奈何而安之若命，唯有德者能之。游于羿之彀中[37]。中央者，中地[38]也；然而不中者，命也。人以其全足[39]笑吾不全足者多矣，我怫然而怒，而适先生之所，则废然而反[40]。不知先生之洗我以善[41]邪？吾之自寤邪？吾与夫子游十九年矣，而未尝知吾兀者也。今子与我游于形骸之内[42]，而子索我于形骸之外[43]，不亦过乎？”

子产蹴[44]然改容更貌曰：“子无乃称[45]！”

鲁有兀者叔山无趾[46]，踵见[47]仲尼。仲尼曰：“子不谨，前既犯患若是矣，虽今来，何及矣？”

无趾曰：“吾唯不知务而轻用吾身，吾是以亡足。今吾来也，犹有尊足者[48]存，吾是以务全之[49]也。夫天无不覆，地无不载，吾以夫子为天地，安知夫子之犹若是也！”

孔子曰：“丘则陋矣！夫子胡不入乎？请讲以所闻。”

无趾出。孔子曰：“弟子勉之！夫无趾，兀者也，犹务学以复补前行之恶，而况全德之人乎！”

无趾语老聃曰：“孔子之于至人，其未邪？彼何宾宾[50]以学子为？彼且蕲以諔诡[51]幻怪之名闻，不知至人之以是为己桎梏邪？”

老聃曰：“胡不直使彼以死生为一条，以可不可为一贯者，解其桎梏，其可乎？”

无趾曰：“天刑之[52]，安可解！”

鲁哀公问于仲尼曰：“卫有恶人[53]焉，曰哀骀它[54]。丈夫[55]与之处者，思[56]而不能去也。妇人见之，请于父母，曰‘与为人妻，宁为夫子妾’者，十数而未止也。未尝有闻其唱[57]者也，常和[58]人而已矣。无君人之位[59]以济乎人之死，无聚禄以望人之腹[60]，又以恶骇天下，和而不唱，知不出乎四域，且而雌雄[61]合乎前，是必有异乎人者也。寡人[62]召而观之，果以恶骇天下。与寡人处，不至以月数，而寡人有意乎其为人[63]也；不至乎期年[64]，而寡人信之。国无宰[65]，寡人传国[66]焉。闷然[67]而后应，泛[68]而若辞。寡人丑[69]乎，卒授之国。无几何[70]也，去寡人而行。寡人恤焉[71]若有亡也，若无与乐是国也。是何人者也？”

仲尼曰：“丘也尝使于楚矣，适见㹠[72]子食于其死母者，少焉眴若[73]，皆弃之而走。不见己焉尔，不得类焉尔。所爱其母者，非爱其形也，爱使其形者也。战而死者，其人之葬也不以翣[74]资；刖者之屦[75]，无为爱之。皆无其本矣。为天子之诸御[76]，不爪剪，不穿耳；取妻者止于外，不得复使。形全[77]犹足以为尔，而况全德之人乎！今哀骀它未言而信，无功而亲，使人授己国，唯恐其不受也，是必才全而德不形者也[78]。”

哀公曰：“何谓才全？”

仲尼曰：“死生、存亡、穷达、贫富、贤与不肖、毁誉、饥渴、寒暑，是事之变、命之行也[79]。日夜相代[80]乎前，而知不能规[81]乎其始者也。故不足以滑和[82]，不可入于灵府[83]。使之和豫[84]通，而不失于兑[85]；使日夜无郤[86]，而与物为春[87]，是接而生时[88]于心者也。是之谓才全。”

“何谓德不形？”

曰：“平者，水停之盛[89]也。其可以为法[90]也，内保之而外不荡也。德者，成和之修[91]也。德不形者，物不能离也。”

哀公异日以告闵子曰[92]：“始也吾以南面而君天下，执民之纪[93]而忧其死，吾自以为至通矣。今吾闻至人之言，恐吾无其实，轻用吾身而亡其国。吾与孔丘非君臣也，德友[94]而已矣。”

闉跂支离无脤[95]说卫灵公，灵公说[96]之，而视全人，其脰[97]肩肩。瓮㼜大瘿[98]说齐桓公，桓公说之，而视全人，其脰肩肩。

故德有所长而形有所忘。人不忘其所忘而忘其所不忘，此谓诚[99]忘。

故圣人有所游，而知为孽，约[100]为胶，德为接，工[101]为商。圣人不谋，恶用知？不斫[102]，恶用胶？无丧，恶用德？不货，恶用商？四者，天鬻[103]也。天鬻者，天食也。既受食于天，又恶用人[104]！有人之形，无人之情。有人之形，故群于人[105]；无人之情，故是非不得于身。眇[106]乎小哉，所以属于人也；謷[107]乎大哉，独成其天。

惠子谓庄子曰：“人故无情乎？”

庄子曰：“然。”

惠子曰：“人而无情，何以谓之人？”

庄子曰：“道与[108]之貌，天与之形，恶得不谓之人？”

惠子曰：“既谓之人，恶得无情？”

庄子曰：“是非吾所谓无情也。吾所谓无情者，言人之不以好恶内伤其身，常因自然而不益生[109]也。”

惠子曰：“不益生，何以有其身？”

庄子曰："道与之貌，天与之形，无以好恶内伤其身。今子外乎子之神，劳乎子之精，倚树而吟，据槁梧而瞑。天选子之形，子以坚白鸣。"

注释

①兀（wù）者：断足之人。王骀（tái）：庄子虚拟的人物。

②相若：相当。

③常季：孔子弟子。

④中分：平分。

⑤未往：未能追随。

⑥不若：不如。

⑦奚假：何止。

⑧王（wàng）：胜过。

⑨庸：普通。

⑩迁：变化。

⑪命：主宰。宗：根本。

⑫为己：修养自己。

⑬最：聚，归依。

⑭鉴：照。

⑮止水：静止的水。

⑯唯止能止众止：唯有静止的东西才能使众人静止。

⑰正生：使自己的心性纯正。

⑱保始之征：遵守事先许下的诺言。

⑲自要：自律。

⑳官：主宰。

㉑府：包藏。

㉒六骸：指人体头、身、四肢。

㉓象耳目：以耳目为虚象，意指徒有耳目之形而没有视听的作用。

㉔登假：升于高远，超凡。

㉕申徒嘉：郑国贤人。

㉖子产：郑国聊大夫。名侨，字子产。伯昏无人：庄子虚拟的人物。

㉗合堂：同室。

㉘执政：执政卿。

㉙齐：一般高下。

㉚先生：此指伯昏无人。

㉛说：通“悦”，得意，夸耀。后人：看不起别人。

㉜取大：求取学问道德。

㉝争善：比高低。

㉞计：权衡。

㉟状：陈述，说明。

㊱亡：指亡足。

㊲羿（yì）：传说中的善射者。彀（gòu）中：箭能射及的范围。

㊳中地：射中的境地。

㊴全足：双足齐全。

㊵废然：怒气消除的样子。反：通“返”。

㊶洗我以善：以善道教育我。

㊷形骸之内：指心灵。

㊸形骸之外：指外貌。

㊹蹴（cù）：惭愧不安。

㊺子无乃称：犹言你不要再说了。

㊻叔山无趾：庄子虚拟的人物。

㊼踵见：用脚跟步行而求见。

㊽尊足者：比足还尊贵的东西。

㊾务全之：竭力保全它。

㊿宾宾：恭敬的样子。

(51)諔（chù）诡：奇异。

(52)天刑之：天对他的刑罚。

(53)恶人：容貌丑陋的人。

(54)哀骀它：庄子虚拟的人物。

(55)丈夫：男子。

(56)思：思慕。

(57)唱：唱导立说。

(58)和（huò）：附和别人。

(59)君人之位：人君的地位。

(60)禄：粮食。望：满，饱。

(61)雌雄：男女。

(62)寡人：国君自谦之称。

(63)有意乎其为人：觉得他有过人之处。

(64)期（jī）年：一年。

(65)宰：主持国政的大臣。

(66)传国：将国家委托于人。

(67)闷然：不介意的样子。

(68)泛：漠不关心。

(69)丑：羞愧。

(70)无几何：没有多久。

(71)恤焉：忧愁的样子。

(72)㹠（tùn）：小猪。

(73)少焉：一会儿。眴（shùn）若：惊慌的样子。

(74)翣：棺材的装饰品。

(75)刖（yuè）：砍掉脚的酷刑。屦（jù）：鞋子。

(76)诸御：各种侍从人员。

(77)形全：形体完整。

(78)才全：才性完美。德不形：道德不显露在外表上。

(79)命之行也：天命的运行。

(80)相代：轮流交替。

(81)规：通“窥”，观察。

(82)滑：乱。和：平和。

(83)灵府：心灵。

(84)和豫：和顺逸乐。

(85)兑：通“悦”。

(86)郤：同“隙”。

(87)为春：变得像春天一样。

(88)时：四时。

(89)水停之盛：水最平静的状态。

(90)法：水准，准则。

(91)成和之修：完满纯和的修养。

(92)异曰：他日。闵子：孔子弟子闵子骞。

(93)纪：纲纪。

(94)德友：以道德相交的朋友。

⑮闉（yīn）跂支离无脤：庄子虚拟的人物，意即曲足、伛背、无唇之人。

⑯说：同“悦”。

⑰脰（dòu）：颈项。肩肩：瘦小的样子。

⑱甕（wèng）㼜（àng）大瘿（yǐng）：形容脖子上长的肿瘤大如盆。

⑲诚：真正。

⑳约：约束。

⑩①工：工巧。

⑩②斫（zhuó）：砍，分开。

⑩③鬻（yù）：养。

⑩④人：人为。

⑩⑤群于人：与人为群。

⑩⑥眇（miǎo）：细小。

⑩⑦謷（ào）：伟大。

⑩⑧与：赋予。

⑩⑨益生：补充营养。

译文

鲁国有一个断足者，名叫王骀，追随他的弟子与孔子的弟子一样多。常季问孔子：“王骀是一个没有脚的人，他的弟子和您的弟子在鲁国各占一半。他对弟子不加教导，不发议论，追随他的人空虚而来，满载而归。莫非真有不用开口教导，就能使学生在无形中从心里领会的吗？他是什么样的人呢？”

孔子说：“这位先生是圣人，我还没来得及去请教他。我都准备拜他为师，何况那些不如我的人呢！何止鲁国，我将鼓动天下的人都去跟他学习。”

常季说：“他是没有脚的人，而竟能胜过老师，那么他一定比普通人高明多了。如果真是这样，他的智慧有什么独特之处呢？”

孔子说：“死生是一件极大的事，但对他却毫无影响；即使天翻地覆，他也不会随之毁灭。他心静气和不受外物变化的干扰，主宰事物的变化而安守事物的枢纽。”

常季问：“这是怎么回事呢？”

孔子说：“从万物相异的角度来看，同处一身的肝和胆就像楚国和越国相距那么遥远；从它们相同的角度来看，万物都是一样的。如果真是这样，那就不晓得什么声色才是耳目感到适宜的，而使心神在和顺的道德境界中遨游。从万物相同的角度来看，就看不见有什么丧失，因而看到自己丧失了脚，就像丢失了一块泥土一样。”

常季说："王骀不过是自我修养罢了，以他的智能领悟到自己的心灵，以他的心灵去领悟天道，为什么众人尊崇他呢？"

孔子说："人没有到流动着的水面上去照自己形象的，而到静止的水面上去照。可见，唯有静止的东西才能使众人静止。树木同是受命于地而生，唯有松柏得到了地的正气，故冬夏常青；人同是受命于天而生，唯有尧舜得到了天的正气，故成为万民之首。他们幸而能自正心性，因而能正众人之性。那些遵守事先许下的诺言，具有无所畏惧的品格的，即使是勇士一人，也敢只身冲入千军万马之中。将士为了求名，尚且能够如此，何况那主宰天地，包藏万物，寄形于六骸，以耳目为虚象，以天赋的智能无所不知，而内心未尝有死的念头的人呢！可以选择一个吉日升于高远超尘的人，大家都愿意追随他。他哪里肯把世俗之手放在心上呢？"

申徒嘉是一个断足的人，他和郑国的子产同为伯昏无人的弟子。子产对申徒嘉说："我先出去，你就停下；你先出去，我就停下。"到了第二天，他们同室同席坐在一起。子产对申徒嘉说："昨天我对你说过，我先出去，你就停下；你先出去，我就停下，现在我要出去，你可以停一停呢，还是不能呢？你见了我这执政卿还不回避，你和执政卿平起平坐吗？"

申徒嘉说："先生的门下有这样的执政卿吗？你炫耀你执政的地位而看不起别人。我听说：'镜子明亮就不落灰尘，落上灰尘就不明亮了。经常和贤人相处就没有过失。'你随先生求取学问道德，还说出这种话来，实在太过分了！"

子产说："你已经这个样子了，还要和尧比高低，你权衡一下自己的德行，难道还不够你自己反省的吗？"

申徒嘉说："申述自己的过错，认为不应该被断足的人是很多的；默认自己的过错，认为应该被断足的人则是很少的。知道无可奈何而安心顺命，唯有有德的人才能做得到。走进羿的射程之内，其中央之处心中之地，然而有时不被射中，那是命。因为自己双足齐全而笑我失足的人很多，我听了勃然大怒，而等来到先生这里，我的怒气便全消了。这不是先生以善道教育了我吗？我和先生相处已经十九年了，可他从来没有感到我是断足之人。现在你和我以心灵沟通，可你却从外表形体上侮辱我，岂不是太过分了吗？"

子产满面愧色地说："你不要说了！"

鲁国有一个断了脚趾的人，名叫叔山无趾，他用脚后跟走路去见孔子。孔子说："你不谨慎，既然已经犯了罪而成为残废，现在来见我也来不及了！"

无趾说："我只因不知时务而轻用我的身体，所以才丧失了脚。现在我到你这里来，还有比脚更尊贵的东西，我想竭力保全它。天是无所不覆的，地是无所不载的，我以为先生是天地，哪里知道先生是这样的啊！"

孔子说："我见识浅陋。为什么您不进来呢？请讲讲您所听到的。"

无趾扭头就走了。孔子说："弟子们努力啊！无趾是一个断了脚趾的人，尚要努力求学以弥补以前的过失，何况要求道德完美的人呢？"

无趾对老聃说："孔子还没有达到至人的境界吧？为什么他恭恭敬敬地向您学习呢？他还追求以奇异怪诞的名声传闻于天下，他不知道至人是将这些视为自己的枷锁吧？"

老聃说："为什么你不使他懂得死生一样，可与不可相同的道理，解除束缚他的束缚，这样可以吗？"

无趾说："这是上天给他的刑罚，怎么可以解除呢？"

鲁哀公问孔子说："卫国有一个面貌丑陋的人，名叫哀骀它。男子和他相处，依恋他而舍不得离开；女子见了他，就向父母请求说：'与其做别人的妻子，不如做这位先生的妾。'这样的女子不止十几个。没听说他倡导什么，只是常常附和别人罢了。他没有人君的权位以救济别人的灾难，也没有食物使别人饱食，而且又面貌丑陋，使天下见了都感到惊骇，他只是应和而不倡导，知见又很有限，可是女人男人都亲附他，这必定有异乎常人之处。我把他召来一看，果然是面貌奇丑，足以惊骇天下人，但是我和他相处不到一个月，就觉得他有过人之处；相处不到一年，我就很信任他。国家正没有主持国政的大臣，于是我就想把国政托付于他。他对此漫不经心，既无意应承，又漫漫然而未加推辞。我觉得很羞愧，于是就把国政托付给了他。没有多久，他就离我而去。我很忧愁，就像丢失了什么似的，似乎感到没有人乐于和我共同治理国家。他究竟是一个什么样的人呢？"

孔子说："我曾经出使楚国，正巧看见一群小猪在死去的母猪身上哺乳，一会儿它们发觉母猪死了，就都惊慌地跑开了。这是因为死母猪失去了知觉，不像活着的时候那个样子了。爱母不是爱她的形体，而是爱主宰她形体的精神。对阵亡者，安葬的时候不用棺饰；受了刖刑的人，没有理由再爱惜他的鞋子。这是因为失去了根本啊！侍奉君王的各种侍从，不剪指甲、不穿耳眼；娶了妻子的人只能在外面服役，不得再侍奉君王。形体完整的人尚且被如此看重，何况追求德性完美的人呢？现在哀骀它没有说什么话就得到了信任，没有功业就受到了亲敬，使人要把国政委托给他，还唯恐他不肯接受，这一定是'才全'而'德不形'的人。"

哀公说："什么叫'才全'？"

孔子说："死生、得失、穷达、贫富、贤和不肖、毁誉、饥渴、寒暑，这些都是事物的变化，天命的运行。这就如同白天和黑夜在人们面前轮流交替一样，而人们的智慧不能窥见它们的起始。懂得了这个道理，就不会让这些扰乱了心性的和顺，不会让它们侵入我们的心灵。这样就能保持和顺逸乐，而不失去喜悦的心境。如此则如日夜更替一样永不间断，如同大地回春一般生气勃勃，以平常之心顺应万物的变化。这就叫'才全'。"

哀公说："什么叫'德不形'？"

孔子说："水平，就是极端静止的状态。它可以作为取法的准绳，内心保持平静而外表毫无动荡。德就是最纯美的修养。德无所显露，万物自然亲附而不肯离去。”

有一天，哀公告诉闵子说：“过去，我以国君的地位治理天下，执掌法纪而忧虑人民的死亡，我自以为已经很贤明了。现在，我听了至人的言谈，恐怕我没有实在的政绩，只是轻用我的身体，以至危及我们的国家。我和孔子并不是君臣，而是以德相交的朋友。”

有一个拐脚、伛背、无唇的人去游说卫灵公，卫灵公很喜欢他，再去看形体完整的人，反倒觉得他们的脖子太瘦小了。有一个脖子上长着大瘤子的人去游说齐桓公，齐桓公很喜欢他，再去看形体完整的人，反倒觉得他们的脖子太瘦小了。

所以只要有过人的德性，形体上的缺陷就会被忘记。如果人们不忘记所应当忘记的，而忘记所不应当忘记的，那才是真正的忘记。

所以圣人要悠游自保，而把智慧视为孽根，把约束视为胶漆，把道德视为交接的工具，把工巧视为经商谋利的手段。圣人不图谋虑，哪里还用智慧？不用分离，哪里还用胶漆？没有丧失，哪里还用道德？不求谋利，哪里还用经商？这四者就是天养，天养就是受天的饲养。既然受天的饲养，哪里还用人为？有人的形体，没有人的性情。有人的形体，所以在社会上和人相处；没有人的性情，所以不受人间是非的影响。渺小啊！作为人的同类。伟大啊！独能成为与天同体的圣人。

惠子问庄子：“人是没有情的吗？”

庄子说：“是的。”

惠子说：“人若没有情，怎么能称为人呢？”

庄子说：“道赋予人容貌，天赋予人形体，怎么不能称为人？”

惠子说：“既然称为人，怎么能没有情？”

庄子说：“你所说的情不是我所说的情。我所说的情是说人不以好恶损伤自己的天性，一世顺乎自然而不用人为地去补充营养。”

惠子说：“不人为地补充营养，怎么能够保健自己的身体？”

庄子说：“道赋予人容貌，天赋予人形体，不以好恶损伤自己的天性。现在你把精力用在追逐外物上，以致筋疲力尽，坐在树下高谈阔论，靠在干枯的梧桐树下打瞌睡。天赋予你形体，你却自鸣得意于坚白论。”

大宗师

知天之所为、知人之所为者，至矣！知天之所为者，天而生也；知人之所为者，以其知之所知，以养其知之所不知，终其天年而不中道夭者，是知之盛也。虽然，有患：夫知有所待而后当，其所待者特[①]未定也。庸讵知吾所谓天之非人乎？所谓人之非天乎？

且有真人而后有真知。何谓真人？古之真人，不逆寡，不雄成，不谟士。若然者，过而弗悔，当而不自得也。若然者，登高不栗，入水不濡[②]，入火不热。是知之能登假于道者也若此。古之真人，其寝不梦，其觉无忧，其食不甘，其息深深。真人之息以踵，众人之息以喉。屈服者，其嗌言若哇[③]。其耆欲深者，其天机浅。

古之真人，不知说生，不知恶死。其出不䜣，其人不距。翛然[④]而往、翛然而来而已矣。不忘其所始，不求其所终。受而喜之，忘而复之。是以谓不以心捐道，不以人助天，是之谓真人。若然者，共心志，其容寂，其颡頯[⑤]；凄然似秋，煖[⑥]然似春，喜怒通四时，与物有宜而莫知其极。

故圣人之用兵也，忘国而不失人心；利泽施乎万世，不为爱人。故乐通物，非圣人也；有亲，非仁也；天时，非贤也；利害不通，非君子也；行名失已，非士也；亡身不真，非役人也。若狐不偕、务光、伯夷、叔齐、箕子、胥余、纪他、申徒狄，是役人之役，适人不适，而不自适其适也。

古之真人，其状义而不朋[⑦]，若不足而不承；与乎其觚而不坚也，张乎其虚而不华也；邴邴乎其似喜乎，崔乎其不得已乎。滀乎进我色也，与乎止我德也，厉乎其似世也，謷乎其未可制也，连乎其似好闭也，悗乎[⑧]忘其言也。以刑为体，以礼为翼，以知为时，以德为循。以刑为体者，绰乎其杀也；以礼为翼者，所以行于世也；以知为时者，绰乎其杀也；以礼为翼者，所以行于世也；以知为时者，不得已于事也；以德为循者，言其与有足者至于丘也，而人真以为勤行者也。故其好之也一，其弗好之也一。其一也一，其不一也一。其一与天为徒，其不一与人为徒，天与人不相胜也，是之谓真人。

死生，命也，其有夜旦之常，天也。人之有所不得与，皆物之情也。彼特以天为父，而身犹爱之，而况其卓[⑨]乎！人特以有君为愈乎已，而身犹死之，而况其真乎！

泉涸，鱼相与处于陆，相呴[⑩]以湿，相濡以沫[⑪]，不如相忘于江湖。与其誉尧而非桀也，不如两忘而化其道。夫大块载我以形，劳我以生，佚我以老，息我以死。故善吾生者，乃所以善吾死也。

夫藏舟于壑，藏山于泽，谓之固矣！然而夜半有力者负之而走，昧者不知也。藏小大有宜，犹有所遁。若夫藏天下于天下而不得所遁。是恒物之大情也。特犯人之刑而犹喜之。若人之形者，万化而未始有极也，其为乐可胜[⑫]计邪？故圣人将游于物之所不得遁而皆存。善妖善老，善始善终，人犹效之，又况万物之所系而一化之所待乎！

夫道有情有信，无为无形，可传而不可受，可得而不可见；自本自根，未有天地，自古以固存；神鬼神帝，生天生地；在太极之先而不为高，在六极之下而不为深，先天地生而不为久，长于上古而不为老。狶韦氏得之，以挈天地；伏戏氏得之，以袭气母；维斗得之，终古不忒；日月得之，终古不息；堪坏[⑬]得之，以袭昆仑；冯夷得之，以游大川；肩吾得之，以处大山；黄帝得之，以登云天；颛顼得之，以处玄宫；禺强得之，立乎北极；

西王母得之，上及有虞，下及五伯；傅说[14]得之，以相武丁，奄有天下，乘东维，骑箕尾，而比于列星。

南伯子葵问乎女偊[15]曰："子之年长矣，而色若孺子，何也？"

曰："吾闻道矣。"

南伯子葵曰："道可得学邪？"

曰："恶[16]！恶可？子非其人也。夫卜梁倚有圣人之才，而无圣人之道；我有圣人之道，而无圣人之才。吾欲以教之，庶几其果为圣人乎？不然，以圣人之道告圣人之才，亦易矣。吾犹守而告之，参日而后能外天下；已外天下矣，吾又守之，七日而后能外物；已外物矣，吾又守之，九日而后能外生；已外生矣，而后能朝彻；朝彻，而后能见独，见独而后能无古今，无古今而后能入于不死不生。杀生者不死，生生者不生。其为物，无不将也，无不迎也；无不毁也，无不成也。其名为撄宁[17]。撄宁也者，撄而后成者也。"

南伯子葵曰："子独恶乎闻之？"

曰："闻诸副墨之子，副墨之子闻诸洛诵之孙，洛诵之孙闻之瞻明，瞻明闻之聂许，聂许闻之需役，需役闻之於讴，於讴闻之玄冥，玄冥闻之参寥，参寥闻之疑始[18]。"

子祀、子舆、子犁、子来四人相与语曰："孰能以无为首，以生为脊，以死为尻，孰知死生存亡之一体者，吾与之友矣。"四人相视而笑，莫逆于心，遂相与为友。

俄而子舆有病，子祀往问之。曰："伟哉！夫造物者，将以予为此拘拘也！"曲偻发背，上有五管，颐隐于齐，肩高于顶，句赘[19]指天，阴阳之气有沴，其心闲而无事，跰䟴而鉴于井，曰："嗟乎！夫造物者又将以予为此拘拘也。"

子祀曰："女恶[20]之乎？"

曰："亡，予何恶？浸假而化予之左臂以为鸡，予因以求时夜；浸假而化予之右臂以为弹，予因以求鸮炙；浸假而化予之尻以为轮，以神为马，予因以乘之，岂更驾哉！且夫得者，时也；失者，顺也。安时而处顺，哀乐不能入也，此古之所谓县解[21]也。而不能自解者，物有结之。且夫物不胜天久矣，吾又何恶焉！"

俄而子来有病，喘喘然将死，其妻子环而泣之。子犁往问之，曰："叱！避！无怛化！"倚其户与之语曰："伟哉造化！又将奚以汝为？将奚以汝适？以汝为鼠肝乎？以汝为虫臂乎？"

子来曰："父母于子，东西南北，唯命之从。阴阳于人，不翅于父母。彼近吾死而我不听，我则悍矣，彼何罪焉？夫大块载我以形，劳我以生，佚我以老，息我以死。故善吾生者，乃所以善吾死也。今大冶铸金，金踊跃曰'我且必为镆铘！'大冶必以为不祥之金。今一犯人之形，而曰'人耳！人耳'夫造化者必以为不祥之人。今一以天地为大炉，以造化为大冶，恶乎往而不可哉！"成然寐，蘧然觉。

子桑户、孟子反、子琴张三人相与友，曰："孰能相与于无相与，相为于无相为？孰能登天游雾，挠挑无极，相忘以生，无所终穷？”三人相视而笑，莫逆于心，遂相与友。

莫然有间，而子桑户死，未葬。孔子闻之，使子贡往侍事焉。或编曲，或鼓琴，相和而歌曰：“嗟来桑户乎！嗟来桑户乎！而已反其真，而我犹为人猗[22]！”子贡趋而进曰：“敢问临尸而歌，礼乎？”二人相视而笑曰：“是恶知礼意！”

子贡反，以告孔子曰：“彼何人者邪？修行无有，而外其刑骸，临尸而歌，颜色不变，无以命之。彼何人者邪？”

孔子曰：“彼游方之外者也；而丘，游方之内者也。外内不相及，而丘使女往吊之，丘则陋矣。彼方且与造物者为人，而游乎天地之一气。彼以生为附赘县疣，以死为决疣溃痈[23]，夫若然者，又恶知死生先后之所在！假手异物，托于同体；忘其肝胆，遗其耳目；反覆终始，不知端倪；芒然彷徨乎尘垢之外，逍遥乎无为之业。彼又恶能愦愦然[24]为世俗之礼，以观众人之耳目哉！”

子贡曰：“然则夫子何方之依？”孔子曰：“丘，天之戮民也。虽然，吾与汝共之。”子贡曰：“敢问其方。”孔子曰：“鱼相造乎水，人相造乎道。相造乎水者，穿池而养给；相造乎道者，无事而生定。故曰，鱼相忘乎江湖，人相忘乎道术。”子贡曰：“敢问畸人。”曰：“畸人者，畸于人而侔[25]于天，故曰，天之小人，人之君子；人之君子，天之小人也。”

颜回问仲尼曰：“孟孙才，其母死，哭泣无涕，中心不戚，居丧不哀。无是三者，以善处丧盖鲁国。固[26]有无其实而得名者乎？回壹[27]怪之。”

仲尼曰：“夫孟孙氏尽之矣，进于知矣。唯简之而不得，夫已有所简矣。孟孙氏不知所以生，不知所以死。不知就先，不知就后。若化[28]为物，以待其所不知之化已乎！且方将化，恶知不化哉？方将不化，恶知已化哉？吾特与汝，其梦未始觉者邪！且彼有骇刑而无损心，有旦宅而无情死。孟孙氏特觉，人哭亦哭，是自其所以乃[29]。且也相与吾之耳矣，庸讵知吾所谓吾之乎？且汝梦为鸟而厉乎天。梦为鱼而没于渊。不识今之言者，其觉者乎，其梦者乎？造适不及笑，献笑不及排，安排而去化，乃入于寥天一。”

意而子见许由，许由曰：“尧何以资汝？”意而子曰：“尧谓我：汝必躬服仁义而明言是非。”许由曰：“而溪来为轵？夫尧既已黥汝以仁义，而劓汝以是非矣。汝将何以游夫遥荡恣睢转徒之涂乎？”意而子曰：“虽然，吾愿游于其藩。”

许由曰：“不然。夫盲者无以与乎眉目颜色之好，瞽者无以与乎青黄黼黻之观。”意而子曰：“夫无庄之失其美，据梁之失其力，黄帝之亡其知，皆在炉捶之间耳。庸讵知夫造物者之不息我黥而补我劓，使我乘成以随先生邪？”

许由曰：“噫！未可知也。我为汝言其大略：吾师乎！吾师乎！齑万物而不为义[30]，泽及万世而不为仁，长于上古而不为老，覆载天地、刻雕众形形不为巧。此所游已。”

颜回曰：“回益矣。”仲尼曰：“何谓也？”曰：“回忘仁义矣。”曰：“可矣，

犹未也。”他日复见，曰：“回益矣。”曰：“何谓也？”曰：“回忘礼乐矣！”曰：“可矣，犹未也。”他日复见，曰：“回益矣！”曰：“何谓也？”曰：“回坐忘矣。”仲尼蹴然曰：“何谓坐忘？”颜回曰：“堕肢体，黜聪明，离形去知，同于大通，此谓坐忘。”仲尼曰：“同则无好也，化则无常也，而果其贤乎！丘也请从而后也。”

子舆与子桑友，而霖雨十日。子舆曰：“子桑殆病矣！”裹饭而往食之。至子桑之门，则若歌若哭，鼓琴曰：“父邪！母邪！天乎！人乎！”有不任其声而趋举其诗焉。

子舆入，曰：“子之歌诗，何故若是？”曰：“吾思夫使我至此极者而弗得也。父母岂欲吾贫哉？天无私覆，地无私载，天地岂私贫我哉？求其为之者而不得也。然而至此极者，命也夫！”

注释

①特：但，不过。

②濡（rú）：沾湿。

③其嗌（ài）言若哇（wā）：言语吞吐，喉头好像受到阻碍一般。嗌言，是说言语像堵在喉头似的。哇，象声词，形容声音靡曼。

④翛（xiāo）然：无拘无束，自由自在的样子。

⑤颡（sǎng）頯（kuí）：额头宽大的样子。颡，额。頯，宽大。

⑥煖（xuān）：同“煊”，温暖的意思。

⑦状义而不朋（bēng）：外部的表情和神态巍峨而不畏缩。义，通“峨”，高的意思。朋，通“崩”，崩坏的意思。

⑧悗（mèn）乎：心不在焉的样子。

⑨卓：特立，高超。这里实指“道”。

⑩呴（xū）：嘘吸，张口出气。

⑪相濡以沫：用口沫互相湿润。濡，湿润。沫，唾沫，口水。

⑫胜（shēng）：禁得起。

⑬堪坏（pēi）：传说中人面兽身的昆仑山神。

⑭傅说（yuè）：殷商时代的贤才，辅佐高宗武丁，成为武丁的相。传说傅说死后成了星精。

⑮女偊（yǔ）：寓托的得道之士。

⑯恶（wū）：这里是批驳、否定对方的言词，义同“不”。

⑰撄宁：扰乱中保持安宁。

⑱副墨、洛诵、瞻明、聂许、需役、於（wū）讴（ōu）、玄冥、参寥、疑始：均为

假托的寓言人物之名。

⑲句（góu）赘：颈椎隆起状如赘瘤。

⑳恶（wù）：厌恶。

㉑县（xuán）解：解脱倒悬。

㉒猗（yī）：兮，语助词。

㉓决疣（huán）溃痈：指毒疮化脓而破溃。疣、痈，皆为红肿出脓的疮。

㉔愦愦然：烦乱的样子。

㉕侔（nóu）：齐同。

㉖固：竟，难道。

㉗壹：助词，作“实在”“确实”解。

㉘若化：顺应自然变化。若，顺。

㉙是自其所以乃：这就是他之所以这个样子的缘故。

㉚鳌（jī）万物而不为义：调和万物而不以为义。

译文

知道哪些是自然的本领，哪些是人的本领，这就达到了认识事物的极点。知道自然的本领是明白事物出于自然；知道人的本领是用自己的智力所知的，去保养自己智力所不能知的，使自己享尽天然的年寿而不中途死亡，这恐怕是智力对事物认识的最高境界。虽然这样，但是还有困难。知识一定要有所依凭的对象，才能判断它是否正确，然而所依凭的对象却是变化不定的。怎么知道我所说的本于自然的不是出于人的所为呢？怎么知道我所说的人为的又不是出于自然呢？

有“真人”才能有真知。什么叫“真人”呢？古时候的“真人”不依靠多数对付少数，不自恃成功，不图谋事情，若是这样，错过了机会不后悔，顺利得当而不自得；若是这样，登上高处小发抖，下到水里不觉湿，进入火中不觉灼热。只有知识达到与“道”相符合的境界才能这样。古时候的“真人”睡觉时不做梦，醒来时不忧愁，饮食不求甘美，呼吸时气息深沉。“真人”呼吸凭借的是脚跟，普通人的呼吸只用咽喉。议论被人屈服时，语言吞吐，喉头好像受到阻碍一般。凡是嗜好和欲望太深的人，他们天生的智慧就浅了。古时候的“真人”不知道喜悦生存，不知道厌恶死亡；出生不欣喜，入死不拒绝；无拘无束地去，无拘无束地来罢了；不忘记自己从何处来，也不追求自己的归宿；事情来了欣然承受，忘掉死生任其复返自然，这就叫作不用心智去损害“道”，不用人的本领去帮助自然，这就叫“真人”。若是这样，他的内心忘掉了一切，他的容貌静寂安闲，他的额头宽大恢宏；冷肃得像秋天，温暖得像春天，高兴或愤怒如四时运行一样的自然，对任何

事物都合宜相称而无法探测他精神世界的真谛。

所以古代圣人使用武力灭掉敌国却不失掉敌国的民心；利益和恩泽广施万世，却不是为了偏爱什么人，乐于交往取悦外物的人不是圣人；有偏爱就算不上是“仁”；伺机行事不是贤人；不能看到利害的相通和相辅算不上是君子；办事求名而失掉自身的本性不是有识之士；丧失身躯却与自己的真性不符不是能役使世人的人。像狐不偕、务光、伯夷、叔齐、箕子、胥余、纪他、申徒狄这样的人都被役使世人的人所役使，都是被安适世人的人所安适，而不是能使自己得到安适的人。

古时候的“真人”神情巍峨而畏缩，好像不足却无所承受；态度安闲自然、特立超群而不执着顽固，襟怀开阔而不浮华；舒畅自适好像格外高兴，一举一动好像出自不得已；内心充实而面色可亲，德行宽厚令人归依；气度博大犹如宽广的世界；高远超迈而不拘礼法；沉默不语好像喜欢封闭自己，不用心机好像忘记了要说的话。把刑律当作主体，把礼仪当作羽翼，用已掌握的知识去等待时机，用道德来遵循规律。把刑律当作主体的人，那么杀了人也是宽厚仁慈的；把礼仪当作羽翼的人，用礼仪的教诲在世上施行；用已掌握的知识去等待时机的人，是因为对各种事情出于不得已；用道德来遵循规律，就像是说大凡有脚的人就能够登上山丘，而人们却真以为是勤于行走的人。“天和人是合一的”，不管人喜不喜好，都是合一的；不管人认为合一或不合一，它们都是合一的。认为天和人是合一的，就和自然同类，认为天和人是不合一的，就和人同类。把天和人看作不是相互对立的，这种人就是“真人”。

人的死生是必然的、不可避免的，犹如昼夜交替那样永远地变化着，是自然的规律。许多事情是人所不能干预的，这都是事物自身变化的实情。人们都以为天是生命之父，而终身爱戴它，何况那独立高超的“道”呢？人们都以为国君的权位超过了自己而舍身效忠，何况那独立高超的“道”呢？

泉水干竭，鱼儿困在陆地上，用大口嘘吸以得到一点湿气。用唾沫相湿润，不如在江湖里彼此相忘。与其赞誉唐尧而非议夏桀，不如把两者都忘掉而融化于大道。大地把我的形体托载，并且用生存来劳苦我，用衰老来闲适我，用死亡来安息我。所以，把我的存在看作好事，也就因此可以把我的死亡看作好事。

把船藏在山谷里，把渔网藏在深水里，可以说是十分牢固了，可是半夜里，大力的人把它们连同山符和河泽一同背走了，睡梦中的人们还一点也没有觉察。把小东西藏在大地方是适宜的，但是还会有丢失。如果把天下藏在天下里，那就不会丢失，这就是事物固有的真实情形。人们只要获得形体就非常高兴。如果知道人的形体千变万化而不曾有穷尽，那么这欢喜难道可以计算清楚吗？所以圣人要游于不得亡失的境地而与大道共存。对老少生死都善于安顺的人，大家尚且效法他，何况那万物的根源，各种变化所依托的“道”呢？

“道”是真实而又有信验的，但又是无为和无形的；可以心传，却不可以口授，可以用心领悟，却不可以用眼见；“道”本身就是本、就是根，在还没有天地之前，“道”就存在着；它引出鬼帝，产生天地；它在太极之上却不算高，而在六合之下却也不算深，先于天地存在却不算久，长于上古却也不算老。狶韦氏得到它，用来驾驭天地；伏羲氏得到它，用来调和元气；北斗星得到它，永远不会改变方位；太阳和月亮得到它，永远不停息地运行：堪坏（山神）得到它，可以掌管昆仑山；冯夷（河神）得到它，用来巡游大江大河；肩吾（山神）得到它，可以主持泰山；黄帝得到它，可以登上云天；颛顼得到它，可以居住玄宫；禺强（北海神，人面鸟形）得到它，可以立足北极；西王母得到它，可以安居少广山上；没有人能知道它的开始，也没有人能知道它的终结。彭祖得到它，从远古的有虞时代一直活到五伯时代；傅说得到它，可以做武丁的宰相，统领天下，死后成为天上的星宿，乘坐东维星和箕尾星，永远排列在星神的行列里。

南伯子葵向女偊问道：“你的年龄很大了，可是你的面容却像孩童，这是什么缘故呢？”

偊偊回答：“我得‘道’了。”

南伯子葵说：“‘道’可以学得到吗？”女偊说：“不！不可以！你不是学‘道’的人。卜梁倚有圣人明敏的才气，却没有圣人虚淡的心境，我有圣人虚淡的心境，却没有圣人明敏的才气，我想用虚淡的心境来教导他，也许他可以成为圣人吧！即使不能，把圣人虚淡的心境传告具有圣人才气的人，应是容易领悟的。我告诉他而持守着，持守三天，而后能遗忘天下；已经遗忘天下，我再持守，七天之后能遗忘万物；心灵已经不被物役，我又持守，九天之后能无虑于生死；已经把生死置之度外，心境便能清新明彻；心境清新明彻，而后就能感受到绝无所待的‘道’了；感受到了‘道’，而后就能超越古今的时限；超越古今的时限，而后便进入无所谓生、无所谓死的境界。摒除了生，也就没有死，留恋于生，也就不存在生。‘道’之为物，无不一面有所送，无不一面有所迎；无不一面有所毁，无不一面有所成。这就叫作‘撄宁’。‘撄宁’的意思就是在万物生死成毁的纷纭烦乱的境界里保持心境的宁静。”

南伯子葵说：“你从哪里听得道’呢？”女偊说：“我从副墨（文字）的儿子那里听到的，副墨的儿子从洛涌（背诵）的孙子那里听到的，洛诵的孙子从瞻明（见解明彻）那里听到的，瞻明从聂许（附耳私语）那里听到的，聂许从需役（实行）那里听到的，需役从於讴（吟咏领会）那里听到的，於讴从玄冥（静默）那里听到的，玄冥从参寥（高旷寥远）那里听到的，参寥从疑始（迷茫之始）那里听到的。”

子祀、子舆、子犁、子来四人在一块儿谈说：“谁能把‘无’当作头，把‘生’当作脊柱，把‘死、当作尻尾，谁能知道生死存亡浑然一体的道理，我就跟他交朋友。”四人相视而笑，心心相契，于是相互交往而成为朋友。

不一会儿，子舆生病了，子祀前去看他。子舆说：“伟大啊！造物者！把我变成如此拳曲的人啊！”子舆腰弯背驼，五脏穴口朝上，下巴隐藏在肚脐之下，肩膀高过头顶，弯曲的颈椎形如赘瘤朝天隆起。这是阴阳二气不和酿成如此灾乱，可是子舆心中却很闲适而若无其事，蹒跚地来到井边对着井水照看自己，说："哎呀！造物者又把我变成这样一个拘挛的人了啊！"

子杞说："你嫌恶吗？"子舆说："不，我为什么嫌恶？若把我的左臂变成公鸡，我就用它来报晓；若把我的右臂变成弹子，我就用它来打斑鸠烤着吃；若把我的尻骨变成车轮，把我的精神化为骏马，我就乘着它走，哪里还要别的车马呢？至于生命的获得，是因为适时；生命的丧失，是因为顺应。能够安心适时而顺应变化的人，悲哀和欢乐都不会侵入其心房，这就是古人所说的解脱了束缚。那些不能自求解脱的入是因为被外物束缚住了。人力不能胜过自然的力量已经很久了，我又有什么嫌恶自己现在的变化呢？"

不一会儿，子来也生病了，喘气急促将要死去，他的妻子、儿女围在床前哭泣。子犁去看他，说："去，走开，不要惊扰将要由生变化到死的人。"子犁靠着门向子来说："伟大啊！造物者！又将把你变成什么，把你送到哪里？要把你变成老鼠的肝吗？要把你变成小虫的膀子吗？"

子来说："父母对于子女，无论东西南北，他们都要听从吩咐调遣。自然的变化对于人无异于父母，它要我死，而我不听众，那么我就太蛮横了，而它有什么罪过呢？大自然给我形体，用生存使我勤劳，用衰老使我清闲，用死使我安息。因此把我的生存看作好事，把我的死亡也看作好事。譬如现在有一个冶炼技艺高超的工匠在铸造金属器皿，那金属突然从炉里跳起说：'我将必须成良剑莫邪'，冶炼工匠必定认为这是不吉祥的金属。现在偶然成了人的形体，就喊着：'我是人，我是人'，造化者必定认为这是不祥的人。现在就把天地当作大熔炉，把造物者当作冶炼高超的工匠，用什么方法来驱遣我而不可呢？"子来说完话，酣然睡去，又自在地醒来。

子桑户、孟子反、子琴张三人在一起谈说："谁能够相交往于无心交往心中，相助而不着形迹？谁登上高天巡游于云雾之中，循环升登于无穷的太空；忘掉了生死，而没有穷极？"三人相视而笑，心心相印，一同做了好朋友。

不久，子桑户死了，还没有下葬。孔子听见了，派子贡前去帮助料理丧事。子贡看到一个人在编歌曲，一个人在弹琴，二人合唱着"哎呀，子桑户啊！哎呀，子桑啊！你已经还归本真了，而我们还活着托载形骸于人间啊！"子贡听了，快步赶上前去问说："请问，对着尸体歌唱合乎礼议吗？"二人相视笑了笑说："他哪里懂得礼的真正含意！"

子贡回去后，把所见的告诉孔子，说："他们都是些什么人呢？不用礼议来修饰德行，而把形骸置之度外，面对尸体唱歌，脸色一点也不改变，没有什么法子可以用来称述他们。他们究竟是什么人啊？"

孔子说："他们都是摆脱礼议约束而游于人世之外的人，我却是生活在具体的世俗环境之中的人。人世之外与人世之内彼此不相干涉，而我竟然叫你去吊唁，这是我的浅薄呀！他们正与造物者为友伴，而遨游于天地之间。他们把人的生命看作赘瘤一样多余，把死亡看作毒痈化脓后的溃破，这样的人又哪里知道死生先后的分别呢？凭借不同的物类，聚合成一个形体；遗忘体内的肝胆，体外的耳目；让生命随自然而循环变化，不究诘它们的分际；安闲无系地神游于尘世之外，逍遥自在于自然的境地。他们又怎能不厌烦地拘守世俗的礼节，而故意炫耀于众人的耳目之前呢？”

子贡说：“那么您是遵从哪一方呢？”孔子说：“我孔丘，从自然的道理来看，是苍天所惩罚的罪人。虽然这样，我仍应该与你一道去追求至高无上的‘道’。”子贡说：“请问追求‘道’的方法。”孔子说：“鱼相适于水，人相适于道。相适于水的，掘地成池以供养；相适于道的，漠然无所作为便心性平适。所以说，鱼在江湖中游，则忘记了一切而悠悠哉，人在大道中游，则忘了一切而逍遥自适。”子贡说：“请问那些不合于世俗的奇异之人是什么人？”孔子说：“‘畸人’，就是不同于世俗然而合于自然的人。所以说，从自然的观点看来是小人的，却成为人世间的君子；从自然的观点看来是君子的，却成为人世间的小人。”

颜回问孔子说：“孟孙才的母亲死了，他哭泣时没有眼泪，心中不悲伤，居丧不悲痛。没有这三点，然而因善于处理丧事而扬名鲁国。难道真的有无其实而能得到虚名的吗？我颜回实在觉得很奇怪。”

孔子说：“孟孙才已经尽了居丧之道，大大超过了懂得丧葬礼议的人。丧事应该从简，只是出于世俗的原因而不能办到，然而他已经从简办丧事了。孟孙才不知道什么是生，也不知什么是死；不知道迷恋生，也不知道惦记死；他顺自然的变化而成为他应该成为的物类，以期待那些自己所不知晓的变化而已！再说如今将要变化，又怎么知道那不变化的情形呢？如今未曾变化，怎么知道那已经变化的情形呢？我和你正在做梦，是还没有开始觉醒过来的人啊！孟孙才认为人有形体的变化而无心神的损伤，有躯体的转换，而无精神的死亡。唯独孟孙才觉得，人家哭泣他也跟着哭泣，这就是他如此居丧的原因。世人称说这是我，然而又怎么知道我所称述的躯体一定就是我呢？像你梦中变成鸟便振翅直飞蓝天，梦中变成鱼便摇尾游入深渊。不知道现在谈话的我们是醒悟的人呢，还是做梦的人呢？心境快意却来不及笑出声，从内心自然地发出笑声却来不及排解和消泄，听任自然的安排而顺应变化，便可进入寥远之处的纯一境界。

意而子去拜访许由。许由说：“尧给了你什么教益？”意而子说：“尧对我说：‘你一定要实行仁义，明辨是非。’”许由说：“你怎么还要来我这里呢？尧已经用仁义给你行墨刑，用是非给你行劓刑，你怎么能逍遥放荡，无拘无束地游于变化的境界呢？”意而子说：“虽然这样，但我还是希望能游处于这个境域的边缘。”

许由说：“不行。有眼无珠的盲人无从欣赏眉目和容颜的美好，瞎子无从欣赏礼服上各种颜色不同的花纹。”意而子说：“无庄忘掉自己的美丽，据梁忘掉自己的勇力，黄帝忘掉自己的聪明，都是因为经过了炉中冶炼而成的。怎么知道那造物者不会平息我受黥刑的伤痕和补全我受了劓刑的残缺，使我托载精神的躯体恢复完整而跟随先生呢？”

许由说：“唉！这是不可以知道的啊！不过我还是说个大概给你听听吧。‘道’是我伟大的宗师啊！我伟大的宗师啊！调和万物却不以为义，泽及万世却不以为仁，长于上古却不算是老，回天载地、雕刻各种物体的形象却不显露技巧。这是游心的境地啊！”

颜回说：“我进步了。”孔子说：“怎么样的进步呢？”颜回说：“我忘掉仁义了。”孔子说：“很好，但是还不够。”过了几天，颜回再次拜见孔子，说：“我又进步了。”孔子说：“怎么样的进步呢？”颜回说：“我忘掉礼乐了。”孔子说：“很好，但是还不够。”过了几天，颜回又再次拜见孔子，说：“我又进步了。”孔子说：“怎么样的进步呢？”颜回说：“我坐忘了。”孔子惊奇地说：“什么叫坐忘？”颜回说：“废弃健壮的肢体，除掉了灵敏的听觉和锐利的眼睛，分离了身躯，放弃了智慧，和大道融道为一，这就是坐忘。”孔子说：“与万物同一就没有偏私了，顺应万物的变化就不执滞常理。你果真成为贤人了！我愿意跟随在你的后边，认真地学习。”

子舆和子桑是好朋友。一次阴雨绵绵一连下了十天，子舆说：“子桑恐怕已是饿病了。”于是便带着饭前去给他吃。子舆来到子桑门前，听见里面好像是在唱歌，又好像是在哭泣，而且还弹着琴：“父亲啊！母亲啊！天啊！人啊！”歌声衰微、歌词急促。

子舆走进门问说：“为什么你唱的诗歌是这种调子？”子桑说：“我在探求使我处在如此困窘的人，然而没有找到。父母难道要我贫困吗？天没有偏私地覆盖着，地没有偏私地托载着，难道天地会单单地让我贫困吗？寻求使我贫困的东西没有找到。然而我到了如此绝境，还是由于‘命’啊！”

应帝王

原文

啮缺问于王倪，四问而四不知。啮缺因跃而大喜，行以告蒲衣子[①]。蒲衣子曰：“而[②]乃今知之乎？有虞氏不及泰氏[③]。有虞氏，其犹藏仁以要人[④]，亦得人[⑤]矣，而未始出于非人[⑥]。泰氏，其卧徐徐[⑦]，其觉于于[⑧]。一以己为马，一以己为牛。其知情信，其德甚真，而未始入于非人。”

肩吾见狂接舆。狂接舆曰：“日中始[⑨]何以语女？”

肩吾曰：“告我君人者以己出经式义度[⑩]，人孰敢不听而化[⑪]诸？”

狂接舆曰：“是欺德[⑫]也。其于治天下也，犹涉海凿河而使蚊负山也。夫圣人之治也，治外乎？正而后行[⑬]，确乎能其事[⑭]者而已矣。且鸟高飞以避矰弋之害[⑮]，鼷鼠深穴乎神丘[⑯]之下以避熏凿之患，而曾二虫之无知？”

天根游于殷阳[17]，至蓼水[18]之上，适遭无名人而问焉[19]，曰："请问为[20]天下。"

无名人曰："去！汝鄙人也，何问之不豫[21]也！予方将[22]与造物者为人，厌，则又乘夫莽眇之鸟[23]，以出六极之外，而游无何有之乡，以处圹埌[24]之野。汝又何帠以治天下感予之心为[25]？"

又复问，无名人曰："汝游心于淡，合气于漠，顺物自然而无容私焉[26]，而天下治矣。"

阳子居[27]见老聃，曰："有人于此，向疾强梁[28]，物彻疏明[29]，学道不倦[30]。如是者，可比明王[31]乎？"

老聃曰："是于[32]圣人也！胥易技系[33]，劳形怵心[34]者也。且也虎豹之文来田[35]，猿狙之便执斄之狗来藉[36]。如是者，可比明王乎？"

阳子居蹴然曰："敢问明王之治。"

老聃曰："明王之治：功盖天下而似不自己[37]，化贷[38]万物而民弗恃，有莫举名[39]，使物自喜，立乎不测，而游于无有者也。"

郑有神巫曰季咸，知人之死生、存亡、祸福、寿夭，期[40]以岁、月、旬、日，若神[41]。郑人见之，皆弃而走。列子见之而心醉，归，以告壶子[42]，曰："始吾以夫子之道为至矣，则又有至焉者矣。"

壶子曰："吾与汝既其文[43]，未既其实，而固得道与？众雌而无雄，而又奚卵焉！而以道与世亢[44]，必信，夫故使人得而相[45]汝。尝试与来[46]，以予示之。"

明日，列子与之见壶子。出而谓列子曰："嘻！子之先生死矣！弗活矣！不以旬数矣！吾见怪焉，见湿灰[47]焉。"

列子入，泣涕沾襟以告壶子。壶子曰："乡吾示之以地文[48]，萌[49]乎不震不正，是殆见吾杜德机[50]也。尝又与来。"

明日，又与之见壶子。出而谓列子曰："幸矣！子之先生遇我也，有瘳[51]矣！全然有生矣！吾见其杜权[52]矣！"

列子入，以告壶子。壶子曰："乡吾示之以天壤[53]，名实不入，而机发于踵。是殆见吾善者机[54]也。尝又与来。"

明日，又与之见壶子。出而谓列子曰："子之先生不齐[55]，吾无得而相焉。试齐，且复相之。"

列子入，以告壶子。壶子曰："吾乡示之以太冲[56]莫胜，是殆见吾衡气机[57]也。鲵桓[58]之审为渊，止水之审为渊，流水之审为渊。渊有九名[59]，此处三焉。尝又与来。"

明日，又与之见壶子。立未定，自失而走。壶子曰："追之！"列子追之不及。反，以报壶子曰："已灭矣，已失矣，吾弗及也。"

壶子曰："乡吾示之以未始出吾宗[60]。吾与之虚而委蛇[61]，不知其谁何[62]，因以为弟靡[63]，因以为波流。故逃也。"

然后列子自以为未始学而归，三年不出，为其妻爨[64]，食豕如食人，于事无与亲[65]，雕琢复朴[66]，块然[67]独以其形立。纷而封哉[68]，一以是终[69]。

无为名尸[70]，无为谋府[71]，无为事任[72]，无为知主[73]。体尽无穷[74]，而游无朕[75]。尽其所受乎天[76]，而无见得，亦虚而已！至人之用心若镜，不将不迎，应而不藏，故能胜物而不伤。

南海之帝为儵[77]，北海之帝为忽，中央之帝为浑沌。儵与忽时相遇于浑沌之地，浑沌待之甚善。儵与忽谋报浑沌之德[78]，曰："人皆有七窍[79]，以视、听、食、息，此独无有，尝试凿之。"日凿一窍，七日而浑沌死。

注释

①蒲衣子：庄子虚拟的人物。

②而：你。

③泰氏：传说时代的帝王。

④藏仁：心怀仁义。要（yāo）：笼络。

⑤得人：得人心。

⑥未始出于非人：从来没有超脱出外物的牵累。

⑦徐徐：安闲自得的样子。

⑧于于：逍遥自在的样子。

⑨日中始：庄子虚拟的人物。

⑩君人者：国君。出：公布。经式义度：法度。

⑪化：感化。

⑫欺德：虚伪的道德。

⑬正而后行：先正自己而后感化别人。

⑭能其事：各尽所能。

⑮矰（zēng）：用丝绳系住以射飞鸟的短箭。弋（yì）：弋射，用绳系住箭来射。

⑯神丘：社坛。

⑰天根：庄子虚拟的人物。殷阳：殷山之南。

⑱蓼（liǎo）水：水名。

⑲适遭：恰巧碰到。无名人：庄子虚拟的人物。

⑳为：治理。

㉑豫：喜欢。

㉒方将：正在。

㉓厌：厌烦。莽眇：虚无缥缈。

㉔圹埌（làng）：圹，同“旷”，与“埌”同义。空荡辽阔。

㉕帠（yì）：梦话。感：惑乱。

㉖容：夹杂。私：私心，成见。

㉗阳子居：姓阳名朱，字子居。

㉘向疾强梁：敏捷而刚强。

㉙物彻疏明：对事物的认识深刻清楚。

㉚不倦：精勤不倦。

㉛明王：英明的君主。

㉜于：何，哪能。

㉝胥易技系：有才智的小吏治事为其技能所累。

㉞怵心：忧心，惊心。

㉟文：花纹。田：打猎。

㊱便：敏捷。执：捉。藉：系缚。

㊲不自己：不归功于自己。

㊳化：教化。贷：施。

㊴举：称说。名：形容。

㊵期：预言。

㊶若神：像神一样灵验。

㊷壶子：列子的老师。

㊸与：传授。既：尽。文：表面。

㊹亢：通“抗”，抗衡，较量。

㊺相：相面。

㊻与来：带来。

㊼湿灰：喻毫无生气。

㊽乡（xiàng）：刚才，过去。地文：大地阴静的气象。

㊾萌：昏昧。

㊿杜德机：杜塞生机。

51瘳（chōu）：病愈。

52杜权：闭塞中有转机。

53天壤：天地间生气。

54善者机：生机。

55齐：通“斋”，斋戒。

56太冲：阴阳二气调和。

57衡气机：阴阳二气平衡。

(58)桓：盘旋，徘徊。

(59)渊有九名：《列子·黄帝篇》："鲵旋之潘为渊，止水之潘为渊，流水之潘为渊，滥水之潘为渊，沃水之潘为渊，氿水之潘为渊，雍水之潘为渊，汧水之潘为渊，肥水之潘为渊，是为九渊焉。"

(60)未始出吾宗：未曾出乎我的根本大道。

(61)委蛇（wēi yí）：顺其自然。

(62)不知其谁何：不知道我是怎么回事。

(63)弟靡：稊靡，茅草，草芥。

(64)爨（cuàn）：烧火煮饭。

(65)无与亲：漠不关心。

(66)雕琢复朴：去雕琢而复归于朴。

(67)块然：像土块一样，意即无知无识。

(68)纷而封哉：在纷纭的世事中持守真朴。

(69)一以是终：一直以此终生。

(70)无为名尸：不为名之主。

(71)谋府：智囊。

(72)事任：承担责任。

(73)知主：智慧的主宰者。

(74)体尽无穷：体悟无穷的大道。

(75)朕（zhèn）：迹。

(76)尽其所受乎天：承受自然的本性。

(77)儵（shū）：与下文的忽、浑沌都是庄子杜撰的寓言人物。

(78)谋报：筹谋报答。德：恩德。

(79)七窍：指一口、两耳、两目、两鼻孔。

译文

啮缺问王倪，问了四次，王倪都回答说不知道。啮缺因此而高兴得跳了起来，跑去告诉蒲衣子。蒲衣子说："现在你知道了吗？有虞氏不如泰氏。有虞氏还心怀仁义以笼络人心，虽然他也能得人心，但是从来没有超脱出外物的牵累。泰氏睡觉时安闲自得，醒来时逍遥自在，任人家把自己称作马，任人家把自己称作牛。他的知见信实，他的德性真实，而从来没有受过外物的牵累。"

肩吾拜见接舆。接舆问："日中始对你说了些什么？"

肩吾说："他告诉我：国君凭自己的意志制定颁布法度，人民谁敢不听从而被感化呢？”

接舆说：“这是虚伪的道德。这样治理天下就如同在大海里凿河，让蚊虫负山一样。圣人治理天下是用法度治外表吗？圣人是先正自己而后感化别人，使人们各尽其所能罢了。鸟尚且知道高飞以躲避弓箭的伤害，鼷鼠尚且知道深藏于社坛底下以避开烟熏和铲掘的灾祸，难道人还不如这两种动物吗？”

天根游于殷阳，走到蓼水的上游，恰巧遇到无名人，他问无名人说：“请问治理天下的方法。”

无名人说：“去！你真是个鄙陋的人，为什么要问使人讨厌的问题呢？我正在和造物者伴游，厌烦了就乘着虚无缥缈之鸟飞出天地四方之外，遨游于无何有之乡，安处于广阔无际的旷野。为什么你要用治理天下这样的梦话来扰乱我的心呢？”

无根又问。

无名人说：“你游心于恬淡之境，清静无为，顺应事物的自然本性而不夹杂私心成见，天下就可治理好了。”

阳子居拜见老子，说：“有这样一个人，他敏捷而刚强，认识事物深刻清楚，学道精勤不倦。这样可以和明王相比吗？”

老子说：“这怎么能和圣人相比呢？胥吏治事为其技能所累，劳苦形骸而惊扰心神。而且，虎豹因为皮毛华丽而招人猎杀，猿猴因为敏捷而被人捉到拴住。这样可以和明王相比吗？”

阳子居惭愧地说：“请问明王是怎样治理天下的？”

老子说：“明王治理天下，功盖天下而不归功于自己，教化施及万物而人民却不觉得有所依赖，他虽有功德，却不能用名称说出来，他使万物各得其所，而自己立于高深莫测的地位，游于虚无缥缈的境界。”

郑国有一个神巫，名叫季咸，能够占算人的生死存亡、祸福寿夭，所预言的年、月、旬、日准确如神。郑国的人见了他，都惊慌地逃走。列子见了他为之心醉，回来告诉壶子说：“原先以为先生的道术够高深了，现在才知道还有更高深的。”

壶子说：“我教给你的只是表面的东西，没有向你传授内在的实质，你就以为得道了吗？一群雌鸟而没有雄鸟，又怎么能生出传代的卵呢？你以表面的“道”去和世人周旋，偏听妄信，因而被人家窥测到了底细。你把他请来，给我相相面。”

第二天，列子邀季咸去见壶子。季咸出来对列子说：“唉！你的先生将要死了！不能活了！过不了十天！我看他气色怪异，生机全无。”

列子进去，痛哭流涕地把季咸的话告诉了壶子。壶子说：“刚才我显示给他看的是阴胜阳之态，隐藏了生机，不动不止，因而他只看见我堵塞了生机。你再请他来看。”

第二天，列子又邀季咸去见壶子。季咸出来对列子说：“幸运啊！你的先生遇见了我，有好的希望了！全然有生气了！我看见他闭塞的生机开始活动了！”

列子进去将季咸的话告诉了壶子。壶子说："我刚才给他看的是阳胜阴之态，没有夹杂虚名实利，一线生机从脚跟升起。他大概看到了我这点生机。你再请他来看看。"

第二天，列子又邀季咸去见壶子。季咸出来对列子说："你的先生没有斋戒，我无法给他相面。请他斋戒了，再给他看相。"

列子进去将季咸的话告诉了壶子。壶子说："我刚才给他看的是阴阳二气调和之态，他大概看到了我阴阳二气的平衡。鲵鱼盘旋之处成为渊，止水之处成为渊，流水之处成为渊。渊有九种，我给他看的只有三种。你再请他来看看。"

第二天，列子又邀季咸去见壶子。季咸进去还没有站定，就惊慌失色地逃走了。壶子说："追上他！"列子没有追上，回来告诉壶子说："不见踪影了，已经跑掉了，我追不上他。"

壶子说："我刚才给他看的是虚无之态，未曾出乎我的根本大道。我和他随顺应变，他摸不着头脑，就像狂风吹起的草芥或激流中的浮萍一样不知如何是好，于是就逃走了。"

列子这才知道自己没有学到什么，回到家中，三年闭门不出，替妻子烧火、煮饭、喂猪，就如同侍奉人一般，对世事毫不关心，弃浮华而归真朴，漠然独立于尘世之外，在纷纭的世界中持守虚静，如此终生。

不要追求名声，不要做出谋划策的智囊，不要承担什么责任，不要当智慧的主宰者。体悟无穷的大道，游心于无踪迹的境界，享受天所给的一切，而不要以为有什么所得，这也不过是虚无罢了。至人的用心如同镜子一般，对物的来去不迎不送，客观地反映而不加

隐藏，所以能够胜物而不被物伤害。

南海的帝王名叫儵，北海的帝王名叫忽，中央的帝王名叫浑沌。儵和忽常常到浑沌的领地内相会，浑沌待他们很好。儵和忽筹谋报答浑沌的恩德，说："人都有七窍，用来看、听、饮食、呼吸，唯独浑沌没有，我们试着给他凿开七窍。"于是一天凿一窍，到了第七天，浑沌就死了。

精彩点拨

《逍遥游》道出了庄子人生哲学的最高要求和最高境界。《齐物论》认为万物都是浑然一体的，并且在不断向其对立面转化。《养生主》旨在说明养生之道。《人间世》的中心是讨论处世之道。《德充符》的中心在于讨论人的精神世界，应该怎样反映宇宙万物的本原观念和一体性观念。《大宗师》认为自然和人是浑然一体的，人的生死变化是没有什么区别的。《应帝王》表达了庄子的为政思想。

阅读积累

鲁　国

鲁国（前1043—前255），周朝的周王族诸侯国，姬姓鲁氏，侯爵，首任国君为周武王弟弟周公旦（周文公）之子鲁文公伯禽。西周初年，周公辅佐天子周成王东征灭掉了伙同武庚叛乱的奄国，受封于奄国故土。由于周公要留在镐京辅佐周成王，因此让自己的长子伯禽代为赴任，沿用周公初封地"鲁"称号建立鲁国，定都曲阜。起初鲁国疆域较小，"封土不过百里"，后来陆续吞并了周边的极、项、须句、根牟等小国，并夺占了曹、邾、莒、宋等国部分土地，成为"方百里者五"的大国。鲁国国力最强时，疆域北至泰山，南达徐淮，东至黄海，西抵山东定陶一带，其统治核心区大多位于今山东济宁境内，亦包括泰安南部宁阳，菏泽东部单县、郓城，临沂平邑等市县。为周王朝控制东方的一个重要邦国。

外篇

精彩导读

在经世的流传中，世人普遍认为这部分也是庄子本人的著述。由于这部分的篇名取自每篇开头的名词，因此，篇名本身跟篇章内容不一定息息相关。既然说是外篇，那么它呈现出来的内容不限于人，更多涉及人的心理活动以外的事物。例如《骈拇》说的是多生的肢节，《马蹄》说的与马有关，其他诸如天地宇宙的运行变化及规律、传说中的人物故事，等等，以此呈现道德的方方面面。《庄子》一书开辟了散文艺术的新境界，鲁迅在其《汉文学史纲要》中称赞道："其文汪洋辟阖，仪态万方，晚周诸子之作，莫能先也。"其影响可见一斑。鲁迅在思想和文风上都有庄子的痕迹，他的历史小说集《故事新编》就明显地带有庄子寓言的不羁意味。本章节选编了除《在宥》外的14篇，下面就让我们一起来《庄子·外篇》的艺海遨游吧！

骈拇

原文

骈拇枝指[①]出乎性哉！而侈于德[②]。附赘县疣，出乎形哉？而侈于性。多方乎仁义而用之者，列于五藏哉？而非道德之正[③]也。是故骈于足者，连无用之肉也；枝于手者，树无用之指也；多方骈枝于五藏之情者，淫僻于仁义之行，而多方于聪明之用也。

是故骈与明者，乱五色[④]，淫文章[⑤]，青黄黼黻之煌煌[⑥]非乎？而离朱是已！多于聪者，乱五声，淫六律，金石丝竹黄钟大吕之声非乎？而师旷是已！枝于仁者，擢德塞性[⑦]以收名声，使天下簧鼓以奉不及之法非乎？而曾、史[⑧]是已。骈于辩者，累瓦结绳窜句，游心于坚白同异之间，而敝跬誉无用之言非乎？而杨、墨是已。故此皆多骈旁枝之道，非天下之至正[⑨]也。

彼正正者，不失其性命之情。故合者不为骈，而枝者不为跂[⑩]；长者不为有余，短者不为不足。是故凫胫[⑪]虽短，续之则忧；鹤胫虽长，断之则悲。故性长非所断，性短非所续，无所去忧也。意[12]仁义其非人情乎？彼仁人何其多忧也？

且夫骈于拇者，决之则泣；枝于手者，龁[13]之则啼。二者或有余于数，或不足于数，其于忧一也。今世之仁人，蒿目而忧世之患；不仁之人，决性命之情而饕贵富[14]。故意仁义其非人情乎？自三代以下者天下何其嚣嚣也？

且夫待钩[15]绳规矩而正者，是削其性者也；待绳约胶漆而固者，是侵其德者也。屈折礼乐，呴俞仁义[16]，以慰天下之心者，此失其常然也。天下有常然，常然者，曲者不以钩，直者不以绳，圆者不以规，方者不以矩，附离不以胶漆，约束不以纆索。故天下诱然皆生而不知其所以生；同焉皆得，而不知其所以得。故古今不二，不可亏也。则仁义又奚连连如胶漆纆索，而游乎道德之间为哉？使天下惑也！

夫小惑易方[17]，大惑易性。何以知其然邪？自虞氏招仁义以挠天下也，天下莫不奔命于仁义，是非以仁义易其性与？故尝试论之，自三代以下者，天下莫不以物易其性矣！小人则以身殉利，士则以身殉名，大夫则以身殉家，圣人则以身殉天下。故此数子[18]者，事业不同，名声异号，其于伤性以身为殉，一也。臧与穀，二人相与牧羊，而俱亡其羊。问臧奚事，则挟筴读书，问谷奚事，则博塞以游。二人者，事业不同，其于亡羊均也。伯夷死名[19]于首阳之下，盗跖死利于东陵之上。二人者所死不同。其于残生伤性均也，奚必伯夷之是而盗跖之非乎！天下尽殉也。彼其所殉仁义也，则俗谓之君子；其所殉货财也，则俗谓之小人。其殉一也，则有君子焉，有小人焉。若其残生损性，则盗跖亦伯夷已，以恶取君子小人于其间哉？

且夫属其性乎仁义者，虽通如曾、史，非吾所谓臧[20]也；属其性于五味，虽通如俞儿[21]，非吾所谓臧也；属其性乎五声，虽通如师旷，非吾所谓聪也；属其性乎五色，虽通如离朱，非吾所谓明也。吾所谓臧者，非所谓仁义之谓也，臧于其德而已矣；吾所谓臧者，非所谓仁义之谓也，任其性命之情而已矣；吾所谓聪者，非谓其闻彼也，自闻而已矣；吾所谓明者，非谓其见彼也，自见而已矣。夫不自见而见彼，不自得而得彼者，是得人之得而不自得其得者也，适人之适而不自适其适者也。夫适人之适而不自适其适，虽盗跖与伯夷，是同为淫僻也。余愧乎道德[22]，是以上不敢为仁义之操[23]，而下不敢为淫僻之行也。

注释

①骈（pián）拇：指足拇指连第二指。骈，并。拇，脚的大指。对人体来说“骈拇”与“枝指”皆为多余之物，因此文中多次成为多余的、人为附加的代称。

②侈于德：侈，多，多余。德，得。

③正：有自然、本然的意思。

④五色：青、黄、赤、白、黑五种基本颜色。

⑤淫文章：耽溺于文彩。青与赤为文。赤与白为章。

⑥黼（fǔ）黻（fú）之煌煌：黼黻，古代礼服上绣制的花纹。煌煌，光耀炫目的景象。

⑦擢（zhuó）德塞性：标举德行与蔽塞本性。

⑧曾、史：指曾参和史鰌。曾参，字子舆，为孔子的学生；史鰌，字子鱼，卫灵公的大臣。

⑨至正：至道正理；本然之理。

⑩跂：为“歧”字之误。

⑪凫（fú）胫：野鸭小腿。

⑫意（yī）：嗟叹之声，又写作“噫”。

⑬龁（hé）：咬断。

⑭决性命之情而饕贵富：决，断，抛弃。饕，贪。贵富，地位高为贵，财产多为富。

⑮待钩：待，依靠。钩，木工画弧线的曲尺。

⑯呴（xū）俞仁义：用仁义的手段来爱抚和教化他人。呴俞，爱抚。

⑰小惑易方：惑，迷。易，改变。方，方向。

⑱数子：谓上述四种人。

⑲伯夷死名：殷商末年的贤士，反对武王伐商，不食周粟而饿死于首阳山。死名，为名而死。

⑳臧：善，好的意思。

㉑俞儿：古时善于识味的人。相传“俞儿”为齐国人，味觉灵敏，善于辨别味道。

㉒道德：这里指对宇宙万物本体和事物变化运动规律的认识。

㉓操：节操，操守。

译文

并生的脚趾和旁生的手指，是出于本性吗？然而多于常人所得。附悬于人体的肉瘤是出于人的形体吗？然而超过了人天生成的本体。采取多种方法推行仁义比列于身体本身的五脏吗？却不是道德的本然。因此，足趾并生的只是连缀一块的无用的肉；旁生在手上的只是长出了一个无用的指头；多种并生、旁生的多余的东西对人天生的本性和欲念来说，好比是迷乱而又错误推行仁义，又像是脱出常态地使用人的听力和视力。

因此，超出本体多余的，对视觉明晰的人来说，就是迷乱五色，混淆文采，难道不像彩色华丽的服饰之耀人眼目吗？而离朱就是这一类人的代表。超出本体多余的，对听觉灵敏的人来说，就是混乱了五声，放任于六律，岂不是金、石、丝、竹和黄钟大吕的音调吗？像师旷就是这一类人的代表。标榜仁义的，闭塞德性来捞取名声，岂不是使天下人喧嚷着去奉守不可从的礼法吗？像曾参和史鳍就是这一类人的代表。多言诡辩的，说了一大堆空话，穿凿文句，将心思驰骋于坚白同异的论题上，岂不是疲惫精神求一时的名誉而争的言论吗？像杨朱、墨翟就是这一类人的代表。可见这些都是旁门左道，不是天下的至理、正道。

那些合乎事物本然实况的，既不违反事物各得其所而又顺应自然的真情。所以说合在一起的并不是骈生，分枝的并不是多余；长的不算多余，短的不算不足。所以野鸭的小腿虽然很短，接上一段就造成痛苦；野鹤的小腿虽然很长，切去一节就会造成悲哀。事物原本是长的，不可随意切断；事物原本就很短的，也不可随意接长，这样各种事物也就没有什么可忧虑的了。噫！难道仁义不合乎人情吗？那些倡导仁义的人怎么会有那么多忧愁呢？

并生的脚趾，分开它就会哭泣；歧生的手指，咬断它便要哀啼。这两种情况，或多于应有的手指数，或少于应有的脚趾数，都同样是感到痛苦的。当今世上的仁人放眼远望忧虑人世间的祸患；那不仁的人摒弃人的本真和自然而贪图富贵。噫！难道仁义不是人所固有的真情吗？然而从夏、商、周三代以来，天下为什么这样喧嚣竞逐呢？

等待曲尺、墨线、圆规、角尺来校正事物形态的，是损伤事物本性的行为；等待绳索胶漆来使事物相互黏固的，是伤害事物天然禀赋的行为；运用仁义对人民加以爱抚和教化，以此来安慰天下的民心的，是违背事物本然真性的行为。天下的事物都有它们的本然真性。所谓本然真性，即曲的不用钩，直的不用绳，圆的不用规，方的不用矩，黏合的不用胶和漆，捆缚的不用绳索。所以，天下万物自然生长而不知道自己是怎样生长的，各得其所而不知道自己为什么有所得。所以古今的道理都是同样的，不能用强力去亏损呀。那么又为什么要无休止地使用仁义如同使胶漆绳索那样施加在道德之间呢？这就使得天下的人大惑不解了！

小的迷惑会改变方向，大的迷惑会改变本性。怎么知道是这样的呢？虞舜标榜仁义来扰乱天下，天下的人没有不奔命于仁义的，难道这不是用仁义来改变人的天生本性吗？现在试着来谈论一下这个问题。自夏、商、周三代以来，天下没有人不凭借外物来改变自己的本性的。贫穷的人为了求利而牺牲，士人为了名声而牺牲，大夫为了家族而牺牲，圣人为了天下而牺牲。所以这四种人，事业不同，名声也有各自的称谓，但是伤害人的本性、牺牲自己却是同一的。男仆和童仆二人一同去放羊，最后却把羊全放丢了。问男仆在做什么，他说是拿着书简在读书；问童仆在做什么，说是在玩投掷骰子的游戏。这两个人所做的事不同，但他们让羊跑走了却是相同的。伯夷为了名而死于首阳山下，盗跖为了利而死在东陵山上，这两个人死的原因不同，但残害生命、损伤本性却是一样的。何必要赞许伯夷、指责盗跖呢？天下的人都在为某种目的而献身：有的为仁义而牺牲，世俗称之为君子；有的为货财而牺牲，世俗称之为小人。他们的牺牲都是同一的，有的被誉为君子，有

的被责为小人；若就残害生命、损伤本性而论，那么盗跖也和伯夷一样，何必在其间区分君子与小人呢？

改变本性去从属于仁义，虽然像曾参和史鳍那样精通，但也不是我所认为的完美；改变本性去从属于甜、酸、苦、辣、咸五味，虽然像俞儿那样精通，但也不是我所认为的完善；改变本性去从属于五声，虽然像师旷那样精通，但也不是我所认为的聪敏；改变本性去从属于五色，虽然像离朱那样精通，但也不是我所认为的敏锐。我所认为的完美并非所称道的仁义，而是在于比各有所得更美好罢了；我所认为的完善并非所称道的仁义，而是在于依性任情罢了；我所认为的聪敏并非说可以听到别人什么，而是在于内省自己罢了；我所认为视觉的敏锐并非是说能看清别人，而是在于能够看清自己罢了。不能看清自己而只能看清别人，不能安于自得而向别人索求的人，这是索求别人之所得而不能安于自己所应得的人，也就是贪图达到别人所达到而不能安于自己所应达到的境界的人。贪图达到别人所达到而不安于自己所应达到的境界，无论是盗跖和伯夷，都同样是偏僻的行径。我有愧于宇宙万物本体的认识和事物变化规律的理解，所以我上不敢为仁义的节操，下不敢做偏僻的行径。

马　蹄

马，蹄可以践霜雪，毛可以御风寒，龁草饮水，翘足而陆[①]，此马之真性也。虽有义台路寝[②]，无所用之。及至伯乐[③]，曰："我善治马。"烧[④]之，剔[⑤]之，刻[⑥]之，雒[⑦]之。连之以羁馽[⑧]，编之以皁栈[⑨]，马之死者十二三[⑩]矣；饥之，渴之，驰之，骤之，整之，齐之，前有橛饰之患[⑪]，而后有鞭筴[⑫]之威，而马之死者已过半矣！陶者[⑬]曰："我善治埴[⑭]。圆者中[⑮]规，方者中矩。"匠人[⑯]曰："我善治木，曲者中钩，直者应[⑰]绳。"夫埴木之性，岂欲中规矩钩绳哉？然且世世称之曰伯乐善治马，而陶匠善治埴木，此亦治天下者之过也。

吾意[⑱]善治天下者不然。彼民有常性，织而衣，耕而食，是谓同德[⑲]。一而不党[⑳]，命曰天放[㉑]。故至德之世，其行填填[㉒]，其视颠颠[㉓]。当是时也，山无蹊隧[㉔]，泽无舟梁[㉕]。万物群生，连属其乡[㉖]。禽兽成群，草木遂长[㉗]。是故禽兽可系羁而游[㉘]，乌鹊之巢可攀援而窥。

夫至德之世，同与禽兽居，族[㉙]与万物并，恶乎知君子小人哉！同乎无知[㉚]，其德不离[㉛]；同乎无欲，是谓素朴。素朴而民性得矣。及至圣人，蹩躠[㉜]为仁，踶跂[㉝]为义，而天下始疑[㉞]矣；澶漫[㉟]为乐，摘僻[㊱]为礼，而天下始分矣。故纯朴[㊲]不残，孰为牺尊[㊳]！白玉不毁，孰为珪璋[㊴]！道德不废，安取仁义！性情不离，安用礼乐！五色不乱，孰为文采！五声不乱，孰应六律！夫残朴以为器，工匠之罪也；毁道德以为仁义，圣人之过也。

夫马，陆居则食草饮水，喜则交颈相靡[40]，怒则分背相踶[41]。马知已[42]此矣。夫加之以衡扼[43]，齐之以月题[44]，而马知介倪闉扼鸷曼诡衔窃辔[45]。故马之知而态至盗者[46]，伯乐之罪也。

夫赫胥氏[47]之时，民居不知所为，行不知所之[48]，含哺而熙[49]，鼓[50]腹而游，民能以此矣。及至圣人，屈折礼乐以匡[51]天下之形，县跂仁义以慰天下之心[52]。而民乃始踶跂好知[53]，争归于利，不可止也。此亦圣人之过也。

注释

①陆：跳。

②义台路寝：高台大殿。

③伯乐：秦穆公时人，以善相马而著称。

④烧：把铁烧红在马身上打烙印。

⑤剔：剪马毛。

⑥刻：削马蹄。

⑦雒（luò）：通“络”，给马戴笼头。

⑧连：绑上。羁（jī）：带嚼子的马络头。馽（zhí）：用来绊住马前足的绳索。

⑨编：架搭。皁（zào）：马槽。栈：马棚。

⑩十二三：十分之二三。

⑪橛（jué）：马衔。饰：马缨。患：束缚。

⑫鞭筴：打马的工具，带皮的叫鞭。无皮的叫筴。

⑬陶者：制作陶器的人。

⑭埴（zhí）：黏土。

⑮中：符合。

⑯匠人：木匠。

⑰应：适合。

⑱意：认为。

⑲同德：共同的本性。

⑳一而不党：纯一而不偏私。

㉑天放：自然放任。

㉒填填：悠闲稳重的样子。

㉓颠颠：质朴纯真的样子。

㉔蹊（xī）：小路。隧：隧道。

㉕梁：桥。

㉖连属其乡：居处相连而不分彼此。

㉗遂长：成长。

㉘系羁而游：牵系着游玩。

㉙族：聚集。

㉚同乎无知：与无知一样。

㉛不离：不失本性。

㉜蹩躠（bié xiè）：费劲的样子。

㉝踶跂（dì qǐ）：费力的样子。

㉞疑：惑。

㉟澶（chán）漫：放纵。

㊱摘僻：烦琐。

㊲纯朴：未加工过的木头。

㊳牺尊：酒器。

㊴珪璋：玉器。

㊵靡：通“摩”。

㊶分背：背对背。踶：踢。

㊷已：止。

㊸衡：车辕前端的横木。扼：通“轭”，叉着马颈的曲木，两头与衡木相连。

㊹齐：装饰。月题：马额上的佩饰，形状似月，又称当颅。

㊺介倪：倪借为輗，车辕与车衡衔接的关键部位。介輗：马侧立在两輗之间，不服驾驭。闉（yīn）扼：闉，曲；扼，通軛。马曲着脖子，企图摆脱掉軛。鸷（zhì）：抵。曼：借为幔，车衣。诡衔：诡诈地吐掉嚼子。辔（pèi）：缰绳。

㊻知：通“智”。而：与。

㊼赫胥氏：传说中的上古帝王。

㊽之：往。

㊾熙：通“嬉”，游戏。

㊿鼓：饱。

51匡：正。

52县跂：悬举，提倡。慰：安。

53好知：推崇才智。

马蹄能够践踏霜雪，毛能够抵御风寒，吃草饮水，翘足跳跃，这是马的真性。即使有高台大殿，对它也没有用处。遇到了伯乐时，他说："我善于调理马。"于是给马打烙印，剪马毛，削马蹄，戴笼头，绑上络头和绊索，拴在马棚中的食槽旁，这样马就死去了十分之二三；然后让马饥渴，驱使马急速奔跑，整修马饰，使马前有口衔马缨的束缚，后有鞭策的威胁，如此折腾，马就死掉了大半。陶工说："我善于捏制陶土，使圆的合乎规，方的合乎矩。"木匠说："我善于整治木头，使曲的合乎钩，直的合乎绳。"黏土和树木的本性难道需要合乎规矩钩绳吗？然而世世代代的人们称颂说："伯乐善于调理马，陶工和木匠善于整治黏土和木头。"这也是治理天下者的过错啊！

我认为会治理天下的不是这样。人民有常性，纺织而衣，耕耘而食，这就叫共同的本性；纯一而不偏私，名为自然放任。因而在道德最高尚的时代，人们的行为悠闲稳重，面貌质朴纯真。在那个时代，山中没有路径通道，水上没有船只桥梁；万物群生，居处相连；禽兽成群，草木旺盛。因而禽兽可以牵系着游玩，乌鹊的巢可以攀援上去窥视。

在道德最高尚的时代，与禽兽同居，和万物并聚，哪里知道什么君子小人？憨厚无知，不失本性；淡静无欲，即纯真朴实。纯真朴实就能保持人民的本性。到了圣人出现时，用心为仁，费力为义，于是天下开始产生疑惑；纵情为乐，烦琐为礼，于是天下开始分崩离析。因此，完整的木头不被破开，怎么会有酒器？白玉不被毁坏，怎么会有珪璋？道德不被废弛，哪里需要仁义？真性不离，哪里要礼乐？五色不被散乱，怎么会有文采？五声不被错乱，哪里要合六律？残破原木来做器具，这是工匠的罪过；毁坏道德而用仁义，这是圣人的过失。

马生活在陆地上，吃草饮水，高兴时交颈相摩，发怒时转身相踢。马所知道的只不过如此。等到给马加上了车衡颈轭，装饰上当颅，马就懂得不服驾驭，曲颈脱轭，抵触车衣，诡诈地吐掉嚼子，偷偷地咬坏缰绳等反抗行为，使马的心智与神态变得像盗贼一样，这是伯乐的罪过啊！

在赫胥氏的时代，人民安居而无所作为，闲适而无所往，口含食物游戏，肚子吃得饱饱地游荡，人民安然自得如此。等到圣人出现，巧施礼乐以匡正天下人的行为举止，提倡仁义以安天下人之心，于是人民开始崇尚才智，竞相争利，一发而不可收拾。这也是圣人的过失啊！

胠箧

原文

将为胠箧、探囊、发匮之盗而为守备①，则必摄缄縢，固扃鐍②。此世俗之所谓知也。然而巨盗至，则负匮、揭③箧、担囊而趋，唯恐缄縢扃鐍之不固也。然则乡之所谓知者，不乃为大盗积者也④？

故尝试论之，世俗之所谓知者，有不为大盗积者乎？所谓圣者，有不为大盗守者乎？何以知其然邪？昔者齐国⑤邻邑相望，鸡狗之音相闻，罔罟之所布⑥，耒耨之所刺，方二千余里。阖四竟之内，所以立宗庙社稷，治邑屋州闾乡曲者，曷尝不法圣人哉？然而田成子一旦杀齐君而盗其国。所盗者岂独其国邪？并与其圣知之法而盗之。故田成子有乎盗贼之名，而身处尧舜之安，小国不敢非，大国不敢诛，十二世有齐国。则是不乃窃齐国，并与其圣知之法以守其盗贼之身乎？

尝试论之，世俗之所谓至知者，有不为大盗积者乎？所谓至圣者，有不为大盗守者乎？何以知其然邪？昔者龙逢斩，比干剖，苌弘胣，子胥靡⑦，故四子之贤，而身不免乎戮。故跖⑧之徒问跖日“盗亦有道乎？”跖曰：“何适而无有道邪？夫妄意室中之藏，圣也；入先，勇也；出后，义也；知可否，知也；分均，仁也。五者不备而能成大盗者，天下未之有也。”由是观之，善人不得圣人之道不立，跖不得圣人之道不行；天下之善人少而不善人多，则圣人之利天下也少而害天下也多。故曰：唇竭则齿寒⑨，鲁酒薄而邯郸围，圣人生而大盗起。掊击⑩圣人，纵舍盗贼，而天下始治矣。

夫川竭而谷虚，丘夷而渊实⑪。圣人已死，则大盗不起，天下平而无故⑫矣。圣人不死，大盗不止。虽重圣人而治天下，则是重利盗跖也。为之斗斛⑬以量之，则并与斗斛而窃之；为之权衡⑭以称之，则并与权衡而窃之；为之符玺⑮以信之，则并与符玺而窃之；为之仁义矫之，则并与仁义而窃之。何以知其然邪？彼窃钩者诛，窃国者为诸侯；诸侯之门，而仁义存焉。则是非窃仁义圣知邪？故逐于大盗，揭诸侯，窃仁义并斗斛权衡符玺之利者，虽有轩冕之赏弗能劝，斧钺之威弗能禁。此重利盗跖而使不可禁者，是乃圣人之过也。故曰：“鱼不可脱于渊，国之利器不可以示人。”彼圣人者，天下之利器也，非所以明天下也。

故绝圣弃知，大盗乃止。擿⑯玉毁珠，小盗不起。焚符破玺，而民朴鄙⑰。掊斗折衡，而民不争。殚残天下之圣法，而民始可与论议。擢乱六律，铄绝竽瑟，塞瞽旷之耳，而天下始人含其聪矣。灭文章⑱，散五采，胶离朱⑲之目，而天下始人含其明矣。毁绝钩绳而弃规矩，攦工倕之指⑳，而天下始人有其巧矣。故曰：大巧若拙。削曾、史之行，钳杨、墨之口㉑，攘㉒弃仁义，而天下之德始玄同㉓矣。

彼人含其明，则天下不铄[24]矣；人含其聪，则天下不累[25]矣；人含其知，则天下不惑矣；人含其德，则天下不僻矣。彼曾、史、杨、墨、师旷、工倕、离朱者，皆外立其德，而以爚乱[26]天下者也，法之所无用也[27]。

子独不知至德之世乎？昔者容成氏、大庭氏、伯皇氏、中央氏、栗陆氏、骊畜氏、轩辕氏、赫胥氏、尊卢氏、祝融氏、伏羲氏、神农氏，当是时也，民结绳而用之，甘其食，美其服，乐其俗，安其居，邻国相望，鸡狗之音相闻，民至老死而不相往来。若此之时，则至治已。今遂至使民延颈举踵，曰“某所有贤者；赢粮而趣之，则内弃其亲而外去其主之事，足迹接乎诸侯之境，车轨结乎千里之外。则是上好知之过[28]也。上诚好知而无道，则天下大乱矣！

何以知其然邪？夫弓弩毕戈机变之知多[29]，则鸟乱于上矣；钩饵罔罟罾笱之知多，则鱼乱于水矣。削格罗落罝罘之知多[30]，则兽乱于泽矣；知诈、渐毒、颉滑、坚白、解垢、同异之变多，则俗惑于辩矣。故天下每每[31]大乱，罪在于好知。故天下皆知求其所不知，而不知求其所已知者；皆知非其所不善，而不知非其所已善者，是以大乱。故上悖日月之明，下烁山川之精，中堕四时之施[32]。惴耎之虫[33]，肖翘之物[34]，莫不失其性。甚矣夫好知之乱天下也！自三代以下者是已！舍夫种种之民，而悦夫役役之佞[35]；释[36]夫恬淡无为，而悦夫啍啍[37]之意。啍啍已乱天下矣！

注释

①将为胠箧、探囊、发匮之盗而为守备：探：掏取。囊，口袋。发，于。匮，即柜。守备，防守戒备。上述三种行为皆属小贼，并非大盗。

②固扃（jiōng）鐍（jué）：用锁锁牢固。扃，关钮。鐍，锁钥。

③揭：举起，或作“扛”解。

④不乃为大盗积者也：岂不是为大盗做准备吗？不乃，岂非。积，这里是准备的意思。也，同“孜孜不耶”。

⑤齐国：此指姜氏之齐。周武王曾封太公姜尚于齐，都营丘（今山东省淄博市临淄），后为其臣田氏所代，仍号为齐。

⑥罔罟之所布：网罟所及处，指水上的面积。罔，同“网”。罟，网的总称。

⑦昔者龙逢斩，比干剖，苌弘胣（chī），子胥靡：暴君之所以能任意杀戮大臣，也是因为圣法规定他们有这种权力。

⑧跖（zhí）：古代传说中的奴隶起义首领。

⑨唇竭则齿寒：嘴唇反举向上，便会感到齿寒。竭，揭，举；唇竭，即为嘴唇向外翻开。

⑩掊（pǒu）击：抨击，打击。

⑪丘夷而渊实：小山如被削平，则山谷也就波填满了。丘，小山。夷，平。渊，山谷。

⑫故：事故，变故。

⑬斛（hú）：量器名，古代以十斗为一斛。

⑭权衡：秤。权，秤锤。衡，秤杆。

⑮符玺（xī）：符：古代一种凭证，用竹木或铜玉制成，双方各执一半，合之以验真假。玺，印。

⑯擿（zhì）：同“掷”，投弃。

⑰朴鄙：朴，朴实单纯。鄙，粗俗。

⑱文章：此指文彩，花纹。

⑲离朱：“离娄”，相传为黄帝时人，目力极强。《慎子》：“离朱之时，察毫末于百步之外。”

⑳攦工倕之指：折断工倕的手指。攦，折断。工倕，相传是尧时的巧匠。

㉑钳杨、墨之口：钳：闭。杨，指杨朱。墨，指墨翟。皆先秦时思想家，善辩论。

㉒攘：排除。

㉓玄同：混同的意思。玄，幽远。

㉔铄：消散。

㉕累：忧患。

㉖爚（yuè）乱：惑乱或迷乱的意思。

㉗法之所无用也：即“法之所（以）无用也”。法指圣智之法。所，指代“无用”的道理和原因。意谓“法”之所以没有用的原因。

㉘上好知之过：这是君主喜欢以智治国的过失。上，这里指君主或国君。过，过失。

㉙夫弓弩毕弋机变之知多：弓弩，用机关发箭的。毕，带柄的网。弋，系绳的箭。机，一名弩牙，弩上的发动机关。变，“䃺”（bō）的假借字，石制箭头。

㉚削格罗落罝罘之知多：削、格，用来支撑兽网的桩子。罗落，用来关守野兽的网状篱笆。罘，捕兽的网。

㉛每每：即昧昧，昏昏乱的样子。

㉜中堕四时之施：堕，同“隳”（huī），毁坏。四时之施，指天气的炎凉风雨。

㉝惴（chuǎi）耎（ruǎn）之虫：指蠕动的小虫。惴耎，蠕动的意思。

㉞肖翘之物：飞翔的小虫。

㉟舍夫种种之民，而悦夫役役之佞：种种，淳朴，淳厚。役役，形容奔走钻营的样子。佞，指善于巧言献媚的人。

㊱释：放置，废弃。

㊲啍啍（tūn tūn）：殷切叮嘱或喋喋不休，不停说教的样子。

译文

为了警惕撬箱子、掏口袋、开柜子的小贼所做的防守戒备，就应捆紧绳索，关紧绞钮，这是世俗上所说的聪明。但是大盗一来，便背着柜子、扛起箱子、挑上口袋而走，唯恐绳索、绞钮不够牢固哩。那么以前所说的聪明不就是替大盗做好积聚和储备吗？

我曾经试作论述这种情形，世俗上所说的聪明能有不替大盗积聚财物的吗？所说的圣人能有不替大盗守卫财物的吗？怎么知道是这样的呢？以前的齐国邻里相望，鸡鸣狗叫之声相互听见，鱼网所散布到的地方，犁锄所耕作的土地，方圆两千余里。整个国内，所有建立宗庙社稷的制度，以及治理大小不同的行政区域的方法何尝不是仿效圣人的法则呢？然而田成子一朝杀了齐国的国君也就盗取了齐国。他所盗取的难道仅仅是一个齐国吗？他连齐国圣智的法规与制度也一并盗走了。所以田成子虽有盗贼的名声，但自己仍处在尧舜一样安稳的地位；小国不敢非议他，大国不敢讨伐他，世世窃据齐国。难道这不是不仅窃取了齐国，并且把圣智的法规与制度窃取了去来保护自己那盗贼之身吗？

我曾经试作论述这种情形，世俗上所说最聪明的人能有不替大盗积聚财物的吗？所说的圣人能有不替大盗守卫财物的吗？怎么知道是这样呢？以前关龙逢被斩首，比干被剖心，苌弘被裂腹，伍子胥被杀而浮尸于江中任其糜烂。像这样的贤能之士都不免于遭到杀戮。因此盗跖的门徒问盗跖说："做大盗的也有法则吗？"盗跖回答说："无论哪个地方都怎么会没有法则呢？凭空猜想屋里储藏着多少财物，这就是聪明；带头先进入屋里的就是勇；最后退出屋子的就是义；酌情判断是否动手的就是智；分臧均等的就是仁。这五种不具备而成为大盗的，天下是绝不会有的。"从这一点来看，善人若不能懂得圣人之道，便不能自立，盗跖不能懂得圣人之道，便不能行盗；天下的善人少，而不善的人多，那么圣人给天下带来利益的也少，而给天下带来祸患的也多。所以说，嘴唇反举向外翻开而牙齿便觉寒冷，鲁侯奉献的酒味淡薄，使得赵国的都城邯郸遭到围困，随着圣人的出现，大盗也兴起了。打击圣人，释放盗贼，天下才能得到太平。

溪谷干涸山谷显得十分空旷；小山被削平，则山谷也就被填满了。圣人死了，那么大盗就不会兴起，天下就太平无事了！如果圣人不死，那么大盗就不会停止，虽然是重用圣人来治理天下，但也是让盗跖获得了最大的好处。给天下人制造斗斛来量谷物的多少，却连斗斛一并盗窃走了；给天下人制成秤锤、秤杆来计量物品的轻重，却连秤锤、秤杆也一并盗窃走了；给天下人刻造符和印章来取信于人，却连同符、印章一并盗窃走了；给天下人制定仁义来规范道德行为，却连仁义一并盗窃走了。怎么知道是这样的呢？那些盗窃腰带钩的人受到刑戮，而盗窃国家的人反倒成为诸侯；诸侯的门里才存在仁义，那么是不是盗窃了仁义和圣智呢？所以，追随大盗、高居诸侯之位、盗窃仁义和斗斛、天秤、符印利益的人，即使用高官厚禄的赏赐也不能劝阻他们，用斧钺的威力也不能禁止他们。这大大有利于盗跖而没有办法禁止的，都是圣人的罪过。所以说：鱼不可以失去深渊，治理国家的方法和手段不可以随例耀示于人。”那些圣人之道就是治理天下的利器，是不可以拿来显示于天下的。

所以，断绝圣人摒弃智慧，大盗才能停止；投弃玉器毁掉珠宝，小的盗贼也就没有了；烧掉符、毁掉印，百姓就会朴实单纯；打破斗斛折断秤杆，百姓就不会相争了；毁尽天下的圣智法制，百姓才可以议论是非和曲直。搅乱六律，毁尽乐器，堵住师旷的耳朵，天下的人才能怀藏灵敏的听觉；消灭文饰，折散五采，粘住离朱的眼睛，天下的人才能怀藏明敏的视觉；毁坏钩绳，抛弃规矩，折断倕的手指，天下的人才能有技巧。所以说：“最大的智巧就像笨拙一样。”除去曾参、史鳝的行为，封闭杨朱、墨翟的口舌，排除仁义，天下人的德行才能达到幽远混同的境地。

人人怀藏明慧，天下就不会消散了；人人怀藏聪敏，天下就不会有忧患了；人人怀藏智巧，天下就不会眩惑了；人人怀藏德行，天下就不会邪僻了。那曾参、史鳝、杨朱、墨翟、师旷、工倕、离朱个个都是标名于外、炫耀自己的所长来惑天下的人，这就是“法”之所以没有用的原因。

你唯独不知道盛德的时代吗？从前容成氏、大庭氏、伯皇氏、中央氏、栗陆氏、骊畜氏、轩辕氏、赫胥氏、尊卢氏、祝融氏、伏羲氏、神农氏，在那个时代，人民用结绳来记事，有甜美的饮食、好看的衣服、欢快的习俗、安适的居所，邻国之间可以互相看得见，鸡鸣狗叫的声音可以相互听得到，人民从生直到死都互不往来。像这样的时代就可以说是真正的太平了。当今竟然使人们伸长脖颈、踮起脚跟说：“某个地方出了贤人”，于是带着干粮奔向他，家里抛弃了双亲，外面离开了主上的事物，足迹交接于各诸侯的国境，车轮印迹往来交错于千里之外，这是君主喜欢以智治国的。君主一心追求圣知而不遵从大道，那么天下就一定会大乱了！

怎么知道是这样的呢？弓箭、鸟网、机关之类的智巧多了，那么鸟在空中飞就要被扰乱了；钓饵、鱼网、鱼笼的智巧多了，那么水里的鱼就要被扰乱了；木栅、兽栏、兽网的智巧多了，那么草泽里的野兽就要被扰乱了；欺诈、诡伪、奸黠、曲词、坚白、同异之论的权变多了，那么世俗上的人就要被诡辩迷惑了。所以天下昏昏大乱，罪过就在于喜欢智巧。所以天下的人都只知道舍内求外，即只知追求分外的客观的知识，而不知探索分内的无为恬淡、清虚合道之道理；都只知道责难暴君和大盗的行为，却不知道反对圣人之道，因此天下大乱。所以对上而掩蔽了日月的光辉，对下而销毁了山川的精华，对中间而毁坏了四季天气的炎凉风雨；无足是虫类，飞翔的小虫没有不丧失本性的。太过了，喜欢追求智巧而扰乱了天下啊！自从夏、商、周三代以来情况都是这样的，抛弃那淳朴的百姓而喜欢那奸猾、善于巧言献媚的小人；废弃那恬淡无为的引导，而喜欢那种喋喋不休的说教。喋喋不休的说教已经扰乱天下了！

在宥

闻在宥[①]天下，不闻治天下也。在之也者，恐天下之淫[②]其性也；宥之也者，恐天下之迁[③]其德也。天下不淫其性，不迁其德，有治天下者哉！昔尧之治天下也，使天下欣欣焉人乐其性，是不恬[④]也；桀之治天下也，使天下瘁瘁焉[⑤]人苦其性，是不愉[⑥]也。夫不恬不愉，非德也。非德也而可长久者，天下无之。

人大喜邪，毗[⑦]于阳；大怒邪？毗于阴。阴阳并毗，四时不至，寒暑之和不成，其反伤人之形乎？使人喜怒失位[⑧]，居处无常，思虑不自得，中道不成章[⑨]。于是乎天下始乔诘卓鸷[⑩]，而后有盗跖、曾、史之行。故举[⑪]天下以赏其善者不足，举天下以罚其恶者不给[⑫]，故天下之大不足以赏罚。自三代以下者，匈匈焉[⑬]终以赏罚为事，彼何暇安其性命之情哉！

而且说[⑭]明邪？是淫于色也。说聪邪？是淫于声也。说仁邪？是乱于德也。说义邪？是悖于理也。说礼邪？是相于技也[⑮]。说乐邪？是相于淫也。说圣邪？是相于艺[⑯]也。说知邪？是相于疵[⑰]也。天下将安其性命之情，之八者，存可也，亡可也。天下将不安其性命之情，之八者，乃始脔卷怆囊而乱天下也[⑱]。而天下乃始尊之惜之，甚矣天下之惑也！岂直过也而去[⑲]之邪，乃齐[⑳]戒以言之，跪坐以进之，鼓歌以儛[㉑]之。吾若是何哉！

故君子不得已而临莅[㉒]天下，莫若无为。无为也而后安其性命之情。故贵以身于为天下，则可以托天下；爱以身于为天下，则可以寄天下。故君子苟能无解[㉓]其五藏，无擢[㉔]其聪明，尸居而龙见[㉕]，渊默[㉖]而雷声，神动而天随[㉗]，从容无为而万物炊累[㉘]焉。吾又何暇治天下哉！

崔瞿[㉙]问于老聃曰："不治天下，安藏人心[㉚]？"

老聃曰："女慎无撄[㉛]人心。人心排下而进上[㉜]，上下囚杀[㉝]，淖约柔乎刚强[㉞]。廉刿[㉟]雕琢，其热焦火，其寒凝冰，其疾俛仰之间而再抚四海之外[㊱]。其居也渊而静，其动也县而天。偾骄而不可系者[㊲]，其唯人心乎！"

"昔者黄帝始以仁义撄人之心，尧、舜于是乎股无胈[㊳]，胫无毛，以养天下之形，愁其五藏以为仁义，矜其血气以规法度。然犹有不胜也。尧于是放讙兜于崇山[㊴]，投三苗于三峗[㊵]，流共工于幽都[㊶]，此不胜天下也。夫施及三王而天下大骇矣[㊷]。下有桀、跖，上有曾、史，而儒墨毕起。于是乎喜怒相疑，愚知相欺，善否相非，诞信相讥[㊸]，而天下衰矣。大德不同，而性命烂漫[㊹]矣。天下好知，而百姓求[㊺]竭矣。于是乎斩锯制焉[㊻]，绳墨[㊼]

杀焉，椎凿决焉。天下脊脊[48]大乱，罪在撄人心。故贤者伏处大山嵁岩之下[49]，而万乘之君忧栗乎庙堂之上。”

“今世殊死者相枕也，桁杨[50]者相推也，刑戮者相望也，而儒墨乃始离跂[51]攘臂乎桎梏之间。意[52]，甚矣哉！其无愧而不知耻也甚矣！吾未知圣知之不为桁杨椄槢[53]也，仁义之不为桎梏凿枘[54]也，焉知曾、史之不为桀、跖嚆矢[55]也！故曰：绝圣弃知，而天下大治。”

黄帝立为天子十九年，令行天下，闻广成子在于空同之山[56]，故往见之，曰：“我闻吾子达于至道，敢问至道之精？吾欲取天地之精，以佐五谷[57]，以养民人。吾又欲官[58]阴阳，以遂群生[59]。为之奈何？”

广成子曰：“而所欲问者，物之质[60]也；而所欲官者，物之残[61]也。自而治天下，云气不待族[62]而雨，草木不待黄而落，日月之光益以荒[63]矣，而佞人之心翦翦[64]者，又奚足以语至道！”

黄帝退，捐[65]天下，筑特室[66]，席[67]白茅，间居三月，复往邀之。广成子南首[68]而卧，黄帝顺下风膝行而进，再拜稽首而问曰：“闻吾子达于至道，敢问治身奈何而可以长久？”

广成子蹶然[69]而起，曰：“善哉，问乎！来，吾语女至道。至道之精，窈窈冥冥[70]；至道之极[71]，昏昏默默[72]。无视无听，抱神以静，形将自正。必静必清，无劳女形，无摇女精，乃可以长生。目无所见，耳无所闻，心无所知，女神将守形，形乃长生。慎女内[73]，闭女外[74]，多知为败。我为女遂[75]于大明之上矣，至彼至阳之原也；为女入于窈冥之门矣，至彼至阴之原也。天地有官，阴阳有藏。慎守女身，物将自壮。我守其一以处其和[76]，故我修身千二百岁矣，吾形未常[77]衰。”

黄帝再拜稽首曰：“广成子之谓天矣！”

广成子曰：“来！余语女。彼其物无穷，而人皆以为有终。彼其物无测，而人皆以为有极。得吾道者，上为皇而下为王。失吾道者，上见光而下为土[78]。今夫百昌[79]皆生于土而反于土，故余将去女，入无穷之门，以游无极之野。吾与日月参光[80]，吾与天地为常。当我[81]，缗[82]乎！远我[83]，昏乎！人其尽死，而我独存乎！”

云将[84]东游，过扶摇之枝而适遭鸿蒙[85]。鸿蒙方将拊脾雀跃而游[86]。云将见之，倘然[87]止，贽然[88]立，曰：“叟[89]何人邪？叟何为此？”

鸿蒙拊脾雀跃不辍[90]，对云将曰：“游！”

云将曰：“朕[91]愿有问也。”

鸿蒙仰而视云将曰：“吁[92]！”

云将曰：“天气不合，地气郁结，六气不调，四时不节。今我愿合六气之精以育群生，为之奈何？”

鸿蒙拊脾雀跃掉头曰：“吾弗知！吾弗知！”

云将不得问。又三年，东游，过有宋[93]之野，而适遭鸿蒙。云将大喜，行趋而进曰："天[94]忘朕邪？天忘朕邪？"再拜稽首，愿闻于鸿蒙。

鸿蒙曰："浮游不知所求，猖狂[95]不知所往。游者鞅掌[96]，以观无妄[97]。朕又何知！"

云将曰："朕也自以为猖狂，而百姓随予所往。朕也不得已于民，今则民之放[98]也！愿闻一言。"

鸿蒙曰："乱天之经[99]，逆物之情，玄天[100]弗成。解[101]兽之群，而鸟皆夜鸣。灾及草木，祸及止虫[102]，意！治人之过也。"

云将曰："然则吾奈何？"

鸿蒙曰："意！毒哉！仙仙乎[103]归矣。"

云将曰："吾遇天难，愿闻一言。"

鸿蒙曰："意！心养。汝徒[104]外无为，而物自化。堕尔形体，吐[105]尔聪明，伦[106]与物忘，大同乎涬溟[107]，解心释神，莫然无魂[108]。万物云云，各复其根[109]。各复其根而不知。吾浑浑沌沌，终身不离。若彼知之，乃是离之。无问其名，无窥其情，物故自生。"

云将曰："天降朕以德，示朕以默。躬身求之，乃今也得。"再拜稽首，起辞而行。

世俗之人，皆喜人之同乎己而恶人之异于己也。同于己而欲之，异于己而不欲者，以出乎众为心[110]也。夫以出乎众为心者，曷常出乎众哉！因众以宁[111]，所闻不如众技众矣。而欲为人之国者[112]，此揽乎三王之利而不见其患者也。此以人之国侥幸也，几何侥幸而不丧人之国乎！其存人之国也，无万分之一；而丧人之国也，一不成而万有余丧矣。悲夫，有土者[113]之不知也！

夫有土者，有大物[114]也。有大物者，不可以物[115]。物而不物[116]，故能物物。明乎物物者不非物也，岂独治天下百姓而已哉！出入六合，游乎九州[117]，独往独来，是谓独有。独有之人。是谓至贵。

大人[118]之教，若形之于影，声之于响。有问而应之，尽其所怀，为天下配[119]。处乎无响，行乎无方。挈汝适复之挠挠[120]，以游无端；出入无旁[121]，与日无始[122]；颂论[123]形躯，合乎大同[124]。大同而无己。无己，恶乎得有有！睹有者，昔之君子；睹无者，天地之友。

贱而不可不任[125]者物也，卑而不可不因[126]者民也。匿[127]而不可不为者事也，粗而不可不陈[128]者，法也；远而不可不居[129]者，义也；亲而不可不广[130]者，仁也；节而不可不积[131]者，礼也；中而不可不高者，德也；一[132]而不可不易者，道也；神[133]而不可不为者，天也。故圣人观于天而不助，成于德而不累[134]，出于道而不谋，会[135]于仁而不恃，薄[136]于义而不积，应于礼而不讳[137]，接于事而不辞，齐[138]于法而不乱，恃于民而不轻，因于物而不去。物者莫足为也，而不可不为。不明于天者，不纯于德；不通于道者，无自而可[139]；不明于道者，悲夫！

何谓道？有天道，有人道。无为而尊者，天道也；有为而累者，人道也。主者，天道

也；臣者，人道也。天道之与人道也，相去远矣，不可不察也。

注释

①在宥（yòu）：自在宽容。

②淫：过分，乱。

③迁：变。

④恬：静。

⑤瘁瘁焉：疲劳困苦的样子。

⑥愉：舒畅。

⑦毗（pí）：伤。

⑧失位：失常。

⑨中道不成章：做事半途而废。

⑩乔诘卓鸷：骄傲自大。

⑪举：尽。

⑫不给：不够。

⑬匈匈焉：乱哄哄的样子。

⑭说：通“悦”，爱好，提倡。

⑮相：助。技：技巧。

⑯艺：技艺。

⑰疵：毛病。

⑱脔（luán）卷：拘束的样子。獊囊：通“抢攘”，放纵喧嚷的样子。

⑲去：抛弃。

⑳齐：通“斋”。

㉑僎：即舞。

㉒莅（lì）：到。

㉓解：放纵。

㉔擢：炫耀，自诩。

㉕尸居：寂然不动。龙见：像龙一样神灵活现。

㉕渊默：沉静。

㉗神动而天随：动如神灵而合于自然。

㉘万物炊累：万物如风吹尘土一样自然运动。

㉙崔瞿：庄子杜撰的人物。

㉚安：怎能。藏：通“臧”，善。

㉛撄：扰乱。

㉜排下而进上：因得失而情绪不定。
㉝囚杀：绞杀。
㉞淖（chuò）约：软弱。柔：顺，屈从。
㉟廉刿（guì）：尖利。
㊱疾：快。俛：即“俯”字。
㊲偾（fén）骄：不可禁之势。不可系：无法约束。
㊳股：大腿。胈（bá）：白肉。
㊴放：流放。讙兜（huān dōu）：古代部族名。
㊵投：放逐。三苗：古代部族名。三峗（wéi）：山名。
㊶流：流配。共工：古代部族名。
㊷施：延。三王：夏、商、周三代的君王。
㊸诞：荒诞。信：诚实。
㊹烂漫：散乱。
㊺求：通“赇”，财货。
㊻斤（jīn）：斧头。制：断。
㊼绳墨：法律，法度。
㊽脊脊：纷纷。
㊾伏处：陷居。嵁（kān）：深。
㊿桁（héng）杨：夹在足和颈上的刑具。
51离跂：用力的样子。
52意：通“噫”。
53椄槢（jiē xí）：木尖。
54凿枘（ruì）：加固桎梏的榫卯。
55嚆（hào）矢：响箭，信号。
56广成子：庄子虚拟的寓言人物。空同：杜撰的山名。
57五谷：指黍、稷、菽、麻、麦。
58官：掌管。
59遂：成就。群生：各种生物。
60物之质：事物的本质。
61物之残：事物的渣滓。
62族：聚集，凝聚。
63荒：昏。
64翦翦：狭隘鄙陋的样子。
65捐：抛弃。

⑯特室：独居的房子。

⑰席：铺，垫。

⑱南首：头向南面。

⑲蹶（jué）然：迅疾的样子。

⑳窈窈冥冥：深不可测。

㉑极：尖端。

㉒昏昏默默：深静。

㉓内：内心活动。

㉔外：感官，言行。

㉕遂：达到。

㉖我守其一以处其和：我坚守道而与万物和谐相处。

㉗常：通“尝”。

㉘为土：化为尘土。

㉙百昌：百物。

㉚参光：同样光明。

㉛当我：迎我而来。

㉜缗（mín）：泯合。与“昏”同。

㉝远我：背我而去。

㉞云将：庄子虚拟的寓言人物。

㉟扶摇：神木。鸿蒙：庄子虚拟的寓言人物。

㊱脾：通“髀”。拊：拍击。拊脾：拍股。

㊲倘然：忽然。

㊳贽然：不动的样子。

㊴叟：对长者的称呼。

㊵辍（chuò）：停止。

㊶朕（zhèn）：我。

㊷吁：感叹词，这里表示不乐意。

㊸有宋：指宋国。

㊹天：对鸿蒙的尊称。

㊺猖狂：无所束缚。

㊻鞅掌：众多。

㊼无妄：真实。

㊽放：仿效。

㊾经：常。

⑩⓪玄天：自然状态。
⑩①解：散。
⑩②止虫：昆虫。
⑩③仙仙乎：轻飘飘的样子。
⑩④徒：只要。
⑩⑤吐：抛弃。
⑩⑥伦：类同。
⑩⑦涬溟（xíng míng）：自然之气。
⑩⑧无魂：除去心智。
⑩⑨根：本。
⑪⓪出乎众为心：想出人头地。
⑪①宁：安。
⑪②为人之国者：当一国的统治者。
⑪③有土者：占有国家，指诸侯。
⑪④大物：指土地和人民。
⑪⑤不可以物：不可为物所支配。
⑪⑥物而不物：有物而不拘泥于物。
⑪⑦九州：相传大禹治水，将全国划为九州，为古代中国的代称。
⑪⑧大人：至人，得道的人。
⑪⑨配：对。
⑫⓪挠挠：纷乱的样子。
⑫①无旁：无边无际。
⑫②与日无始：与日俱新。
⑫③颂论：言谈。
⑫④大同：大道。
⑫⑤任：用。
⑫⑥因：顺。
⑫⑦匿：藏，隐秘。
⑫⑧陈：施，实行。
⑫⑨居：守。
⑬⓪广：推广。
⑬①积：多。
⑬②一：固定。
⑬③神：神妙。
⑬④累：劳，操心。

⑬5会：合。

⑬6薄：迫，近。

⑬7讳：违。

⑬8齐：整齐划一。

⑬9无自而可：一切都行不通。

只听说使天下自在宽容，没听说治理天下。人们自在，唯恐天下扰乱了他的本性；人们宽容，只恐天下改变了他的德性。天下不扰乱其本性，不改变其德性，何须治理天下？从前尧治理天下，使人们高高兴兴，身心快乐，这是不安静；桀治理天下，使人们劳累疲病，身心受苦，这是不舒畅。不安静和不舒畅都是违背德性的。违背德性而能够长久的，这是天下没有的事。

人过分欢乐，就会伤害阳气；过于愤怒，就会伤害阴气。阴阳并伤，则四时不顺，寒暑不和，这样岂不伤害了人体？使人喜怒失常，心神不定，六神无主，做事半途而废，于是天下才出现了自命不凡者，随后就有盗跖、曾参、史鳍的行为。因此，尽天下之物不足以奖赏善者，尽天下之力不足以惩罚恶者，所以天下之大不足以赏罚。自三代以后，乱哄哄地以赏罚为能事，他们哪里有工夫来安定性命之情呢？

爱好明，就是沉溺于色彩；爱好聪，就是沉溺于声音；提倡仁，就是惑乱于德；提倡义，就是违逆于理；提倡礼，就是助长技巧；提倡乐，就是助长淫声；提倡圣，就是助长技艺；提倡智，就是助长吹毛求疵。天下若想安定性命之情，这八者就可有可无；天下若不想安定性命之情，这八者就会迂曲搅扰而迷乱天下。而天下却开始推崇它和珍惜它，天下竟然迷惑到了这般地步！哪里就认为是错误的东西而抛弃掉它呢？还要斋戒着去谈论它，恭敬地去进奉它，钟鼓齐鸣地去歌舞它，对此我又有什么办法呢！

所以如果君子不得已而君临天下，最好是无为而治。无为才能安定性命之情。因此，珍重自身胜过珍重天下，才可以把天下寄付给他；爱护自己胜过爱护天下，才可以把天下托交给他。所以，如果君子能不放纵情欲，不炫耀聪明，寂然不动而活灵如龙，深沉静默而震动如雷，行动如神而合于自然，从容无为而万物如风吹尘土一样自然运动，又何须我来治理天下呢？

崔瞿问老子说："不治理天下，怎能使人心向善？"

老子说："你要谨慎小心别扰乱了人心。人心患得患失，情绪不稳，上下绞杀，软弱就会屈从于刚强。人们的心理屡受震荡，高兴时热如烈火，愤怒时冷若冰霜。心神活动之快顷刻之间就会驰骋于四海之外，安稳时深沉而寂静，跃动时思绪高入云天。强傲而无法约束的就是人心啊！”

“从前黄帝用仁义扰乱人心，于是尧、舜奔波劳苦，致使大腿上没有肉，小腿上不长毛，为天下人的衣食而操劳。愁劳身心以施行仁义，耗费心血以建立法度，即使这样，还是不能改变人心。于是尧将讙兜流放到崇山，将三苗放逐到三峗，将共工流配到幽都，这都是不能治理好天下的事例。到了三代帝王，天下大乱。下有夏桀、盗跖，上有曾参、史鳍，儒墨之争并起。于是喜怒互相猜疑，愚智互相欺诈，善恶互相非议，荒诞与诚实互相讥讽，天下随之衰败；大德不能统一，性命则散乱；天下推崇智巧，百姓则贫困。于是用刑具来制裁，用法律来酷杀，用肉刑来摧残。天下纷纷大乱，其罪过就在于扰乱人心。所以贤者隐居于高山深谷，国君则忧虑于朝廷之上。”

“当今惨死的人尸体残藉堆积，戴枷锁的人拥挤不堪，刑杀的人满目皆是，而儒墨之徒竟然还竭力鼓吹于枷锁之间。唉！真是太过分了！他们也太不知道羞耻了！圣智是刑具肆虐的尖刺，仁义是加固枷锁的关键，曾参、史鳍之流则是夏桀、盗跖之类暴君、盗贼出现的前导！所以说：只有绝弃圣智，天下才能大治。”

黄帝当天子十九年，政令通行天下，听说广成子在空同山上特地去见他，对他说：“我听说先生已经达到了至道的境界，请问至道的精粹。我想摄取天地之精华，用来助长五谷，养育人民。我还想掌管阴阳来成就万物，不知如何？”

广成子说：“你所要问的乃是事物的本质；你所要掌管的乃是事物的残渣。自从你治理天下，云气没有凝聚就下雨，草木没有枯黄就凋零，日月之光越来越昏暗，你这佞人的心胸狭隘鄙陋，有什么资格谈至道呢？”

黄帝退回后，抛弃天下，独居一室，铺垫白茅，闲居了三个月，又去请教广成子。广成子面朝南躺着，黄帝从下方跪行而前，叩头施礼后问：“我听说先生已达到至道，请问怎样修身才能长寿？”

广成子一跃而起，说：“你问得很好！来，我告诉你至道。至道的精粹深不可测；至道的尖端沉静幽深。不要看，不要听，凝神虚静，形体自然就会健康。清静无虑，不要劳累你的形体，不要扰动你的精气，才可以长寿。目不外视，耳不旁听，心不多想，精神就能守住形体，形体就会健康。内心少思，不言少行，弃绝智巧。我将帮助你达到大明的境界，达到至阳的本原；帮助你进入幽深的门径，达到至阴的本原。天地各司其职，阴阳各有其所，谨慎地守护你自身，万物将会自然昌盛。我坚守道而与万物和谐相处，所以我修身已达一千二百年，身体从未有过衰老。”

黄帝叩头施礼说：“广成子可以说是与天合而为一了。”

广成子说：“来，我告诉你。万物无穷，但人们都认为物有所终；万物深不可测，但人们都认为物有极限。获得我的道，在上可以为皇，在下可以为王；丧失了我的道，在上只能看见日月之光，在下便化为尘土。当今万物都生于土而返归于土，所以我将离你而

去，进入无穷之门，以遨游于无极之野。我和日月同光，我与天地同寿。对于迎我而来或背我而去的，我一概不把他们放在心上。人们都将死去，唯独我长生不老！”

云将到东方游玩，经过神木的枝头时，正好遇见鸿蒙。鸿蒙正在拍着腿跳跃游玩。云将看见后，忽然停下，站立着问：“您是谁呀？为什么要这样呢？”

鸿蒙拍着腿不停地跳跃，对云将说：“遨游！”

云将说：“我想请教您。”

鸿蒙仰头看着云将说：“嗯！”

云将说：“天气不和，地气郁结，六气失调，四时不顺。现在我想调和六气的精华来养育万物，该怎么办呢？”

鸿蒙拍腿跳跃掉头说：“我不知道！我不知道！”

云将得不到所问。又过了三年，云将去东游玩，经过宋国的原野时恰好遇见了鸿蒙。云将非常高兴，快步跑上前去说：“您忘了我吗？您忘了我吗？”接着叩头施礼，请求鸿蒙赐教。

鸿蒙说：“悠然遨游无所贪求，随心所欲无所不往；遨游者纷纷纭纭来观察万物的真相。我又能知道什么呢！”

云将说：“我自以为是随心所游，而老百姓总是追随着我跑；我对老百姓实在没有办法，现在他们总是仿效我。愿听您的指教。”

鸿蒙说：“乱天然常道，违万物之情，自然之化不成；群兽离散，鸟雀夜鸣；草木灾，昆虫遭祸。唉！这都是治人的过错啊！”

云将说：“那么我该怎么办呢？”

鸿蒙说：“唉！深受毒害啊！你快点回去吧！”

云将说：“我很难见您，请您一定赐教。”

鸿蒙说：“唉！重在养心。你只要自然无为，万物就会自生自化。忘掉你的形体，放弃你的聪明，忘却自身和万物，与自然之气浑然一体，解心释神，茫茫然无所用心。万物纷纭，各自恢复它们的本性，而不知其所以然；浑浑沌沌，终身不失本性；如果知其所以然，就会丧失本性。不要问其名称，不要求其真相，万物都是自生的。”

云将说：“您赐予我道德，以静默感化我。我恭敬求道，现在才有所得。”于是叩头施礼，拜辞而去。

世俗的人都喜欢别人和自己相同而讨厌别人和自己不同。喜欢别人和自己相同，不喜欢别人和自己不同，这是由于想出人头地的缘故。想出人头地的人，又何尝能出人头地呢？因为众人的赞同而心安理得，其实你的才能不如众人的才能多。想谋求国君的地位，这是只追求三代帝王的荣华而没有看到他们的祸患。这种侥幸有多少不丧失国家呢？这样能保存国家的连万分之一也没有，而丧失国家的则几乎是百分之百。悲哀啊，统治者对此竟不明白！

位居国君者，拥有土地和人民。拥有大物的，不可拘泥于物；有物而不为物所支配，才能主宰大物。明白了这个道理，能够治理的岂止是天下百姓？出入六合，遨游九州。独往独来，可称之为“独有”。具有这种独有特性的人可以说是最尊贵的人。

至人对别人的教导就像形体对于影子，声音对于回响。有问必答，全盘托出，以应对天下人的问题。他处身于静寂，行动随心所欲。引导纷纭的人群使其归复本性，遨游于无边无际的境界；其言谈形躯合乎大同，大同则无我。既然无我，怎么会有“有”呢？着眼于有的，是昔日的君子；着眼于无的，是天地的朋友。

物虽然低贱，但也不可不用；民虽然卑微，但也不可不顺其性；事情虽然隐秘，但也不可不做；法度虽然粗疏，但也不可不实施；义虽然远离于道，但也不可不遵守；仁虽然是对亲人而言的，但也不可不推而广之；礼虽然是有节制的，但又不能不那样繁多；德虽然顺合于世，但其内质必须高尚；道的本质是永恒的，但又是不断变化的；天机虽然神妙莫测，但也不可不发挥作用。所以，圣人顺乎自然而无须有所作为，德性自然形成而无须操劳，出于道而不必有意图谋，合乎仁而无须有所依赖，近于义而无须积累，应于礼而无须违避，接于事而无须推辞，统一法度而不乱，依靠百姓而不轻用，利用万物而不随意抛弃。万物虽然难以利用，但又不能不择机利用。不明白自然法则的，德性就不会纯正；不通于道的，任何事都办不成；不了解道的，是莫大的悲哀！

什么叫作道？道有天道，有人道。无为而尊贵的，是天道；有为而劳累的，是人道。天道是主宰，人道是辅佐。天道和人道之间有很大的距离，这一点必须搞清楚。

天　道

原文

天道运而无所积[①]，故万物成[②]；帝道运而无所积，故天下归[③]；圣道运而无所积，故海内服。明于天[④]，通于圣[⑤]，六通四辟于帝王之德者[⑥]，其自为也，昧然[⑦]无不静者矣。圣人之静也，非曰静也善，故静也；万物无足以铙心者，故静也。水静则明烛[⑧]须眉，平中准[⑨]，大匠[⑩]取法焉。水静犹明，而况精神！圣人之心静乎！天地之鉴也，万物之镜也。夫虚静恬淡寂寞无为者，天地之本而道德之至，故帝王圣人休焉[⑪]。休则虚，虚则实，实则伦[⑫]矣。虚则静，静则动，动则得矣。静则无为，无为也，则任事者责[⑬]矣。无为则俞俞[⑭]，俞俞者，忧患不能处，年寿长矣。夫虚静恬淡寂漠无为者，万物之本也。明此以南乡[⑮]，尧之为君也；明此以北面，舜之为臣也。以此处上，帝王天子之德也；以此处下，玄圣素王[⑯]之道也。以此退居而闲游，江海山林之士服；以此进为而抚世[⑰]，则功大名显而天下一也。静而圣，动而王，无为也而尊，朴素而天下莫能与之争美。夫明白于

天地之德者，此之谓大本大宗，与天和者也。所以均调天下，与人和者也。与人和者，谓之人乐；与天和者，谓之天乐。

庄子曰："吾师乎！吾师乎！整万物而不为戾，泽及万世而不为仁，长于上古而不为寿，覆载天地刻雕众形而不为巧，此之谓天乐。故曰：'知天乐者，其生也天行[18]，其死也物化[19]。静而与阴同德，动而与阳同波[20]。'故知天乐者，无天怨，无人非，无物累，无鬼责。故曰：'其动也天，其静也地，一心定[21]而王天下；其鬼不祟[22]，其魂不疲，一心定而万物服。'言以虚静推于天地，通于万物，此之谓天乐。天乐者，圣人之心，以畜天下也。"

夫帝王之德，以天地为宗，以道德为主，以无为为常。无为也，则用天下而有余；有为也，则为天下用而不足。故古之人贵夫无为也。上无为也，下亦无为也，是下与上同德，下与上同德则不臣[23]。下有为也，上亦有为也，是上与下同道，上与下同道则不主[24]。上必无为而天下，下必有为为天下用，此不易之道也。故古之王天下者，知虽落天地[25]，不自虑也；辨虽雕万物[26]，不自说也；能虽穷海内，不自为也。天不产而万物化[27]，地不长而万物育，帝王无为而天下功[28]。故曰：莫神于天，莫富于地，莫大于帝王。故曰帝王之德配天地。此乘[29]天地，驰万物，而用人群之道也。

注释

①运：动。积：停滞。

②成：生成。

③归：归附。

④明于天：明白天道。

⑤通于圣：通晓圣道。

⑥六通：四方上下通达。四辟：春夏秋冬顺畅。

⑦昧然：不自觉的样子。

⑧明烛：清楚地照见。

⑨准：水准。

⑩大匠：高明的工匠。

⑪休：止。

⑫伦：为"备"字之误。

⑬责：负责。

⑭俞俞：从容安逸的样子。

⑮乡：通"向"。

⑯玄圣素王：道德高尚而无爵位官职的君子。

⑰进为而抚世：从政而治理天下。

⑱天行：顺乎自然而运行。

⑲物化：事物的转化。

⑳同波：合流。

㉑一心定：专心于静寂的境界。

㉒祟（suì）：鬼神给人造成灾祸。

㉓不臣：不成其为臣民。

㉔不主：不成其为君主。

㉕知：通“智”。落：通“络”，包罗。

㉖辨：口才。雕：粉饰。

㉗化：自然化育。

㉘功：成功。

㉙乘：驾驭。

译文

天道运行而不停滞，万物因而得以生成；帝道运行而不停顿，所以天下归附；圣道运行而不停息，所以海内宾服。明白天道，通晓圣道，通达六合而顺应四时的，都是任其自为，无不自然而然地清静。圣人的清静不是说清静是好的，所以才清静；万物不足以扰乱内心，所以清静。水清静便能清楚地照见须眉，平到可以成为标准，为高明的工匠所效法。水清静便明彻，何况是精神？圣人之心清静，可以作为天地的明鉴，万物的明镜。虚静、恬淡、寂寞、无为乃是天地的根本和道德的至极，所以帝王圣人安心于这种境界。心神安然则虚静，虚静则充实，充实则完备。虚则静，静则动，动则自得。清静则无为，无为则百官各负其责。无为则从容安逸，从容安逸则不被忧患所困扰，年寿便能长久。虚静、恬淡、寂寞、无为乃是万物之本。明白这个道理来做君主，便能像尧那样为君；明白这个道理来当臣子，便能像舜那样为臣。以此处上位，便是帝王天子的德；以此处下位，便是布衣君子的道。以此隐居闲游，则江海山林隐士佩服；以此从政而治理天下，则功名显赫而天下统一。静则圣，动则王，无为则受人尊崇，朴素则为天下所称颂。明白天地之德的，称之为大本大宗，与天和顺；以此调和天下，便是与人和睦。与人和睦，称为人乐；与天和顺，称为天乐。

庄子说：“我的大宗师啊！我的大宗师啊！调和万物而不是为了义，恩泽及于万世而不是为了仁，长于上古而不是为了长寿，覆载天地、雕刻众物的形象而不是为了显示技

巧，这就叫作天乐。所以说：‘知天乐的，他的生是顺乎自然而运行，他的死是事物的转化。静则与阴同德，动则与阳合流。’所以知天乐的，不怨天，不尤人，没有外物牵累，没有鬼神责罚。所以说：‘动则如天动转，静则如地寂然，专心于静寂的境界则统治天下；其鬼不为害，精神不疲劳，专心于静寂的境界而万物归服，这是说以虚静之心推及于天地之间，通达于万物，这就叫天乐。所谓天乐，就是以圣人之心来管理天下，无为而治。”

帝王之德，以天地为根本，以道德为主干，以无为为常法。无为施政，则治理天下轻轻松松；有为施政，则治理天下忙碌无功。所以古人推崇无为之治。君主无为，臣下也无为，就是下与上同德，下与上同德就不成其为臣下；臣下有为，君主也有为，就是上与下同道，上与下同道则不成其为君主。君主必须以无为驾驭天下，臣下必须有为以各司其职，这是不可变易之道。所以古代的君王，智慧虽然包罗天地，但自己不谋虑；口才虽然足以应对万物，但不自己言谈；才能虽然海内无双，但不躬亲事务。天不生产而万物自然化育，地不生长而万物自然成长，帝王无为而天下成功。所以说，没有比天大的，没有比地富的，没有比帝王权力大的。所以说，帝王之德合于天地，这就是驾驭天地，驱使万物，役使百姓之道。

天　运

“天其运乎？地其处[①]乎？日月其争于所[②]乎？孰主张[③]是？孰维纲[④]是？孰居无事推而行是[⑤]？意者其有机缄而不得已邪[⑥]？意者其运转而不能自止邪？云者为雨乎？雨者为云乎？孰隆[⑦]施是？孰居无事淫乐[⑧]而劝是？风起北方，一[⑨]西一东，有上彷徨[⑩]，孰嘘吸[⑪]是？孰居无事而披拂是[⑫]？敢问何故？”

巫咸祒曰[⑬]：“来！吾语女。天有六极五常[⑭]，帝王顺之则治，逆之则凶。九洛之事[⑮]，治成德备[⑯]，监照[⑰]下土，天下戴[⑱]之，此谓上皇。”

商大宰荡问仁于庄子[⑲]。庄子曰：“虎狼，仁也。”

曰：“何谓也？”

庄子曰：“父子相亲，何为不仁？”

曰：“请问至仁。”

庄子曰：“至仁无亲。”

大宰曰：“荡闻之，无亲则不爱，不爱则不孝。谓至仁不孝，可乎？”

庄子曰：“不然。夫至仁尚矣，孝固不足以言之。此非过孝[⑳]之言也，不及孝之言也。夫南行者至于郢[㉑]，北面而不见冥山[㉒]，是何也？则去之远也。故曰：以敬孝易，以爱孝难。以爱孝易，以忘亲难。忘亲易，使亲忘我难。使亲忘我易，兼忘天下难。兼忘天下易，使天下兼忘我难。夫德遗尧舜而不为也，利泽施于万世，天下莫知也，岂直太息而言仁孝乎哉[23]！夫孝悌仁义，忠信贞廉，此皆自勉以役其德者也[24]，不足多[25]也。故曰：至贵，国爵并[26]焉。至富，国财并焉。至愿，名誉并焉。是以道不渝[27]。”

北门成[28]问于黄帝曰：“帝张《咸池》之乐于洞庭之野[29]，吾始闻之惧，复闻之怠[30]，卒闻之而惑[31]，荡荡默默[32]，乃不自得[33]。”

帝曰：“汝殆其然[34]哉！吾奏之以人，征之以天，行之以礼义，建之以大清[35]。夫至乐者，先应之以人事，顺之以天理，行之以五德，应之以自然，然后调理四时，太和万物[36]。四时迭起[37]，万物循生；一盛一衰，文武伦经[38]；一清一浊，阴阳调和，流光其声；蛰虫始作[39]，吾惊之以雷霆；其卒无尾，其始无首；一死一生，一偾[40]一起；所常无穷，而一不可待。女故惧也。

“吾又奏之以阴阳之和，烛[41]之以日月之明。其声能短能长，能柔能刚。变化齐一，不主故常；在谷满谷，在坑满坑[42]；涂[43]郤守神，以物为量。其声挥绰[44]，其名高明。是故鬼神守其幽[45]，日月星辰行其纪[46]。吾止之于有穷[47]，流[48]之于无止。子欲虑之而不能知也，望之而不能见也，逐之而不能及也；傥然[49]立于四虚之道，倚于槁梧而吟。目知穷乎所欲见，力屈[50]乎所欲逐，吾既不及已夫，形充[51]空虚，乃至委蛇[52]。汝委蛇，故怠。

“吾又奏之以无怠之声，调[53]之以自然之命。故若混逐丛生[54]，林乐而无形[55]，布挥而不曳[56]，幽昏而无声。动于无方，居于窈冥。或谓之死，或谓之生。或谓之实[57]，或谓之荣[58]。行流散徙[59]，不主常声。世疑之，稽于圣人。圣也者，达于情而遂于命也。天机不张而五官皆备，此之谓天乐，无言而心说。故有焱氏为之颂曰：‘听之不闻其声，视之不见其形，充满天地，苞裹六极。’汝欲听之而无接焉，而故惑也。

“乐也者，始于惧，惧故祟。吾又次之以怠，怠故遁。卒之于惑，惑故愚。愚故道，道可载而与之俱也。”

孔子西游于卫[60]，颜渊问师金[61]曰：“以夫子之行为奚如[62]？”

师金曰：“惜乎！而夫子其穷[63]哉！”

颜渊曰：“何也？”

师金曰：“夫刍狗之未陈也[64]，盛以箧衍[65]，巾[66]以文绣，尸祝[67]斋戒以将之。及其已陈也，行者践其首脊，苏者[68]取而爨之而已。将复取而盛以箧衍，巾以文绣，游居寝卧其下，彼不得梦，必且数眯焉。今而夫子亦取先王已陈刍狗，聚弟子游居寝卧其下。故伐树于宋[69]，削迹于卫[70]，穷于商周[71]，是非其梦邪？围于陈蔡之间，七日不火食。死生相与邻，是非其眯邪？

“夫水行莫如用舟，而陆行莫如用车。以舟之可行于水也，而求推之于陆，则没世[72]不行寻常。古今非水陆与？周鲁非舟车与？今蕲行[73]周于鲁，是犹推舟于陆也！劳而无功，

身必有殃。彼未知夫无方之传[74]，应物而不穷者也。

“且子独不见夫桔槔者乎？引[75]之则俯，舍之则仰。彼，人之所引，非引人者也，故俯仰而不得罪于人。故夫三皇五帝[76]之礼义法度，不矜[77]于同而矜于治。故譬[78]三皇五帝之礼义法度，其犹柤梨橘柚邪！其味相反而皆可于口。

“故礼义法度者，应时[79]而变者也。今取猿狙而衣以周公之服，彼必龁啮挽裂[80]，尽去而后慊[81]。观古今之异，犹猿狙之异乎周公也。故西施病心而矉[82]其里，其里之丑人见之而美之，归亦捧心[83]而矉其里。其里之富人见之，坚闭门而不出；贫人见之，挈妻子而去之。彼知矉美而不知矉之所以美。惜乎，而夫子其穷哉！”

孔子行年五十有一而不闻道，乃南之沛[84]见老聃。

老聃曰：“子来乎？吾闻子，北方之贤者也，子亦得道乎？”

孔子曰：“未得也。”

老子曰：“子恶乎求之哉？”

曰：“吾求之于度数[85]，五年而未得也。”

老子曰：“子又恶乎求之哉？”

曰：“吾求之于阴阳，十有二年而未得也。”

老子曰：“然，使[86]道而可献，则人莫不献之于其君；使道而可进，则人莫不进之于其亲；使道而可以告人，则人莫不告其兄弟；使道而可以与人，则人莫不与其子孙。然而

不可者，无佗[87]也，中无主[88]而不止，外无正而不行。由中出者，不受于外，圣人不出；由外入者，无主于中，圣人不隐。名[89]，公器也，不可多取；仁义，先王之蘧庐[90]也，止可以一宿而不可以久处，觏[91]而多责。

“古之至人，假[92]道于仁，托宿[93]于义，以游逍遥之虚[94]，食于苟简[95]之田，立于不贷[96]之圃。逍遥，无为也；苟简，易养也；不贷，无出也。古者谓是采真[97]之游。

“以富为是[98]者，不能让禄；以显为是者，不能让名；亲权[99]者，不能与人柄[100]。操[101]之则栗，舍之则悲，而一无所鉴[102]，以窥其所不休者，是天之戮民也。怨、恩、取、与、谏、教、生、杀八者，正之器[103]也，唯循大变无所湮[104]者为能用之。故曰：正[105]者，正也。其心以为不然者，天门[106]弗开矣。”

孔子见老聃而语仁义。老聃曰：“夫播糠眯目，则天地四方易位矣；蚊虻噆[107]肤，则通昔[108]不寐矣。夫仁义憯然乃愤吾心[109]，乱莫大焉。吾子使天下无失其朴，吾子亦放[110]风而动，总[111]德而立矣，又奚杰杰然[112]若负建鼓而求亡子者邪？夫鹄[113]不日浴而白，乌不日黔而黑[114]。黑白之朴，不足以为辩；名誉之观[115]，不足以为广[116]。泉涸，鱼相与处于陆，相呴以湿，相濡以沫，不若相忘于江湖。”

孔子见老聃，归，三日不谈。弟子问曰：“夫子见老聃，亦将何规[117]哉？”

孔子曰：“吾乃今于是乎见龙。龙，合而成体，散而成章，乘乎云气而养乎阴阳。予口张而不能嗋[118]，予又何规老聃哉？”

子贡曰：“然则人固有尸居而龙见[119]，雷声而渊默，发动如天地者乎？赐[120]亦可得而观乎？”遂以孔子声[121]见老聃。

老聃方将倨堂[122]而应，微曰：“予年运而往[123]矣，子将何以戒[124]我乎？”

子贡曰：“夫三王五帝之治天下不同，其系声名一也。而先生独以为非圣人，如何哉？”

老聃曰：“小子少进[125]！子何以谓不同？”

对曰：“尧授舜，舜授禹。禹用力而汤用兵，文王顺纣而不敢逆，武王逆纣而不肯顺，故曰不同。”

老聃曰：“小子少进！余语女三王五帝之治天下。黄帝之治天下，使民心一，民有其亲死不哭而民不非也。尧之治天下，使民心亲，民有为其亲杀其服而民不非也[126]。舜之治天下，使民心竞[127]，民孕妇十月生子，子生五月而能言，不至乎孩而始谁[128]，则人始有夭矣。禹之治天下，使民心变，人有心而兵有顺，杀盗非杀，人自为种而天下耳。是以天下大骇，儒墨皆起。其作始有伦，而今乎妇女。何言哉！余语汝，三皇五帝之治天下，名曰治之，而乱莫甚焉。三皇之知，上悖日月之明，下睽山川之精，中堕四时之施。其知憯于蛎虿[129]之尾，鲜规之兽，莫得安其性命之情者，而犹自以为圣人，不可耻乎？其无耻也！”

子贡蹴蹴然立不安。

孔子谓老聃曰："丘治《诗》《书》《礼》《乐》《易》《春秋》六经，自以为久矣，孰[130]知其故矣。以奸[131]者七十二君，论先王之道而明周、召[132]之迹，一君无所钩[133]用。甚矣夫！人之难说也，道之难明邪？"

老子曰："幸矣！子之不遇治世之君也！夫六经，先王之陈迹也，岂其所以迹哉！今子之所言，犹迹也。夫迹，履之所出，而迹岂履哉！夫白鶂[134]之相视，眸子不运而风化[135]。虫雄鸣于上风，雌应于下风而风化。类自为雌雄，故风化。性不可易，命不可变，时不可止，道不可壅。苟得其道，无自[136]而不可；失焉者，无自而可。"

孔子不出三月，复见，曰："丘得之矣。乌鹊孺[137]，鱼傅[138]沫，细要[139]者化，有弟而兄啼。久矣，夫丘不与化为人！不与化为人，安能化人！"老子曰："可，丘得之矣！"

注释

①处：静止。

②争于所：交替出没。

③主张：主宰施张。

④维纲：维持纲纪。

⑤推而行是：推着它们运行。

⑥意者：或者。机：关。缄：闭。

⑦隆：兴。

⑧淫乐：指云雨翻腾。

⑨一：或。

⑩彷徨：飘忽不定。

⑪嘘吸：呼吸。

⑫披拂：扇动。

⑬巫咸：商代的神巫，名咸。祒（shào）：通"招"；一说祒是巫咸的寄名。

⑭六极：东、西、南、北、上、下六个方面的极限，亦称六合。五常：即五行，指金、木、水、火、土。

⑮九洛之事：九州聚落之事。一说九洛是指九畴洛书，详见《尚书·洪范》。

⑯治成：实现太平。德备：道德完备。

⑰监：临。

⑱戴：爱戴，尊崇。

⑲商：指宋国，因宋国是商朝的后代。大（tài）宰：官名。荡：大宰名。

⑳过孝：超过孝。

㉑郢（yǐng）：楚国的都城，在今湖北江陵一带。

㉒冥山：山名，在郢都北面。

㉓岂直：难道。大（tài）息：嗟叹。

㉔役：劳役。德：性。

㉕多：赞颂。

㉖并：抛弃。

㉗渝：变。

㉘北门成：黄帝之臣。

㉙张：设，演奏。《咸池》：乐曲名。

㉚怠：心意松弛。

㉛卒：最终。惑：心神迷惑。

㉜荡荡：恍恍惚惚。默默：昏昏暗暗。

㉝不自得：不能自主。

㉞殆其然：可能会那样。

㉟建：立。大清：天道。

㊱据考证，“夫至乐者”至“太和万物”35字系注文窜入，不属正文，许多学者主张删除。这里仍维持原貌，未做删除。

㊲迭起：更替。

㊳伦经：经纶。

㊴蛰（zhé）虫：冬眠的虫。作：动。

㊵偾（fèn）：跌倒。

㊶烛：照。

㊷坑：水坑。

㊸涂：塞。

㊹挥绰：悠扬。

㊺幽：阴暗。

㊻纪：轨道。

㊼穷：尽头。

㊽流：动。

㊾傥（tǎng）然：无心的样子。

㊿屈：尽。

(51)形充：形体内。

㊾委蛇：见前《应帝王篇》注。

㊿调：和。

(54)混逐：混杂一起，相互追逐。丛生：丛聚并生。

(55)林乐：群乐，指众乐齐奏。无形：无法分辨。

(56)布挥：张扬。不曳：没有约束。

(57)实：结果实。

(58)荣：开花。

(59)行流散徙：随物变化。

(60)卫：国名。

(61)师金：鲁国太师，名金。

(62)奚如：如何。

(63)穷：陷入困境。

(64)刍狗：用茅草扎成的狗，在祭祀时使用。陈：摆设。

(65)箧衍：竹筐。

(66)巾：覆盖，装饰。

(67)尸祝：主持祭祀的人。

(68)苏者：割草的人。

(69)伐树于宋：孔子曾游说于宋国，在一棵大树下聚徒讲学，宋司马桓魋（kuí）因与孔子有积怨，故将大树砍倒，孔子落荒而逃。

(70)削迹于卫：孔子曾在卫国被围受辱，无法再入卫国。

(71)穷于商周：指孔子曾在宋国和东周受困。

(72)没世：终生。

(73)行：推行。

(74)无方：没有定向。传：传车，驿车。

(75)引：拉。

(76)三皇五帝：见前注。

(77)矜（jīn）：尚，珍重。

(78)譬：比方。

(79)应时：适应时势。

(80)龁啮（hé niè）：咬。挽裂：扯破。

(81)慊（piè）：满意。

(82)矉（pín）：通“颦”，皱眉。

(83)捧心：按着胸口。

㉄沛：地名，今江苏沛县。
㉅度数：制度名数。
㉆使：假使。
㉇佗：通“他”。
㉈主：主见。
㉉名：名誉。
㉊蘧（qú）庐：旅舍。
㉋觏（gòu）：积滞。
㉌假：借。
㉍托宿：寄居，利用。
㉎虚：通“墟”，境界。
㉏苟简：苟且简略，粗放。
㉐不贷：只求自给自足，无须贷出。
㉑采真：神采纯真。
㉒是：善。
㉓亲权：热衷于权势。
⑩柄：权位。
⑩操：掌握。
⑩鉴：觉察。
⑩正之器：治理的手段。
⑩湮（yān）：滞塞。
⑩正：治理。
⑩天门：天道之门。
⑩噆（zàn）：叮。
⑩昔：夜。
⑩憯：通“惨”。愤：激。
⑪放：依。
⑪总：持。
⑪杰杰然：用力的样子。
⑪鹄：通“鹤”。
⑪乌：乌鸦。黔：黑色。
⑪观：观台。
⑪广：扩大。

⑪⑦规：规劝，教导。

⑪⑧嗋（xié）：合。

⑪⑨尸居而龙见：看似寂然不动，实如龙一般活现。

⑫⓪赐：子贡名。

⑫①以孔子声：凭着孔子的名声。

⑫②据堂：坐在堂上。

⑫③年运而往：行年老迈。

⑫④戒：教。

⑫⑤少进：稍上前来。

⑫⑥杀：降级。服：丧服。

⑫⑦竞：争。

⑫⑧不至乎孩而始谁：还不会笑就已经能识别人。

⑫⑨蛎虿（lì chài）：毒虫。指蝎子。

⑬⓪孰：通“熟”，熟悉。

⑬①奸（gān）：求，进。

⑬②周、召：指周公、召公，两人都是西周初年的重臣。

⑬③钩：取。

⑬④白鶂（yì）：同“鹢”，一种水鸟。

⑬⑤眸（móu）子不运：定睛注视。风化：孕育。

⑬⑥自：由。

⑬⑦乌鹊：乌鸦和喜鹊。孺：孵化而生子。

⑬⑧傅：相。

⑬⑨要：通“腰”。

译文

“天运行不息吗？地静止不动吗？日月交替出没是由谁主宰着？由谁维系着？是谁闲居无事而推动它呢？或者是有机关控制着它们而不得已为之？或者是它们运转不息而不能自制？云是为了雨吗？雨是因为云吗？由谁兴云降雨？是谁闲居无事而助长云雨翻腾？风起北方，忽西忽东，在空中飘忽不定，由谁呼吸？是谁闲居无事而扇动？请问这都是什么缘故？”

巫咸祒说：“过来，我告诉你。天有六极五常，帝王顺应它，天下就太平，违逆它，天下就大乱。九州的事务，天下太平而道德完备，临照人间，天下爱戴，这就叫作上皇。”

宋国的大宰荡向庄子请教仁。庄子说："虎狼具备仁性。"

大宰荡说："这是怎么说的呢？"

庄子说："它们父子相亲，难道不是仁吗？"

大宰荡说："请问什么是至仁？"

庄子说："至仁就是不讲亲爱。"

大宰荡说："我听说，无亲便不爱，不爱便不孝。说至仁不孝，可以吗？"

庄子说："不是的。至仁是崇高的，孝本来就不足以说明它。你所说的并没有超过孝，而且与孝没有关系。往南走到了郢都，北面的冥山就看不见了，这是为什么呢？因为两者相距太遥远了。所以说，用敬行孝容易，用爱行孝难；用爱行孝容易，使父母安适就难；使父母安适容易，使父母不牵挂就难；使亲忘我容易，兼忘天下则难；兼忘天下容易，使天下兼忘我就难。忘掉尧、舜不足为德，恩泽施及万世而天下不知，难道还要赞叹仁孝吗？孝悌仁义，忠信贞廉，这些都是自我勉励以劳累天性，是不值得赞颂的。所以说，最尊贵的就是抛弃国君的爵禄；最富有的就是抛弃天下的财货；最好的愿望就是抛弃一切名誉。因此，道是永恒不变的。"

北门成问黄帝说："您在洞庭之野演奏《咸池》乐曲，我初听时感到惊惧，再听时心意松驰，最后听了心神迷惑，恍惚昏暗，不能自主。"

黄帝说："你可能会那样吧！我奏乐涉及人事，引证自然。体现礼义，以天道为体。最好的音乐先应之以人事，顺之以天理，行之以五德，应之以自然，然后调理四时，太和万物。四时更替，万物顺时生长；一盛一衰，文武经纶；一清一浊，阴阳调和，声光交流；蛰虫开始蠕动，我用雷霆之声震惊它们；乐声终了却没有结尾，起始却没有开头；一静一响，一落一起；变化无穷，完全不能预料。所以你感到惊惧。

"我又演奏阴阳调和，照以日月之光。乐声可短可长，能柔能刚；变化有致，不守成章；充盈广宇，无所不在；约制多欲之心智，凝守静寂之精神，以自然为度量。乐声悠扬，高亢明快。因而鬼神居守于阴暗的角落，日月星辰循序运行。我奏乐富于节奏变化，抑扬顿挫，无不得当。你想思虑它却无法通晓，想观察却无法看见，想追逐却无法赶上；茫然置身四周空虚之途，靠着枯槁的梧桐树而自吟自唱。虽然想看，但视力穷尽，虽然追赶，却无能为力，既然如此，只有作罢！形体空虚，致使心神舒缓。心神舒缓宽闲，所以松弛。

"我又演奏无怠之声，和以自然之性。所以，音调混然相逐，丛聚并生，合奏时，众音协调，浑然一体，爽朗奔放，幽深而无声。动则不拘程式，居则隐于幽冥；或称之为死，或称之为生；或称之为结果，或称之为开花；行云流水般飘逸运转，老调不弹而新律迭出。世人对此疑惑，求验于圣人。所谓圣，就是通于性情而顺于自然。五官齐备却不动心机，这就叫作天乐，无须说明而内心愉悦。所以神农氏称颂它说：'听而不闻其声，视而不见其形，充满天地，包容六极。'你想听它却无法捉摸，所以你感到迷惑。

“这种乐章，开始时惊惧，因为惊惧便视为祸患；接着心意松弛，最终感到心神迷惑，迷惑便愚钝无知；愚钝无知便可进入道的境界，你就与天道浑然一体了。”

孔子西游到卫国。颜渊问师金说：“您认为我老师的做法如何？”

师金说：“可惜啊！您老师要陷入困境了！”

颜渊说：“为什么呢？”

师金说：“祭祀用的草狗在没有献祭的时候，盛装于竹筐，覆盖着绣巾，主持祭祀的尸祝沐浴斋戒后奉献。一旦献祭完毕，路人对其任意践踏，割草的人拿去当柴火烧。要是有人再把它盛入竹筐，盖上绣巾，视为珍爱之物而形影不离地带着，即使那人不招来噩梦，也会被鬼魔所惊吓。现在您的老师也是搜罗了先王已经使用过的草狗，聚集弟子而形影不离地带着它。所以在宋国受伐树之辱，受困于卫国，不得志于商周，这不正是他的噩梦吗？他被围困在陈蔡之间，七天不得饮食，几乎丢掉性命，这不正是招来的惊吓吗？

“水上通行莫过于用船，陆上行走莫过于用车。因为船能在水上运行，而把它推到陆地上行走，那一辈子也走不了多远。古和今不就像水和陆地吗？周和鲁不就像船和车吗？现在试图将周代的制度推行到鲁国去，就像行船于陆地上，不仅劳而无功，自身还要遭殃。他不懂得能够应变自然，可以四通八达。

“难道你没有见过桔槔吗？人一拉它就垂下，松开手它就升起。它是被人牵引的，而不是牵引人的，所以它无论是下还是上，都不会得罪人。三皇五帝的礼仪法度可贵的不是因为它们彼此相同，而是在于它们都能使天下太平。所以，三皇五帝的礼义法度就好像相梨橘柚啊！虽然味道各不相同，却都非常可口。

“所以，礼义法度是顺应时代的变迁而不断变化的。现在如果让猿猴穿上周公的礼服，它一定会咬破扯碎，全部丢弃而后快。观察古今的不同，就像猿猴不同于周公一样。西施心痛，皱着眉头，邻里的丑女看见了觉得很美，于是也捂着心口皱起眉头。邻里的富人看见了，关紧大门而不出；穷人看见了，带着妻子儿女远走他乡。她知道皱着眉头美，却不知皱眉为什么美。可惜啊！你的老师要陷入困境了！”

孔子五十一岁了还没有得道，于是南往沛地拜见老子。

老子说：“你来了吗？我听说你是北方的贤人，你也得道了吗？”

孔子说：“我还没有得道。”

老子说：“你是怎样求道的？”

孔子说：“我求之于制度名数，五年了还没有得道。”

老子说：“你又是怎样求道的呢？”

孔子说：“我求之于阴阳，十二年了还没有得道。”

老子说：“是的。假使道可以奉献，那么人臣没有不奉献给君主的；假使道可以进贡，那么人们没有不进贡给双亲的；假使道可以告诉人，那么人们没有不告诉兄弟的；假使道可以给予人，那么人们没有不给予子孙的。然而这些都是不可能的，这没有其他别的原因，而是自己内心无主见，道无法留在心中，与外界不能沟通而无法推行。出自内心的感悟，而不为外界所接受，圣人便不出教；由外入内，而心中不能领悟，圣人便不藏道。名誉是天下共同追逐的，不可以多取；仁义是先王的旅舍，只可小住而不可久居，如果沉溺于此，就会多招责难。

“古时候的至人借道于仁，寄居于义，以遨游于逍遥的境地，取食于粗简的土地，立身于自给自足的园圃。逍遥，可以无为；粗简，容易养活；不贷，无须施与。古时候称这为‘采真之游’。

“以财富为追求对象的，便不会出让利禄；以荣显为追求对象的，便不会出让名誉；热衷权势的，便不会给人权柄。掌握这些便恐惧，舍弃这些则悲伤，对上述利害毫无觉察，而是一味注视着不断追求的权势名利，这是上天刑戮之民。怨、恩、取、与、谏、教、生、杀，这八种纠正人的方法，只有能够顺任自然的变化而不停滞的人才能运用。所以说，正就是自正。如果内心不以此为然，天道的大门就不会对他开放。”

孔子见到老子便谈论仁义。老子说：“糠进入眼里，就会分辨不清东南西北；遭蚊虻叮咬，就会彻夜不眠。仁义毒害扰乱人心，这是最大的祸乱。如果你要使天下不丧失真朴，你可以随风而动，持德而立，又何必费力地像敲打大鼓去寻找丢失的孩子那样呢？鹤不用天天洗澡也白，乌鸦不用天天染黑也黑。黑白都是天然生成的颜色，无须辩论；名誉的荣耀不值得夸大，泉水干了，鱼儿一起困在陆地上，用湿气互相嘘吸，用口沫互相湿润，倒不如在江湖里彼此相忘。”

孔子见过老子回来后，三天不说话。弟子问：“先生见到老子，有什么教导呢？”

孔子说：“现在我才见到了龙。龙，合起来成一整体，散开来成为灿烂的文彩，腾云驾雾翱翔于阴阳之间。我对此惊疑得张口结舌，我又如何去教导老子呢？”

子贡说：“那么人真有看似寂然不动，实际如龙一般活现，看似深沉静默，实际如雷一般震动，动如天地那样变幻莫测的吗？我也可以去看看吗？”于是他就借孔子的名声去见老子。

老子刚刚坐在堂上，轻轻地说：“我已年迈了，你对我有什么指教呢？”

子贡说：“虽然三皇五帝治理天下的方法不同，他们的名声却是众口一词地称赞。而唯独先生您却认为他们不是圣人，这是为什么呢？”

老子说：“年轻人上前来，为什么你说他们不同？”

子贡回答说：“尧传舜，舜传禹，禹用力而汤用兵。文王顺从纣不敢违逆，武王违抗纣而不肯顺从，所以说不同。”

老子说：“年轻人上前来，我告诉你三皇五帝的治理天下。黄帝治理天下，使民心纯一，有人死了亲人不哭而人们不非议他。尧治理天下，使民心亲，有人给亲人降级服丧而人们不非议他。舜治理天下，使民心争，孕妇十月生子，婴儿生下五个月就能说话，还不会笑就能识别人，于是人开始有短命的。禹治理天下，使民心变，人有心机而认为用兵是合理的。杀盗贼不算杀人，人们以利害关系结为同伙却标榜是为天下，因而天下震惊，儒墨并起。开始时还有一点道理，但越来越不像话，还有什么说的呢？我告诉你，三皇五帝治理天下，名曰治理，实则混乱至极。三皇的心智上蔽日月之光明，下违山川之精华，中坏四时之运行。他们的心智毒如蝎尾，使弱小的动物都不能安生，还自以为是圣人，难道不可耻吗？他们确实无耻！”

子贡惊恐得站立不安。

孔子对老子说：“我研究《诗》《书》《礼》《乐》《易》《春秋》六经，自以为研习已久，熟知其精神，用来进见七十二位君主，论先王之道，阐明周公和召公的业绩，但没有一个君主采纳。太过分了！是这些人难说服呢，还是道难阐明？”

老子说：“幸亏你没有遇到治世的君主。“六经”是先王的陈迹，哪里是足迹的根源呢？现在你所说的就如同足迹。足迹是鞋踩出来的，而足迹并不等于鞋！白鹢鸟雌雄相视，定睛注视而孕育。虫，雄的在上风叫，雌的在下风应，于是就孕育。它们之所以能孕育，是因为同类中分为雌雄。性不可改易，命不可变更，时间不可停止，道不可壅塞。如果得到道，怎样都可行；失掉道，怎样都不可行。”

孔子三月闭门不出，再去见老子，说：“我懂得道了。乌鸦喜鹊孵化而生子，鱼以口沫相交而受孕，细腰类的昆虫化生，弟弟出生而哥哥啼哭。我很久没有和造化为友了！不和造化为友，怎么能化人呢？”

老子说：“可以，孔丘得道了！”

刻　意

刻意尚行[①]，离世异俗[②]，高论怨诽，为亢[③]而已矣。此山谷[④]之士，非世之人，枯槁赴渊者之所好也[⑤]。语仁义忠信，恭俭推让，为修[⑥]而已矣；此平世之士，教诲之人，游居学者之所好也。语大功，立大名，礼君臣，正上下，为治而已矣。此朝廷之士，尊主强国之人，致功并兼者之所好也。就[⑦]薮泽，处闲旷，钓鱼闲处，无为而已矣。此江海之士，避世之人，闲暇者之所好也。吹呴呼吸，吐故纳新，熊经鸟申[⑧]，为寿而已矣。此道引[⑨]之士，养形之人，彭祖寿考[⑩]者之所好也。

若夫不刻意而高，无仁义而修，无功名而治，无江海而闲，不导引而寿，无不忘[⑪]也，无不有也，澹然无极而众美从之[⑫]。此天地之道，圣人之德也。

故曰：夫恬惔寂漠，虚无无为，此天地之平[⑬]而道德之质也。

故曰：圣人休，休焉[⑭]则平易矣，平易则恬淡矣。平易恬惔，则忧患不能入，邪气不能袭，故其德全而神不亏[15]。

故曰：圣人之生也天行[16]，其死也物化；静而与阴同德，动而与阳同波[17]。不为福先，不为祸始。感而后应，迫而后动，不得已而后起。去知与故[18]，循天之理。故无天灾，无物累，无人非，无鬼责。其生若浮[19]，其死若休[20]。不思虑，不豫[21]谋。光矣而不耀，信矣而不期[22]。其寝不梦，其觉无忧。其神纯粹，其魂不罢[23]。虚无恬惔，乃合天德。

故曰：悲乐者，德之邪。喜怒者，道之过。好恶者，德之失。故心不忧乐，德之至也。一而不变，静之至也。无所于忤[24]，虚之至也。不与物交，淡之至也。无所于逆，粹之至也。

故曰：形劳而不休则弊，精用而不已则劳，劳则竭。水之性，不杂则清，莫动则平；郁闭而不流，亦不能清。无德之象也。

故曰：纯粹而不杂，静一而不变，惔而无为，动而以天行，此养神之道也。

夫有干越[25]之剑者，柙[26]而藏之，不敢用也，宝之至也。精神四达并流[27]，无所不极[28]，上际[29]于天，下蟠[30]于地，化育万物，不可为象[31]，其名为同帝[32]。

纯素之道，唯神是守。守而勿失，与神为一。一之精通[33]，合于天伦。野语有之曰：“众人重利，廉士重名，贤士尚志，圣人贵精。”故素也者，谓其无所与杂也。纯也者，谓其不亏其神也。能体[34]纯素，谓之真人。

注释

①刻意：磨炼意志。尚行：在行为上力求高尚。

②离世异俗：超脱世俗。

③亢：高，清高。

④山谷：指隐居山谷之人。

⑤枯槁：指身体枯毁。赴渊：投水自杀。

⑥修：修身。

⑦就：到。

⑧熊经鸟申：如兽禽之类的动物锻炼身体的动作。

⑨道引：又作“导引”，气功。

⑩寿考：长寿。

⑪无不忘：一切无心。

⑫众美从之：一切美好的东西都随之而来。

⑬平：准则。

⑭休休焉：宽容的样子。

⑮神不亏：精神饱满。

⑯天行：天道的运行，自然的变化。

⑰同波：合流。

⑱去：抛弃。故：习惯。

⑲浮：轻。

⑳休：休息。

㉑豫：通“预”。

㉒期：约。

㉓罢：通“疲”。

㉔于：与。忤（wǔ）：抵触。

㉕干越：即吴越。

㉖柙：通“匣”。

㉗四达并流：四通八达，无处不流。

㉘极：至。

㉙际：达。

㉚蟠（pán）：及。

㉛不可为象：无法捉摸。

㉜同帝：如同天帝。

㉝一之精通：精通纯一之道。

㉞体：体现。

译文

磨炼意志，行为高尚，超脱世俗，高谈阔论以非议时势，不过是为了显示清高罢了。这是隐居山谷之士，不满现实社会之人，牺牲自我者所喜好的。谈论仁义忠信，恭俭推让，不过是为了修身罢了。这是平时治世之士，从事教育的人，游说和聚徒讲学者所喜好的。谈论大功，建立大名，维护君臣之礼，匡正上下关系，不过是为了治国罢了。这是朝廷之士，尊君强国之人，建功拓疆者所喜好的。出没于川泽，栖身于旷野，悠闲垂钓，不过是无为罢了。这是隐居于江海之士，逃避现实之人，悠然闲暇者所喜好的。吹嘘呼吸，吐故纳新，像老熊吊颈，飞鸟展翅，不过是为了延长寿命罢了。这是导引之士，养生之人，企求像彭祖那样高寿者所喜好的。

若不雕砺心志，追求高尚，不高谈仁义而修身，不追求功名而治世，不隐于江海而悠闲，不行导引而高寿，忘却一切，无所不有，恬淡无极而一切美好的东西都会随之而来。

这是天地之道，圣人之德。

所以说，恬淡寂漠，虚无无为乃是天地的准则和道德的本质。

所以说，圣人宽容而安稳，安稳则恬淡。安稳恬淡，则忧患不能进入，邪气不能侵袭，因而道德完美而精神饱满。

所以说，圣人的存在顺乎自然，死亡便与外物化为一体，静时与阴同行，动时与阳合流；不求福，不为祸；有所感而后回应，有所迫而后动作，不得已而后起动。抛弃智慧和习惯，遵循天理。所以不遇天灾，不受外物牵累，无人非议，没有鬼神责难。生时如浮游，死去如休息。不思虑，不预谋。光明而不照耀，守信而不约定。睡着不做梦，醒来不忧愁。精神纯一，灵魂不疲。虚无恬淡，合乎天德。

所以说，悲哀与欢乐是危害德性的邪恶；高兴与愤怒是道的过错；爱好与厌恶是德性的失误。所以，内心没有忧乐是德的极致；专一而不变是静的极致；与外界没有抵触是虚的极致；不与外物交接是淡的极致；无所违逆是纯粹的极致。

所以说，形体辛劳而不休息就会疲惫，无休止地使用精力就劳累，劳累则枯竭。水的本性不混杂就清澈，不搅动就平静；堵塞就不能流动，也不能清澈。这反映的是自然现象。

所以说，纯粹而不混杂，虚静专一而不变动，恬淡而无为。行动顺乎自然，这就是养神之道。

吴越的宝剑珍藏在匣子里舍不得使用，珍爱之至。精神流溢四方，无所不至，上达于天，下及于地，化育万物，不可捉摸，它的功用如同天地。

纯素的道，专心守神；坚守不失，与精神合而为一；精通纯一之道，合乎自然之理。俗话说：“普通人注重利，廉洁之士注重名，贤士崇尚志气，圣人看重精神。”所谓素，就是不含杂质；所谓纯，就是不损伤精神。能够体现纯素者，就是真人。

缮　性

缮性于俗学[①]，以求复其初[②]；滑欲于俗思[③]，以求致[④]其明；谓之蔽蒙[⑤]之民。

古之治道者，以恬养知。知生而无以知为也，谓之以知养恬。知与恬交相养[⑥]，而和理[⑦]出其性。夫德，和也；道，理也。德无不容，仁也；道无不理，义也；义明而物亲[⑧]，忠也；中[⑨]纯实而反乎情，乐也；信行[⑩]容体而顺乎文，礼也。礼乐遍行，则天下乱矣。彼正而蒙[⑪]己德，德则不冒[⑫]，冒则物必失其性也。

古之人，在混芒[⑬]之中，与一世而得[⑭]澹漠焉。当是时也，阴阳和静[⑮]，鬼神不扰，四时得节[⑯]，万物不伤，群生[⑰]不夭，人虽有知，无所用之，此之谓至一[⑱]。当是时也，莫之

为[19]而常自然。

逮[20]德下衰，及燧人、伏羲始为天下，是故顺而不一。德又下衰，及神农、黄帝始为天下，是故安而不顺。德又下衰，及唐、虞始为天下，兴治化之流[21]，枭[22]淳散朴，离道[23]以善，险[24]德以行，然后去性而从于心。心与心识，知而不足以定天下，然后附之以文[25]，益之以博[26]。文灭质[27]，博溺心[28]，然后民始惑乱，无以反其性情而复[29]其初。

由是观之，世丧[30]道矣，道丧世矣，世与道交相丧也，道之人何由兴[31]乎世，世亦何由兴乎道哉！道无以兴乎世，世无以兴乎道，虽圣人不在山林之中，其德隐矣。

隐，故不自隐。古之所谓隐士者，非伏其身而弗见也，非闭其言而不出也，非藏其知而不发也，时命[32]大谬也。当时命而大行乎天下，则反一无迹[33]。不当时命而大穷[34]乎天下，则深根宁极[35]而待。此存身之道也。

古之行身者，不以辩饰知，不以知穷天下，不以知穷德，危然[36]处其所而反其性已，又何为哉！道固[37]不小行，德固不小识[38]。小识伤德，小行伤道。故曰，正己而已矣。乐全[39]之谓得志。

古之所谓得志者，非轩冕[40]之谓也，谓其无以益其乐而已矣。今之所谓得志者，轩冕之谓也。轩冕在身，非性命也，物之傥[41]来，寄[42]者也。寄之，其来不可圉[43]，其去不可止。故不为轩冕肆志[44]，不为穷约趋俗[45]，其乐彼与此同[46]，故无忧而已矣！今寄去则不乐，由是观之，虽乐，未尝不荒[47]也。故曰：丧己于物[48]，失性于俗[49]者，谓之倒置[50]之民。

注释

①缮性：修身养性。俗学：指世俗的学问。

②初：本性。

③滑：治。俗思：世俗的观念。

④致：得到。

⑤蔽蒙：昏庸闭塞。

⑥交相养：相互涵养。

⑦和理：指道德。

⑧物亲：与物相亲。

⑨中：内心。

⑩信行：以信为行，讲信用。

⑪蒙：敛藏。

⑫冒：施加。

⑬混芒：混沌茫昧。

⑭得：能。

⑮和静：和顺而宁静。

⑯得节：与节令相适应。

⑰群生：各种生物。

⑱至一：完美纯一。

⑲莫之为：无为。

⑳逮：及。

㉑治化：教化。流：风气。

㉒澆：亦作“浇”，扰乱。

㉓离道：背道。

㉔险：危害。

㉕附：加。文：粉饰。

㉖博：博学。

㉗灭质：毁坏纯朴的本质。

㉘溺心：淹没天然的心性。

㉙复：恢复。

㉚丧：败坏。

㉛兴：复兴。

㉜时命：时机。

㉝反一：返归于至一之道。无迹：没有痕迹。

㉞穷：困顿。

㉟深根宁极：深藏静处。

㊱危然：独立。

㊲固：本来。

㊳小识：成见，偏见。

㊴乐全：保全纯朴的心性。

㊵轩冕：车子和衣冠，这里代指高官厚禄。

㊶傥（tǎng）：偶然。

㊷寄：寄托。

㊸圉（yù）：御，抵挡。

㊹肆志：恣纵心志。

㊺穷约：穷困。趋俗：趋炎附势。

㊻彼：指轩冕。此：指穷约。

㊼荒：迷乱。

㊽丧己于物：为追求外物而葬送了自己。

㊾失性于俗：因为世俗而丧失了太性。

㊿倒置：本末倒置。

译文

用世俗的学问修身养性，以求复归本性；用世俗的观念根治情欲，以求获得玥智。这类人是昏庸闭塞的。

古时候修道的人以恬静涵养智慧。智慧生成而不外用，称为以智慧涵养恬静。智慧与恬静相互涵养，而和顺便在心性中养成。德就是和；道就是理。德与一切相容，就是仁；道与一切和顺，就是义；义明而与物相亲，就是忠；内心朴实而归于情，就是乐；行为忠信宽容而顺乎自然，就是礼。礼乐遍行，则天下大乱。他人的德性本来是纯正的，而却要他接受自己的德性，德性是不能施加在别人身上的，强行施加就会使人失去自然的天性。

古时候的人在混沌茫昧之中相处一世都很淡漠。在当时，阴阳和顺而宁静，鬼神不打扰，四季合乎节令，万物不受伤害，各种生物不夭折，虽然人们有智慧，却无处可用，这就叫作完美纯一。在当时，人人无为而合乎自然。

等到道德衰落，到燧人氏和伏羲氏开始治理天下，虽然民心顺从，但已无法返归完美纯一的境地。道德又衰落，到神农和黄帝开始治理天下，虽然天下安定，但民心已不顺从。道德继续衰落，到陶唐氏和有虞氏开始治理天下，大兴教化之风，扰乱破坏了淳朴的风气，背道而行，危害道德，然后舍弃天性而顺从心机。彼此以私心互相窥测，天下不能安定，于是便附加粉饰，增益博学。粉饰毁坏纯朴的本质，博学淹没天然的心性，于是民心开始惑乱，无法返归恬淡的性情而恢复本初。

由此看来，此事败坏道，道败坏世事，世事与道相互败坏，有道的人怎么复兴世事，世事又怎么复兴道呢？道无法复兴世事，世事无法复兴道，即使圣人不在山林之中，他的德性也要隐匿了。

隐匿，却不是自己隐匿。古代所谓的隐士并不是隐伏身体而不见人，并不是闭口不言，也不是藏其智慧而不显露，而是与世运大相背离。逢时而盛于天下，则返归于至一之道而不露痕迹；不逢时而穷困于天下，就深藏静处而等待。这就是保全自身的方法。

古代保全自身的不用巧辩文饰智慧，不用智谋令天下人困顿，不用心智来困扰心性，独立自处而返归自然的本性，自己又何须有所作为？道本来不是小行，德本来不是小识。小识伤德，小行伤道。所以说，匡正自己就可以了。保全内心纯朴的心性就叫作得志。

古代所谓的得志者并不是指高官厚禄，而是指无以复加的快乐。现在所说的得志者指的是高官厚禄。高官厚禄在身，并不是性命所固有的，而是如同外物偶然而来，寄托一时而已。寄托的东西，来时不能抵御，去时不可挽留。所以不要为高官厚禄而恣纵心志，也不要因为穷困而趋炎附势，两者同样快乐，无须忧虑。现在失去高官厚禄便不快乐，由此看来，虽然有过快乐，但又何尝不是心慌意乱呢？所以说，为追求外物而葬送了自己，受世俗的影响而丧失了本性，这就叫作本末倒置的人。

秋　水

原文

秋水时[①]至，百川灌河。泾流[②]之大，两涘渚崖之间[③]，不辩[④]牛马。于是焉河伯[⑤]欣然自喜，以天下之美为尽在己。顺流而东行，至于北海，东面而视，不见水端[⑥]。于是焉河伯始旋[⑦]其面目，望洋向若[⑧]而叹曰："野语有之曰：'闻道百，以为莫己若'者，我之谓也。且夫我尝闻少[⑨]仲尼之闻，而轻伯夷之义者，始吾弗信。今我睹子之难穷也，吾非至于子之门则殆[⑩]矣，吾长见笑于大方之家[⑪]。"

北海若曰："井蛙不可以语于海者，拘[⑫]于虚也。夏虫不可以语于冰者，笃[⑬]于时也。曲士[⑭]不可以语于道者，束于教也。今尔出于崖涘，观于大海，乃知尔丑[⑮]，尔将可与语大理[⑯]矣。天下之水，莫大于海，万川归之，不知何时止而不盈[⑰]。尾闾[⑱]泄之，不知何时已而不虚[⑲]。春秋不变，水旱不知。此其过[⑳]江河之流，不可为量数[㉑]。而吾未尝以此自多[㉒]者，自以比形[㉓]于天地而受气于阴阳，吾在于天地之间，犹小石小木之在大山也。方存乎见少[㉔]，又奚以自多！计四海之在天地之间也，不似礨空[㉕]之在大泽乎？计中国之在海内，不似稊米[㉖]之在大仓乎？号物之数谓之万，人处一[㉗]焉。人卒[㉘]九州，谷食之所生，舟车之所通，人处一焉。此其比万物也，不似豪末之在于马体乎？五帝之所连[㉙]，三王之所争，仁人之所忧，任士之所劳，尽此矣！伯夷辞之以为名，仲尼语之以为博[㉚]，此其自多也，不似尔向[㉛]之自多于水乎？"

河伯曰："然则吾大天地而小毫末，可乎？"

北海若曰："否。夫物，量无穷，时无止，分无常，终始无故[㉜]。是故大知观于远近，故小而不寡，大而不多，知量无穷；证曏今[㉝]故，故遥而不闷，掇而不跂[㉞]，知时无止；察乎盈虚，故得而不喜，失而不忧，知分之无常也。明乎坦涂，故生而不说，死而不祸，知终始之不可故也。计人之所知，不若其所不知。其生之时，不若未生之时。以其至小求穷其至大之域，是故迷乱而不能自得也。由此观之，又何以知毫末之足以定至细之倪？又何以知天地之足以穷至大之域？"

河伯曰："世之议者皆曰：'至精[㉟]无形，至大不可围。'是信[㊱]情乎？"

北海若曰："夫自细视大者不尽，自大视细者不明。夫精，小之微也；垺[37]，大之殷也。故异便。此势之有也。夫精粗者，期于有形者也。无形者，数之所不能分也；不可围者，数之所不能穷也。可以言论者，物之粗也；可以意致者，物之精也。言之所不能论，意之所不能察致者，不期精粗焉。

"是故大人之行，不出乎害人，不多仁恩。动不为利，不贱门隶。货财弗争，不多辞让。事焉不借人，不多食乎力，不贱贪污。行殊乎俗，不多辟异。为在从众，不贱佞谄；世之爵禄不足以为劝，戮耻不足以为辱。知是非之不可为分，细大之不可为倪。闻曰：'道人不闻，至德不得，大人无己。'约分之至也。"

河伯曰："若物之外，若物之内，恶至而倪[38]贵贱？恶至而倪小大？"

北海若曰："以道观之，物无贵贱。以物观之，自贵而相贱。以俗观之，贵贱不在己。以差观之，因其所大而大之，则万物莫不大。因其所小而小之，则万物莫不小。知天地之为稊米也，知豪末之为丘山也，则差数睹[39]矣。以功[40]观之，因其所有而有之，则万物莫不有；因其所无而无之，则万物莫不无。知东西之相反而不可以相无，则功分定矣。以趣[41]观之，因其所然而然之，则万物莫不然；因其所非而非之，则万物莫不非。知尧、桀之自然而相非[42]，则趣操[43]睹矣。

"昔者尧、舜让而帝，之、哙让而绝[44]；汤、武争而王，白公争而灭[45]。由此观之，争让之礼，尧、桀之行，贵贱有时[46]，未可以为常也。梁丽[47]可以冲城，而不可以窒穴，言殊器也；骐骥、骅骝[48]一日而驰千里，捕鼠不如狸狌，言殊技也；鸱鸺夜撮蚤、察毫末，昼出瞋目而不见丘山，言殊性也。故曰：盖师是而无非，师治而无乱乎？是未明天地之理，万物之情也。是犹师天而无地，师阴而无阳，其不可行明矣！然且语而不舍，非愚则诬也！帝王殊禅，三代殊继。差其时，逆其俗者，谓之篡夫；当其时，顺其俗者，谓之义之徒。默默乎河伯！女恶知贵贱之门，大小之家？"

河伯曰："然则我何为乎？何不为乎？吾辞受趣舍[49]，吾终奈何？"

北海若曰："以道观之，何贵何贱，是谓反衍[50]；无拘而志，与道大蹇[51]。何少何多，是谓谢施[52]；无一[53]而行，与道参差。严乎若国之有君，其无私德；繇繇[54]乎若祭之有社，其无私福；泛泛乎其若四方之无穷，其无所畛域[55]。兼怀[56]万物，其孰承翼[57]？是谓无方。万物一齐，孰短孰长？道无终始，物有死生，不恃其成[58]；一虚一满，不位[59]乎其形。年[60]不可举，时不可止。消[61]息盈虚，终则有始。是所以语大义之方[62]，论万物之理也。物之生也，若骤若驰，无动而不变，无时而不移。何为乎，何不为乎？夫固将自化[63]。"

河伯曰："然则何贵于道邪？"

北海若曰："知道者必达于理，达于理者必明于权[64]，明于权者不以物害己。至德者，火弗能热，水弗能溺，寒暑弗能害，禽兽弗能贼[65]。非谓其薄[66]之也，言察乎安危，宁于祸福，谨于去就，莫之能害也。故曰：天在内，人在外，德在乎天。知天人之行，本乎天[67]，位乎得，踯躅[68]而屈伸，反要而语极。”

曰：“何谓天？何谓人？”

北海若曰：“牛马四足，是谓天。落[69]马首，穿牛鼻，是谓人。故曰，无以人灭天，无以故[70]灭命，无以得殉[71]名。谨守而勿失，是谓反其真。”

夔怜蚿[72]，蚿怜蛇，蛇怜风，风怜目，目怜心。

夔谓炫曰：“吾以一足跉踔[73]而行，予无如[74]矣。今子之使万足，独奈何？”

蚿曰：“不然。子不见夫唾者乎？喷则大者如珠，小者如雾，杂而下者不可胜数也。今予动吾天机，而不知其所以然。”

蚿谓蛇曰：“吾以众足行，而不及子之无足，何也？”

蛇曰：“夫天机之所动，何可易邪？吾安用足哉！”

蛇谓风曰：“予动吾脊胁而行，则有似也。今予蓬蓬然[75]起于北海，蓬蓬然入于南海，而似无有，何也？”

风曰：“然，予蓬蓬然起于北海而入于南海也，然而指我则胜我，鰌[76]我亦胜我。虽然，夫折大木，蜚[77]大屋者，唯我能也。故以众小不胜为大胜也。为大胜者，唯圣人能之。”

孔子游于匡[78]，宋人围之数匝[79]，而弦歌不惙[80]。子路入见，曰：“何夫子之娱[81]也？”

孔子曰：“来！吾语女。我讳[82]穷久矣，而不免，命也；求通[83]久矣，而不得，时[84]也。当尧、舜而天下无穷人，非知[85]得也；当桀、纣而天下无通人，非知失也。时势适然。夫水行不避蛟龙者，渔父[86]之勇也。陆行不避兕[87]虎者，猎夫之勇也。白刃交于前，视死若生者，烈士之勇也。知穷之有命，知通之有时，临大难而不惧者，圣人之勇也。由，处矣[88]！吾命有所制[89]矣！”

无几何，将甲者进，辞曰：“以为阳虎[90]也，故围之。今非也，请辞而退。”

公孙龙[91]问于魏牟[92]曰：“龙少学先王之道，长而明仁义之行。合同异，离坚白。然不然，可不可。困百家之知，穷众口之辩。吾自以为至达已。今吾闻庄子之言，茫焉异之。不知论之不及与？知之弗若与？今吾无所开吾喙[93]，敢问其方。”

公子牟隐机大息，仰天而笑曰：“子独不闻夫埳井之蛙乎？谓东海之鳖曰：‘吾乐与！出跳梁乎井干之上[94]，入休乎缺甃之崖[95]；赴水则接腋持颐，蹶泥则没足灭跗[96]；还虷[97]、蟹与科斗，莫吾能若也。且夫擅[98]一壑之水，而跨跱[99]埳井之乐，此亦至矣。夫子奚不时[100]来入观乎？’东海之鳖左足未入，而右膝已絷[101]矣。于是逡巡[102]而却，告之海曰：‘夫千里之远，不足以举[103]其大；千仞之高，不足以极[104]其深。禹之时十年九潦[105]，而水弗为加益；汤之时八年七旱，而崖[106]不为加损。夫不为顷久推移[107]，不以多少进退者[108]，此亦东海之大乐也。’于是埳井之蛙闻之，适适然[109]惊，规规然[110]自失也。

“且夫知不知是非之竟，而犹欲观于庄子之言，是犹使蚊负山，商蚷[111]驰河也，必不胜任矣。且夫知不知论极妙之言，而自适[112]一时之利者，是非埳井之蛙与？且彼方跐[113]黄泉而登大皇，无南无北，奭然四解[114]，沦[115]于不测；无东无西，始于玄冥[116]，反于大通[117]。子乃规规然而求之以察[118]，索之以辩，是直用管窥天，用锥指地也，不亦小乎？子往矣！且子独不闻夫寿陵余子之学行于邯郸与[119]？未得国能[120]，又失其故行[121]矣，直[122]匍匐而归耳。今子不去，将忘子之故，失子之业。"

公孙龙口呿[123]而不合，舌举而不下，乃逸[124]而走。

庄子钓于濮水[125]，楚王使大夫二人往先[126]焉，曰："愿以竟内累[127]矣！"

庄子持竿不顾[128]，曰："吾闻楚有神龟，死已三千岁矣，王巾笥[129]而藏之庙堂之上。此龟者，宁其死为留骨而贵乎[130]？宁其生而曳尾于涂中[131]乎"？"

二大夫曰："宁生而曳尾于涂中。"

庄子曰：往矣！吾将曳尾于涂中。"

惠子相梁[132]，庄子往见之。或[133]谓惠子曰："庄子来，欲代子相。"于是惠子恐，搜于国中三日三夜。

庄子往见之，曰："南方有鸟，其名为鹓鸰[134]，子知之乎？夫鹓鸰，发于南海而飞于北海，非梧桐不止[135]，非练实[136]不食，非醴泉[137]不饮。于是鸱得腐鼠[138]，鹓鸰过之，仰而视之曰：'吓'！今子欲以子之梁国而吓[139]我邪？

庄子与惠子游于濠梁之上[140]。庄子曰："鯈鱼[141]出游从容，是鱼之乐也。"

惠子曰："子非鱼，安知鱼之乐？"

庄子曰："子非我，安知我不知鱼之乐？"

惠子曰："我非子，固不知子矣；子固非鱼矣，子之不知鱼之乐，全矣[142]。"

庄子曰："请循其本[143]。子曰'汝安知鱼乐'云者，既已知吾知之而问我，我知之濠上也。"

注释

①时：按时。

②泾流：洪水。

③涘（sì）：水边。渚（zhǔ）：水中之洲。

④辩：通"辨"。分辨。

⑤河伯：河神。

⑥端：尽头。

⑦旋：改变。

⑧若：海神名。

⑨少：贬低，瞧不起。

⑩殆：危险。

⑪大方之家：懂得大道的人。

⑫拘：局限。

⑬笃（dǔ）：守，限制。

⑭曲士：孤陋寡闻的人。

⑮丑：鄙陋。

⑯大理：大道。

⑰盈：满。

⑱尾闾：排泄海水的地方。

⑲已：止。虚：指水尽。

⑳过：超过。

㉑为量数：进行估量和计算。

㉒自多：自夸。

㉓比形：具形，寄形。

㉔见少：显得太少。

㉕罍（lěi）空：指蚁穴。

㉖稊（tí）米：小米。

㉗处一：占万物中之一。

㉘人卒：人众。

㉙连：续，继承。

㉚以为博：以此显示学问上的渊博。

㉛向：从前。

㉜故：通“固”，固定。

㉝曏今：古今。

㉞掇：拾取。跂：求。

㉟至精：最精细。

㊱信：实。

㊲郛（fú）：特大之意。

㊳倪：区分。

㊴睹：看清楚。

㊵功：功用。

㊶趣：取向。

㊷相非：相对立。

㊸趣操：取向和情操。

㊹之、哙让而绝：哙，亦作“噲”，战国时期燕王哙宠信国相子之，将王位禅让给子之，招致国内大乱，齐国乘机伐燕，杀燕王哙与子之，燕国几乎亡国。

㊺白公争而灭：战国时期楚平王的孙子白公胜为争夺政权而发动武装政变，结果兵败自杀。

㊻有时：有一定的时宜。

㊼梁丽：梁栋，大木。

㊽骐骥、骅骝（huá liú）：都是良马。

㊾趣舍：取舍。

㊿反衍：向相反方向发展、演化。

51蹇（jiǎn）：抵触，违逆。

52谢施：代谢转化。

53无一：固执。

54繇繇（yóu）：通“悠悠”，自得的样子。

55畛域：界限。

56怀：容。

57翼：庇护。

58恃：凭依。成：生成。

59位：守。

60年：岁月。

61消：消亡。

62大义之方：大道的方向。

63自化：自行变化。

64权：应变。

65贼：伤害。

66薄：迫，触犯。

67本乎天：以天为根本。

68踯躅（zhí zhú）：进退不定的样子。

69落：通“络”，笼住。

70故：事。

71殉：牺牲。

72夔（kuí）：独脚兽。怜：羡慕。蚿（xián）：多足虫，俗名百足。

73趻踔（chěn chuō）：跳着走。

74无如：没有办法。

75蓬蓬然：风尘转动的样子。

76鰌（qiū）：通“蹴”，踏。

⑺蜚：通“飞”，刮起。
⑻匡：地名，位于宋、卫、郑三国之间。
⑼匝：周。
⑽惙（chuò）：通“辍”，止。
⑾娱：乐。
⑿讳：担忧。
⒀通：通达，顺利。
⒁时：时势。
⒂知：通“智”。
⒃渔父：渔夫。
⒄兕（sì）：犀牛。
⒅处矣：歇歇吧。
⒆制：支配，限制。
⒇阳虎：鲁国贵族季孙氏的家臣，曾专鲁政三年。
㉑公孙龙：战国时赵国人，名家学派的代表人物。
㉒魏牟：魏国公子，又称公子牟。
㉓喙（huì）：嘴。
㉔跳梁：跳跃。井干：井栏。
㉕甃（zhòu）：砌井壁用的砖。崖：指井壁。
㉖蹶：踏。跗（fū）：脚背。
㉗虷（hán）：孑孓。
㉘擅：独占。
㉙跨跱（zhì）：叉开腿立着。
㉚时：常。
㉛絷（zhí）：绊住。
㉜逡巡：迟疑徘徊的样子。
㉝举：称得上，形容。
㉞极：尽，量尽。
㉟潦：水淹，指洪水。
㊱崖：通“涯”，指水边。
㊲推移：变化。
㊳进退：指水位的升降。
㊴适适然：惊惧的样子。
㊵规规然：局促的样子。
㊶商蚷（jù）：即马舷。马蚷生活于陆地，不能在水上游走。

⑫适：往，追求。
⑬跐（cǐ）：踩。
⑭奭（shī）：通“释”。四解：四面通达。
⑮沦：入。
⑯玄冥：微妙的境界。
⑰大通：无所不通的境界。
⑱察：明察，细看。
⑲寿陵：燕国地名。余子：少年。学行：学走路。邯郸：赵国国都。
⑳国能：指国都人走路的步法。
㉑故行：原来走路的步法。
㉒直：只能。
㉓呿（gū）：张开
㉔逸：逃。
㉕濮（pú）水：水名，在今山东濮县。
㉖先：先生传达楚王的旨意。
㉗累：拖累，麻烦。意思是请庄子到楚国从政。
㉘不顾：不回头，不理睬。
㉙巾笥：用巾布包起来装进竹箱。笥（sì）：竹箱。
㉚宁：宁可。留骨而贵：留下骨壳被人珍贵。
㉛曳：拖。涂：泥。
㉜惠子：惠施，曾为梁惠王相。梁：魏国。
㉝或：有人。
㉞鹓鸲（yuān chú）：像凤凰一类的鸟。
㉟止：栖息。
㊱练实：竹实。
㊲醴（lǐ）泉：甘美的泉水。
㊳鸱：猫头鹰。腐鼠：腐烂的老鼠，比喻相位。
㊴吓：有两解，其一，状声词，表示一种惊怕的语气；其二，吓唬。
㊵濠（háo）：水名，在今安徽凤阳县附近。梁：拦河堰。
㊶儵鱼（tiáo）：白鱼。
㊷全矣：完全如此，意即无可辩驳。
㊸循：追溯。本：始，指开头的话题。

秋季汛期到了，千百条河流注入黄河，洪水之大，隔河相望，分不清对岸的牛马。于是河神沾沾自喜，以为天下的美都聚集于自己一身了。河神顺流东行，到了北海，向东远望，看不到水的尽头，于是河神改变了沾沾自喜的面容，望着汪洋大海，对海神感叹说："俗话说：'听了许多道理，总以为谁都比不上自己。'我就是这样。而且我曾听说有人看不起孔子的学问并轻视伯夷的行为，开始我还不相信，现在我看到您这样广阔无际，我要是不到您这里来那就糟了，我将永远被懂得大道的人所嘲笑。"

北海神说："井底之蛙不可以和它谈论大海，因为它局限于狭小的活动空间；夏天的虫子不可以和它谈论冰雪，因为它受生存时间的限制；孤陋寡闻的人不可以和他谈论道，因为他被所受的教育所束缚。现在你摆脱了河道的局限，看到了大海，知道了自己的鄙陋，这就可以和你谈论大道了。天下的水没有比海更大的了，万条江河汇聚其中，不知什么时候才能止息，而海水还是不满；海水不断排泄，不知什么时候才会停止，但还是不能穷尽；无论是春秋，还是涝旱，海水永远不变，不受影响。它远远超过了江河的流水，无法进行估量和计算。但我并未因此而自夸，而是认为是形成于天地，禀受于阴阳之气。我在天地之间好比小石头和小树木在大山上一样显得那样渺小，有什么值得自夸的？看四海处于天地之间，不就像蚁穴在大泽中一样吗？看中国位于四海之内，不就像小米在大粮仓中一样吗？物的种类不计其数，人不过是其中之一而已；人众聚居的九州，生长粮食，通行舟车，人不过居其之一而已。个人和万物相比，不就如一根毫毛在马身上一样吗？五帝所接续的，三王所争夺的，仁人所忧虑的，能士所辛劳的，不过如此而已！伯夷的行为是为了求名，孔子的谈说是为了显示学问的渊博，他们这样自夸，不就像你从前对河水的自夸一样吗？"

河神说："那么，我视天地为大，视毫毛为小，可以吗？"

北海神说："不可以。万物，容量没有穷尽，存在的时间没有止境，界限变化无常，开始和终结不固定。所以大智者既看到远，也看到近，小的不以为少，大的不以为多，知道容量没有穷尽；他博古通今，所以他明白遥远的过去，对近在眼前的东西也不企求，知道时间是没有止境的；他明察盈虚之理，所以得到了也不高兴，失去了也不忧愁，知道界限变化无常；他通晓大道，所以对生不喜悦，对死也不认为是灾祸，知道终始没有一定。看来人们所知道的不如不知道的多；人们生存的时间没有未生存的时间长；以有限的人生与知识去追求无限的领域，必然会迷茫而一无所得。由此看来，怎么知道毫毛是最小的？又怎么知道天地是最大的呢？

河神说："世俗的议论者都说：'最精细的东西没有形体，最大的东西不能以范围来限制。'这是真的吗？"

北海神说："从小看大不会全面，从大看小不会清楚。精，是小中之微小；郛，是

人中之盛大，因而有所分别。有形状的东西才有大小之别。所谓精小粗大，乃是依赖于形体；没有形体的东西是无法用数字去划分的；无限大的东西是无法用数字完全表达的。可以用语言描述的是粗大的物体；可以用意识感受的是精细的物质；至于语言所不能描述的，意识所不能感受的，那就是精细和粗大之外的东西了。

“所以悟道者的行为，无心害人，也不赞美仁义恩惠；举动不为谋利，也不贱视奴仆；不争财宝，也不赞美辞让；做事不借助于人，也不赞美自食其力，不以贪污为卑贱；行为不同于世俗，也不赞美标新立异；听任众人之所为，也不鄙视献媚者；世俗的爵禄不足以勉励他，刑罚也不足以羞辱他；知道是非无法区分，细小和粗大无法度量。我听说：‘悟道的人不求名声，道德最高尚的人不求有所得，大德的人忘却自我。’这是最高的精神境界。”

河神说：“若是在物的外面，物的内面，怎么区分贵贱？怎么区分大小？”

北海神说：“用道来观察，物没有贵贱；从物的立场来看，都是以己为贵而贱视他物；用世俗之人的眼光来看，贵贱由人而定。从事物的相对差别来看，万物的大小都是相对的，若从它大的方面来说，万物又都可以说是大的；若从它小的方面来说，万物又都可以说是小的，明白了天地如同一粒小米那么小，毫毛如同一座山丘那么大的道理，就可以明白万物大小的差别了。从功用上来看，从有用的方面说，则万物都有用；从无用的方面来说，则万物都无用；明白了东和西是相反的又是相互依存的，就可以明白万物的功用和地位。从取向来看，看到对的一面就认为它对，则万物都是对的；看到不对的一面就认为它不对，则万物都是不对的；知道了尧和桀的自以为是而其行为相对立，就可以看清楚万物的取向和情操了。

“尧和舜通过禅让而做了帝王，子之和燕王哙却因为禅让而灭亡；商汤和周武王通过争夺而为王，白公却因为争夺而丧生。由此看来，争夺和禅让的举措，尧和桀的行为，其好坏效果因时势不同而截然相反，而不是一成不变的。梁栋可以用来撞毁城墙，却不能用来堵塞小洞，这是说器具的用场不同；骏马一日可行千里，但是捕鼠却不如野猫和黄鼠狼，这是说技能不同；猫头鹰在夜间能捉跳蚤，明察秋毫，但在白天睁大眼睛连山丘也看不见，这是说物性不同。所以说，怎能把自己认为是正确的就认为没有错误的一面，把自己认为是治理了的就认为没有乱的一面呢？之所以这样，是因为不明天地之理和万物之情，这就好比只取法于天而不取法于地，只取法于阴而不取法于阳，这显然是不可行的。然而人们对此仍然坚持己见而不肯抛弃，这不是愚蠢，便是说谎。帝王禅让的方式不同，三代继承的方式不同。不合时代，违逆社会，就被视为篡夺的人；顺应时代，迎合社会，就被称为大义之人。沉默吧河神！你哪里知道贵贱、大小的道理！”

河神说：“那么，我该做什么？不该做什么？我辞受取舍，到底该怎么办呢？”

北海神说：“用道的观点来看，无所谓贵贱，贵贱是相互转化的；不要固守你的心志，否则与道相抵触。无所谓多少，多少是相互变换的；不要固执你的所为，否则与道是不相符合的。要像国君一样庄重，对谁都没有偏心；像受祭的社神一样超然，毫无偏私；像天地四方一样辽阔，没有局限。兼容万物，有谁承受庇护？这就叫作没有偏向。万物齐一，谁短谁长？道没有终始，万物有生死的变化，其生成的形态是不足凭依的；万物的变化一时虚一时满，不应专守一时之虚或一时之满。岁月无法使它提前离去，时光也无法让它停留；消亡与生息，盈满与空虚，终结了再开始。这就是讲大道的方向，谈万物的道理。万物的生长如快与奔驰一般，动作在不断变化，时刻都在移动。该做什么，不该做什么？万物本来会自行变化的。”

河神说：“那么道有什么可贵的呢？”

北海神说：“懂得道的人必定通达事理，通达事理的人必定明于应变，明于应变的人不会让外物伤害他。德性最高的人，火不能烧他，水不能淹他，寒暑不能损伤他，禽兽不能伤害他。这不是说他有意去触犯有害之物，而是说他能明察安危，对祸福的来临冷静对待，谨慎进退，所以什么东西无法加害于他。所以说，天性蕴藏在内心，人事显露在外表，道德体现在天性上。知道人的行为，以天为根本，安然自得，时进时退，时屈时伸，归根返本而静默无言。”

河神说：“什么叫作天？什么叫作人？”

北海神说：“牛马有四只脚，这就叫作天然；笼住马头，穿引牛鼻，这就叫作人为。所以说，不要用人事毁灭天然，不要用世事毁灭天命，不要因考虑得失而为功名做牺牲。牢记这些道理而不违失，就叫作返归真性。”

夔羡慕蚿，蚿羡慕蛇，蛇羡慕风，风羡慕眼睛，眼睛羡慕心。

夔对蚿说：“我用一只脚跳着走，那是没有办法。现在你用许许多多的脚是怎么走的呢？”

蚿说：“不对。你没有见过吐唾沫的吗？喷出来的大的像水珠，小的像细雾，乱喷出来的不计其数。现在我是根据天生的本能而行，但不知道为什么会这样。”

蚿对蛇说：“我用许多脚行走，还不如你没有脚走得快，这是为什么呢？”

蛇说：“本能的活动怎么能够改易呢？我哪里要用脚？”

蛇对风说：“我运动着脊背行走，还像有脚似的。现在你呼呼地从北海刮起来，又呼呼地吹入南海，却像无形一般，这是为什么呢？”

风说：“是的。虽然我呼呼地从北海刮入南海，但用手指戳我就能胜我，用脚踏我也能胜我。然而摧折大木，掀掉大屋，却只有我能够做到，所以不以胜过众小为胜才算大胜。可以大胜的，只有圣人才能做到。”

孔子周游到匡邑，被卫国人团团围住，但他还是不停地弹琴歌唱。子路入见孔子，说：“为什么先生还这样快乐呢？”

孔子说："过来，我给你说。我担忧困窘已经很久了，然而还是不能幸免，这是命运的缘故；我追求通达也已经很久了，然而还是一无所得，这是时势造成的。在尧、舜时代，天下没有不得志的人，这并不是他们用智慧取得的；在桀、纣时代，天下没有得志的人，这并不是因为他们才智不足，而是由时势造成的。在水中行走不避蛟龙，这是渔夫的勇敢；在陆地上行走不避猛兽，这是猎人的勇武；在刀光剑影中视死如生，这是烈士的气概；知道穷困是因为天命，通达是由于时势，面临大难而不畏惧，这是圣人的勇气。子路，你不要担心！我的命运是由天支配的！"

过了一会儿，率兵者走进来道歉说："我们把您当成了阳虎，所以包围了您。现在才知道误会了，真对不起，我们已经撤围了。"

公孙龙问魏牟说："我年轻时学先王之道，长大后又懂得了仁义的行为；能把事物的同和异合而为一，把同一物的坚硬和白色分别开来；把不对的说成对，把不可的说成可；能把百家的才智都难倒，使人的口才都无法施展；我自以为是最通达的了。现在我听了庄子的理论，感到十分迷茫和惊奇。不知是我的口才不如他呢，还是知识不及他？现在我无法开口。请问其中的缘故。"

公子牟靠着几案长叹一声，仰天大笑说："难道你没有听说过浅井之蛙的故事吗？它对东海的鳖说：'我很快乐！出来在井栏上跳跃，进去在破砖砌成的井壁中休息；在水中浮游，水承托着我的两腋及两腮，跳到泥里，泥浆没过我的脚背；我回头看井里的孑孓、螃蟹和蝌蚪谁都不如我。况且我独占一坑水，叉腿站在井中，真是快乐到了极点。为什么您不常来看看呢？'东海的鳖还未迈进左脚，右腿就被绊住了，于是迟疑地退了回来，向青蛙告诉大海的情形说：'千里之远的距离不足以形容它的大；千仞之高的高度不足以量尽它的深。大禹时十年九涝，而海水并不见增加；商汤时八年七旱，而海水并不见减少。它不因时间的长短而有所改变，也不因雨水的多少而水位有所升降，这也是东海的大快乐。'井中之蛙听了，惊惧不已，茫然自失。

"而且，智力还不能辨识是非的界限，就想了解庄子的理论，这就像让蚊子背山，马蛭渡河一般，必定无法胜任。智力不足以理解微妙的理论，而追求一时之利，不就像井中之蛙一样吗？况且庄子的理论可入地登天，不分南北，四通八达，高深莫测；不分东西，开始于微妙的境界，返归于无所不通。而你却用狭隘的观点去衡量，寻求什么辩论，这简直如同用竹管观天，用锥子量地一样，不是显得太渺小了吗？你走开吧！难道你没有听说过寿陵的少年去邯郸学他人走步的故事吗？他不但没有学会邯郸人的步法，而且连自己原来的步法也忘掉了，结果只好爬着回去。现在你还不走开，就会忘掉你原来的技能，失去你的学业了。"

公孙龙听了这一番话张大着口而不能合拢，舌头高高抬起而不能放下，于是快速地逃走了。

庄子在濮水钓鱼，楚王派两个大夫先去转达他的意思说："希望先生能到楚国从政！"

庄子继续钓鱼，头也不回地对大夫说："我听说楚国有一神龟，已经死去三千年了，楚王把它用巾布包起来装进竹箱，藏在庙堂之上。这只龟是宁可死去而留下骨壳被人珍惜呢，还是宁愿活着拖尾爬行于泥中？"

两个大夫说："当然宁愿活着拖尾爬行于泥中。"

庄子说："你们回去吧！我将拖着尾巴爬行于泥中。"

惠施在魏国做宰相，庄子要去见他。有人对惠施说："庄子来是想取代您的相位。"惠施听了很害怕，在国中搜捕庄子达三天三夜。

庄子见到惠施。对他说："南方有一种鸟，名叫鹓鸰，你知道吗？鹓鸰从南海出发，飞往北海，沿途非梧桐树不栖息，不是竹子的果实不食，不是甘美的泉水不喝。这时猫头鹰抓到一只已经腐烂的死老鼠，看见鹓鸰经过，仰头对着它说：'吓！'现在难道你想用魏国相位来吓唬我吗？"

庄子和惠施在濠水的河堰上游玩。庄子说："鯈鱼从容自得地游出来，这是鱼的快乐。"

惠施说："你不是鱼，怎么知道鱼的快乐？"

庄子说："你不是我，怎么知道我不懂得鱼的快乐？"

惠施说："我不是你，固然不知道你；你本来也不是鱼，那么你不知道鱼的快乐，就是无可辩驳的了。"

庄子说："请从开头的话题说起。你说'你哪知道鱼的快乐'，说明你已经知道了我晓得鱼的快乐才来问我的，我是在濠水的河堰上知道的。"

至　乐

天下有至乐无有哉？有可以活身者无有哉？今奚为奚据？奚避奚处？奚就奚去？奚乐奚恶？

夫天下之所尊者，富贵寿善也。所乐者，身安厚味美服好色音声也。所下者，贫贱夭恶也。所苦者，身不得安逸，口不得厚味，形不得美服，目不得好色，耳不得音声。若不得者，则大忧以惧，其为形也亦愚哉！

夫富者，苦身疾作[①]，多积财而不得尽用，其为形也亦外[②]矣。夫贵者，夜以继日，思虑善否，其为形也亦疏[③]矣。人之生也，与忧俱生，寿者惛惛[④]，久忧不死，何之苦也！其为形也亦远矣。烈士为天下见善矣，未足以活身。吾未知善之诚善邪？诚不善邪？若以为善矣，不足活身；以为不善矣，足以活人。故曰："忠谏不听，蹲循[⑤]勿争。"故夫子胥争之，以残其形；不争，名亦不成。诚有善无有哉？

今俗之所为与其所乐，吾又未知乐之果乐邪？果不乐邪？吾观夫俗之所乐，举群趣者[6]，硁硁然如将不得已[7]，而皆曰乐者，吾未之乐也，亦未之不乐也。果有乐无有哉？吾以无为诚乐矣，又俗之所大苦也。故曰：“至乐无乐，至誉无誉。”

天下是非果未可定也。虽然，无为可以定是非。至乐活身，唯无为几存[8]。请尝试言之：天无为以之清，地无为以之宁，故两无为相合，万物皆化生。芒乎芴乎[9]，而无从出乎！芴乎芒乎，而无有象[10]乎！万物职职[11]，皆从无为殖[12]。故曰：天地无为也，而无不为也。人也孰能得无为哉！

庄子妻死，惠子吊之，庄子则方箕踞鼓[13]盆而歌。

惠子曰：“与人居[14]，长子[15]老身，死不哭亦足[16]矣，又鼓盆而歌，不亦甚乎！”

庄子曰：“不然。是其始死也，我独何能无概[17]然！察其始而本无生，非徒无生也，而本无形，非徒无形也，而本无气。杂乎芒芴之间，变而有气，气变而有形，形变而有生，今又变而之死，是相与为春秋冬夏四时行也。人且偃然寝于巨室[18]，而我噭噭然[19]随而哭之，自以为不通乎命，故止也。”

支离叔与滑介叔观于冥伯之丘[20]，昆仑之虚[21]，黄帝之所休。俄而柳[22]生其左肘，其意蹶蹶然[23]恶之。

支离叔曰：“子恶之乎？”

滑介叔曰：“亡[24]，予何恶！生者，假借[25]也。假之而生生者[26]，尘垢也。死生为昼夜。且吾与子观化[27]而化及我，我又何恶焉！”

庄子之楚，见空髑髅[28]，髐然[29]有形。撽以马捶[30]，因而问之，曰："夫子贪生失理[31]，而为此乎？将子有亡国之事[32]，斧钺之诛，而为此乎？将子有不善之行，愧遗[33]父母妻子之丑，而为此乎？将子有冻馁之患而为此乎？将子之春秋故及此乎？"于是语卒，援[34]髑髅，枕而卧。

夜半，髑髅见[35]梦曰："子之谈者似辩士，视子所言，皆生人之累也[36]，死则无此矣。子欲闻死之说乎？"

庄子曰："然"。

髑髅曰："死，无君于上，无臣于下，亦无四时之事，从然[37]以天地为春秋，虽南面王乐，不能过也。"

庄子不信，曰："吾使司命[38]复生子形，为子骨肉肌肤，反子父母、妻子、闾里、知识[39]，子欲之乎？"

髑髅深颦蹙頞[40]曰："吾安能弃南面王乐而复为人间之劳乎！"颜渊东之齐，孔子有忧色。子贡下席而问曰："小子敢问：回东之齐，夫子有忧色，何邪？"

孔子曰："善哉女问！昔者管子[41]有言，丘甚善之，曰：'褚小者不可以怀大[42]，绠[43]短者不可以汲深。'夫若是者，以为命有所成而形有所适也[44]，夫不可损益。吾恐回与齐侯言尧、舜、黄帝之道，而重以燧人、神农之言。彼将内求于己[45]而不得，不得则惑，人惑则死。且女独不闻邪？昔者海鸟止于鲁郊，鲁侯御而觞[46]之于庙，奏《九韶》[47]以为乐，具太牢[48]以为膳。鸟乃眩视[49]忧悲，不敢食一脔[50]，不敢饮一杯，三日而死。此以己养[51]养鸟也，非以鸟养养鸟也。夫以鸟养养鸟者，宜栖之深林，游之坛陆[52]，浮之江湖，食之鳝鲦[53]，随行列而止，委蛇而处。彼唯人言之恶闻，奚以夫譊譊[54]为乎！《咸池》《九韶》之乐，张之洞庭之野，鸟闻之而飞，兽闻之而走，鱼闻之而下入，人卒闻之，相与还而观之。鱼处水而生，人处水而死，彼必相与异，其好恶故异也。故先圣不一其能，不同其事。名止于实，义设于适，是之谓条达而福持。"

列子行，食于道从[55]，见百岁髑髅，攓蓬而指之曰[56]："唯予与汝知而未尝死，未尝生也。若果养[57]乎？予果欢乎？"

种有幾[58]，得水则为㡭[59]，得水土之际则为蛙蠙之衣[60]，生于陵屯则为陵舄[61]，陵舄得郁栖则为乌足[62]，乌足之根为蛴螬[63]，其叶为胡蝶。胡蝶胥[64]也化而为虫，生于灶下，其状若脱，其名为鸲掇[65]。鸲掇千日化而为鸟，其名为干余骨。干余骨之沫为斯弥，斯弥为食醯[66]。颐辂[67]生乎化而食醯，黄軦生乎九猷[68]，瞀芮生乎腐蠸[69]。羊奚比乎不箰[70]，久竹生青宁[71]，青宁生程[72]，程生马，马生人，人又反入于机。万物皆出于机，皆入于机。

注释

①疾作：拼命干。

②外：相背离。

③疏：远。

④惛惛：糊涂的样子。

⑤蹲循：迟疑退却的样子。

⑥举群：成群。趣，追逐。

⑦硁硁（kēng）然：争着跑去的样子。

⑧几存：接近。

⑨芒乎芴（hū）乎：恍惚。

⑩象：迹象。

⑪职职：繁多的样子。

⑫殖：繁殖，产生。

⑬箕踞（jī jù）：一种不拘礼节的坐姿，状如簸箕。

⑭居：生活。

⑮长子：生儿育女。

⑯亦足：已不合情理。

⑰概：假借为“慨”，感叹。

⑱偃然：安然。巨室：指天地。

⑲噭噭（jiào）然：哭号之声。

⑳支离叔、滑介叔：虚拟的寓言人物。

㉑虚：通“墟”。

㉒柳：假借为“瘤”。

㉓蹶蹶然：惊动的样子。

㉔亡：通“无”。

㉕假借：寄托。

㉖生生者：指肿瘤。

㉗观化：观察事物的变化。

㉘髑髅（dú lóu）：死人的骨架。

㉙髐（xiāo）然：空枯的样子。

㉚撽（qiào）：敲击。马捶：马鞭。

㉛失理：违反天理。

㉜亡（wáng）国：覆亡。

㉝遗（wèi）：给。

㉞援：拉。

㉟见：通“现”，显。

㊱生人：活人。累：拖累，负担。

㊲从然：“从”通“纵”，放纵自由的样子。

㊳司命：掌管生命的神。

㊴知识：熟悉的人，朋友。

㊵深颦蹙頞：深深地皱眉头，表示忧愁的样子。頞：即额。

㊶管子：管仲，春秋齐国著名的政治家和思想家，曾辅佐齐桓公称霸。

㊷褚（zhǔ）：袋子。怀：装。

㊸绠（gěng）：吊水用的绳子。

㊹成：定。适：合。

㊺内求于己：自我要求。

㊻觞（shāng）：宴饮。

㊼《九韶》：舜时的乐曲名。

㊽太牢：牛、羊、猪三者齐备的祭祀品。

㊾眩视：看得眼花。

㊿脔（luán）：切成小块的肉。

(51)己养：养自己的方法。

(52)坛陆：“坛”通“坦”。坦陆：广阔的地方。

(53)鰌鲦（tiáo）：泥鳅之类的小鱼。

(54)譊譊（náo）：喧闹的声音。

(55)从：旁。

(56)搴（jiǎn）：拔。蓬：草。

(57)养：忧。

(58)畿：微。

(59)𢇍：同“继”，水绵。

(60)蛙蠙（bīn）之衣：青苔。

(61)陵屯：土堆。陵舄（xì）：车前草。

(62)郁栖：粪土。乌足：草名，车前草的变种。

(63)蛴螬（qī cáo）：金龟子的幼虫。

(64)胥（xū）：不久。

(65)鸲掇（qú duō）：干余骨的幼虫。

(66)斯弥：虫名。食醯（miàn）：醋瓮中的小虫。

(67)颐辂（yí lù）：小虫名。

(68)黄軦（kuàng）：虫名。九猷：过时的酒，即坏了的甜酒。

(69)瞀芮（mào ruì）：小蚊虫。腐蠸（quán）：萤火虫。

(70)羊奚：草名。不箰：不生笋的竹子。

(71)久竹：陈腐的竹子。青宁：竹根虫。

(72)程：豹。

译文

天下有最快乐还是没有？有活身之道还是没有？

如果有，现在应该怎么做？依据什么？怎么回避？怎么安处？怎么从就？怎么舍去？怎么欢乐？怎么厌恶？

天下所尊崇的是富有、尊贵、长寿、善名；所喜欢的是身体安适，饮食丰盛，服饰华丽，容貌娇艳，音乐悦耳；所痛苦的是身体不得安适，吃不到美味佳肴，穿不上华丽的衣服，眼睛看不到美色，耳朵听不到高雅的音乐，如果得不到这些，就大为忧愁恐惧。如此为形体着想真是太愚昧了！

富有的人，劳苦身体，拼命经营，积聚了许多财物而不能充分享用，这样做与保养形体是背道而驰的。人一出生就与忧愁并存，年纪老迈的人糊里糊涂，长期忧愁而不死，是多么痛苦的事啊！这与保养形体相距甚远。烈士被天下所称善，却保不住自己的性命。我不知道这种善是真善呢，还是真不善？如果认为是善，却不能保住自己的性命；认为是不善，却救活了别人。所以说："如果忠谏不被君所接受，就退下不要再争。"过去伍子胥因忠谏强争而遭杀戮，即使他不谏争，他也不会成名。如此说来，到底有善还是没有？

现在世俗的所为及其所乐，我不知道是果真快乐，还是不快乐？我看世俗所快乐的，大家都去追逐，一拥而上，又好像是迫不得已，而大家都说快乐，我没有感到快乐，也没有感到不快乐。果真有快乐还是没有？我认为无为是真正的快乐，而这又是世俗所认为的痛苦。所以说："最大的快乐就是无所谓快乐，最大的荣誉就是无所谓荣誉。"

天下的是非确实无法确定。尽管如此，无为可以定是非。至乐可以治身，而只有无为接近于至乐治身之道。请让我试着说明这一点：天因为无为而清虚，地因为无为而宁静，这两种无为相结合，从而使万物变化生长。恍恍惚惚，不知道从何而出！恍恍惚惚，没有一点迹象！万物繁多，都是出自无为。所以说，天地无为而无不为，而谁又能够学得这种无为呢？

庄子的妻子死了，惠子前去吊丧，庄子正不拘礼节地坐着，敲盆唱歌。

惠子说："妻子和你一起生活，为你生儿育女，现在她老而身死，你不哭就已不合情理，还敲盆唱歌，真是太过分了！"

庄子说："不是这样的。她刚刚死，我怎么能不感叹呢？但是推究起来，她原本是没有生命的，不仅没有生命，而且没有形骸，不仅没有形骸，而且没有气。她混杂在恍惚之间，变而有气，气变而有形骸，形骸变而有生命，现在又变而为死，这种变化就像四季的运行一样，是自然而然地运行的。人已经安然歇息于天地之间，而我却哭哭啼啼，我认为这样是不通达天命的，所以不哭。"

支离叔和滑介叔一同观览冥伯之丘、昆仑之墟和黄帝曾经休息的地方。不一会儿，滑介叔的左肘部长出了一个肿瘤，他显得惊动不安，似乎很厌恶它。

支离叔说："你厌恶它吗？"

滑介叔说："不，我为什么厌恶！生命和形骸乃是附着于道的寄托；寄托在形骸上的肿瘤只不过如渺小的尘垢。死生就像昼夜的运行一样平常。我和你观察万物的变化，现在变化降临到我的身体上，我对它又有什么厌恶的呢？"

庄子去楚国，看到一具空骷髅，空枯有形。庄子用马鞭敲敲骷髅，问道："先生您是因为贪求人生欲望，违反天理，才成了这个样子的吗？或是因为国家灭亡，遭受刑戮而成了这个样子？或是因为行为不端，愧对父母妻儿而成了这个样子？或是因为冻饿而死而成了这个样子？或是因为年寿已尽自然死亡而成了这个样子？"说完之后，拉过骷髅，枕在上面睡觉。

到了半夜，骷髅托梦对庄子说："你的谈论像辩士，你所说的都是活人的负担，死后就没有这些拖累了。你想听听死人的快乐吗？"

庄子说："是的。"

骷髅说："死人上无君王，下无臣子，也没有四季寒暑之忧，放纵自由地以天地为春秋，即使是位居君王的快乐，也比不上此之乐。"

庄子不相信，说："我让生命之神恢复你的形体，还原您的骨肉肌肤，让您返归到父母妻子和邻里朋友中间，您愿意吗？"

骷髅紧皱眉头，忧愁地说："我怎么能放弃君王般的快乐而重返人间的劳苦呢？"

颜渊往东去齐国，孔子脸色忧愁。子贡离席走上前去问道："弟子请问：颜渊往东去齐国，先生脸色忧愁，这是为什么？"

孔子说："你问得好！从前管子有句话，我很赞赏，他说：'小袋子不能装大东西，短绳不能从深井里汲水。'之所以这样说，是因为性命各有所定而形体各有所适合，不可变更。我担心颜渊向齐侯谈论尧、舜、黄帝之道，重申燧人、神农之言。齐侯听了将以此要求自己，然而却无法做到，做不到则产生疑惑，疑惑不解就会忧愁苦闷乃至置人于死。

难道你没有听说过下面这个故事吗？从前有只海鸟飞落在鲁国的郊外，鲁侯将它迎进庙堂，让它饮酒，演奏《九韶》之乐取悦于它，宰牛羊猪供它食用。海鸟看得眼花缭乱，内心忧愁悲惧，不敢吃一块肉，不敢饮一杯酒，三天就死了。这是用养人的方法去养鸟，而不是用养鸟的方法养鸟。用养鸟的方法来养鸟，应该让它栖息于茂密的树林，翱翔于广阔的地方，吃小鱼小虾，鸟群结队而行，自由自在地生活。鸟最讨厌听到人的声音，为什么人还要对它大声喧哗呢？在广漠的野外演奏《咸池》《九韶》之乐，鸟听了就会飞走，兽听了就会逃跑，鱼听了就会沉入水下，而人们听了却会围上前来观赏。鱼在水里来去自如，人在水里就会淹死，两者的秉性各异，好恶也就不同了。所以，过去的圣人不把人们的才能看成整齐划一，不强迫人们做同样的事情。名要与实相符，各尽其能，各适其宜，这就称为条理通达而好事常有。

列子旅行，在路旁进食，看见一个百年的骷髅，于是拨开蓬草，指着它说：“只有我和你知道你未曾死，也未曾活。你果真忧愁吗？我果真快乐吗？”

种子有微妙的地方，得到水的滋润就会长出水绵，在水和土之间就变成青苔，生在土堆中就变成车前草，车前草得到粪土就变为乌足草，乌足草的根变成蛴螬，它的叶子会变为蝴蝶，不久，蝴蝶化为虫，生在灶下，就像刚刚蜕了皮，名叫鸲掇。千日之后，鸲掇变为鸟，名叫干余骨。干余骨吐出的黏液变为斯弥，斯弥变成醋瓮中的小虫。颐辂虫生于醋虫，羊奚草生在不长笋的竹根上，腐朽的竹子生青宁虫，青宁生豹，豹生马，马生人，人又复归于自然。万物都是出于自然，又归于自然。

寓言

原文

寓言十九[①]，重言[②]十七，卮言日出[③]，和以天倪[④]。

寓言十九，藉外论之[⑤]。亲父不为其子媒。亲父誉之，不若非其父者也；非吾罪也，人之罪也。与己同则应，不与己同则反；同于己为是之，异于己为非之。

重言十七，所以已言[⑥]也，是为耆艾[⑦]。年先[⑧]矣，而无经纬本末[⑨]以期年耆者，是非先也。人而无以先人，无人道也；人而无人道，是之谓陈人[⑩]。

卮言日出，和以天倪，因以曼衍[⑪]，所以穷年。不言则齐，齐与言不齐，言与齐不齐也，故曰无言。言无言，终身言，未尝不言；终身不言，未尝不言。有自也[⑫]而可，有自也而不可；有自也而然，有自也而不然。恶乎然？然于然；恶乎不然？不然于不然。恶乎可？可于可；恶乎不可？不可于不可。物固有所然，物固有所可，无物不然，无物不可。非卮言日出，和以天倪，孰得其久！万物皆种[⑬]也，以不同形相禅[⑭]，始卒若环[⑮]，莫得其伦[⑯]，是谓天均[⑰]。天均者天倪也。

庄子谓惠子曰："孔子行年六十而六十化，始时所是，卒而非之，未知今之所谓是之非五十九非也。"

惠子曰："孔子勤志服知也[18]。"

庄子曰："孔子谢[19]之矣，而其未之尝言。孔子云：'夫受才乎大本[20]，复灵[21]以生。鸣[22]而当律，言而当法，利义陈乎前，而好恶是非直[23]服人之口而已矣。使人乃以心服而不敢蘁[24]立，定天下之定。'已乎已乎！吾且不得及彼乎！"

曾子再仕而心再化[25]，曰："吾及亲[26]仕，三釜[27]而心乐；后[28]仕，三千钟而不洎[29]，吾心悲。"

弟子问于仲尼曰："若参者，可谓无所县其罪[30]乎？"

曰："既已县矣。夫无所县者，可以有哀乎？彼[31]视三釜三千钟。如观雀蚊虻相过乎前也。"

颜成子游谓东郭子綦曰："自吾闻子之言，一年而野[32]，二年而从[33]，三年而通[34]，四年而物[35]，五年而来[36]，六年而鬼入[37]，七年而天成[38]，八年而不知死不知生，九年而大妙[39]。生有为，死也。劝[40]公，以其死也，有自也；而生阳[41]也，无自也。而果然乎？恶乎其所适？恶乎其所不适？天有历数，地有人据，吾恶乎求之？莫知其所终，若之何其无命也？莫知其所始，若之何其有命也？有以相应[42]也，若之何其无鬼邪？无以相应也，若之何其有鬼邪？"

众罔两[43]问于景曰："若向也俯而今也仰[44]，向也括撮[45]而今也被发，向也坐而今也起，向也行而今也止，何也？"

景曰："搜搜[46]也，奚稍问[47]也！予有而不知其所以[48]。予，蜩甲[49]也，蛇蜕[50]也，似之而非也。火与日，吾屯[51]也；阴与夜，吾代也。彼吾所以有待邪？而况乎以有待者乎！彼来则我与之来，彼往则我与之往，彼阳强则我与之阳强。阳强者，又何以有问乎！"

阳子居南之沛[52]，老聃西游于秦，邀[53]于郊，至于梁[54]而遇老子。老子中道[55]仰天而叹曰："始以汝为可教，今不可也。"

阳子居不答。至舍[56]，进盥漱巾栉[57]，脱屦户外，膝行而前，曰："向者弟子欲请夫子，夫子行不闲，是以不敢。今闲矣，请问其故。"

老子曰："而睢睢盱盱[58]，而谁与居？大白[59]若辱，盛德若不足。"

阳子居蹴然变容曰："敬闻命矣！"

其往也，舍者[60]迎将，其家公[61]执席，妻执巾栉，舍者避席，炀[62]者避灶。其反也，舍者与之争席矣。

注释

①寓言：寄托寓言的言论。十九：十分之九。

②重言：借重先哲时贤的言论。

③卮（zhī）言：无心之言。日出：时常出现。

④天倪：自然。

⑤藉：通“借”。外：他人。

⑥已言：别人说过的言论。

⑦耆艾：长寿的人。

⑧年先：年长。

⑨经纬本末：道理，见解。

⑩陈人：陈腐的人。

⑪曼衍：支漫推衍，发挥。

⑫有自也：有所由来。

⑬皆种：都是种子，意指都可以生长出新的事物。

⑭形：形式，状态。相禅：新陈代谢。

⑮始卒若环：首尾相接像环一样，即事物的变化始终循环。

⑯伦：条理，次序。

⑰天均：自然平均。

⑱勤志：努力实现自己的志愿。服知：运用心智。

⑲谢：辞去，抛弃。

⑳大本：自然，天道。

㉑复灵：复得天地之灵气。

㉒鸣：声音。

㉓直：只能，仅仅。

㉔蘁（wù）：违逆，不顺从。

㉕仕：做官。化：变。

㉖及亲：能养父母。

㉗釜（fǔ）：古代量器，6斗4升为1釜。

㉘后：指双亲死后。

㉙钟：古代量器，六斛四斗为一钟。洎（jì）：及。

㉚县其罪：为爵禄所系累。

㉛彼：指不被爵禄所系累的人。

㉜野：质朴。

㉝从：顺从，不固执。

㉞通：通达。

㉟物：与物同化。

㊱来：众物来归。

㊲鬼入：鬼神来附。

㊳天成：合于自然。

㊴大妙：领悟了大道的玄妙。

㊵劝：助。

㊶生阳：感于阳气而生。

㊷相应：相感应。

㊸罔两：影外的暗影。

㊹若：你。向：过去，原来。

㊺括撮：束发。

㊻搜搜：运动的样子。

㊼奚稍问：何足问。

㊽所以：原因。

㊾蜩（tiáo）甲：蝉壳。

㊿蛇蜕：蛇脱下的皮。

51屯：聚。

52阳子居：即杨朱，字子居。沛：地名，今江苏沛县一带。

53邀：相约。

54梁：地名，今河南开封。

55中道：途中。

56舍：旅舍。

57盥（guàn）漱：洗手漱口。巾栉：洗脸梳头。

58睢睢（suī）：仰视的样子。盱盱（xū）：睁大眼睛的样子。

59大白：非常洁白。

60舍者：旅客。

61家公：旅舍的主人。

62炀：做饭。

译文

我的言论寓言占十分之九，其中重言占十分之七，无心之言随时出现，合于自然的分际。

寓言十分之九，借助他人之口论说。父亲不为自己的儿子说媒。父亲称赞儿子不如别人称赞更能令人信服。这不是我的过错，而是他人的过错。和自己的看法相同就赞成，和自己的看法不同就反对；和自己看法相同的就肯定，和自己看法不相同的就否定。

重言占十分之七，之所以重复老话，是因为这是长者的言论。年龄虽长，却不通事理，就不能算是长者。做人而没有过人之处，就是没有为人之道；没有为人之道，就是陈腐的人。

无心之言随时出现，合于自然，支漫推衍，以终天年。不说则自然齐同，原本齐同的一经主观论说就不齐同了，主观论说齐同的便不齐同，所以说要发表不带主观成分的言论。发表不带主观成分的言论，则终身都在论说，却好像未曾论说；终身不言不语，却未尝不在言语。可有可的原因，不可有不可的原因；对有对的原因，不对有不对的原因。什么是对？对有对的道理；什么是不对？不对有不对的道理。什么是可？可有可的道理；什么是不可？不可有不可的道理。物固有所是，所固有所可，物都有不是，物都有不可。若不是无心之言随时出现，合于自然，谁能长久？万物都可以生长出新的事物，以不同的形式新陈代谢，始终循环，找不到头绪，这就叫作天均。天均就是自然。

庄子对惠子说："六十年来，孔子在认识上年年都有变化，开始时所认为对的，最终又否定了，很难说现在所认为是对的就不是五十九年来所认为是错的。"

惠子说："孔子为努力实现自己的志愿而运用心智。"

庄子说："孔子已经改变了那种态度，只是未曾说明罢了。孔子说：'人的才智受之于天道，但要复得天地之灵气才有生气。声音合乎韵律，言论合乎法度，将利义摆在前面，好恶是非的说教只能服人之口而已。如果使众人心服而不敢违逆，则可以立刻使天下平定下来。'算了吧，算了吧！我还比不上他呢！"

曾子再做官时，心境又有变化，他说："我父母在世的时候做官，俸禄只有三釜，而心里很快活；后来做官，俸禄虽达三千钟，但已不能奉养双亲而感到很悲伤。"

弟子问孔子说："像曾参这样可以说是不受爵禄所系累了吧？"

孔子说："他已经被系累了。要是不受系累，会有悲伤之感吗？那些不受系累的人视三釜、三千钟如同鸟雀蚊虻在眼前飞过一样而毫不在意。"

颜成子游对东郭子綦说："自从我听了你的话，一年而返于质朴，两年而顺从，三年而通达，四年而与物同化，五年而众物来归，六年而鬼神来附，七年而合于自然，八年而不觉死生，九年而领悟道之玄妙。人生而有为，则相当于死亡。以私助公，其死亡是有原因的；感于阳气而生，则是没有缘故的。果然是这样吗？何处适当？何处不适当？天有四时变化，地为人所占据，我还有什么追求？不知道它的终结，怎么会有死？不知道它的起始，怎么会有生？若有相互感应的现象，怎么能说没有鬼神？若没有相互感应的现象，怎么能说有鬼神？”

影外的暗影问影子说：“你刚才低着头而现在仰着脸，刚才束发而现在披发，刚才坐着而现在站立，刚才行走而现在停止，这是怎么回事？”

影子说：“这只是自然而然地运动罢了，有什么值得好问的？我自己也不知道为什么会这样。我是蝉壳，是蛇蜕，好像是却又不是。在火和阳光下，我就显现了；在阴暗处或者夜晚，我就消失了。形是我所依赖的吗？何况无所依赖？形来则我随之来，形往则我随之往，形运动则我随之运动。运动是一种自然而然的现象，有什么好问的？”

阳子居南往沛地，老子西游于秦，相约在郊野见面，走到梁地遇到了老子。老子在途中仰头向天长叹说：“开始我还以为你可以教诲，现在看来却并非如此。”

阳子居不吭声。到了旅舍，侍奉老子梳洗，将鞋脱在门外，跪行向前说：“刚才弟子想请教先生，先生忙着走路，所以不敢开口。现在歇息有空，请先生指出我的过错。”

老子说：“你神态傲慢，谁愿意和你相处？非常洁白的东西好像有污点，道德高尚的人好像不足的样子。”

阳子居愧然变色说：“恭听先生的教诲了！”

阳子居来的时候，旅舍的人恭敬相迎，店主亲自替他安排坐席，女主人侍奉他梳洗，先坐的人让出位子，做饭的人都不敢当灶。当他返回时，旅舍的人不再敬畏他，和他争抢席位。

说　剑

昔赵文王喜剑，剑士夹门而客[①]三千余人，日夜相击于前，死伤者岁百余人，好之不厌[②]。如是三年，国衰，诸侯谋之。太子悝患之，募[③]左右曰：“孰能说[④]王之意止剑士者，赐之千金。”左右曰：“庄子当能”。

太子乃使人以千金奉庄子。庄子弗受，与使者俱往见太子，曰：“太子何以教周，赐周千金？”太子曰：“闻夫子明圣，谨奉千金以币从者。夫子弗受，悝尚何敢言。”庄子曰：“闻太子所欲用周者，欲绝王之喜好也。使臣上说大王而逆王意，下不当太子[⑤]，则身刑而死，周尚安所事金乎？使臣上说大王。下当太子，赵国何求而不得也！”太子曰：“然，吾王所见，唯剑士也。”庄子曰：“诺。周善为剑。”太子曰：“然吾王所见剑

士，皆蓬头突鬓垂冠，曼胡之缨，短后之衣，瞋目而语难[⑥]，王乃说[⑦]之。今夫子必儒服而见王。事必大逆。”庄子曰：“请治剑服。”治剑服三日，乃见太子。太子乃与见王，王脱白刃待之。

庄子入殿门不趋，见王不拜。王曰：“子欲何以教寡人，使太子先。”曰：“臣闻大王喜剑，故以剑见王。”王曰：“子之剑何能禁制？”曰：“臣之剑，十步一人[⑧]，千里不留行。”王大说，曰：“天下无敌矣！”

庄子曰：“夫为剑者，示之以虚，开之以利，后之以发，先之以至。愿得试之。”王曰：“夫子休就舍，待命令设戏[⑨]请夫子。”王乃校剑士七日，死伤者六十余人，得五六人，使奉剑于殿下，乃召庄子。王曰：“今日试使士敦剑。”庄子曰：“望之久矣。”王曰：“夫子所御杖[⑩]，长短何如？”曰：“臣之所奉皆可。然臣有三剑，唯王所用，请先言而后试。”

王曰：“愿闻三剑。”曰：“有天子剑，有诸侯剑，有庶人剑。”王曰：“天子之剑何如？”曰：“天子之剑，以燕谿石城为锋，齐岱为锷，晋魏为脊，周宋为镡[⑪]，韩魏为夹；包以四夷，裹以四时，绕以渤海，带以常山；制以五行，论以刑德[⑫]；开以阴阳，持以春夏，行以秋冬。此剑直之无前，举之无上，案[⑬]之无下，运也无旁，上决浮云，下绝地纪。此剑一用，匡诸侯，天下服矣。此天子之剑也。”文王芒然自失，曰：“诸侯之剑何如？”曰：诸侯之剑，以知勇士为锋，以清廉士为锷，以贤良士为脊，以忠圣人为镡，以豪桀士为夹。此剑，直之亦无前，举之亦无上，案之亦无下，运之亦无旁；上法圆天以顺三光，下法方地以顺四时，中和民意以安四乡[⑭]。此剑一用，如雷霆之震也，四封[⑮]之内，无不宾服而听从君命者矣。此诸侯之剑也。”王曰：“庶人之剑何如？”曰：“庶人之剑，蓬头突鬓垂冠，曼胡之缨，短后之衣，瞋目而语难。相击于前，上斩颈领，下决肝肺，此庶人之剑，无异于斗鸡，一旦命已绝矣，无所用于国事。今大王有天子之位而好庶人之剑，臣窃为大王薄之。”

王乃牵而上殿。宰人上食，王三环之[⑯]。庄子曰：“大王安坐定气，剑事已毕奏矣。”于是文王不出宫三月，剑士皆服毙自处也。

注释

①夹门而客：夹门，拥门。客居宫门左右。

②不厌：厌，满足。不厌，不满足。

③募：广泛征求。

④说（shuì）：劝说，说服。

⑤不当（dàng）太子：不能合乎太子的心愿。当，合。

⑥瞋目而语难：瞋目，瞪着眼。语难，喘着粗气因而说话困难。

⑦乃说（yuè）：乃，竟。说，喜悦。

⑧十步一人：在十步以内常常杀死一人。

⑨设戏：安排比赛武术的盛会。

⑩御杖：御，用，持。杖，指剑。

⑪镡：剑口。

⑫刑德：刑律与德教。

⑬案：同“按”。

⑭四乡：四方。

⑮四封：即四境。封，封疆，疆界。

⑯三环之：绕了三圈。

译文

过去，赵文王喜欢剑术，精于剑术的人蜂拥而至门下为客的有三千余人，日夜不停地在赵文王面前击剑，一年死伤百余人，依然不曾得到满足。像这样过了三年，国势日益衰落，各国诸侯图谋攻取他。太子悝十分忧虑，广泛征求左右的人说：“谁能够说服赵王停止比试剑术，我赏赐他一千金。”左右说：“庄子可以担任这一工作。”

于是太子派人带着千金去进奉予庄子，庄子不接受，和使者一道前去会见太子说：“太子有什么施教，赐我千金？”太子说：“听说先生明达圣贤，诚谨奉上千金以犒劳先生的仆从。先生不肯接受，我还有什么可说的？”庄子说：“听说太子打算用我，是想断赵王对剑术的爱好。假使我对上劝说赵王而违逆了赵王的心意，下又不合乎太子的旨意，那么自身就会遭刑戮而死，我还哪里用得着这些用金呢？假使我对上能说服赵王，下能合乎太子的意愿，那么我在赵国想得到什么难道还会没有吗？”太子说：“对。我父王所接见的只有精于击剑的人。”庄子说：“好的。我很会舞剑。”太子说：“然而父王所接见的击剑人都是蓬头突发、低垂帽子、粗实的帽缨、短后的上衣、瞪着大眼睛且喘粗气说话困难的人。赵王竟喜欢这样的。现在先生一定是穿儒服去见赵王，事情一定会弄糟。”庄子说：“请准备好剑士的服装。”裁制剑士的服装三天之内完成，于是庄子面见太子。太子就和庄子一道拜见赵王，赵王抽出明晃晃的利剑等待庄子。

庄子进殿门不快步上前，见赵王也不跪拜。赵王说：“你打算拿什么来指导我，让太子先做介绍？”庄子说：“我听说大王喜欢剑术，因此用剑术来拜见大王。”赵王说：“你的剑法是怎样遏阻敌手并战胜对方的呢？”庄子说：“我的剑法十步之内可杀一人，行走千里也不会受人阻碍。”赵王听了十分高兴，说：“天下无人与你匹敌了。”

庄子说："击剑的关键首先是把弱点显示给对方，使对方以为有可乘之机，然后向对手发起攻击，以抢先击中对手。希望测试一下我的剑法。"赵王说："先生暂时回馆舍休息，等我安排好击剑比赛的盛会，再请先生比剑。"于是赵王用七天的时间让剑士们比试剑术，死伤六十多人，挑选出五六人，让他们拿着剑在殿堂下等候，这才召见庄子。赵王说："今天请先生和剑士比对剑术。"庄子说："我已经盼望很久了。"赵王说："先生所使用的剑，长短怎么样？"庄子说："我的剑术长短都适应。然而我有三种剑，任王选用，请让我先说完，然后再比试。"

赵王说："愿意听听先生所说的三种剑。"庄子说："有天子的剑，有诸侯的剑，有庶人的剑。"赵王说："天子的剑怎么样？"庄子说："天子的剑拿燕谿石城做剑端，拿齐国的泰山做剑刃，拿晋国和卫国做剑背，拿周朝宋国做剑口，拿韩国和魏国做剑把；用中原以外的四境来包裹，用四季来围缠；用渤海来环绕，用恒山做系带；用五行来制衡，用刑律、德教来论断；以阴阳为开合，以春秋来扶持，以秋冬来运行。这种剑向前直刺无所阻挡，向上举起无物在上，按剑朝下所向披靡，挥动起来旁若无物，在上割断浮云，在下斩断地维。这种剑一旦使用，便可匡正诸侯，天下百姓也都无不服从了。这是天子的剑。"赵文王听了，茫然失神，说："诸侯的剑怎么样？"庄子说："诸侯的剑拿智勇之士做剑端，拿清廉之士做剑刃，拿贤良之士做剑背，拿忠臣、圣明之士做剑口，拿豪杰之士做剑把。这种剑向前直刺也一无阻挡，向上举起也无物在上，按剑朝下也所向披靡，挥动起来也旁若无物；在上效法圆天来顺应日月星辰，在下效法方地来顺应四时，居中则和睦民意来安定四方。这种剑一旦使用，就好像雷霆震撼四境之内，没有不归服而听从国君的命令了。这就是诸侯的剑。"赵王说："百姓的剑怎么样？"庄子说："百姓的剑蓬头突发低垂帽子，粗实的缨冠，短后的上衣，瞪着大眼睛而且气喘语塞。相互争斗在人前面，上斩断颈项，下剖裂肝肺，这就是百姓的剑，和斗鸡没有不同，一旦命丧气绝，对国事没有用处。而今大王拥有天子之位，却喜好百姓的剑，私下我认为大王应该轻视这种行为。"

于是赵文王牵着庄子走上殿堂。厨师献上食物，赵王沿坐席绕了三圈。庄子说："大王安定坐下镇静心神，关于剑术之事，我启奏完了。"于是赵文王三个月不出宫门，剑士们都自杀于所住的地方。

山 木

原文

庄子行于山中，见大木，枝叶盛茂，伐木者止其旁而不取也。问其故，曰："无所可用。"庄子曰："此木以不材得终其天年。"

夫子[①]出于山，舍于故人[②]之家。故人喜，命竖子[③]杀雁而烹之。竖子请曰："其一能鸣，其一不能鸣，请奚杀？"主人曰："杀不能鸣者。"

明日，弟子问于庄子曰："昨日山中之木，以不材得终其天年；今主人之雁，以不材死。先生将何处？"

庄子笑曰："周将处夫材与不材之间。材与不材之间，似之而非也，故未免乎累。若夫乘道德而浮游则不然。无誉无訾[④]，一龙一蛇，与时俱化，而无肯专为[⑤]；一上一下，以和为量，浮游乎万物之祖；物物而不物于物[⑥]，则胡可得而累邪！此神农、黄帝之法则也。若夫万物之情，人伦之传[⑦]，则不然。合则离，成则毁，廉[⑧]则挫，尊则议，有为则亏，贤则谋，不肖则欺，胡可得而必乎哉！悲夫！弟子志之，其唯道德之乡乎！"

市南宜僚[⑨]见鲁侯，鲁侯有忧色。市南子曰："君有忧色，何也？"

鲁侯曰："吾学先王之道，修先君之业；吾敬鬼尊贤，亲而行之，无须臾[⑩]离，居然不免于患。吾是以忧。"

市南子曰："君之除患之术浅矣！夫丰狐文豹[⑪]，栖于山林，伏于岩穴，静也；夜行昼居，戒[⑫]也；虽饥渴隐约[⑬]，犹旦胥疏[⑭]于江湖之上而求食焉，定[⑮]也。然且不免于罔罗机辟[⑯]之患，是何罪之有哉？其皮为之灾也。今鲁国独非君之皮邪？吾愿君刳形去皮[⑰]，洒心去欲，而游于无人之野。南越有邑焉，名为建德之国。其民愚而朴，少私而寡欲；知作而不知藏[⑱]，与而不求其报[⑲]。不知义之所适[⑳]，不知礼之所将[㉑]，猖狂妄行，乃蹈乎大方[㉒]。其生可乐，其死可葬。吾愿君去国捐俗，与道相辅而行。"

君曰："彼其道远而险，又有江山，我无舟车，奈何？"

市南子曰："君无形倨[㉓]，无留居[㉔]，以为舟车。"

君曰："彼其道幽远而无人，吾谁与为邻？吾无粮，我无食，安得而至焉？"

市南子曰："少君之费，寡君之欲，虽无粮而乃足。君其涉于江而浮于海，望之而不见其崖，愈往而不知其所穷。送君者皆自崖而反，君自此远矣！故有人[㉕]者累，见有于人[㉖]者忧。故尧非有人，非见有于人也。吾愿去君之累，除君之忧，而独与道游于大莫[㉗]之国。方舟[㉘]而济于河，有虚船[㉙]来触舟，虽有偏心[㉚]之人不怒；有一人在其上，则呼张歙[㉛]之；一呼而不闻，再呼而不闻，于是三呼邪，则必以恶声随之。向也不怒而今也怒，向也虚而今也实。人能虚己[㉜]以游世，其孰能害之！"

北宫奢为卫灵公赋敛以为钟[㉝]，为坛乎郭门之外，三月而成上下之县[㉞]。王子庆忌见而问焉，曰："子何术之设？"

奢曰："一[㉟]之间，无敢设也。奢闻之：'既雕既琢，复归于朴。'侗乎[㊱]其无识，傥乎[㊲]其怠疑；萃乎芒乎[㊳]，其送往而迎来；来者勿禁，往者勿止；从其强梁[㊴]，随其曲傅[㊵]，因其自穷。故朝夕赋敛而毫毛不挫，而况有大涂者乎！"

孔子围于陈蔡之间，七日不火食。大公任往吊之[㊶]，曰："子几死乎？"

曰："然。"

"子恶死乎？"

曰："然。"

任曰："予尝言不死之道。东海有鸟焉，其名曰意怠[42]。其为鸟也，翂翂翐翐[43]，而似无能；引援[44]而飞，迫胁[45]而栖；进不敢为前，退不敢为后；食不敢先尝，必取其绪[46]。是故其行列不斥，而外人卒不得害，是以免于患。直木先伐，甘井先竭。子其意者饰知以惊愚，修身以明污，昭昭乎若揭日月而行，故不免也。昔吾闻之大成之人[47]曰：'自伐[48]者无功，功成者堕，名成者亏。'孰能去功与名而还与众人！道流而不明居[49]，得行而不名处[50]；纯纯常常[51]，乃比[52]于狂；削迹捐势[53]，不为功名。是故无责[54]于人，人亦无责焉。至人不闻[55]，子何喜[56]哉？"

孔子曰："善哉！"辞其交游，去其弟子，逃于大泽；衣裘褐[57]，食杼[58]栗；入兽不乱群，入鸟不乱行。鸟兽不恶，而况人乎！

孔子问子桑雽[59]曰："吾再逐于鲁，伐树于宋，削迹于卫，穷于商周，围于陈蔡之间。吾犯此数患，亲交益疏，徒友益散，何与？"

子桑雽曰："子独不闻假[60]人之亡与？林回[61]弃千金之璧，负赤子[62]而趋。或曰：'为其布[63]与？赤子之布寡矣；为其累[64]与？赤子之累多矣。弃千金之璧，负赤子而趋，何也？'林回曰：'彼以利合，此以天属[65]也。'夫以利合者，迫穷祸患害[66]相弃也；以天属者，迫穷祸患害相收[67]也。夫相收之与相弃亦远矣。且君子之交淡若水，小人之交甘若醴[68]；君子淡以亲，小人甘以绝。彼无故以合者，则无故以离。"

孔子曰："敬闻命矣！"徐行[69]翔佯而归，绝学捐书，弟子无挹[70]于前，其爱益加进。

异日，桑雽又曰："舜之将死，真泠[71]禹曰：'汝戒之哉！形莫若缘[72]，情莫若率[73]。缘则不离，率则不劳；不离不劳，则不求文以待形；不求文以待形，固不待物。'"

庄子衣大布[74]而补之，正緳系履而过魏王[75]。魏王曰："何先生之惫[76]邪？"

庄子曰："贫也，非惫也。士有道德不能行，惫也；衣弊[77]履穿，贫也，非惫也，此所谓非遭时[78]也。王独不见夫腾猿[79]乎？其得楠梓豫章[80]也，揽蔓其枝而王长其间[81]，虽羿、蓬蒙不能眄睨也[82]。及其得柘棘枳枸[83]之间也，危行[84]侧视，振动悼[85]栗，此筋骨非有加急[86]而不柔也，处势不便，未足以逞其能[87]也。今处昏上乱相之间，而欲无惫，奚可得邪？此比干之见剖心征[88]也夫！"

孔子穷于陈蔡之间，七日不火食，左据[89]槁木，右击槁枝，而歌焱氏之风[90]，有其具而无其数[91]，有其声而无宫角[92]，木声与人声，犁然[93]有当于人之心。

颜回端拱还目而窥之[94]。仲尼恐其广己而造大[95]也，爱己而造哀也，曰："回，无受天损易，无受人益[96]难。无始而非卒[97]也，人与天一也。夫今之歌者其谁乎？"

回曰："敢问无受天损易。"

仲尼曰："饥渴寒暑，穷桎不行[98]，天地之行也，运物之泄[99]也，言与之偕逝[100]之谓也。为人臣者，不敢去[101]之。执[102]臣之道犹若是，而况乎所以待天[103]乎！"

"何谓无受人益难？"

仲尼曰："始用四达[104]，爵禄并至而不穷[105]，物之所利，乃非己也，吾命其在外[106]者也。君子不为盗，贤人不为窃。吾若取之，何哉？故曰，鸟莫知于鷾鸸[107]，目之所不宜处不给视[108]，虽落其实[109]，弃之而走。其畏人也而袭[110]诸人间，社稷存焉[111]尔。"

"何谓无始而非卒？"

仲尼曰："化其万物而不知其禅[112]之者，焉知其所终？焉知其所始？正[113]而待之而已耳。"

"何谓人与天一邪？"

仲尼曰："有[114]人，天也；有天，亦天也。人之不能有天，性也，圣人晏然体逝而终矣[115]！"

庄周游于雕陵[116]之樊，睹一异鹊自南方来者，翼广七尺，目大运寸[117]，感[118]周之颡，而集于栗林。庄周曰："此何鸟哉，翼殷不逝[119]，目大不睹[120]？"蹇裳躩步[121]，执弹而留之[122]。睹一蝉，方得美荫而忘其身；螳螂执翳[123]而搏之，见得而忘其形；异鹊从而利之[124]，见利而忘其真[125]。庄周怵然[126]曰："噫！物固相累[127]，二类相召[128]也。"捐[129]弹而反走，虞人逐而谇之[130]。

庄周反入，三日不庭[131]。蔺且[132]从而问之："夫子何为顷间甚不庭者乎？"

庄周曰："吾守形而忘身，观于浊水而迷于清渊。且吾闻诸夫子曰：'入其俗，从其令。'今吾游于雕陵而忘吾身，异鹊感吾颡，游于栗林而忘真，栗林虞人以吾为戮[133]，吾所以不庭也。"

阳子[134]之宋，宿于逆旅[135]。逆旅人有妾二人，其一人美，其一人恶，恶者贵而美者贱。阳子问其故，逆旅小子[136]对曰："其美者自美[137]，吾不知其美也；其恶者自恶[138]，吾不知其恶也。"

阳子曰："弟子记之：行贤而去自贤之行，安往而不爱哉！"

注释

①夫子：指庄子。

②故人：老朋友。

③竖子：童仆。

④訾（zǐ）：诋毁。

⑤专为：固守一端。

⑥物物：主宰外物。不物于物：不为外物所主宰。

⑦传：习俗。

⑧廉：锐利。

⑨市南宜僚：宜僚姓熊，居于市南，故称市南宜僚。

⑩须臾：片刻。

⑪丰狐：毛长得很丰厚的狐狸。文豹：身上长有花纹的豹子。

⑫戒：警惕。

⑬隐约：困苦。

⑭胥疏：小心翼翼的样子。

⑮定：审慎。

⑯罔罗机辟：捕捉野兽的工具和机关。

⑰刳（kū）形：忘身。去皮：指忘国。

⑱作：劳作。藏：私藏。

⑲报：回报，报答。

⑳适：往。

㉑将：行。

㉒大方：大道。

㉓倨（jù）：傲慢。

㉔留居：安于所处的地位。

㉕有人：统治人。

㉖见有于人：被人所统治。

㉗大莫：广漠。

㉘方舟：两舟并连。

㉙虚船：无人的船。

㉚惼（biǎn）心：心胸狭隘。

㉛歙（xī）：合拢。

㉜虚己：把自己看作不存在一样。

㉝北宫奢：卫国大夫。赋敛：征收。

㉞上下之县：上下两层悬挂的编钟。

㉟一：纯一。

㊱侗（tóng）乎：淳朴的样子。

㊲傥（tǎng）乎：无虑的样子。

㊳萃：聚集。芒：茫然不知。

㊴强梁：强横，不顺从。

㊵曲傅：顺从依附。

㊶大公：对老公的尊称。吊：慰问，看望。

㊷意怠：海燕之名。

㊸翂翂（fēn）翐翐（zhī）：飞行迟缓的样子。

㊹引援：跟随。

㊺迫胁：挤在群鸟中间。

㊻绪：剩余。

㊼大成之人：道德修养极高的人。

㊽伐：夸耀。

㊾道流：道德流行。明居：居于显露的地方。

㊿名处：处在被称颂的位置。

51纯纯常常：纯朴而又平凡的样子。

52比：似。

53削迹：不留痕迹。捐势：抛弃权势。

54责：求。

55不闻：不求以功名闻于世。

56喜：热衷功名。

57裘褐（qiú hè）：粗陋的衣服。

58杼（shù）：橡籽。

59子桑雽（hù）：即子桑户。

60假：国名。

61林回：假国逃亡者之一。

62赤子：小孩。

63布：钱财。

64为其累：为了减轻拖累。

65天属：天性。

66迫穷祸患害：艰难的处境。

67相收：相关照。

68醴（lǐ）：甜酒。

69徐行：慢步。

70挹：通“揖”，揖让行礼。

⑦真泠：为“乃命”之误。

⑫形：形态。缘：顺。

⑬率：率真。

⑭大布：粗布。

⑮正縻（xiè）：整理腰带。系履：绑好鞋子。过：拜访。

⑯惫（bèi）：疲乏，困顿。

⑰弊：破。

⑱非遭时：生不逢时。

⑲腾猿：善跳跃的猿。

⑳ 柟（nán）梓豫章：都是端直的树木。

㉑揽蔓：把捉。王长其间：在其间称王称长。

㉒羿、蓬蒙：两人均为古代善射者。眄睨（miàn nī）：斜视。

㉓柘（zhè）棘枳枸（gōu）：都是有刺的树木。

㉔危行：行动小心谨慎。

㉕悼：惧怕。

㉖加急：束缚。

㉗能：本领。

㉘征：明证。

㉙据：持。

㉚猋氏之风：神农时代的歌曲。

㉛数：节拍。

㉜宫角：音律。

㉝犁然：心神惊动的样子。

㉞端拱：立正拱手。还目：转目。窥：注视。

㉟广己而造大：彰显自己而人为地夸大。

㊱人益：人为所加的。

㊲无始而非卒：没有起始而不是终结的。

㊳穷桎不行：穷困潦倒。

㊴泄：发泄。

⑩偕逝：一起变化。

⑩去：离开，逃避。

⑩执：遵守。

⑩待天：对待天命。

⑩④四达：多方通达，各方面都顺利。

⑩⑤穷：尽。

⑩⑥其在外：本分之外。

⑩⑦鷾鸸（yì ér）：燕子。

⑩⑧目之所不宜处不给视：看到不适合居住的地方就不再多看。

⑩⑨虽落其实：虽然跌落口中所含的食物。

⑪⓪袭：钻进。

⑪①社稷存焉：如人能保存国家一样。

⑪②禅：交替代谢。

⑪③正：静心。

⑪④有：支配。

⑪⑤晏然：安乐的样子。体逝：体现了天道的变化发展。

⑪⑥雕陵：栗园名。

⑪⑦运寸：直径一寸。

⑪⑧感：触。

⑪⑨不逝：不飞走。

⑫⓪不睹：看不见。

⑫①蹇（jiǎn）：提起。躩（jué）步：小心举步。

⑫②执弹：拿着弹弓。留之：等待弹杀的机会。

⑫③执翳（yì）：举臂。

⑫④从而利之：从中取利。

⑫⑤真：性命。

⑫⑥怵（chù）然：惊觉的样子。

⑫⑦相累：互相牵累。

⑫⑧召：吸引。

⑫⑨捐：扔掉。

⑬⓪虞人：看管栗园的人。谇（suì）：责骂。

⑬①不庭：不出门庭。

⑬②蔺且（lìn jū）：庄子弟子。

⑬③戮：辱。

⑬④阳子：即杨朱。

⑬⑤逆旅：旅店。

⑬⑥小子：古代对年纪小的人的称呼。

⑬⑦自美：自以为漂亮。

⑬⑧自恶：自感丑陋。

译文

庄子在山中行走，看见一棵大树枝叶茂盛，伐木的人停在树旁却不砍伐它。问其中的原因，伐木的人说："没有一点用处。"庄子说："这棵树因为不成材而享尽了天年。"

庄子出了山，住在朋友家。朋友很高兴，让童仆杀雁招待客人。童仆问："一只雁会叫，另一只雁不会叫，请问杀哪只？"主人说："杀那只不会叫的。"

第二天，弟子问庄子："昨天山中的树木因为不成材而享尽天年；现在主人的雁因为不会鸣叫而被杀。请问先生将如何对待？"

庄子笑着说："我将处于材与不材之间。材与不材之间似乎是合适的位置，其实不然，这样还是难免受累。若是依照道德而行事，就不会那样。对赞誉与诋毁都无所谓，能伸能屈，应时而变，不固守一端；可上可下，以和顺自然为原则，游心于万物之源；主宰外物而不被外物所主宰，怎么会受累呢？这是神农和黄帝的法则。若是万物之情，那么人类的习俗就不是这样了。有聚合就有分离，有成功就有毁坏，锐利就会遭到挫折，尊贵就会受到非议，有作为就会遭到损害，贤能就会被人谋算，不肖就会受人欺负，怎么可能尽如人愿呢？可悲啊！弟子们要记住，只有道德的境界才是最美好的！"

市南宜僚拜见鲁侯，鲁侯面有忧色。市南宜僚问："您面有忧色，这是为什么呢？"

鲁侯说："我学习先王之道，继承先君的事业；我敬奉鬼神而尊重贤能，身体力行，丝毫不敢懈怠。然而还是不能免于祸患，所以我感到忧虑。"

市南宜僚说："您免除祸患的方法太浅陋了！皮毛丰厚的狐狸和有花纹的豹子栖息在山林中，隐伏在山洞里，很是沉静；晚上出来，白天隐伏，十分警惕；虽然饥渴困苦，但还是小心翼翼地远到江湖上去觅食，非常审慎。然而还是难免罗网机关捕杀之祸，它们有什么过失呢？这是它们的皮毛招来的灾祸。现在鲁国不正是给您带来灾祸的'皮毛'吗？希望您忘掉自身而抛弃鲁国，除去一切欲望，遨游于没有人的旷野。南越有一处都邑，名叫建德国。那里的人民愚陋而纯朴，少私而寡欲；只知劳作而不知私藏，施舍别人而不求报答；不知道什么是义，也不知道什么是礼；放达随意，无拘无束，合乎大道；生前快乐，死后安葬。我希望您离开国家，抛弃世俗，与道相辅而行。"

鲁侯说："那里路途遥远而艰险，又有山河阻隔，我没有车船，该怎么办？"

市南宜僚说："你不凭势傲慢，不安于所处的地位，用此来作为您的'车子'。"

鲁侯说："那里路途幽远，没有人民，我和谁做伴？我没有粮米，没有食物，怎么能到达呢？"

市南宜僚说："减少您的费用，限制您的欲望，虽然没有食粮，但也足够了。您渡江而浮海，望不到岸，越走越没有边际。送您的都从岸边回去了，您从此远去了！所以役使人的人有拖累，被人役使的人有忧愁。所以尧不统治人，也不被人所统治。我愿意除去您的拖累，消除您的忧愁，使您只和大道遨游于广漠之国。并船渡河，有一只空船撞过来，虽然有心胸狭隘的人也不发怒；如果上面有一个人，就会呼叫对方让他撑开船不要碰撞；叫一声对方不听，再叫一声对方还不听，那么第三声就会发怒了。之所以开始不发怒而现在发怒，是因为原来船上无人而现在有人。如果人能以忘却自我的态度处世，那么谁能够伤害他？"

北宫奢为卫灵公募捐用来造钟，在城门外设立了祭坛，三个月就做成了上下两层悬挂的编钟。王子庆忌见此情景问他："你用的是什么办法？"

北宫奢说："专心一意地造钟，不敢存有别的想法。我听说：'经过一番雕琢，返归于真朴。'淳朴无知，无思无虑；由众人自愿捐物，送往迎来；来者不拒，去者不留；强横者任其强横，顺从者任其顺从，由众人尽力而为。所以虽然朝夕征收，但人民丝毫不受损伤，何况还有通晓大道的人呢！"

孔子被围困在陈国和蔡国交界的地方，七天没有生火煮饭。

大公任去看望他，说："你快要饿死了吧？"

孔子说："是的。"

大公任说："你不想死吧？"

孔子说："是的。"

大公任说："让我说一说不死的方法。东海有只鸟，名叫意怠。这只鸟飞行迟缓，好像很无能；它跟随同伴而飞，挤在群鸟中栖息；进不敢飞在前面，退不敢落在后面；吃东西不敢先吃，一定吃剩余的。所以它在同伴中不受排斥，别人也不能伤害他，因此而免于灾祸。笔直的树木先遭砍伐，甘美的井水最先枯竭。你想美化自己的心智以惊世骇俗，修养德行以显露别人的愚顽，光芒四射好像举着日月行走，于是招来祸患。我曾经听道德修养极高的人说：'自我夸耀者无功，成功者就要毁败，成名者就要损伤。'谁能抛弃功名而返归于众人！道德流行而不自居于显耀的地方，德行出众而不自求名声；纯朴而平凡，好像愚鲁；隐身藏形，抛弃权势，不求功名。所以无求于人，人也无求于我。至人不求以功名闻于世，为什么你还热衷功名呢？"

孔子说："很好！"然后辞别朋友，离开弟子，逃入山泽；穿粗陋的衣服，吃橡籽果实；走进兽群兽不惊乱，走进鸟群鸟不惊飞。鸟兽都不讨厌他，何况人呢？

孔子问子桑雽说："我两次被鲁国驱逐，在宋国遭受屈辱，被卫国禁止居留，在商周陷入困境，被围困于陈蔡两国交界之处。我蒙受如此灾难，亲朋疏远，弟子离散，这究竟是为什么？"

子桑雽说："你没有听说过假国的人逃亡的故事吗？林回舍弃了价值千金的玉璧，背着小孩逃奔。有人说：'这是为了钱财吗？小孩不值几个钱；是为了减轻拖累吗？小孩却是很大的拖累。那么舍弃价值千金的玉璧而背着小孩逃亡是为了什么？'林回说：'看重千金之璧而不顾小孩是从金钱利益考虑，我这样做则是出于天性。'看重金钱利益的，遇到艰难的处境就互相抛弃；注重天性的，遇到艰难的环境就互相关照。互相关照与互相抛弃这两种截然相反的处事态度相差太远了。况且，君子之交淡如水，小人之交甜如酒；君子之间看似淡漠，实则亲切，小人之间看似甜蜜，却容易绝交。凡无缘无故相结合的，也就容易无缘无故地分离。"

孔子说："我恭领赐教。"于是慢悠悠地回去了，把学问书本抛弃，让弟子无须拱揖行礼，而弟子却更加爱戴他。

过了一些日子，子桑雽又说："舜在临死的时候告诫禹说：'你要当心啊！行为不如和顺，性情不如率真。和顺就不会离失，率真就不会费神；不离失不费神，就不需要着意粉饰外表；不着意粉饰外表，也就无须有求于外物了。'"

庄子穿着打着补丁的粗布衣服，整整腰带，绑好鞋子去拜见魏王。魏王说："为何先生显得这样疲困？"

庄子说："这是贫穷，而不是疲困。士人怀有道德而不能实行才是疲困；穿着破衣烂鞋是贫穷，而不是疲困，这就叫生不逢时。你没有见过跳跃的猿猴吗？当它爬在端直的大树上时，攀援着树枝，在其间活动自如，就连善射的羿和蓬蒙对它也无可奈何。等它钻进多刺的树丛中时，行动小心谨慎，战战兢兢，这并不是由于筋骨受到束缚而不灵活，而是因为处在不利的环境中，不能够施展它的本领。现在处于昏君乱相的时代，想不疲困又怎么可能呢？这种情况和比干因忠谏而被剖心的背景正好可以互相印证！"

孔子被困于陈蔡两国交界之处，七天没能吃到熟食，他左手拿着枯木，右手敲击枯枝，唱着神农时代的歌曲，虽然有打拍子的器具，却没有节拍，虽然有声音，却没有音律，凄然而动人心弦。

颜回恭敬地拱手站立，转目注视着。孔子担心他因崇拜自己而把目前的处境看得过于严重，爱惜自己而人为地造成哀痛，就对他说："颜回，不受天的损害容易，不受人为所增加的就难了。没有起始而不是终结的，人与天是一致的。现在唱歌的人是谁呢？"

颜回说："请问什么叫不受天的损害容易？"

孔子说："饥渴寒暑，穷困潦倒都是万物运行的主宰者的产物，就是说，随着天地万物的运行而变化。当臣子的不敢逃避君命。遵守人臣之道的尚且如此，何况对待天呢？"

颜回问："什么叫不受人为所增加的难呢？"

孔子说："开始被任用时事事顺利，爵位利禄不断而来，但这外物之利并非我本分所应有，而是本分之外的。君子不当强盗，贤人不去偷窃。如果我去求取，是为了什么呢？

所以说，鸟类中燕子最聪明，看到不适合居住的地方就不再多看，虽然跌落了口中所含的食物，但也舍弃而去。燕子害怕人却钻进人的屋舍中，那是为了保存它的巢穴，如同人保护自己的国家一样。”

颜回问：“什么叫没有起始也没有终结呢？”

孔子说：“不知万物变化交替代谢的，怎么能知道它的终结？又怎么能知道它的开始？静心等待其变化就是了。”

颜回问：“什么叫人与天是一致的呢？”

孔子说：“支配人的是天，支配天的也是天。人不可能支配天，这是由本性所决定的，只有圣人能安然处之，体现天道的变化发展！”

庄子在雕陵栗园里游玩，看见一只怪异的鸟从南方飞来，翅膀宽七尺，眼睛直径一寸，碰到庄子的额头，停在栗树林中。庄周说：“这是只什么鸟？翅膀大却不飞走，眼睛大却看不见。”于是提起衣裳，小心抬步地走过去，手持弹弓伺机射杀它。这时看见一只蝉得到一块好树荫而忘记了自身的危险，藏在它身后的螳螂举臂抓住了它，螳螂有所得而忘记了自己所处的险境，异鹊从中取利而抓住了螳螂，异鹊因贪利也忘记了自己的性命之忧。庄子见此情形，吃惊地说：“物类相互牵累，这都是因为互相贪利所招致的灾祸啊！”于是庄子扔掉弹弓转身就跑，看管栗园的人以为他偷栗子，追赶着责骂他。

庄子回去后，三天闭门不出。弟子蔺且问他：“为什么先生最近闭门不出？”

庄子说：“我为了守住物体而忘记了自身，沉醉于利害而忘却了天性。而且我听先生说：‘到了一个地方，就要顺应那里的风俗，遵守那里的政令。’现在我到雕陵游玩而忘记了自身，异鹊碰到我的额头，在栗树林中游玩而忘记了真性，管栗园的人辱骂我，所以我闭门不出。”

阳子到宋国去，寄宿于旅店。店主人有两个妾，一个漂亮，一个丑陋，丑陋的受尊宠，而漂亮的被冷落。阳子问其中的原因，旅店小伙计说：“漂亮的自以为漂亮，但我并不认为她漂亮；丑陋的自感丑陋，但我并不觉得她丑陋。”

阳子说：“弟子们记住：行为贤良而抛弃自以为贤的念头，无论到哪里都会受到爱戴！”

达　生

原文

达生之情者①，不务生之所无以为②；达命之情者，不务知之所无奈何③。养形必先之以物④，物有余而形不养者有之矣；有生必先无离形⑤，形不离而生亡者有之矣。生之来不能却⑥，其去不能止⑦。悲夫！世之人以为养形足以存生，而养形果不足以存生，则世奚足为哉！虽不足为而不可不为者，其为不免矣。

夫欲免为形者，莫如弃世。弃世则无累，无累则正平[8]，正平则与彼更生[9]，更生则几[10]矣。事[11]奚足弃而生奚足遗？弃事则形不劳，遗生则精不亏，夫形全精复，与天为一。天地者，万物之父母也，合则成体，散则成始。形精不亏，是谓能移[12]。精而又精，反以相天”。

子列子问关尹曰[13]：“至人潜行不窒[14]，蹈火不热，行乎万物之上[15]而不栗。请问何以至于此？”

关尹曰：“是纯气之守[16]也，非知巧果敢之列。居[17]，予语女！凡有貌象声色者，皆物也，物与物何以相远？夫奚足以至乎先？是色而已。则物之造乎不形而止乎无所化，夫得是而穷之者，物焉得而止焉！彼将处乎不淫之度[18]，而藏乎无端[19]之纪，游乎万物之所终始，壹其性[20]，养其气，合其德，以通乎物之所造[21]。夫若是者，其天守全[22]，其神无郤[23]，物奚自入焉！

夫醉者之坠车，虽疾不死。骨节与人同而犯害[24]与人异，其神全也，乘亦不知也，坠亦不知也，死生惊惧不入乎其胸中，是故遻物而不慴[25]。彼得全于酒而犹若是，而况得全于天乎？圣人藏于天[26]，故莫之能伤也。复雠者不折镆干[27]，虽有忮心[28]者不怨飘瓦，是以天下平均。故无攻战之乱，无杀戮之刑者，由此道也。不开人之天，而开天之天。开天者德生[29]，开人者贼生[30]。不厌[31]其天，不忽于人[32]，民几乎以其真[33]。”

仲尼适楚，出[34]于林中，见佝偻者承蜩[35]，犹掇[36]之也。

仲尼曰：“子巧[37]乎！有道邪？”

曰：“我有道也。五六月累[38]丸二而不坠，则失者锱铢[39]；累三而不坠，则失者十一[40]；累五而不坠，犹掇之也。吾处身也，若蹶株拘[41]；吾执[42]臂也，若槁木[43]之枝；虽天地之大，万物之多，而唯蜩翼之知。吾不反不侧[44]，不以万物易蜩之翼，何为而不得！”

孔子顾谓弟子曰：“用志不分，乃凝于神，其佝偻丈人[45]之谓乎！”

颜渊问仲尼曰：“吾尝济乎觞深[46]之渊，津人[47]操舟若神。吾问焉，曰：‘操舟可学邪？’曰：‘可。善游者数能[48]。若乃夫没人[49]，则未尝见舟而便[50]操之也。’吾问焉而不吾告[51]，敢问何谓也？”

仲尼曰：“善游者数能，忘水也。若乃夫没人之未尝见舟而便操之也，彼视渊若陵，视舟之覆犹其车却[52]也。覆却万方陈乎前而不得入其舍[53]，恶往而不暇[54]！以瓦注者巧[55]，以钩注者惮[56]，以黄金注者殙[57]。其巧一[58]也，而有所矜[59]，则重外[60]也。凡外重者内拙[61]。”

田开之见周威公[62]。威公曰：“吾闻祝肾学生[63]，吾子与祝肾游，亦何闻焉？”

田开之曰：“开之操拔篲[64]以侍门庭，亦何闻于夫子！”

威公曰：“田子无[65]让，寡人愿闻之。”

开之曰：“闻之夫子曰：‘善养生者，若牧羊然，视其后者而鞭之。’”

威公曰：“何谓也？”

田开之曰："鲁有单豹[66]者，岩居而水饮，不与民共利[67]，行年七十而犹有婴儿之色，不幸遇饿虎，饿虎杀而食之。有张毅者，高门县薄[68]，无不走也，行年四十而有内热之病以死。豹养其内而虎食其外[69]，毅养其外而病攻其内。此二子者，皆不鞭其后[70]者也。"

仲尼曰："无入而藏[71]，无出而阳[72]，柴立[73]其中央。三者若得，其名必极[74]。夫畏涂[75]者，十杀一人，则父子兄弟相戒[76]也，必盛卒徒[77]而后敢出焉，不亦知乎！人之所取畏[78]者，衽席之上[79]，饮食之间，而不知为之戒者，过也！"

祝宗人玄端以临牢筴[80]，说彘[81]曰："汝奚恶死？吾将三月豢[82]汝，十日戒，三日齐，藉白茅[83]，加汝肩尻乎雕俎之上，则汝为之乎？"为彘谋，曰不如食以糠糟而错[84]之牢筴之中；自为谋[85]，则苟生有轩冕之尊，死得于腞楯之上、聚偻之中则为之[86]。为彘谋则去之，自为谋则取之，所异彘者何也？

桓公[87]田于泽，管仲御[88]，见鬼焉。公抚管仲之手曰："仲父[89]何见？"

对曰："臣无所见。"

公反[90]，诶诒[91]为病，数日不出。齐士有皇子告敖[92]者曰："公则自伤，鬼恶能伤公！夫忿滀[93]之气，散而不反，则为不足；上而不下，则使人善怒；下而不上，则使人善忘；不上不下，中身当心，则为病。"

桓公曰："然则有鬼乎？"

曰："有。沈有履[94]，灶有髻[95]。户内之烦壤[96]，雷霆[97]处之；东北方之下者，培阿鲑蠪[98]跃之；西北方之下者，则泆阳[99]处之。水有罔象[100]，丘有峷[101]，山有夔，野有彷徨[102]，泽有委蛇。"

公曰："请问委蛇之状何如？"

皇子曰："委蛇，其大如毂，其长如辕，紫衣而朱冠。其为物也，恶闻雷车之声，则捧其首而立。见之者殆乎霸。"

桓公辴然[103]而笑曰："此寡人之所见者也。"于是正衣冠与之坐，不终日[104]而不知病之去也"。

纪渻子为王养斗鸡[105]。十日而问："鸡已[106]乎？"曰："未也。方虚㤭[107]而恃气。"十日又问，曰："未也，犹应向景。"十日又问，曰："未也，犹疾视而盛气。"十日又问，曰："几矣。鸡虽有鸣者，已无变矣。望之似木鸡矣，其德全矣，异鸡无敢应者，反走矣。"

孔子观于吕梁[108]，县水三十仞，流沫四十里，鼋鼍鱼鳖[109]之所不能游也。见一丈夫游之，以为有苦而欲死也，使弟子并流[110]而拯之。数百步而出，被发行歌而游于塘下[111]。

孔子从而问焉，曰："吾以子为鬼，察之则人也。请问：蹈水有道乎？"

曰："亡，吾无道。吾始乎故，长乎性，成乎命。与齐[112]俱入，与汩[113]偕出，从水之道而不为私焉。此吾所以蹈之也。"

孔子曰：“何谓始乎故，长乎性，成乎命？”

曰：“吾生于陵而安于陵，故也；长于水而安于水，性也；不知吾所以然而然，命也。”

梓庆削木为鐻[114]，鐻成，见者惊犹鬼神[115]。鲁侯见而问焉，曰：“子何术以为焉？”

对曰：“臣工人，何术之有！虽然，有一焉。臣将为鐻，未尝敢以耗气[116]也，必齐以静心。齐三日，而不敢怀庆赏爵禄；齐五日，不敢怀非誉巧拙；齐七日，辄然忘吾有四枝形体也[117]。当是时也，无公朝，其巧专而外滑消；然后入山林，观天性；形躯至矣，然后成见鐻，然后加手[118]焉；不然则已。则以天合天，器之所以疑神者，其是与[119]。”

东野稷以御见庄公，进退中绳，左右旋中规。庄公以为文[120]弗过也，使之钩[121]百而反。

颜阖[122]遇之，入见曰：“稷之马将败[123]。”公密[124]而不应。

少焉，果败而反。

公曰：“子何以知之？”

曰：“其马力竭矣，而犹求焉，故曰败。”

工倕旋而盖规矩[125]，指与物化[126]而不以心稽，故其灵台一而不桎[127]。忘足，履之适也；忘要，带之适也；知忘是非，心之适也；不内变，不外从，事会之适也。始乎适而未尝不适者，忘适之适也。

有孙休[128]者，踵门而诧子扁庆子曰[129]："休居乡不见[130]谓不修，临难不见谓不勇。然而田原[131]不遇岁，事君不遇世，宾[132]于乡里，逐于州部[133]，则胡[134]罪乎天哉？休恶遇此命也？"

扁子曰："子独不闻夫至人之自行邪？忘其肝胆，遗其耳目，芒然彷徨乎尘垢之外，逍遥乎无事[135]之业，是谓为而不恃，长而不宰[136]。今汝饰知以惊愚，修身以明污[137]，昭昭乎[138]若揭日月而行也。汝得全而形躯，具而九窍，无中道夭于聋盲跛蹇而比于人数，亦幸矣，又何暇乎天之怨哉！子往矣！"

孙子出。扁子入，坐有间，仰天而叹。弟子问曰："先生何为叹乎？"

扁子曰："向者休来，吾告之以至人之德，吾恐其惊而遂至于惑也。"

弟子曰："不然。孙子之所言是邪，先生之所言非邪，非固不能惑是；孙子所言非邪，先生所言是邪，彼固惑而来矣，又奚罪焉！"

扁子曰："不然。昔者有鸟止于鲁郊，鲁君说之，为具太牢以飨之，奏《九韶》以乐之，鸟乃始忧悲眩视，不敢饮食。此之谓以己养养鸟也。若夫以鸟养养鸟者，宜栖之深林，浮之江湖，食之以委蛇，则平陆而已矣。今休，款启寡闻之民也，吾告以至人之德，譬之若载鼷[139]以车马，乐鴳以钟鼓也，彼又奚能无惊乎哉！"

注释

①达：明白。生：生命，指养生。情：情理。

②所无以为：无法做到的。

③所无奈何：无能为力的。

④形：身体。物：物质条件。

⑤离形：脱离形体，即死。

⑥却：拒绝。

⑦止：挽留。

⑧正平：心正气平。

⑨彼：指形体。更生：新生。

⑩几：接近。

⑪事：世事。

⑫能移：能随天地更生变化。

⑬子列子：即列御寇，亦称列子。关尹：老子弟子。姓尹名喜，因曾为函谷关令，故亦称关令尹。

⑭潜行：入水而行。窒：窒息。

⑮万物之上：最高处。

⑯纯气之守：保持着纯正之气。

⑰居：坐。

⑱不淫之度：恰如其分。

⑲无端：循环。

⑳壹其性：使心性纯一。

㉑物之所造：造物者，即自然。

㉒天守全：天性完备。

㉓郤：通“隙”，漏洞。

㉔犯害：伤害，受害。

㉕遻（wù）：同“忤”，逆。慴：恐惧。

㉖藏于天：居心于天道。

㉗镆干：即镆铘、干将的简称，传说楚国有夫妇二人善铸剑，夫名干将，妻名镆铘。后将镆铘干将作为利剑的代称。

㉘忮（zhī）心：忌恨之心。

㉙德生：养成良好的道德。

㉚贼生：产生残害的心理。

㉛厌：满足。

㉜忽：疏忽。人：人为。

㉝真：指天性。

㉞出：经过。

㉟佝偻（gōu lóu）：驼背。承：取，抓。蜩（tiáo）：蝉。承蜩：在竹竿顶端放上胶状物把蝉粘住，是捕蝉的方法之一。

㊱掇：拾取。

㊲巧：纯熟。

㊳累：叠。

㊴锱铢（zī zhū）：古代的重量单位，六铢等于一锱，四锱等于一两，这里用来表示极少。

㊵十一：十分之一。

㊶若蹶株拘：像木桩一样静止不动。

㊷执：持，控制。

㊸槁木：干枯的树。

㊹不反不侧：一心一意，心无二念。

㊺丈人：对老年人的尊称。

㊻觞深：渊名。

㊼津人：摆渡的人。

㊽数能：很快就会。

㊾没人：善于潜水的人。

㊿便：轻巧。

(51)不吾告：不告诉我。

(52)却：退。

(53)舍：心。

(54)暇：闲暇自由，轻松。

(55)注：赌注。巧：轻巧。

(56)钩：带钩。惮：怕。

(57)殙（hūn）：心绪紊乱。

(58)一：一样。

(59)矜（jīn）：慎重，拘谨。

(60)重外：注重身外之物。

(61)内拙：内心笨拙。

(62)田开之：学道之人。周威公：东周王室的一位君主。

(63)祝肾：人名，事迹不详。学生：学习养生之道。

(64)拔篲（huì）：扫帚。

(65)无：通“毋”，不要。

(66)单豹：鲁国隐士。

(67)共利：争利。

(68)高门：富贵之家。县：通“悬”。薄：通“簿”。悬簿：垂帘，指贫寒之家。

(69)养其内：修身养性。外，形体。

(70)不鞭其后：指行为偏颇；不能取长补短。

(71)无入而藏：不要深深地隐藏起来。

(72)阳：外露。

(73)柴立：像木头一样站立，表示无心。

(74)其名必极：必然获得最高的称号。

(75)畏涂：害怕路途不平安。

(76)戒：告诫。

(77)盛卒徒：成群结伙。

⑱取畏：自取危险的事。

⑲衽（rèn）席之上：指色欲之事。

⑳祝宗人：即祝人、宗人，掌管祭祀者。玄端：一种祭祀时穿的服饰。临：靠近。牢筴：猪栏。

㉑彘（zhì）：猪。

㉒豢（huán）：养。

㉓藉白茅：用白茅当垫子，以表示洁净。

㉔错：放。

㉕自为谋：为自己打算。

㉖腞楯（zhuàn shǔn）：有画饰的柩车。聚偻：装饰华丽的棺椁。

㉗桓公：即齐桓公。

㉘御：驾车。

㉙仲父：对管仲的尊称。

㉚反：通“返”。

㉛诶诒（xī yí）：受惊之貌。

㉜皇子告敖：齐国的贤士。

㉝忿滀（xù）：郁结。

㉞沈：汙水积聚之处。履：鬼名。

㉟髻（jì）：灶神。

㊱烦壤：尘土积聚之处。

㊲雷霆：鬼名。

㊳培阿鲑蠪（wā lóng）：鬼名。

㊴泆（yì）阳：神名。

⑽罔象：水神名。

⑽峷（shēn）：怪兽。

⑽彷徨：怪兽，状如蛇，双头。

⑽辴（zhěn）然：欢笑的样子。

⑽不终日：不到一天。

⑽纪渻（shěng）子：人名，事迹不详。王：指周宣王。

⑽已：可以。

⑽憍：通“骄”。

⑽吕梁：水名。一说为山名。

⑽鼋（yuán）：鳖类中的一种，形体比一般鳖大。鼍（tuó）：鳄鱼的一种。

⑪⓪并流：沿着水流。

⑪①塘下：岸下。

⑪②齐：通“脐”，水漩洄而下时，形似肚脐，故称。

⑪③汩（gǔ）：上涌的旋涡。

⑪④梓庆：工匠名。鐻（jú）：悬挂钟磬等乐器的木架子，雕刻有装饰图像。

⑪⑤鬼神：鬼斧神工。

⑪⑥耗气：损耗精气。

⑪⑦辄然：不动的样子。枝：通“肢”。

⑪⑧加手：动手雕刻制作。

⑪⑨其是与：恐怕就是这个原因吧！

⑫⓪文：图画。

⑫①钩：转圈。

⑫②颜阖：鲁国贤人。

⑫③败：垮。

⑫④密：沉默。

⑫⑤旋：画圈。盖：超过。

⑫⑥指与物化：手指动作随着所造的器物而变化。

⑫⑦灵台：心。桎：通“窒”。

⑫⑧孙休：鲁国俗人。

⑫⑨踵门：登门求见。诧：惊讶而问。子扁庆子：鲁国贤人。

⑬⓪见：通“现”，显露，出名。

⑬①田原：指耕作。

⑬②宾：通“摈”，排斥，抛弃。

⑬③州部：州邑。

⑬④胡：何。

⑬⑤无事：无为。

⑬⑥宰：主宰。

⑬⑦明污：把污秽的东西揭露出来。

⑬⑧昭昭乎：光明磊落的样子。

⑬⑨鼷（xī）：小老鼠。

译文

明白养生之理的不追求无法做到的；通晓性命之理的不追求智力所无能为力的。保养身体必须先有物质条件。但有些人物质丰裕，却保养不好身体；保有生命，首先必须不脱离形体，但有些人形体不离生命却死亡了。生命来临不能拒绝，生命离去不能挽留。可悲啊！世俗之人以为保养好身体便可以保全生命，然而保养身体确实不足以保全生命，那么何必去管世俗之事？虽然不值得管，却不可不去管，那就免不了要劳累了。

要想免除形体的劳累，不如抛弃世俗。抛弃世俗就没有拖累，没有拖累则心正气平，心正气平就会与形体一起更新，更新就会接近所要达到的养生目标。世事值得抛弃而生命值得忘怀吗？抛弃世事则形体不劳，忘怀生命则精神不亏。形体健全而精神饱满，就会与天合为一体。天地是万物的父母。天地交合则生成万物的形体，天地分离则万物返归于原始混沌状态，形体健全，精神饱满，就能随天地更生变化。养生达到了炉火纯青的境界，反过来又会有助于天地自然的发展。

列子问关尹说："至人入水行走而不窒息。走在水上而不觉得热，在最高处行走而不畏惧。请问为什么能达到这般境地？"

关尹说："这是保持了纯正之气的缘故，而不是使用巧智和勇敢所能做到的。坐下，我对你说，凡具有形状声色的，都是物，为什么物与物之间有很大差别？为什么有的物超前？这是由于声色的缘故。物产生于无形而终止于无变化，明白了这个道理，就不会把万物放在心上。至人处于恰如其分的位置，藏心于循环之理，游心于无为之道，使心性纯一，保养纯正之气，使德性与天道相合，以通达于自然。像这样的至人，天性完备，精神健全无缺，外物怎么能侵入呢？

"醉酒者从车上掉下来，虽然受伤，却不会摔死，他的骨节和别人一样而伤害程度却和别人不同，这是因为他的精神健全，乘坐在车上和从车上掉下来都没有感觉，心里没有死生惊惧的念头，所以撞在地上也不恐惧。他从醉酒中获得的精神健全尚且有这样的效果，何况从天道修养中所获得的精神健全呢？圣人居心于天道，所以外物无法伤害他。虽然仇敌用利剑杀我，但利剑无心杀我，所以我复仇只杀仇敌而不折毁利剑；虽然我被飘落的瓦片打伤，但瓦片并非有心伤我，所以我不抱怨。因此，天下平等相待。奉行无为之道，就不会有战乱之患和杀戮之刑。不要倡导人为，而要顺应自然。顺应自然就会养成良好的道德，倡导人为则会产生残害的心理。要大力提倡无为之道，谨防人为之害，这样人们就会按照天真的本性行事。"

孔子去楚国，经过树林时，看见一个驼背的人在捕蝉像在地上拾取一样轻而易举。

孔子上前说："您的手真巧！有什么粘蝉之道吗？"

捕蝉者回答说："我有道。为了提高技巧，我在竹竿顶端叠上丸子，经过五六个月的训练之后，累叠两个丸子可以不掉下来，失手的时候已很少；累叠三个丸子而不会掉下来，那么失手的时候只有十分之一；累叠五个丸子不掉，那就像拾取东西一样容易。我粘蝉时，身体像木桩一样静止不动；我对胳膊的控制像干枯的树枝一样稳健；虽然面对广大的天地形形色色的万物，而我的心思只在蝉翼上。我心无二念，不因为其他东西而转移对蝉翼的专注，这样还有什么得不到？”

孔子回头对弟子说：“心不分散，聚精会神，就是在说这位驼背老人啊！”

颜渊问孔子说：“有一次我经过一个深渊渡口，摆渡的人撑船技术高明极了。我问他：‘撑船可以学习吗？’他说：‘可以。善于游泳的人很快就能学会，而善于潜水的人即使没有见过船，也能熟练行驶。’我问其中的原因，他却不告诉我，请问这是怎么回事？”

孔子说：“善于游泳的人之所以很快就能学会，是因为他熟悉水性。善于潜水的人没见过船就能驾驭船只，这是因为他把深渊视为山丘，把翻船视为车倒退一样。他对出现在眼前的翻船如倒车的情景毫不在乎，心里若无其事，他怎么能不镇静自若呢？用瓦片做赌注心里轻松，用带钩做赌注内心就有点害怕，用黄金做赌注则心烦意乱。他的赌博技巧前后一样，但后来却顾虑重重，这是由于身外的利害得失。注重身外之物的内心就笨拙。

田开之见到周威公。威公说：“我听说祝肾在学习养生之道。你常和他在一起，听到过什么吗？”

田开之说：“我不过是拿着扫帚替先生打扫门庭，能从先生那儿听到什么呢？”

威公说：“你不要推辞，我很想听听。”

开之说：“听先生说：‘善于养生的就像牧羊一样，看见落后就用鞭子抽。’”

威公说：“这是什么意思？”

田开之说：“鲁国有一个名叫单豹的人隐居于山岩，饮用泉水，不与人争利，年已七十而容颜还像婴儿一般，不幸遇虎，被饿虎吞食。有一个名叫张毅的，走东家，串西家，四处钻营，年仅四十却得内热病而死。单豹修身养性，却被老虎吃掉了形体，张毅保养形体，却被疾病攻入了体内。这两个人都是行为偏颇而不能调和折中。”

孔子说：“不要隐藏得太深，也不要过于外露，而应该像木头一样中立于动静之间。如果这三者都能做到，便可称为至人。担心旅途不安全的人，假如途中发生十人中有一人被害的事，就会父子兄弟互相告诫，必定成群结伙才敢上路，真聪明啊！人们自取危险的是在枕席之上、饮食之间，而人们却不知道对此戒备，这是过错啊！”

掌管祭祀的祝人和宗人身穿祭服走近猪栏，对猪说：“为什么你怕死？我要好好喂养你三个月，戒食十天，斋戒三天，铺上白茅草，把你的肩肘和后腿放置在雕饰的祭器上，你愿意吗？”与其为猪打算，倒不如用糟糠让它存活于猪栏中；为自己打算，只要希望生前高官厚禄，死后隆重厚葬就满意了。为猪打算，就让它放弃享受祭祀之礼的死，替自己

打算，就追求虚荣之死，这和猪有什么区别？

齐桓公在沼泽地打猎，管仲驾车，见到了鬼。桓公握住管仲的手说："仲父您看见了什么？"管仲回答说："我什么也没有看见。"

齐桓公返回宫中，惊吓成病，几天闭门不出。齐国有位贤士皇子告敖说："您这是自己忧伤，鬼怎么能伤害您呢？郁结之气扩散而不能收敛恢复，就精气不足；集中于身体上部而不能下通，就使人容易发怒；集中于身体下部而不能上达，就使人容易健忘；不上达也不下通，聚积于身体中部，就要致病。"

桓公说："那么有鬼吗？"

皇子说："有。积水处有名叫履的鬼，灶台有名叫髻的鬼。屋内尘土积聚之处有名叫雷霆的鬼；东北方的下面有名叫培阿鲑蛮的鬼在跳跃；西北方的下面有名叫泆阳的鬼。水中有罔象，丘陵有峷神，山里有夔，野地有仿徨，沼泽有委蛇。"

桓公问："委蛇是什么样子？"

皇子说："委蛇的形状大如车轴，长如车辕，穿紫衣戴红冠。这种鬼害怕听雷车的声音，听到就捧着头站立。看到它的人将会称霸。"

桓公大笑着说："那就是我所见到的东西。"于是整好衣冠与皇子相坐，不到一天，病就不知不觉地好了。

纪渻子给周宣王养斗鸡。过了十天，周宣王问："鸡可以斗了吗？"纪渻子回答说：

“不行，性情骄横，自恃意气。”十天后又问，回答说：“不行，听到别的鸡叫或见到别的鸡的影子还有反应。”十天后又问，回答说：“不行，还怒视而好斗。”十天后又问，回答说：“可以了。虽然听到别的鸡叫，却毫无反应，看起来像只木鸡，静寂淡漠，德性已经完美，别的鸡不敢应战，见到它就扭头逃走。”

孔子观赏吕梁之山水，瀑布高悬数十丈，飞流溅沫四十里，就连鱼鳖都无法游过。看见一男子游入激流，以为他有痛苦的事而想自杀，于是赶快叫弟子顺流去救他。那个男子没入水中数百步才浮出来，披发唱歌而游到岸边。

孔子走上前去问：“我以为你是鬼，仔细察看才知道是人。请问你游水有什么道术吗？”

那人回答说：“没有，我没有道术。我起始于故常，长大习而成性，成于顺其自然。与旋涡一起没入，也涌流同时浮出，顺着水势自然而出，这就是我的游水之道。”

孔子问：“什么叫起始于故常，长大习而成性，成于顺其自然？”

那人回答说：“我生于陆地而安于陆地，这就是故地；成长于水边而安于水，这就是习性；我不知道为什么会这样，这就是顺其自然。”

梓庆用木头制作鐻，做成后，看到的人惊叹为鬼斧神工。鲁侯看见后问：“你是用什么道术做成的呢？”

梓庆回答说：“我是个工匠，能有什么道术？不过，我还是有一点。我在做鐻之前，不敢损耗精气，必定斋戒以平心静气。斋戒三天，不敢怀有功名利禄之心；斋戒五天，不敢怀有是非美恶之心；斋戒七天，就达到了忘我的境界。在这个时候，眼里没有朝廷，专心于工艺技巧而排除了外界的干扰；然后进入山林，观察树木的天性；见到形态极其符合的材料，一个成形的鐻就呈现在眼前，然后动手雕制；如果不是这样，就放弃不做。这样心性自然与外界自然相合，乐器之所以被疑为神工，恐怕就是这个原因吧！”

东野稷在鲁庄公面前显示驾驭马车的本领，进退往来像绳子一样笔直，左右旋转像规一样圆。庄公以为画图画也不过如此，让他转一百圈后回来。

颜阖遇见了，进来对庄公说：“东野稷的马要垮。”庄公沉默不语。

过了一会儿，马果然垮掉了。庄公说：“你怎么知道马要垮呢？”

颜阖回答说：“马已经筋疲力尽，但他还继续强迫马奔跑，所以必然要垮。”

工倕用手画圆赛过规矩，手指动作随着所造的器物而变化，根本不用思索，所以他的心性专一而通达。忘了脚，是因为鞋子舒适；忘了腰，是因为腰带舒适；忘了是非，是因为心灵安适；心神如一，不追随外物，遇事就可以顺心应手。本性安适而无所不适，就是忘了安适的安适。

有一个名叫孙休的人登门求见子扁庆子，他惊讶地问：“我住在乡里没有名气可以说不好，遇到危难不站出来可以说不勇敢。但是种田遇不上好时岁，侍奉君主遇不上圣君明

主，在乡里被人排斥，在州邑被人驱逐，我怎么得罪了天，竟然如此倒霉？”

扁子说：“难道你没有听说过至人的行为吗？忘记自身，不求聪明，超然于尘世之外，逍遥于清静无为，这就是虽然有所作为，但并不自恃，对事物有所助长，但并不以主宰者自居。现在你粉饰智慧以惊醒愚顽之人，修身以揭露黑暗，光明磊落就像举着日月行走。你能保全自己的躯体，九窍完整无缺，没有中途夭折残废而跻身于人的行列已经够幸运的了，何须怨天尤人！你走开吧！”

孙休出去了。扁子进来，坐了一会儿，仰天而叹。弟子问：“先生为什么叹气？”

扁子说：“刚才孙休来，我告诉他至人的德行，我担心他过于震惊而变得更加迷惑。”

弟子说：“不对。如果孙休说的正确，先生说的错误，错误的当然就不能迷惑正确的；如果孙休说的错误，先生说的正确，他本来就是迷惑着前来，您又有什么过错呢？”

扁子说：“不对。从前有只鸟飞落在鲁国郊外，鲁君很喜欢它，奉上太牢祭品供它食用，演奏《九韶》之乐取悦于它，鸟看得眼花缭乱，内心忧愁悲惧，不敢饮食。这就叫作用养人的方法养鸟。用养鸟的方法养鸟，应该让它栖息于茂密的树林，浮游于江湖，从容啄食，放之于原野。刚才的孙休是个孤陋寡闻的人，我告诉他至人之德就好比让小老鼠坐马车，对小鸟敲钟击鼓使它高兴，他怎么能不感到震惊呢？”

田子方

田子方[①]侍坐于魏文侯，数称谿工[②]。

文侯曰：“谿工，子之师邪？”

子方曰：“非也，无择之里人也。称道数当[③]，故无择称之。”

文侯曰：“然则子无师邪？”

子方曰：“有。”

曰：“子之师谁邪？”

子方曰：“东郭顺子。”

文侯曰：“然则夫子何故未尝称之？”

子方曰：“其为人也真[④]，人貌而天虚[⑤]，缘而葆真[⑥]，清而容物[⑦]。物无道，正容以悟之[⑧]，使人之意也消。无择何足以称之！”

子方出，文侯傥然[⑨]终日不言。召前立臣而语之曰：“远矣，全德[⑩]之君子！始吾以圣知之言仁义之行为至矣。吾闻子方之师，吾形解[⑪]而不欲动，口钳[⑫]而不欲言。吾所学者，直土梗[⑬]耳，夫魏真为我累耳！”

温伯雪子[14]适齐，舍于鲁。鲁人有请见之者，温伯雪子曰："不可。吾闻中国[15]之君子。明乎礼义而陋[16]于知人心，吾不欲见也。"

至于齐，反舍于鲁，是人也又请见。温伯雪子曰："往也蕲[17]见我，今也又蕲见我，是必有以振[18]我也。"出而见客，入而叹。明日见客，又入而叹。其仆曰："每见之客也，必入而叹，何耶？"

曰："吾固[19]告子矣：'中国之民，明乎礼义而陋乎知人心。'昔之见我者，进退一成规一成矩[20]，从容一若龙一若虎[21]，其谏我也似子[22]，其道[23]我也似父。是以叹也。"

仲尼见之，而不言。子路曰："吾子欲见温伯雪子久矣，见之而不言，何邪？"

仲尼曰："若夫人[24]者，目击而道存矣[25]，亦不可以容[26]声矣！"

颜渊问于仲尼曰："夫子步亦步[27]，夫子趋[28]亦趋，夫子驰[29]亦驰，夫子奔逸绝尘[30]，而回瞠[31]若乎后矣！"

夫子曰："回，何谓邪！"

曰："夫子步，亦步也。夫子言，亦言也。夫子趋，亦趋也。夫子辩，亦辩也。夫子驰，亦驰也。夫子言道，回亦言道也。及奔逸绝尘而回瞠若乎后者，夫子不言而信[32]，不比而周[33]，无器而民滔乎前[34]，而不知所以然而已矣。"

仲尼曰："恶！可不察与。夫哀莫大于心死，而人死亦次之。日出东方而入于西极[35]，万物莫不比方[36]。有目有趾者，待[37]是而后成功，是出则存，是入则亡。万物亦然，有待也而死，有待也而生。吾一受其成形[38]，而不化以待尽[39]，效[40]物而动，日夜无隙[41]，而不知其所终；薰然[42]其成形，知命不能规[43]乎其前，丘以是日徂[44]。吾终身与汝交一臂[45]而失之，可不哀与！女殆著乎吾所以著[46]也。彼已尽矣，而女求之以为有，是求马于唐肆也[47]。吾服女也甚忘，女服[48]吾也甚忘。虽然，女奚患焉！虽忘乎故吾[49]，吾有不忘者存。"

孔子见老聃，老聃新沐[50]，方将被发[51]而干，慹然[52]似非人。孔子便而待之[53]。少焉[54]见，曰："丘也眩[55]与？其信然[56]与？向者先生形体掘[57]若槁木，似遗物离人而立于独也[58]。"

老聃曰："吾游心于物之初。"

孔子曰："何谓邪？"

曰："心困焉而不能知，口辟[59]焉而不能言，尝为汝议乎其将[60]。至阴肃肃[61]，至阳赫赫[62]；肃肃出乎天，赫赫发乎地；两者交通成和而物生焉，或为之纪[63]而莫见其形。消息[64]满虚，一晦一明，日改月化，日有所为，而莫见其功。生有所乎萌[65]，死有所乎归，始终相反乎无端而莫知乎其所穷。非是也，且孰为之宗！"

孔子曰："请问游是[66]。"

老聃曰："夫得是，至美至乐也，得至美而游乎至乐，谓之至人。"

孔子曰："愿闻其方。"

曰："草食之兽不疾易薮[67]，水生之虫不疾易水，行小变而不失其大常也，喜怒哀乐不入于胸次[68]。夫天下也者，万物之所一[69]也。得其所一而同焉，则四支百体将为尘垢，而死生终始将为昼夜，而莫之能滑[70]，而况得丧祸福之所介[71]乎！弃隶者若弃泥涂[72]，知身贵于隶也，贵在于我而不失于变。且万化而未始有极[73]也，夫孰足以患心[74]！已为道者解[75]乎此。"

孔子曰："夫子德配天地，而犹假[76]至言以修心，古之君子，孰能脱[77]焉？"

老聃曰："不然。夫水之于汋[78]也，无为而才自然矣。至人之于德也，不修而物不能离焉，若天之自高，地之自厚，日月之自明，夫何修焉！"

孔子出，以告颜回曰："丘之于道也，其犹醯鸡[79]与！微夫子之发吾覆也[80]，吾不知天地之大全也。"

庄子见鲁哀公[81]。哀公曰："鲁多儒士，少为先生方[82]者。"

庄子曰："鲁少儒。"

哀公曰："举[83]鲁国而儒服，何谓少乎？"

庄子曰："周闻之，儒者冠圜冠[84]者，知天时；履句屦[85]者知地形；缓佩玦者[86]事至而断[87]。君子有其道者，未必为其服也；为其服者，未必知其道也。公固以为不然。何不号于国中曰：'无此道而为此服者，其罪死！'"

于是哀公号之五日，而鲁国无敢儒服者，独有一丈夫儒服而立乎公门。公即召而问以国事，千转万变而不穷。

庄子曰："以鲁国而儒者一人耳，可谓多乎？"

百里奚[88]爵禄不入于心，故饭[89]牛而牛肥，使秦穆公忘[90]其贱，与之政也。有虞氏死生不入于心，故足以动人。

宋元君将画图[91]，众史[92]皆至，受揖而立[93]，舐笔和墨[94]，在外者半[95]。有一史后至者，儃儃然不趋[96]，受揖不立，因之舍[97]。公使人视之，则解衣槃礴赢[98]。君曰："可矣，是真画者也。"

文王观于臧[99]，见一丈夫[100]钓，而其钓莫钓[101]；非持其钓有钓者也[102]，常钓[103]也。文王欲举[104]而授之政，而恐大臣父兄之弗安[105]也；欲终而释[106]之，而不忍百姓之无天[107]也。于是旦而属[108]之大夫曰："昔[109]者寡人梦见良人，黑色而頿[110]，乘驳马而偏朱蹄[111]，号曰：'寓[112]而政于臧丈人，庶几乎民有瘳乎[113]！'"

诸大夫蹴然曰："先君王也。"

文王曰："然则卜[114]之。"

诸大夫曰："先君之命，王其无它[115]，又何卜焉！"

遂迎臧丈人而授之政。典法无更，偏令无出。三年，文王观于国，则列士坏植散群[116]，长官者不成德[117]，斔[118]斛不敢入于四竟。烈士坏植散群，则尚同[119]也；长官者不成德，则同务[120]也；斔斛不敢入于四竟，则诸侯无二心也。

文王于是焉以为大师[121]，北面而问曰："政可以及天下[122]乎？"臧丈人昧然[123]而不应，泛然[124]而辞，朝令而夜遁，终身无闻。

颜渊问于仲尼曰："文王其犹未邪？又何以梦为乎？"

仲尼曰："默，汝无言！夫文王尽之也[125]，而又何论刺[126]焉！彼直以循斯须[127]也。"

列御寇为伯昏无人射[128]，引[129]之盈贯，措[130]杯水其肘上，发之，适矢复沓[131]，方矢复寓[132]。当是时也，犹象人[133]也。

伯昏无人曰："是射之射[134]，非不射之射[135]也。尝与汝登高山，履危石，临百仞之渊，若能射乎？"

于是无人遂登高山，履危石，临百仞之渊，背逡巡[136]，足二分垂在外[137]，揖[138]御冠而进之。御冠伏地，汗流至踵。

伯昏无人曰："夫至人者，上窥[139]青天，下潜[140]黄泉，挥斥八极[141]，神气不变。今汝怵然有恂目[142]之志，尔于中也殆矣夫！"

肩吾问于孙叔敖[143]曰："子三为令尹[144]而不荣华，三去之[145]而无忧色。吾始也疑子，今视子之鼻间栩栩然[146]，子之用心独奈何？"

孙叔敖曰："吾何以过人哉！吾以其来不可却[147]也，其去不可止也；吾以为得失之非我也，而无忧色而已矣。我何以过人哉！且不知其在彼乎？其在我乎？其在彼邪？亡乎我；在我邪？亡乎彼。方将踌躇，方将四顾，何暇至乎人贵人贱哉！"

仲尼闻之曰："古之真人，知者不得说，美人不得滥，盗人不得劫，伏戏、黄帝不得友。死生亦大矣，而无变乎己，况爵禄乎！若然者，其神经乎大山而无介，入乎渊泉而不濡，处卑细而不惫，充满天地，既以与人，己愈有。"

楚王与凡[148]君坐，少焉，楚王左右曰"凡亡"者三。凡君曰："凡之亡也，不足以丧吾存。夫凡之亡不足以丧吾存，则楚之存不足以存存[149]。由是观之，则凡未始亡而楚未始存也。"

注释

①田子方：名无择，魏国的贤人，魏文侯的老师。

②谿工：魏国的贤人。

③当：正确。

④真：纯真。

⑤天虚：自然的心性。

⑥缘：顺。葆：保持。

⑦清：心性清静。容物：容纳万物。

⑧悟之：使之醒悟。

⑨傥然：失意的样子。

⑩全德：道德完美。

⑪形解：形体懒散。

⑫口钳：嘴巴像被钳住一样。

⑬土梗：泥做的偶像，比喻废物。

⑭温伯雪子：楚国怀道之人。

⑮中国：古代对齐鲁等中原国家的称呼。

⑯陋：拙。

⑰蕲：求。

⑱振：启发。

⑲固：本来。

⑳进退一成规一成矩：行礼时成规成矩。

㉑从容一若龙一若虎：举动若龙若虎，神气造作。

㉒似子：像儿子对父亲一样恭敬。

㉓道：开导。

㉔夫人：此人。

㉕目击：看一看。道存：体现了天道。

㉖容：用。

㉗步：缓行。

㉘趋：快行。

㉙驰：跑。

㉚奔逸：快跑。绝尘：形容跑得快。

㉛瞠（chēng）：瞪着眼。

㉜信：令人信服。

㉝比：近。周：亲。

㉞器：权位。滔：通“蹈”。

㉟西极：西方的尽头。

㊱比方：随着太阳运转的方向。

㊲待：依靠。

㊳受其成形：禀受天道赋予的形体。

㊴化：化作他物。待尽：等待着形体的消亡。

㊵效：仿效，随道。

㊶无隙：没有间断。

㊷薰然：和顺的样子。

㊸规：测度。

㊹日徂（cú）：天天随之变化。

㊺交一臂：即一臂之交。

㊻著：明显。

㊼唐：空。肆：市场。

㊽服：行。

㊾故吾：过去的我。

㊿新沐：刚洗头。

51被发：头发披散。

52慹（zhé）然：不动的样子。

53便而待之：在隐处等候。

54少焉：不久。

55眩：眼花。

56信然：真的如此。

57掘：通“崛”，直立的样子。

58遗物：遗弃万物。离人：脱离众人。

59口辟：闭口。

60将：大略。

61肃肃：清冷的样子。

62赫赫：炎热的样子。

63为之纪：作为纲纪。

64消：消失。息：生息。

65所乎萌：萌生的地方。

66游是：指游心于虚无之道。

67疾：担心。易：变换。薮（sǒu）：草泽。

68次：中。

69所一：所统一于其中的地方。

⑦⓪滑：乱。

⑦①介：际，关系。

⑦②泥涂：泥土。

⑦③极：尽头。

⑦④患心：忧心。

⑦⑤解：明白。

⑦⑥假：借助。

⑦⑦脱：超越。

⑦⑧汋（zhuó）：水涌流。

⑦⑨醯（xī）鸡：醋瓮里的小飞虫，这里用来比喻渺小。

⑧⓪微：无。发吾覆：对我启蒙。

⑧①庄子见鲁哀公：庄子生活的时代当在鲁哀公一百二十年之后，不可能见到哀公。这里所说纯属寓言。

⑧②方：道术。

⑧③举：全。

⑧④圜冠：圆帽。

⑧⑤句屦：方鞋。

⑧⑥缓：五色丝带。佩玦（jué）：环状有缺口的佩玉。

⑧⑦事至而断：遇事能够决断。

⑧⑧百里奚：本是虞国人，秦灭虞后，入秦，受到秦穆公的重用。

⑧⑨饭：饲养。

⑨⓪忘：不顾。

⑨①宋元君：即宋国国君宋元公。图：图画。

⑨②史：画师。

⑨③受揖：接受国君的揖谢。立：就位。

⑨④舐（shì）笔：用口水润笔。和墨：调色。

⑨⑤在外者半：有一半没有位置坐而站在外面。

⑨⑥儃儃（tǎn）然：自由自在的样子。不趋：不拘礼节。

⑨⑦舍：客馆。

⑨⑧槃礴（pán bó）：盘腿而坐。羸（luǒ）：同“裸”，光着身子。

⑨⑨文王：周文王。臧：地名，在渭水附近。

⑩⓪丈夫：这里指姜太公。

⑩①莫钓：不是真心在钓鱼。

⑩²非持其钓有钓者也：不是拿着钓钩真的要钓鱼。

⑩³常钓：钓常在手，聊以度日。

⑩⁴举：提拔。

⑩⁵弗安：不服。

⑩⁶释：舍弃。

⑩⁷无天：无所仰望。

⑩⁸属：同“嘱”，告诉。

⑩⁹昔：通“夕”，晚上。

⑪⁰頳（rán）：同“髯”，脸上的胡须。

⑪¹驳马：杂色的马。偏朱蹄：马蹄的一边是红色。

⑪²寓：托。

⑪³有瘳（chōu）乎：有救了。

⑪⁴卜：占卜吉凶。

⑪⁵无它：不应有疑虑。

⑪⁶列士：各种士。坏植散群：私党解散，不立朋党。

⑪⁷不成德：不显耀功德。

⑪⁸斔（yú）：古代量器，六斛四斗为一斔。

⑪⁹尚同：统一于上。

⑫⁰同务：齐心合力。

⑫¹师：君主的老师。

⑫²及天下：推广于天下。

⑫³昧然：懵懵懂懂的样子。

⑫⁴泛然：若无其事的样子。

⑫⁵尽之也：已经做得很完美了。

⑫⁶论刺：评议。

⑫⁷斯须：顷刻之间。

⑫⁸射：射箭。

⑫⁹引：拉弓。

⑬⁰措：放置。

⑬¹适矢复沓：目标与箭相重合，即命中目标。

⑬²方矢：两箭并排。复寓：双双射中。

⑬³象人：木偶。

⑬⁴射之射：有心地射。

⑬⑤不射之射：无心地射。

⑬⑥背逡巡：向后移步。

⑬⑦足二分垂在外：脚的三分之二悬空。

⑬⑧揖：请。

⑬⑨窥：观察。

⑭⓪潜：探测。

⑭①挥斥：放纵奔驰。八极：八方。

⑭②恂（xún）目：神色不定。

⑭③孙叔敖：楚国贵族，楚庄王时任执政卿。

⑭④令尹：楚国执政卿之称，类似后世的宰相。

⑭⑤三去之：三次被免去令尹之职。

⑭⑥栩栩然：轻松的样子。

⑭⑦却：推却。

⑭⑧凡：国名。

⑭⑨不足以存存：不能因为它的存在而令我感到它存在。

译文

田子方陪坐在魏文侯身旁，屡次称赞谿工。

文侯说："谿工是您的老师吗？"

子方说："不是的，他是我的同乡。他论道常常比较正确，所以我称赞他。"

文侯说："那么您没有老师吗？"

子方说："有。"

文侯说："您的老师是谁？"

子方说："是东郭顺子。"

文侯说："那么为什么先生不曾称赞他呢？"

子方说："他为人纯真，普通人的容貌而自然的心性，随顺于人而保持心性的纯真，心性清净而容纳万物。对于无道的人，便正色使之醒悟，使其邪念消除。我不配称赞他！"

子方出去后，文侯颇感惆怅，整天都说不出话来，他召集陪臣对他们说："高远啊，道德完美的君子！起初我以为圣智的言论和仁义的行为就是最高尚的了，但当我听到子方老师的行为，我形体懒散而不想动，嘴巴像被钳住一样不想说话。过去我所学的不过是废物而已，魏国真是我的累赘啊！"

温伯雪子往齐国，途中住在鲁国。鲁国有人要见他，温伯雪子说：“不行。我听说中原国家的君子明于礼义而拙于理解人心，我不想见他。”

温伯雪子到了齐国，返回时又住在鲁国。那个人又请求见他。温伯雪子说：“从前他要求见我，现在又要求见我，他一定对我有什么启发。”

温伯雪子出去见了客人，回来就叹气。第二天又出去见了客人，回来又叹气。他的仆人说：“您每次见过客人，回来就要叹气，这是为什么呢？”

温伯雪子说：“原来我就告诉过你：‘中原国家的人明于礼义而拙于理解人心。’那个见我的人在行礼时成规成矩，举止若龙若虎，神气造作，他劝谏我如同儿子对待父亲，开导我就像父亲对待儿子，我因此而叹气。”

孔子见到温伯雪子一言不发。子路说：“先生早就想见温伯雪子了，而现在见了面却不说话，这是为什么呢？”

孔子说：“你一看这个人就知道天道体现在他身上，用不着说什么了。”

颜回问孔子说：“先生缓行，我也缓行；先生快走，我也快走；先生跑，我也跑，先生跑得飞快，我却直瞪着眼落在了后面！”

孔子说：“颜回，这是怎么说呢？”

颜回说：“先生缓行，我也缓行；先生议论，我也议论；先生快走，我也快走；先生辩论，我也辩论；先生跑，我也跑；先生谈道，我也谈道；等到先生跑得飞快，我却直瞪着眼睛落在了后面，先生不用开口别人就信服，不与人接近人们也相亲，虽无权位，但人们都来投奔，我不知道为什么会这样。”

孔子说：“啊！这是要分析的。最大的悲哀是人心的死亡，身体死亡还在其次。太阳升自东方而落入西方，万物都是顺着这个方向运作的，动物都是依靠太阳而有所作为，日出而作，日落而息。万物也是一样，依靠着它而死，依靠着它而生。我禀受了天道所赋予的形体，不化作他物等待着形体的消亡，随着万物而运动，日夜没有间断，而不知道自己的归宿；和顺咸形，知道命运是不可测度的，我因此而天天随之变化。我一直和你亲密无间，而你却不明白这个道理，真是可悲！您恐怕只是看到了我的外表形迹。它们已经消失了，而你却以为可以学得到，这就好比在一无所有的市场上去寻求马一样。我所做的，你所做的，相互都可彻底忘却。虽然如此，你又有什么担忧的？虽然忘记了过去的我，但我还有不会被遗忘的东西存在。”

孔子去见老子，老子刚洗完头发，正披着头发等待干，一动不动就像个木偶。孔子见状，退到隐蔽处等待，过了一会儿走上前去说：“是我的眼睛花了呢？还是真的如此？刚才先生形体直立不动如枯木，好像超然一切而站立在一个独有的境界。”

老子说：“我的心正在万物之源遨游。”

孔子说：“这是什么意思？”

老子说："心困而不能知，闭口而不能言，我试着给你说个大略吧。至阴清冷，至阳炎热；清冷出于天，炎热出于地；阴阳交合而万物生，有个东西支配着阴阳，却又看不见它的形迹。生死盛衰，时暗时明，日新月异，每天都在起作用，却又看不见它在用功。生有所始，死有所归，终始循环往复，既没有开端，也不知道它的尽头。除此之外，还有谁是万物的主宰？"

孔子说："请问遨游的情形。"

老子说："遨游于其中，美乐到了极点，获得这种感受而遨游于至乐的境界，称之为至人。"

孔子说："我想听听达到至人那种境界的方法。"

老子说："吃草的野兽不怕变换草泽，水生的虫子不怕变换池沼，这是因为只有小的变化而没有失去根本，喜怒哀乐不会进入内心。所谓天下，就是万物统一于其中的地方。天地万物达到了统一，则四肢百体将成为尘垢，死生终始如同昼夜的变化一样不受扰乱，何况是得失祸福之事！舍弃奴隶如同舍弃泥土，懂得自身比奴隶贵重，随机应变而无所丧失。况且千变万化没有穷尽，有什么值得忧虑的？修道的人是明白上述道理的。"

孔子说："先生德配天地，还借助至人的理论修养心性，古时候的君子诈能如此超脱呢？"

老子说："不对。水的涌流是由于无为而自然。至人的道德就是自然之道，无须修行而万物就离不了它，就像天的自然高，地的自然厚，日月的自然光明，何须修行呢？"

孔子出来，告诉颜回说："我对于道的理解简直像醋瓮里的小虫一样狭隘渺小！要不是先生对我启蒙教诲，我真不知道天地的大全。"

庄子去见鲁哀公。哀公说："鲁国有很多儒士，但很少有学先生道术的。"

庄子说："鲁国的儒士很少。"

哀公说："全鲁国都穿着儒士的服装，怎么说儒士少呢？"

庄子说："我听说，儒者戴圆帽的懂得天时；穿方鞋的懂得地理；用五色丝带系佩玉块的遇事能够决断。君子有这种道术的未必穿这种服装；穿这种服装的未必懂得这种道术。如果你不相信，为什么不号令于国申说：'不懂这种道术而穿这种服装的罪当处死！'"

于是哀公下号令五天，而鲁国没有人敢穿儒服的，只有一个男子穿着儒服站立于朝门。哀公立刻召他来询问国事，千变万化而应对如流。

庄子说："全鲁国只有一个儒者，能叫多吗？"

百里奚不把爵禄放在心上，所以养牛而牛肥，使秦穆公不顾他的出身低贱，将国政授予了他。有虞氏不把生死放在心上，所以令人感动。

宋元公要画图画，众画师都来了，受礼后就位，润笔调色，还有一半人因没有位置坐而站在外面。有一个画师迟到，自由自在地不拘礼节，受礼后并不就坐，而是返回了客馆。宋元公派人去看他，只见他脱衣裸身，盘腿而坐。宋元公说："好啊！他才是真正的画师。"

文王到臧地游历，看见一位老者在钓鱼，但不是真心钓鱼，他不是手持鱼竿专心钓鱼，而只是借钓鱼消遣罢了。文王想任用他主持国政，但又怕大臣贵族不服；想放弃重用他的打算，但又不忍心使百姓失望。于是在一天早晨告诉卿大夫说："昨天晚上，我梦见一位贤良君子，黑面而有胡须，骑着杂色的马，马蹄的半边是红色的，他号令我说：'将国政托付于臧地的老者，人民的疾苦大概可以解除了！'"

诸大夫吃惊地说："那是君王您的父亲啊！"

文王说："那么占卜看看吉凶。"

诸大夫说："这是先君之命，不应有疑虑，又何须占卜呢？"

于是恭迎臧地的老者入朝，将国政委托给他。他对过去的典章制度不作更改，不发布偏颇的政令。三年以后，文王巡视全国，看到列士不结党营私，为官者不显耀功德，别的度量衡不敢进入国境。列士不结党营私，则统一于上；为官者不显耀功德，则齐心合力；别的度量衡敢进入国境，则诸侯无异心。

于是文王拜老者为师，行臣子之礼，恭敬地问他："政令可以推广于天下吗？"老者默不作声，若无其事地推辞，当天晚上就逃走了，从此销声匿迹。

颜回问孔子说："文王的德行还不够吗？又何须托梦行事呢？"

孔子说："别作声，不要说话！文王已经做得很完美了。你有什么好评议的？他只不过是按照一时的需要这样做罢了。"

列御寇给伯低无人射箭看，他拉满弓，在胳膊肘上放一杯水，射出箭，命中目标，连连发射，均准确地射中目标。射箭时的列御寇精神高度集中，动作镇定，简直像木偶一样。伯昏无人说："这种射是有心地射，而不是无心地射。我和你登上高山，脚踩危石，身临百仞深渊，你还能射吗？"

于是伯昏无人登上高山，脚踩危石，身临百仞深渊，背对着深渊向后退，脚跟悬空，请列御寇上前来。列御寇害怕得爬在地上，冷汗流到脚跟。

伯昏无人说："至人，上观青天，下测黄泉，纵驰八方，神色不变。现在你惊慌失措，神色不定，你想射中目标就很困难了！"

肩吾问孙叔敖说："您三次当令尹而不炫耀，三次离职也不忧愁。我开始还怀疑您，现在看您表情轻松自在，您心里到底是怎么想的呢？"

孙叔敖说："我有什么过人之处呢！我认为官职的来不能推却，它的去也不能阻止，我认为得与失都是身外之物，也就不忧愁了。我有什么过人之处呢！况且不知道得失是由于令尹之职呢？还是由于我？如果得失在于令尹之职，则与我无关；如果在于我，则与令

尹之职无关。我从容自得，心满意足，哪里有工夫顾及人间的贵贱呢？”

孔子听到此事后说：“古时候的真人，智者不能说服他，美人不能使他淫乱，强盗不能使他屈服，伏羲、黄帝不能使他亲近。生死也算是大事了，对自己也毫无影响，何况爵禄？像这样的人，他的精神穿越大山而没有阻碍，进入深渊而不会淹没，位处卑贱而不觉困顿，充满于天地，全部给予别人，自己则更加充足。”

楚王和凡君同坐，一会儿，楚王左右的人三次说凡国灭亡了。凡君说：“凡国的灭亡不能够丧失我的存在。若是凡国的灭亡不能够丧失我的存在，那么楚国的存在也不能感到它的存在。由此看来，则凡国未必灭亡而楚未必存在。”

知北游

知北游于玄水之上[①]，登隐弅[②]之丘，而适遭无为谓[③]焉。知谓无为谓曰：“予欲有问乎若：何思何虑则知道？何处何服[④]则安道？何从何道[⑤]则得道？”三问而无为谓不答也，非不答，不知答也。

知不得问，反于白水[⑥]之南，登狐阕[⑦]之上，而睹狂屈[⑧]焉。知以[⑨]之言也问乎狂屈。狂屈曰：“唉！予知之，将语若，中欲言而忘其所欲言。”

知不得问，反于帝宫，见黄帝而问焉。黄帝曰：“无思无虑始知道，无处无服始安道，无从无道始得道。”

知问黄帝曰：“我与若知之，彼与彼[⑩]不知也，其孰是邪？”

黄帝曰：“彼无为谓真是也，狂屈似之，我与汝终不近也。夫知者不言，言者不知，故圣人行不言之教。道不可致[⑪]，德不可至[⑫]。仁可为也，义可亏[⑬]也，礼相伪也。故曰：‘失道而后德[⑭]，失德而后仁，失仁而后义，失义而后礼。礼者，道之华[⑮]而乱之首也。’故曰：‘为道者日损[⑯]，损之又损之，以至于无为。无为而无不为也。’今已为物也，欲复归根，不亦难乎！其易也，其唯大人乎！生也死之徒[⑰]，死也生之始，孰知其纪[⑱]！人之生，气之聚也；聚则为生，散则为死。若死生为徒，吾又何患！故万物一也，是其所美者为神奇，其所恶者为臭腐；臭腐复化为神奇，神奇复化为臭腐。故曰：‘通天下一气耳。’圣人故贵一。”

知谓黄帝曰：“吾问无为谓，无为谓不应我，非不应我，不知应我也。吾问狂屈，狂屈中欲告我而不我告，非不我告，中欲告而忘之也。今予问乎若，若知之，奚故不近？”

黄帝曰：“彼其真是也，以其不知也；此其似之也，以其忘之也；予与若终不近也，以其知之也。”

狂屈闻之，以黄帝为知言。

天地有大美而不言，四时有明法[19]而不议，万物有成理而不说。圣人者，原[20]天地之美而达万物之理。是故至人无为，大圣不作，观于天地之谓也。

今[21]彼神明至精，与彼百化[22]，物已死生方圆，莫知其根也，扁然[23]而万物自古以固存。六合为巨，未离其内；秋毫为小，待之成体。天下莫不沉浮，终身不故[24]。阴阳四时运行，各得其序。惛然[25]若亡而存；油然[26]不形而神，万物畜[27]而不知。此之谓本根，可以观于天矣。

齧缺问道乎被衣，被衣曰："若正汝形，一汝视，天和[28]将至；摄汝知，一汝度，神将来舍。德将为汝美，道将为汝居，汝瞳焉[29]如新生之犊而无求其故。"

言未卒，齧缺睡寐。被衣大说，行歌而去之，曰："形若槁骸，心若死灰，真其实知，不以故自持。媒媒晦晦[30]，无心而不可与谋。彼何人哉！"

舜问乎丞[31]曰："道可得而有乎？"

曰："汝身非汝有也，汝何得有夫道？"

舜曰："吾身非吾有也，孰有之哉？"

曰："是天地之委[32]形也。生非汝有，是天地之委和也。性命非汝有，是天地之委顺也。孙子[33]非汝有，是天地之委蜕[34]也。故行不知所往，处不知所持[35]，食不知所味。天地之强阳[36]气也，又胡可得而有邪！"

孔子问于老聃曰："今日晏闲[37]，敢问至道。"

老聃曰："汝齐[38]戒，疏瀹[39]而心，澡雪[40]而精神，掊击[41]而知。夫道，窅然[42]难言哉！将为汝言其崖略[43]。

"夫昭昭生于冥冥，有伦生于无形，精神生于道，形本[44]生于精，而万物以形相生，故九窍者[45]胎生，八窍者[46]卵生。其来无迹，其往无崖[47]，无门无房，四达之皇皇[48]也。邀[49]于此者，四肢强[50]，思虑恂[51]达，耳目聪明，其用心不劳，其应物无方[52]。天不得不高，地不得不广，日月不得不行，万物不得不昌，此其道与！

"且夫博之不必知，辩之不必慧，圣人以断之矣。若夫益之而不加益，损之而不加损者，圣人之所保也。渊渊乎其若海，魏魏[53]乎其终则复始也，运量万物而不匮[54]。则君子之道，彼其外与？万物皆往资焉而不匮[55]，此其道与！

"中国有人焉，非阴非阳，处于天地之间，直且[56]为人，将反于宗[57]。自本观之，生者，喑醷[58]物也。虽有寿夭，相去几何？须臾之说也。奚足以为尧、桀之是非！果蓏[59]有理，人伦虽难，所以相齿[60]。圣人遭之而不违[61]，过之而不守。调而应[62]之，德也；偶[63]而应之，道也；帝之所兴，王之所起也。

"人生天地之间，若白驹之过郤[64]，忽然而已。注然勃然[65]，莫不出焉；油然漻然[66]，莫不入焉。已化而生，又化而死，生物哀之，人类悲之。解其天弢[67]，堕其天袠[68]，纷乎宛乎[69]，魂魄将往，乃身从之，乃大归[70]乎！不形之形，形之不形，是人之所同知也，非

将至之所务也[71]，此众人之所同论也。彼至则不论，论则不至。明见无值[72]，辩不若默。道不可闻，闻不若塞。此之谓大得[73]。"

东郭子[74]问于庄子曰："所谓道，恶乎在？"

庄子曰："无所不在。"

东郭子曰："期而后可[75]。"

庄子曰："在蝼蚁。"

曰："何其下[76]邪？"

曰："在稊稗[77]。"

曰："何其愈下邪？"

曰："在瓦甓[78]。"

曰："何其愈甚邪？"

曰："在屎溺[79]。"

东郭子不应。庄子曰："夫子之问也，固不及质[80]。正获之问于监市履狶也[81]，每下愈况[82]。汝唯莫必[83]，无乎逃物。至道若是，大言[84]亦然。周遍咸三者，异名同实，其指一也。尝相与游乎无有之宫[85]，同合而论，无所终穷乎！尝相与无为乎！澹而静乎！漠而清乎！调而闲乎！寥[86]已吾志，无往焉而不知其所至，去而来而不知其所止，吾已往来焉而不知其所终。彷徨乎冯闳[87]，大知入焉[88]而不知其所穷。物物者与物无际[89]，而物有际者，所谓物际者也。不际之际[90]，际之不际[91]者也。谓盈虚衰杀，彼为盈虚非盈虚，彼为衰杀非衰杀，彼为本末非本末，彼为积散非积散也。"

妸荷甘与神农同学于老龙吉[92]。神农隐几阖户昼瞑，妸荷甘日中奓[93]户而入，曰："老龙死矣！"神农隐几，拥杖而起，嚗然[94]放杖而笑，曰："天知予僻陋慢訑[95]，故弃予而死。已矣夫子！无所发予之狂言[96]而死矣夫！"

弇堈吊[97]闻之，曰："夫体道者，天下之君子所系[98]焉。今于道，秋豪之端万分未得处一焉，而犹知藏其狂言而死，又况夫体道者乎！视之无形，听之无声，于人之论者，谓之冥冥，所以论道，而非道也。"

于是泰清问乎无穷曰[99]："子知道乎？"

无穷曰："吾不知。"

又问乎无为。无为[100]曰："吾知道。"

曰："子之知道，亦有数[101]乎？"

曰："有。"

曰："其数若何？"

无为曰："吾知道之可以贵，可以贱，可以约[102]，可以散，此吾所以知道之数也。"

泰清以之言也问乎无始[103]曰："若是，则无穷之弗知与无为之知，孰是而孰非乎？"

无始曰："不知深矣，知之浅矣；弗知内矣，知之外矣。"

于是泰清中[104]而叹曰："弗知乃知乎！知乃不知乎！孰知不知之知？"

无始曰："道不可闻，闻而非也。道不可见，见而非也。道不可言，言而非也！知形形之不形[105]乎！道不当名。"

无始曰："有问道而应之者，不知道也。虽问道者，亦未闻道。道无问，问无应。无问问之，是问穷[106]也；无应应之，是无内[107]也。以无内待问穷，若是者，外不观乎宇宙，内不知乎大初[108]，是以不过乎昆仑，不游乎太虚[109]。"

光曜问乎无有曰[110]："夫子有乎？其无有乎？"

光曜不得问，而孰视[111]其状貌，窅然空然，终日视之而不见，听之而不闻，搏[112]之而不得也。

光曜曰："至矣！其孰能至此乎！予能有无矣，而未能无无也。及为无有矣，何从至此哉！"

大马[113]之捶钩者，年八十矣，而不失豪芒。大马曰："子巧与？有道与？"

曰："臣有守[114]也。臣之年二十而好捶钩，于物无视也，非钩无察也。"是用之者，假不用者也以长得其用，而况乎无不用者乎！物孰不资焉！

冉求[115]问于仲尼曰："未有天地可知邪？"

仲尼曰："可。古犹今也。"

冉求失问[116]而退，明日复见，曰："昔者吾问：'未有天地可知乎？'夫子曰：'可。古犹今也。'昔日吾昭然[117]，今日吾昧然[118]，敢问何谓也？"

仲尼曰："昔之昭然也，神者先受之[119]；今之昧然也，且又为不神者[120]求邪！无古无今，无始无终。未有子孙而有子孙，可乎？"

冉求未对。仲尼曰："已矣，未应矣。不以生生死，不以死死生。死生有待[121]邪？皆有所一体。有先天地生者物邪？物物者非物。物出不得先物也。犹其有物也。犹其有物也，无已[122]。圣人之爱人也终无已者，亦乃取于是者也。"

颜渊问乎仲尼曰："回尝闻诸夫子曰：'无有所将[123]，无有所迎。'回敢问其游[124]。"

仲尼曰："古之人，外化而内不化；今之人，内化而外不化。与物化者，一不化者也。安化安不化，安与之相靡[125]，必与之莫多[126]。狶韦氏之囿[127]，黄帝之圃，有虞氏之宫，汤武之室。君子之人，若儒墨者师，故以是非相整[128]也，而况今之人乎！圣人处物不伤物。不伤物者，物亦不能伤也。唯无所伤者，为能与人相将迎。山林与！皋壤[129]与！使我欣欣然而乐与！乐未毕也，哀又继之。哀乐之来，吾不能御，其去弗能止。悲夫，世人直为物逆旅耳！夫知遇而不知所不遇，知能能[130]而不能所不能。无知无能者，固人之所不免也。夫务免乎人之所不免者，岂不亦悲哉！至言去言[131]，至为去为[132]。齐[133]知之所知，则浅矣。"

注释

①知（zhī）：假设的人名。玄水：假设的水名。

②隐弅（fèn）：假设的地名。

③无为谓：假设的人名。

④何处何服：怎么做。

⑤何从何道：通过什么。

⑥白水：神话中的水名。

⑦狐阕（què）：假设的山名。

⑧狂屈：假设的人名。

⑨以：用。

⑩彼与彼：指无为谓与狂屈。

⑪致：取得。

⑫至：达到。

⑬亏：损弃。

⑭而后德：然后出现德。

⑮华：装饰。

⑯日损：一天天地抛弃。

⑰徒：延续。

⑱纪：规律。

⑲明法：明显的规律。

⑳原：本。

㉑今：一作“合”。

㉒百化：千变万化。

㉓扁（piān）然：轻快的样子。

㉔故：陈旧。

㉕惛然：暗淡不分明的样子。

㉖油然：不见迹象的样子。

㉗畜：养育。

㉘天和：天道和顺。

㉙瞳（tóng）焉：无知的样子。

㉚媒媒晦晦：懵懵懂懂的样子。

㉛丞：官名，一说为舜师。

㉜委：授。赋予。

㉝孙子：一作“子孙”。

㉞蜕：蜕变生新。

㉟处：居。持：守。

㊱强阳：运动。

㊲晏闲：安闲。

㊳齐：通“斋”。

㊴瀹（yuè）：疏通。

㊵澡雪：洗净。

㊶掊击：抛弃。

㊷窅（yǎo）然：深远的样。

㊸崖略：大概。

㊹形本：形体。

㊺九窍者：人类。

㊻八窍者：禽类。

㊼崖：边际。

㊽皇皇：宽广。

㊾邀：顺。

㊿强：强健。

51恂（xún）：畅通。

52无方：没有一定框框。

53魏魏：即巍巍，高大的样子。

54匮：一作“遗”。

55匮：乏。

56直且：姑且。

57宗：本。

58喑醷（yīn yì）：气息相聚。

59蓏（luǒ）：草类所结的果实。

60齿：邻比。

61不违：顺从。

62应：对待。

63偶：谐合。

64白驹：骏马。郤：通“隙”，缝隙。白驹过隙：形容极快。

65注然勃然：兴起、生出的样子。

66油然漻（liáo）然：消亡、寂静的样子。

67弢（tāo）：弓袋，此处指束缚。

68袠（zhì）：通“帙”，书袋，此处指包裹。

69纷乎：纷乱的样子。宛乎：宛转的样子。

70大归：大的还原，指死。

71将至：即将至者，将要达道的人。务：求。

72值：遇见。

73大得：大收获，指得道。

74东郭子：人名，因住在东郭，故称。

75期而后可：请指明所在。

76下：卑下。

77稊稗：杂草名。

78甓（pì）：砖。

⑲溺：尿。

⑳质：实质。

㉑正获：即司正、司获，均为官名。监市：监管市场的人。履：踩。狶（xī）：大猪。履狶，买猪时选择肥猪的方法，踩一下猪腿就可辨别肥瘦。

㉒每下愈况：越是下部越能真正反映猪的肥瘦。

㉓必：绝对。

㉔大言：表现道的言论。

㉕无有之宫：指虚无的境界。

㉖寥：虚寂。

㉗冯闳（hóng）：虚无辽阔。

㉘大知入焉：大智入心，即心怀大智。

㉙物物者：支配万物的。际：界限。

㉚不际之际：没有界限的界限。

㉛际之不际：界限中的没有界限。

㉜妸（ē）荷甘、神农、老龙吉：都是虚拟的人物。

㉝奓（zhà）：开。

㉞嚗（bó）然：手杖掉在地上的声音。

㉟慢訑（yí）：谩诞，荒唐。

㊱狂言：至言。

㊲弇堈（yǎng gāng）吊：虚拟的人物。

㊳系：仰仗，依赖。

㊴泰清、无穷：都是虚拟的人物。

㊵无为：虚拟的人物。

⑩①数：定数。

⑩②约：聚，集中。

⑩③无始：虚拟的人物。

⑩④中：一作“卬”，古仰字。

⑩⑤形形之不形：支配有形的东西是无形的。

⑩⑥穷：空。

⑩⑦内：内容。

⑩⑧大初：即太初，万物的根本。

⑩⑨太虚：极端虚无的境界。

⑪⓪光曜（yào）、无有：都是虚拟的人物。

⑪熟视："孰"通"熟"。熟视：细察。

⑫搏：抓。

⑬大马：官名，即大司马。

⑭有守：有所持守。

⑮冉求：孔子的弟子。

⑯失问：没有得到想要的回答。

⑰昭然：明白。

⑱昧然：糊涂。

⑲神者先受之：心神首先领会。

⑳不神者：指外界物象。

㉑有待：相互依存。

㉒无已：无止境。

㉓将：送。

㉔游：游心，精神活动。

㉕靡：顺。

㉖莫多：不会太过，恰如其分。

㉗狶韦氏：远古帝王的称号。囿（yòu）：园。

㉘相鳌（jī）：互相攻击。

㉙皋（gāo）壤：原野。

㉚能能：能做到所能够做到的。

㉛至言：合乎道的言论。去言：无言。

㉜至为：合乎道的行为。去为：无为。

㉝齐：皆，全。

译文

知往北到玄水游历，登上隐弅的丘陵，恰巧遇上无为谓。知对无为谓说："我想问你：怎样思虑才能懂得道？怎样做才能安于道？通过什么样的途径才能获得道？"知问了三次，无为谓都不回答，并不是不回答，而是不知道回答。

知得不到解答，返回白水之南，登上狐阕山，看见了狂屈。知又用问无为谓的话问狂屈。狂屈说："唉！我知道，正要告诉你，心中想说却忘了想要说的话。"

知得不到解答，返回帝宫，看见黄帝便向他请教。黄帝说："不思不虑便能懂得道，什么都不做便能安于道，不通过任何途径便能获得道。"

知问黄帝说："我和你知道，无为谓和狂屈不知道，究竟谁合乎道呢？"

黄帝说："无为谓合乎道，狂屈接近于道，我和你则差得远。知道的人不说，说的人不知道，所以圣人实行不说话的教化。道是不可以取得的，德是不可以达到的。仁是可以做到的，义是可以损弃的，礼是虚伪相欺的。所以说：'失去道然后出现德，失去德然后出现仁，失去仁然后出现义，失去义然后出现礼。礼是道的装饰和祸乱的开端。'所以说：'修道的人应一天天地抛弃那些人为的虚伪的东西，不断地抛弃，直到无为的境界，无为也就无所不为。'现在都在追求外物，要想归返于虚无之道，不是太难了吗？能够轻易做到的只有那些至人！生是死的延续，死是生的开端，谁能知道它们的规律？人的生乃是气的聚积；气聚便是生，气散便是死。既然死生相随相伴，我又有什么忧虑的？所以万物是一体的，觉得美的便视之为神奇，丑的便视之为腐臭；腐臭可以转化为神奇，神奇也可以转化为腐臭。所以说，'天下万物只不过是一气罢了'，圣人因此而看重同一。"

知对黄帝说："我问无为谓，无为谓不回答我，并不是不回答我，而是不知道回答我。我问狂屈，狂屈心中想告诉我，却没有告诉我，并不是不告诉我，而是心中想告诉我，却忘记了。现在我问你，你知道，为什么还说和道差得远呢？"

黄帝说："无为谓合乎道，因为他不知道；狂屈接近于道，因为他忘记了；我和你距道不远，是因为知道了。"

狂屈听了，认为黄帝懂得道的理论。

天地有崇高的美德而不言语，四时有明显的规律而不议论，万物有生成的原理而不说话。圣人以效法天地的美德为根本，通达万物之理，所以至人无为，大圣不作，这就叫作取法于天地。

天地神明精妙，与事物千变万化，万物的或死或生，或方或圆，变化的本源不可捉摸，万物的生长不息自古以来就已存在。天地四方宽阔巨大，却超不出它的范围；秋毫虽小，也要依靠它的作用才能形成。天地万物无不升降变化，日新月异；阴阳四时的运行各有一定的规律顺序。天道若隐若现，不见形迹却有神妙的作用，万物都在天道的养育之中而不自知。这就叫本根，明白了这个道理，就可以观察自然之道了。

齧缺向被衣问道，被衣说："端正你的形体，集中你的视觉，天道和顺之理就会体现在你身上；收敛你的智慧，专一你的视觉，精神就会凝聚。德将显示你的完美，道将居于你的心中，你天真无知如同初生的牛犊一样于事无求。"

话音未毕，齧缺就睡着了。被衣非常高兴，唱着歌走了，他唱道："形如枯骨，心如死灰，他领悟了道，不固执己见。懵懵懂懂的样子，没有心机不可谋议。他是什么样的人啊？"

舜问丞说："道可以获得而据有吗？"

丞说："你的身体你都不能据有，你又怎么能够据有道呢？"

舜说："我的身体不归我有，归谁所有？"

丞说："是天地所赋予的形体；诞生不归你有，乃是天地所赋予的阴阳结合；性命不归你有，乃是天地所赋予的阴阳调和；子孙不归你有，乃是天地所赋予的蜕变生新。所以行动时不知去向，居留时不知持守，饮食时不知口味。这些都是天地运行变化的结果，怎么能够据有呢？"

孔子问老子说："今天安闲无事，请讲讲最高的道。"

老子说："你要斋戒，疏通你的心灵，洗净你的精神，抛弃你的智慧。道非常深奥，不好说啊！我给你说个大略吧。

"光明产生于昏暗，有形产生于无形，精神产生于道，形体产生于精神，万物以各种形态互相产生，所以九窍的动物胎生，八窍的动物卵生。来的时候无痕无迹，去的时候无边无际，不知从哪里生出来，不知哪里是归宿，四通八达，宽广辽阔。顺于道的，四肢强健，思路通达，耳目聪明，不用劳心，处事灵活。天不得不高，地不得不广，日月不得不运行，万物不得不昌盛，这就是道吧！

"况且博学的未必有智慧，善辩的未必聪明，圣人早已抛弃了这些。不增不减，无损无益乃是圣人所要保持的。深远似海，高大如山，周而复始地循环运行，运载万物而不会遗漏。然而君子的道岂是呈现在外？虽然万物都来求取，但不会匮乏，这就是道吧！

"中国有人，既不偏于阴，也不偏于阳，而是处于天地之间。姑且为人，将返归于本宗。从根本上来看，所谓生命，不过是气的凝聚。虽有长寿与短命之别，但能相差多少呢？只是一瞬间而已。又何必去论说尧与桀的是非？瓜果各有其生长之理，关系人伦虽然复杂，但也类似瓜里之理。圣人遇事而顺从，得过且过而不固执。和顺待人便是德；谐合接物便是道；帝王的兴起就是靠无为之道。

"人生活在天地之间，就像骏马穿越空隙，一闪而已。万物蓬蓬勃勃，无不生长；销声匿迹，无不消亡。已经变化而生，却又变化而死，生物为之哀伤，人类为之悲痛。解除束缚，毁掉禁锢，纷乱宛转，魂魄升天，躯体入土，这就是返归大本！从无形变为有形，从有形又变为无形，这种生死变化是人所共知的，并不是将要得道的人所追求的，这是常人所共同议论的。得道的人就不去议论，议论的人就没有得道。清楚看见的其实没有看见，辩论不如沉默。道是不可听闻的，听闻不如充耳不闻。这才叫真正的得道。"

东郭子问庄子说："所谓道都在什么地方？"

庄子说："无所不在。"

东郭子说："请指明所在。"

庄子说："在蝼蚁里。"

东郭子说："怎么如此卑下？"

庄子说："在稊稗里。"

东郭子说："怎么更卑下了呢？"

庄子说："在砖瓦里。"

东郭子说："怎么越来越卑下了呢？"

庄子说："在屎尿里。"

东郭子不吭声了。庄子说："先生所问的本来就没有触及道的实质。司正和司获向监市者问踩猪选肥的方法，回答说越是下部越能真正反映猪的肥瘦。你不要将道的所在绝对化，道是不脱离物的。最高的道是这样，表现道的言论也是这样。'周''遍''咸'这三个概念，名称虽然不同，但意思却是一样，所表示的意义是同一的。试着一同遨游于虚无的境界，同合而论之，道是没有穷尽的！让我们一同自然无为吧！恬淡而静寂啊！漠然而清净啊！和顺而悠闲啊！我的心志虚寂，前往却不知道要到哪里，去了又来却不知道止于何处。我来来往往而不知道何时是终结；漫游于虚无广阔的境界，心怀大智而不知道何处是尽头。道与物是没有界限的，而物与物之间是有界限的，这就是所谓物的界限；没有界限的界限就是界限中的没有界限。所谓盈虚衰杀，其为盈虚而非盈虚，其为衰杀而非衰杀，其为本末而非本末，其为积散而非积散。"

妸荷甘和神农同在老龙吉那里求学。神农靠在几案上关起门来白天睡觉，中午，妸荷甘推开门跑进来说："老龙死了！"神农扶着手杖站起来，又放下手杖笑了，他说："先生知道我僻陋荒唐，所以丢下我死了。完啦！先生没有留下启发我的至言就死了啊！"

弇堈吊听到后说："体现道的人是天下君子所依赖的。现在老龙吉对于道，连一根毫毛末端的万分之一都没有得到，还知道藏着至言而死，何况体现道的人？看去无形，听来无声，议论者称它为冥冥，所议论的道并不是真正的道。"

泰清问无穷说："你知道道吗？"

无穷说："我不知道。"

又问无为。无为说："我知道。"

泰清说："你知道道，道也有定数吗？"

无为说："有。"

泰清说："定数是什么样呢？"

无为说："我知道道可以尊贵，可以低贱，可以聚集，可以离散，这就是我所知道的道的定数。"

泰清又用这些话问无始说："像这样，无穷的不知和无为的知，究竟谁是谁非呢？"

无始说："不知的深刻，知的浅薄；不知的已深入其内，知的只知其皮毛。"

于是泰清仰头感叹说："不知的乃是知！知的其实不知！谁明白不知的知呢？"

无始说："道不可以听，听到的就不是道；道不可以看，看见的就不是道，道不可以说，说出来的就不是道。知道支配有形的东西是无形吗！道不应当有名称。"

无始说："有人问道就回答的，是不懂道。问道的人其实也没有听到道。道是无法问

的，问了也无法回答。无法问而要问，就是空问；无法回答而回答，就是空答。以空答对空问，若是这样，对外便不能观察宇宙，对内则不知万物的根本，因而不能跨越昆仑，不能遨游于太虚。”

光曜问无有说：“先生是有呢？还是无有？”

光曜得不到回答，就仔细观察他的状貌，空空虚虚，整天看也看不见，听也听不到声音，抓也抓不着。

光曜说：“绝妙极了！谁能达到这种境界呢？我能达到‘有无’，而不能达到‘无无’；至于‘无有’，不知怎样才能达到这种境界？”

大司马有个制钩的工匠，已经八十岁了，做的钩分毫不差。大司马说：“你是有绝技呢，还是有道？”

工匠说：“我有所持守。我二十岁时就喜欢垂钓，别的东西一概不看，把全部精力都集中在钩上。我所用心的是因为借助了不用心才得以成就，何况那无不用的呢？万物谁不依赖于它呢？”

冉求问孔子说：“没有天地之前的情形可以知道吗？”

孔子说：“可以。古今是一样的。”

冉求没有得到想要的回答就退下了，第二天又来求教，说：“昨天我问‘没有天地之前的情形可以知道吗？’先生说：‘可以。古今是一样的。’昨天我还明白，今天却糊涂了，请问这是为什么呢？”

孔子说：“昨天你明白，是用心神先去领会的结果；今天你糊涂，是因为求取具体所致。没有古没有今，没有始没有终。没有子孙以前便已有子孙，可以吗？”

冉求没有回答。孔子说：“算了吧，别回答了。死不借助于生，生也不借助于死。死和生是相互依存的吗？死和生都是一体的。有先于天地而生的物吗？产生物的是道而不是物。物的产生不能在道之前，道生出了天地万物。有了天地万物，便生生不息。圣人慈爱人类，恩流百代而不废，乃是取法于道。”

颜渊问孔子说：“我曾经听老师说：‘不要送，不要迎。’请问其中的道理。”

孔子说：“古时候的人，外表随物变化而内心宁静；现在的人，内心思绪万千而外表呆板不化。化和不化都安然顺任。安然与之相顺，相处得恰如其分。就像狶韦氏的苑囿，黄帝的园圃，有虞氏的宫殿，汤武的屋宇。君子一类的人，像儒墨的师辈，还以是非互相攻击，何况是现在的人呢？圣人与物相处而不伤物。不伤物的，物也不伤害他。只有无所伤害的，才能与人相互往来。山林啊！原野啊！使我欣然快乐！快乐还没有消逝，悲哀又接着来了。哀乐的来临，我不能抗拒，它的离去也无法制止。可悲啊，世人简直成了外物寄居的旅舍！只知道所见过的，而不知道未见过的，能做到所能够做到的，而不能做到所不能够做到的。有所不知，有所不能，这本来是人所难免的。一定要避免人所难免的，岂不也很可悲吗？至言无言，至为无为。要是什么都知道，实际上所知的就肤浅了。”

精彩点拨

《骈拇》倡导听任自然，顺应人情的思想。《马蹄》表现了庄子反对束缚和羁绊的政治主张。《胠箧》宣扬“绝圣弃知”的思想和返归原始的政治主张。《天道》主要论述了天道与人道的关系，并从天道论及人伦等级的合理性。《天运》幻想一种“天地与我并生，万物与我为一”的主观精神境界。《刻意》认为“虚无恬淡”才是修养的最高境域。《缮性》主要讨论如何养性。《秋水》的中心是讨论人应怎样去认识外物。《至乐》详细论述了人间是否存在最大的快乐。《说剑》写庄子说剑，属于杂篇的范畴。《山木》主要讨论处世之道。《达生》的宗旨在于讨论如何养生。《田子方》主要表现虚怀无为、随应自然、不受外物束缚的思想。《知北游》主要是在讨论“道”，具有朴素的唯物辩证观。

阅读积累

颜　回

颜回（前521—前481），曹姓，颜氏，名回，字子渊，鲁国人，居陋巷（今山东省曲阜市旧城内的陋巷街，颜庙所在之地）。尊称复圣颜子，春秋末期鲁国思想家，儒客大家，孔门七十二贤之首。十三岁拜孔子为师，终生师事之，是孔子最得意的门生。孔子对颜回称赞最多，赞其好学仁人。历代儒客文人学士对颜回推尊有加，配享孔子、祀以太牢，追赠兖国公，封为复圣，陪祭于孔庙。

杂篇

精彩导读

这部分在经世流传中众说纷纭，莫衷一是。有说是庄子的弟子或后人会集编撰的。内容涵盖方方面面，包罗万象，确实“杂”而广博。同样，这部分每一篇的篇名也取自每篇开头的名词。《庄子》一书所传达出的庄子那广阔无际的精神境界影响深远，贯穿了整个文学史。一代诗仙李白就曾情不自禁地赞叹说：“南华老仙发天机于漆园，吐峥嵘之高论，开浩荡之奇言，征志怪于齐谐，谈北溟之有鱼……五岳为之震落，百川为之崩奔……吾亦不测其神怪之若此，盖乃造化之所为。”苏轼读《庄子》书，也赞叹道：“昔有见于中，口未能言，今见《庄子》，得吾心矣。”辛弃疾也深受庄子的影响，他在自己的作品中常常引用庄子的语言，并说：“案上数编书，非《庄》即《老》。”郭沫若则认为，大半个中国文学史都受到庄子的影响。本章节选取了除《说剑》外的十篇，下面就让我们一起进入《庄子·杂篇》这座艺术宝殿探寻珍宝吧！

庚桑楚

原文

老聃之役[①]有庚桑楚者，偏得[②]老聃之道，以北居畏垒[③]之山。其臣之画然[④]知者去之，其妾之挈然仁者[⑤]远之；拥肿[⑥]之与居，鞅掌[⑦]之为使。居三年，畏垒大穰[⑧]。畏垒之民相与言曰：“庚桑子之始来，吾洒然[⑨]异之。今吾日计之而不足，岁计之而有馀。庶几其圣人乎！子胡不相与尸而祝之[⑩]，社而稷之[⑪]乎？”

庚桑子闻之，南面而不释然”。弟子异之。庚桑子曰：“弟子何异于予？夫春气发而百草生，正得秋而万宝[⑫]成。夫春与秋，岂无得而然哉？天道已行矣。吾闻至人，尸居环堵之室[⑬]，而百姓猖狂不知所如往。今以畏垒之细民，而窃窃焉欲俎豆予于贤人之间[⑭]，我其杓[⑮]之人邪！吾是以不释于老聃之言。”

弟子曰："不然。夫寻常[16]之沟，巨鱼无所还[17]其体，而鲵鳅为之制[18]。步仞[19]之丘陵，巨兽无所隐其躯，而孽狐为之祥[20]。且夫尊贤授能，先善[21]与利，自古尧、舜以然，而况畏垒之民乎！夫子亦听矣！"

庚桑子曰："小子，来！夫函[22]车之兽，介[23]而离山，则不免于罔罟之患；吞舟之鱼，砀而失水[24]，则蚁能苦之。故鸟兽不厌[25]高，鱼鳖不厌深。夫全其形生之人，藏其身也，不厌深眇[26]而已矣。且夫二子[27]者，又何足以称扬哉！是其于辩[28]也，将妄凿垣墙而殖蓬蒿也。简发而栉[29]，数米而炊，窃窃乎又何足以济世哉！举贤则民相轧，任知则民相盗。之数物者，不足以厚民[30]。民之于利甚勤[31]，子有杀父，臣有杀君，正昼[32]为盗，日中穴阫[33]。吾语女：大乱之本，必生于尧、舜之间，其末存乎千世之后。千世之后，其必有人与人相食者也。"

南荣趎蹴然正坐曰[34]："若趎之年者已长矣，将恶乎托[35]业以及此言邪？"

庚桑子曰："全汝形[36]，抱汝生[37]，无使汝思虑营营[38]。若此三年，则可以及此言矣！"

南荣趎曰："目之与形，吾不知其异也，而盲者不能自见。耳之与形，吾不知其异也，而聋者不能自闻。心之与形，吾不知其异也，而狂者不能自得。形之与形亦辟[39]矣，而物或间[40]之邪，欲相求而不能相得？今谓趎曰：'全汝形，抱汝生，无使汝思虑营营。'趎勉[41]闻道达耳矣。"

庚桑子曰："辞尽矣。曰：'奔蜂不能化藿蠋[42]，越鸡不能伏鹄卵[43]，鲁鸡固能矣。鸡之与鸡，其德非不同也，有能与不能者，其才固有巨小也。'今吾小才，不足以化子，子胡不南见老子？"

南荣趎赢[44]粮，七日七夜至老子之所。

老子曰："子自楚之所来乎？"

南荣趎曰："唯。"

老子曰："子何与人偕来之众也？"

南荣趎惧然顾其后。

老子曰："子不知吾所谓乎？"

南荣趎俯而惭，仰而叹，曰："今者吾忘吾答，因失吾问。"

老子曰："何谓也？"

南荣趎曰："不知乎？人谓我朱愚[45]，知乎？反愁我躯[46]。不仁则害人，仁则反愁我身。不义则伤彼，义则反愁我已。我安逃此而可？此三言者，趎之所患也，愿因楚而问之。"

老子曰："向吾见若眉睫之间[47]，吾因以得汝[48]矣，今汝又言，而信[49]之。若规规然[50]若丧父母，揭竿而求诸海也。女亡人哉，惘惘乎！汝欲反汝情性而无由入，可怜哉！"

南荣趎请入就舍[51]，召[52]其所好，去其所恶，十日自愁[53]，复见老子。

老子曰："汝自洒濯[54]，熟[55]哉郁郁乎！然而其中津津[56]乎犹有恶也。夫外韄者不可繁而捉[57]，将内揵[58]；内韄者不可缪[59]而捉，将外揵。外内韄者，道德不能持，而况放[60]道而行者乎！"

南荣趎曰："里人[61]有病，里人问之，病者能言其病[62]，病者犹未病也。若趎之闻大道，譬犹饮药以加病也。趎愿闻卫生[63]之经而已矣"

老子曰："卫生之经，能抱一乎？能勿失乎？能无卜筮而知吉凶乎？能止乎？能已乎？能舍诸人[64]而求诸已乎？能翛然[65]乎？能侗然[66]乎？能儿子[67]乎？儿子终日嗥而嗌不嗄[68]，和之至也；终日握而手不掜[69]，共其德也；终日视而目不瞚[70]，偏不在外也。行不知所之，居不知所为，与物委蛇而同其波。是卫生之经已。"

南荣趎曰："然则是至人之德已乎？"

曰："非也。是乃所谓冰解冻释者，能乎？夫至人者，相与交食乎地而交乐乎天，不以人物利害相撄，不相与为怪，不相与为谋，不相与为事，翛然而往，侗然而来，是谓卫生之经已。"

曰："然则是至乎？"

曰："未也。吾固告汝曰：'能儿子乎？'儿子动不知所为，行不知所之，身若槁木之枝而心若死灰。若是者，祸亦不至，福亦不来。祸福无有，恶有人灾也！"

宇泰定[71]者，发乎天光[72]。发乎天光者，人见其人，物见其物。人有修者，乃今有恒；有恒者，人舍之，天助之。人之所舍，谓之天民；天之所助，谓之天子。

学者，学其所不能学也是行者，行其所不能行也？辩者，辩其所不能辩也？知止乎其所不能知，至矣。若有不即是[73]者，天钧[74]败之。

备物以将[75]形，藏不虞[76]以生心，敬中以达彼[77]，若是而万恶至者，皆天也，而非人也，不足以滑[78]成，不可内于灵台[79]。灵台者，有持而不知其所持，而不可持者也。

不见其诚己而发，每发而不当。业入[80]而不舍，每更为失[81]。为不善乎显明之中者，人得而诛之；为不善乎幽间之中[82]者，鬼得而诛之。明乎人、明乎鬼者，然后能独行。

券[83]内者，行乎无名；券外者，志乎期[84]费。行乎无名者，唯庸[85]有光。志乎期费者，唯贾人[86]也，人见其跂[87]，犹之魁然[88]。与物穷者[89]，物入焉。与物且[90]者，其身之不能容，焉能容人！不能容人者无亲，无亲者尽人[91]。兵莫憯[92]于志，镆铘为下。寇莫大于阴阳，无所逃于天地之间。非阴阳贼[93]之，心则使之也。

道通其分也，其成也，毁也。所恶乎分者，其分也以备；所以恶乎备者，其有以备。故出而不反，见其鬼；出而得，是谓得死。灭而有实，鬼之一也。以有形者象无形者而定矣。

出无本[94]，入无窍[95]。有实而无乎处，有长而无乎本剽[96]。有所出而无本者有实，有所入而无窍者有长。有实而无乎处者，宇[97]也；有长而无本剽者，宙[98]也。有乎生，有乎死，有乎出，有乎入，入出而无见其形，是谓天门。天门者，无有也，万物出乎无有。有不能以有为有，必出乎无有，而无有一无有。圣人藏乎是。

古之人，其知有所至矣，恶乎至？有以为未始有物者，至矣，尽矣，弗可以加矣！其次以为有物矣，将以生为丧也，以死为反也，是以分已。其次曰始无有，既而有生，生俄而死；以无有为首，以生为体，以死为尻；孰知有无死生之一守[99]者，吾与之为友。是三者虽异，公族也。昭景[100]也，著戴[101]也；甲氏[102]也，著封[103]也；非一也。

有生，黬[104]也，披然曰移是[105]。尝言移是，非所言也。虽然，不可知者也。腊者之有膍胲[106]，可散而不可散也。观室者周于寝庙[107]，又适其偃[108]焉。为是举[109]移是。

请常言移是。是以生为本，以知为师，因以乘[110]是非。果[111]有名实，因以己为质[112]；使人以为己节[113]，因以死偿[114]节。若然者，以用[115]为知，以不用为愚，以彻[116]为名，以穷为辱。移是！今之人也！是蜩与学鸠同于同也。

蹍[117]市人之足，则辞以放骜[118]，兄则以妪[119]，大亲则已矣[120]。故曰，至礼有不人[121]，至义不物[122]，至知不谋，至仁无亲[123]，至信辟[124]金。

彻志之勃[125]，解心之谬[126]，去德之累，达道之塞。贵、富、显、严、名、利六者，勃志也。容、动、色、理、气、意六者，谬心也。恶、欲、喜、怒、哀、乐六者，累德也。去、就、取、与、知、能六者，塞道也。此四六者不盪胸中则正。正则静，静则明，明则虚，虚则无为而无不为也。道者，德之钦也。生者，德之光也。性者，生之质也。性之动，谓之为。为之伪，谓之失。知者，接也。知者，谟也。知者之所不知，犹睨也。动以不得已之谓德，动无非我之谓治，名相反而实相顺也。

羿工乎中微而拙乎使人无已誉[127]。圣人工乎天而拙乎人[128]。夫工乎天而俍[129]乎人者，唯全人[130]能之。虽虫能虫[131]，唯虫能天[132]。全人恶天？恶人之天[133]？而况吾天乎人乎！

一雀适羿，羿必得之，威也。以天下为之笼，则雀无所逃。是故汤以庖[134]人笼伊尹，秦穆公以五羊之皮笼百里奚。是故非以其所好笼之而可得者，无有也。

介者拸画[135]，外非誉[136]也；胥靡[137]登高而不惧，遗死生也。夫复謵[138]不馈而忘人，忘人，因以为天人矣。故敬之而不喜，侮之而不怒者，唯同乎天和者为然”。出怒不怒，则怒出于不怒矣；出为无为，则为出于无为矣。欲静则平气，欲神则顺心，有为也。欲当则缘于不得已。不得已之类，圣人之道。

注释

①役：门徒。

②偏得：部分地学到。

③畏垒：山名。

④画然：明察的样子。

⑤挈（qiè）然仁者：自信做到仁的。

⑥拥肿：糊涂无知的样子。

⑦鞅掌：随随便便的样子。

⑧穰：丰收。

⑨洒然：惊怪的样子。

⑩尸而祝之：当作祖宗一样来祭祀崇拜。

⑪社而稷之：为他建立社稷。

⑫万宝：各种果实。

⑬尸居：安居。环堵之室：四面围有一堵墙的居室。

⑭窃窃：烦琐计较的样子。俎豆：奉祀。

⑮杓（biāo）：榜样。

⑯寻常：八尺为寻，二寻为常。

⑰还：转。

⑱制：曲折回旋。

⑲步仞：六尺为步，七尺或八尺为仞。

⑳祥：得意。

㉑先善：有善先用。

㉒函：含。

㉓介：独个。

㉔砀而失水：“砀”通“荡”，因波流动荡而离开了水。

㉕厌：满足。

㉖眇：远。

㉗二子：指尧和舜。

㉘辩：分辨。

㉙简：择。栉（zhì）：梳发。

㉚厚民：利民。

㉛于利甚勤：努力谋利。

㉜正昼：大白天。

㉝穴阫：把墙挖穿。阫（pěi）：墙。

㉞南荣趎（chú）：庚桑楚的弟子。蹴（cù）然：恭敬的样子。

㉟托：凭借。

㊱全汝形：保养好你的身体。

㊲抱汝生：保住你的天性。

㊳营营：劳累而不知休息的样子。

㊴辟：通“譬”，比类，相似。

㊵间：间隔，阻塞。

㊶勉：勉强，约略。

㊷奔蜂：小蜂，细腰土蜂。蠋（zhú）：大青虫。

㊸越鸡：越地所产的鸡。伏：孵。鹄：天鹅。

㊹赢：担。

㊺朱愚：愚钝。

㊻反愁我躯：反而令我自身愁苦。

㊼眉睫之间：指表情。

㊽得汝：知道了你的心事。

㊾信：证实。

㊿规规然：茫然自失的样子。

(51)入就舍：入居弟子之舍。

(52)召：吸取。

(53)自愁：自感苦恼。

(54)洒濯（zhuó）：洗涤。

(55)熟：通“孰”。

(56)津津：流露的样子。

(57)韄（hù）：束缚。捉：促，急迫。

(58)揵（jiàn）：闭。

(59)缪（móu）：缠缚。

(60)放：通“仿”，仿效，学习。

(61)里人：住在同一里的人，即邻居。

(62)病者能言其病：这句话下原有“然其病”三字，因属于衍文而删除。

(63)卫生：养生。

(64)舍诸人：对人无所求。

(65)翛（xiāo）然：无所牵挂的样子。

(66)侗（dòng）然：胸怀开朗的样子。

(67)能儿子：能和小孩一样天真。

(68)嗥（háo）：号叫。嗌（yì）：喉咙。嗄（shà）：沙哑。

(69)掜（niě）：拳曲。

(70)瞚（shùn）：通“瞬”，眼睛转动。

(71)宇泰定：心境安泰。

(72)天光：自然的光芒。

(73)不即是：不这样。

(74)天钧：自然之性。

(75)将：养。

(76)不虞：无所思虑。

(77)彼：外物。

(78)滑：乱。

(79)灵台：心。

(80)业入：已纳入心里。

(81)失：错。

(82)幽间之中：在阴暗的地方。

(83)券：契合。

(84)期：必。

(85)庸：常。

(86)贾人：商人。

(87)跂（qǐ）：抬起脚后跟站着。

(88)魁然：高大的样子。

⑧⑨与：待。穷：空。

⑨⑩且：通“阻”。

⑨①尽人：弃绝于人。

⑨②憯：通“惨”，毒。

⑨③贼：害。

⑨④本：根源。

⑨⑤窍：门。

⑨⑥本剽：本末，始终。

⑨⑦宇：指空间中没有止境的上下四方。

⑨⑧宙：指时间上没有终始的古往今来。

⑨⑨一守：一体。

⑩⑩昭景：楚国的公族昭氏和景氏。

⑩①著戴：以显赫的职位而著称。

⑩②甲氏：即楚国的公族屈氏。

⑩③著封：以封地而著称。

⑩④黬（àn）：疵，黑痣。

⑩⑤披然：纷纷然。移是：争论是非。

⑩⑥腊：腊祭，古代十二月的祭祀。膍（pí）：牛胃。胲（gāi）：牛蹄。

⑩⑦周：遍。寝宙：住所。

⑩⑧偃：厕所。

⑩⑨举：举例说明。

⑪⑩乘：驾驭。

⑪①果：真的。

⑪②质：主。

⑪③节：节操。

⑪④偿：殉。

⑪⑤用：炫耀。

⑪⑥彻：通达。

⑪⑦蹍（niǎn）：踩踏。

⑪⑧放骜（ào）：放纵妄动。

⑪⑨妪：抚慰。

⑫⑩大亲：父母。已矣：算了。

⑫①不人：没有内外之别。

⑫不物：没有物我之分。

⑬无亲：不分亲疏。

⑭辟：排除。

⑮彻：消解。勃：乱。

⑯谬：束缚。

⑰工：善。中微：射中微小的目标。

⑱工乎天：善于顺应天然。拙乎人：不善于处理人事。

⑲俍（liáng）：善。

⑳全人：完美的人。

㉑虽虫能虫：只有鸟兽才能安于为鸟兽。

㉒能天：能顺乎天然。

㉓人之天：人为的天然。

㉔庖：厨师。

㉕介者：单足人。拸（chǐ）：不拘法度。画：装饰。

㉖外非誉：已将毁誉置之度外。

㉗胥靡：罪犯。

㉘复謵（xí）：不馈，对别人对自己的馈赠不知回报。

译文

老子的门徒中有个名叫庚桑楚的，他部分地学到了老子的道，住在北边的畏垒山上。他的奴仆中凡精干聪明的被辞去不用，侍女中凡自信有仁义的被他疏远；糊涂无知的被他留用，鲁莽随便的供他役使。庚桑楚在这里住了三年，畏垒一带大获丰收。畏垒的人民互相说：“庚桑楚刚来的时候，我们对他感到惊异。现在我们觉得他虽无近功，而有远利。他大概是圣人吧！我们何不祭祀崇拜他，为他建立社稷呢？”

庚桑楚听说人们要奉他为君，心里很不高兴。弟子们感到很奇怪。庚桑楚说：“为什么你们对我感到奇怪？春气勃发而百草丛生，恰逢秋季而各种果实成熟。难道春和秋无缘无故就能这样吗？这是天道运行的结果。我听说，至人安居于陋室，而百姓忘乎所以不知该怎么办。现在畏垒的小人们斤斤计较要把我放进贤人之列来进行崇拜，难道我是榜样之人吗？我之所以对此不高兴，是因为想起了老子的教诲。”

弟子说：“不对。在小河沟里，大鱼无法转动身体，而小鱼却能游来游去；在低矮的丘陵地带，形体巨大的野兽无处藏身，而狐狸却能自如出没。况且尊贤授能，赏善施利，自古尧、舜就是如此，何况畏垒的百姓呢？先生就顺从他们吧！”

庚桑楚说："小子过来，口能含车的巨兽独自离开山林，就难逃网罗之祸；吞舟的巨鱼因波流动荡而离开了水，就连蚂蚁也能整治它。所以鸟兽不厌高，鱼鳖不厌深。全形养生的人隐形藏身也是不厌深远罢了！尧、舜这两个人有什么值得颂扬的？他们对于善恶的分辨犹如妄自凿破好垣墙种植蓬蒿以作为屏障一样。选择头发来梳，数米粒来煮，如此烦琐的行为又怎么能够救世呢？选举贤能，人民就会相互倾轧；任用智者，人民就会相互争盗。这几种措施对人民是没有好处的。人民致力于谋利，就会出现子杀父、臣杀君、白日抢劫、正午挖墙等现象。我告诉你，大乱的根源就产生在尧、舜时代，其流弊遗存于千代之后。千代之后，必定会有人吃人的现象。"

南荣趎恭敬地端坐着说："像我这样大的年纪，怎样学习才能达到您所说的那种境界呢？"

庚桑楚说："保养好你的身体，保住你的天性，不要思虑重重。这样经过三年，你就可以达到我所说的那种境界了。"

南荣趎说："眼睛的外形，我看不出有什么不同，但盲人却无法自闻；耳朵的外形，我看不出有什么不同，但聋子却无法自闻；心的形态，我不知道有什么不同，但狂人却不能自得。从外表来看，形体之间并无区别，或许是由于什么东西阻塞，使得无法达到所追求的目标！现在您对我说：'保养好你的身体，保住你的天性，不要思虑重重。'我听道勉强只达到耳朵，未能心领神会。"

庚桑楚说："话已经说尽了。小蜂不能孵化大青虫，越鸡不能孵化天鹅蛋，鲁鸡就可以。鸡和鸡之间的德性并无不同，但有能与不能的区别，才能有大有小。现在我的才小不足以开导你。为什么你不南行去拜见老子？"

南荣趎背负干粮，走了七天七夜赶到老子住的地方。

老子说："你是从庚桑楚那里来的吗？"

南荣趎说："是的。"

老子说："为什么你和这么多人一起来呢？"

南荣趎惊异地回顾身后。

老子说："你不懂我所说的意思吗？"

南荣趎惭愧地低下了头，又仰面而叹说："现在我忘了我的回答，因而也忘了我所问的。"

老子说："怎么说呢？"

南荣趎说："无智吧，人们说我愚钝，有智吧，反而令我自身愁苦；不行仁则伤害别人，行仁则反而伤害自身；不行义则伤害他人，行义则反而伤害自身。我怎样才能逃避这些？上述三种情况就是我所忧虑的，希望通过庚桑楚的介绍来向先生求教。"

老子说："刚才我看你眉目间的神情，便知道了你的心事，现在听你一说，又证实了

我的判断。你茫然自失的样子就像丧失了父母，拿着竹竿去探测人海。你是亡真失道之人啊，迷迷惘惘！你想恢复你的天性却无从做起，可怜啊！”

南荣趎请求留在馆舍受业，吸取所好，抛弃所恶，但十天后仍然自感愁苦，于是又去拜见老子。

老子说：“你自我洗涤，有什么郁郁不乐的？在被外物牵累时，不应因为繁杂而紧张，而要心神内守；在被心事所缠缚时，不应因为纠缠不清而急躁，而要排除外来干扰。如果外界和内心都有牵累的话，那就连有道德的人也不能自持，何况是学道的人呢？”

南荣趎说：“一个人有病，邻里的人去问候他，病人能说出自己的病状，那就还未达到不可救药的程度。像我这样听闻大道，犹如吃药而加重了病情，我只想听听养生的方法。”

老子说：“养生之道能保持纯真吗？能不丧失天性吗？能不占卜便知吉凶吗？能心性宁静吗？能心平气和吗？能不求人而求己吗？能无所牵挂吗？能胸怀开朗吗？能像小孩一样天真吗？小孩整天号哭而喉咙不哑，这是因为和气纯厚；整天握拳而手不曲，这是因为合乎自然的德性；整天注视而目不转睛，这是因为不偏注于所看的外物。行动时毫无目的，安居时无所作为，与物变化而随波逐流。这就是养生之道。”

南荣趎说：“那么这就是至人的境界了吗？”

老子说：“不是。这就是所说的解开心性的执滞，你能做到吗？要是至人，求食于地而与天同乐，不为人物利害所扰动，不相互责怪，不相互为谋，不为世俗之事所累，无牵无挂而去，轻轻松松而来。这就是养生之道。”

南荣趎说：“那么这就是最高的境界吗？

老子说：“还未达到。我曾经告诉你说：‘能像小孩一样天真吗？’小孩动作盲目无意，行动漫无目的，身体像枯木而心灵如死灰。像这个样子，灾祸不至，幸福不来。连祸福都没有，怎么会有人为的灾难呢？”

心境安泰的人便能发出自然的光芒。发出自然光芒的，人和物都各自显露出他们本来的面目。人有修炼，就能培养常德；有常德的人，人们归附于他，天也保佑他。人们归附的，称为天民；天保佑的，称为天子。

学习的人是学他所不能学的；实行的人是实行他所不能实行的；辩论的人是辩他所不能辩的。认识停止在不能认识的范围，便是至极，如果不是这样，自然的天性就要受挫了。

备物来滋养形体，用无思无虑来培养心神，以真诚之心与外物相通，如果这样各种灾难还是降临，那都是天命，而不是自己所作所为的过错，不值得为此而扰乱自然形成的心性，不可将其放在心里。心灵有所持守，而不知所持守，而不可持守。

自己心中都还未做到真诚就表示出来，那么与外界就往往合不来；不肯抛弃已扰入内心的外物，就往往会错上加错。明目张胆地干坏事，就会受到众人的讨伐；在阴暗的地方干坏事，就会受到鬼的惩罚。如果公开与暗中都光明正大，就能独往独来。

只求与自己心性相契合的，就会不务虚名；追求与外界契合的，总想为人所重用。不务虚名的必然能永放光芒；志在为人所重用的只不过如商人一般。人们看他抬起脚后跟站着，他自己还感觉很高大。以空虚的胸怀对待万物，就能容纳万物；心胸不畅与万物格格不入，连自身都不能相容，怎么能容人？不能容人的无亲，无亲弃绝于人。心志是伤害人的利器，它比最锋利的剑还要厉害；敌人中最厉害的是阴阳，因为阴阳二气充满于天地之间，人们无法逃避，并不是阴阳伤害你，而是由于你的心志未能顺乎自然，阴阳不能调和而造成的。

道通，其分也，其成也毁也。所恶乎分者，其分也以备；所以恶乎备者，其有以备。故出而不反，见其鬼；出而得，是谓得死。灭而有实，鬼之一也。以有形者象无形者而定矣。

道无所不通，事物的本分，以及事情的成败都与道相通。厌恶本分的，是因为不守本分而求全；厌恶全的，是因为本分不足而求全。所以，心神外驰而不返，死期就临近了；心神外驰而有所得，得到的就是死亡。心神死亡而空有躯体，就和鬼没有什么区别了。以有形的躯体去效法无形的道，心神和躯体就充实而安定了。

出无根源，入无门径。有实际存在而没有处所，有成长而没有始终，有所出而没根源的有实，有所入而无门径的有长。有实际存在而没有处所的，就是宇；有成长而没有始终的，就是宙。有生有死，有出有入，出入而不显露其形，称为天门。天门就是无有，万物产生于无有。有不能以有为有，必定产生于无有，而无有一无所有。圣人就隐身于这种境界。

古时候的人，他们的认识达到了极高的境界。是什么样的境界呢？他们认为在宇宙初开时是不曾有物的，这种认识无与伦比。其次一等的认识认为宇宙间有事物存在，生就是有所失，死是从有还原到无，这就有了区别。再次一等的认识认为宇宙原来无有，后来有了生，生忽然又死了；以无有为头，以生为躯体。以死为尾部；谁知道有无死生为一体，我就和他做朋友。这三者虽有差异，却同出一源，昭氏和景氏以显赫的职位而著称，甲氏以封地而著称，虽然同为公顷族，却有所区别。

脸上生了黑痣，人们纷纷争论它的是非。试谈谈是非之争的问题，但并非能够说得很清楚。尽管这样，却不能为一般人所理解。腊祭的祭品中有牛的内脏和四肢，这些东西本可以分开来放，但祭祀时却必须放在一起；参观宫室的人遍览庙堂寝室，无须去游观厕所，但厕所终究又不能不去。以上两个例子就是说明是非的问题。

请让我说说是非之争的问题。它是以个人的心性为本，以个人的认识为标准，凭着个人的认识驾驭是非；果真是名实的区别，便以自我为主；使别人以自己为节操的准则，而

以死殉节。像这样，便以炫耀为智，以隐晦为愚。争论是非的是现在的人，他们的见识如同蝉与小鸠一般。

踩踏了市场上人的脚，就道歉说自己放肆，踩了兄弟就抚慰一下，踩了父母则无须说什么。所以说，至礼没有内外之别，至义没有物我之分，至智无须谋虑，至仁不分亲疏，至信不用金钱为质。

消解意志的错乱，解除心灵的束缚，去掉德性的拖累，贯通道的障碍。高贵、富有、显达、威严、名誉、利禄六者错乱意志；容貌、举动、颜色、情理、气息、情意六者束缚心灵；厌恶、欲望、欣喜、愤怒、悲哀、欢乐六者拖累德性；舍弃、依从、索取、给予、智慧、技能六者是道的障碍。上述四种六者不扰动心胸就能平正，平正就宁静，宁静就明澈，明澈就空虚，空虚就能无为而无不为。道是德的主宰，生是德的光辉，天性是生的本质。天性的活动叫作作为；为的虚伪称作为失。智是与外界相接触，智是内心的谋虑；智所不能知，就像斜视一样所见有限。不得已而动称为德，所作所为不是由于我叫作治，名义上相反而实际上是相顺的。

羿善于射中微小的目标，而拙于使人不赞誉自己；圣人善于顺庆天然，而不善于处理人事。善于顺应天然而又善于处理人事，只有全人才能做到。只有鸟兽才能安于为鸟兽，只有鸟兽能顺乎天然。全人哪里知道天然？哪里知道人为的天然？何况是自己将天和人区分开来的？

一只鸟飞向羿，羿必定射中他，这是依靠他的威猛；如果把天下作为笼子，鸟就无处可逃了。所以，汤以厨师笼住了伊尹，秦穆公用五张羊皮笼住了百里奚。所以说，不投其所好能笼络住的是没有的。

残疾人放弃打扮，这是因为他已经把人们对他容貌的毁誉不放在心上了；罪犯登高而不惧怕，这是因为他已经把生死置之度外了。不知报答别人而忘己忘人，便达到了天人合一的境界。所以尊敬他而不欣喜，侮辱他也不愤怒，他已经完全和自然合为一体了。发怒而不怒，则怒出自于不怒；有为而无为，则为出自于无为。要心静就要平气，要安神就要顺心。有所为而要得当，就要顺乎于不得已。不得已的行为就是圣人之道。

徐无鬼

徐无鬼因女商见魏武侯[①]，武侯劳之曰："先生病[②]矣，苦于山林之劳，故乃肯见于寡人。"

徐无鬼曰："我则劳于君，君有何劳于我！君将盈耆欲[③]，长[④]好恶，则性命之情

病矣；君将黜[5]耆欲，掔[6]好恶，则耳目病矣。我将劳君，君有何劳于我！”武侯超然[7]不对。

少焉，徐无鬼曰：“尝语君吾相狗也。下之质[8]，执饱而止[9]，是狸德[10]也；中之质，若视日[11]。上之质，若亡其一[12]。吾相狗，又不若吾相马也。吾相马，直者中绳，曲者中钩，方者中矩，圆者中规，是国马[13]也，而未若天下马也。天下马有成材[14]，若恤[15]若失，若丧其一，若是者，超轶[16]绝尘，不知其所。”武侯大说而笑。

徐无鬼出，女商曰：“先生独何以说吾君乎？吾所以说吾君者，横说之则以《诗》《书》《礼》《乐》，从说之则以《金板》《六弢》，奉事而大有功者不可为数，而吾君未尝启齿。今先生何以说吾君，使吾君说若此乎？”

徐无鬼曰：“吾直告之吾相狗马耳。”

女商曰：“若是乎？”

曰：“子不闻夫越之流人乎？去国数日，见其所知而喜；去国旬月，见所尝见于国中者喜；及期年也，见似人者而喜矣。不亦去人滋久，思人滋深乎？夫逃虚空者，藜藋柱乎鼪鼬之径，踉位其空[17]，闻人足音跫然[18]而喜矣，又况乎昆弟亲戚之謦欬其侧者乎”！久矣夫，莫以真人之言謦欬吾君之侧乎！”

徐无鬼见武侯，武侯曰：“先生居山林，食芧栗，厌[19]葱韭，以宾[20]寡人久矣夫！今老邪？其欲干酒肉之味邪[21]？其寡人亦有社稷之福邪？”

徐无鬼曰：“无鬼生于贫贱，未尝敢饮食君之酒肉，将来劳君也。”

君曰：“何哉！奚劳寡人？”

曰：“劳君之神与形。”

武侯曰：“何谓邪？”

徐无鬼曰：“天地之养也一，登高不可以为长，居下不可以为短。君独为万乘之主，以苦一国之民，以养耳目鼻口，夫神者不自许也[22]。夫神者，好和而恶奸；夫奸，病也，故劳之。唯君所病之，何也？”

武侯曰：“欲见先生久矣！吾欲爱民而为义偃兵，其可乎？”

徐无鬼曰：“不可。爱民，害民之始也；为义偃兵，造兵之本也。君自此为之，则殆不成。凡成美，恶器也。君虽为仁义，几且伪哉！形固造形[23]，成固有伐[24]，变固外战。君亦必无盛鹤列于丽谯之间[25]，无徒骥于锱坛之宫[26]，无藏逆于得，无以巧胜人，无以谋胜人，无以战胜人。夫杀人之士民，兼人之土地，以养吾私与吾神者，其战不知孰善？胜之恶乎在？君若勿已矣，修胸中之诚，以应天地之情而勿撄。夫民死已脱矣，君将恶乎用夫偃兵哉！”

黄帝将见大隗乎具茨之山[27]，方明[28]为御，昌寓骖乘[29]，张若、謵朋前马[30]，昆阍、滑稽后车[31]。至于襄城之野，七圣皆迷，无所问涂。

适遇牧马童子，问涂焉，曰："若知具茨之山乎？"曰："然。""若知大隗之所存乎？"曰："然。"

黄帝曰："异哉小童！非徒知具茨之山，又知大隗之所存。请问为天下。"

小童曰："夫为天下者，亦若此而已矣，又奚事焉？子少而自游于六合之内，予适有瞀[32]病，有长者教予曰：'若乘日之车而游于襄城之野。'今予病少痊，予又且复游于六合之外。夫为天下亦若此而已。予又奚事焉！"

黄帝曰："夫为天下者，则诚非吾子之事。虽然，请问为天下。"小童辞。

黄帝又问。小童曰："夫为天下者，亦奚以异乎牧马者哉！亦去其害马者而已矣！"黄帝再拜稽首，称天师[33]而退"。

知士无思虑之变则不乐，辩士无谈说之序[34]则不乐，察士无凌谇之事则不乐[35]，皆囿[36]于物者也。招世之士兴朝[37]，中民之士荣官[38]，筋力之士矜难[39]，勇敢之士奋患[40]，兵革之士乐战，枯槁之士宿名[41]，法律之士广治[42]，礼教之士敬容[43]，仁义之士贵际[44]。农夫无草莱之事[45]则不比，商贾无市井之事[46]则不比。庶人有旦暮之业[47]则劝，百工有器械之巧则壮[48]。钱财不积则贪者忧，权势不尤[49]则夸者悲。势物之徒[50]乐变，遭时有所用，不能无为也。此皆顺比于岁[51]，不物于易[52]者也。驰其形性[53]，潜之万物，终身不反[54]，悲夫！

庄子曰："射者非前期[55]而中，谓之善射，天下皆羿也，可乎？"

惠子曰："可。"

庄子曰："天下非有公是[56]也，而各是其所是，天下皆尧也，可乎？"

惠子曰："可。"

庄子曰："然则儒墨杨秉[57]四，与夫子为五，果孰是邪？或者若鲁遽[58]者邪？其弟子曰：'我得夫子之道矣！吾能冬爨鼎而夏造冰矣！'鲁遽曰：'是直以阳召阳，以阴召阴，非吾所谓道也。吾示子乎吾道。'于是为之调瑟，废[59]一于堂，废一于室，鼓宫宫动，鼓角角动，音律同矣。夫或改调一弦，于五音无当[60]也，鼓之，二十五弦皆动，未始异于声，而音之君已。且若是者邪？"

惠子曰："今夫儒墨杨秉，且方与我以辩，相拂以辞[61]，相镇以声，而未始吾非也，则奚若矣？"

庄子曰："齐人蹢[62]子于宋者，其命阍[63]也不以完，其求钘钟也以束缚，其求唐子也而未始出域[64]，有遗类[65]矣！夫楚人寄而蹢阍者，夜半于无人之时而与舟人斗，未始离于岑而足以造于怨也[66]。"

庄子送葬，过惠子之墓，顾谓从者曰："郢人垩慢其鼻端若蝇翼[67]，使匠石斫之[68]。匠石运斤成风[69]，听[70]而斫之，尽垩[71]而鼻不伤，郢人立不失容[72]。宋元君闻之，召匠石曰：'尝试为寡人为之。'匠石曰：'臣则尝能斫之。虽然，臣之质[73]死久矣。'自夫子[74]之死也，吾无以为质矣，吾无与言之矣。"

管仲有病，桓公问之曰：“仲父之病病矣[75]，可不谓云？至于大病[76]，则寡人恶乎属国[77]而可？”

管仲曰：“公谁欲与？”

公曰：“鲍叔牙[78]。”

曰：“不可。其为人絜廉，善士也；其于不己若者[79]不比之；又一闻人之过，终身不忘。使之治国，上且钩[80]乎君，下且逆乎民。其得罪于君也，将弗久矣！”

公曰：“然则孰可？”

对曰：“勿已则隰朋可。其为人也，上忘而下畔[81]，愧不若黄帝而哀不己若者。以德分人谓之圣，以财分人谓之贤。以贤临人，未有得人者也；以贤下人，未有不得人者也。其于国有不闻[82]也，其于家有不见[83]也。勿已则隰朋可。”

吴王浮于江，登乎狙之山。众狙见之，恂然弃而走，逃于深蓁[84]。有一狙焉，委蛇攫搔[85]，见巧乎王。王射之，敏给搏捷矢。王命相者趋射之，狙执死。

王顾谓其友颜不疑曰：“之狙也，伐其巧，恃其便，以敖予，以至此殛也！戒之哉！嗟乎，无以汝色骄人哉！”颜不疑归，而师董梧，以锄其色，去乐辞显，三年而国人称之。

南伯子綦隐几而坐，仰天而嘘。颜成子入见曰：“夫子，物之尤[86]也。形固可使若槁骸，心固可使若死灰乎？”

曰：“吾尝居山穴之中矣。当是时也，田禾[87]一睹我，而齐国之众三贺之。我必先之[88]，彼故知之；我必卖之[89]，彼故鬻[90]之。若我而不有之，彼恶得而知之？若我而不卖之，彼恶得而鬻之？嗟乎！我悲人之自丧者，吾又悲夫悲人者，吾又悲夫悲人之悲者，其后而日远[91]矣。”

仲尼之楚，楚王觞[92]之，孙叔敖[93]执爵而立，市南宜僚受酒而祭，曰：“古之人乎！于此言已。”

曰：“丘也闻不言之言[94]矣，未之尝言，于此乎言之。市南宜僚弄丸[95]而两家之难解，孙叔敖甘寝[96]秉羽而郢人投兵。丘愿有喙三尺[97]。”

彼[98]之谓不道之道，此之谓不言之辩[99]，故德总乎道之所一。而言休乎知之所不知，至矣。道之所一者，德不能同也；知之所不能知者，辩不能举也；名若儒、墨而凶[100]矣。故海不辞东流，大之至也。圣人并包天地，泽及天下，而不知其谁氏。是故生无爵，死无谥[101]，实不聚，名不立，此之谓大人。狗不以善吠为良，人不以善言为贤，而况为大乎！夫为大不足以为大，而况为德乎！夫大备矣，莫若天地，然奚求焉，而大备矣！知大备者，无求，无失，无弃，不以物易己也。反己而不穷，循古而不摩[102]，大人之诚。

子綦[103]有八子，陈[104]诸前，召九方歅[105]曰：“为我相吾子，孰为祥？”

九方歅曰：“梱[106]也为祥。”

子綦瞿然[107]喜曰："奚若？"

曰："梱也，将与国君同食以终其身。"

子綦索然[108]出涕曰："吾子何为以至于是极[109]也！"

九方歅曰："夫与国君同食，泽及三族，而况父母乎！今夫子闻之而泣，是御福也。子则祥矣，父则不祥。"

子綦曰："歅，汝何足以识之！而梱祥邪，尽于酒肉，入于鼻口矣，而何足以知其所自来？吾未尝为牧而牂生于奥[110]，未尝好田而鹑生于宎[111]，若勿怪，何邪？吾所与吾子游者，游于天地。吾与之邀乐于天，吾与之邀食于地；吾不与之为事，不与之为谋，不与之为怪。吾与之乘天地之诚[112]而不以物与之相撄，吾与之一委蛇而不与之为事所宜[113]。今也然[114]有世俗之偿焉！凡有怪征者必有怪行，殆乎！非我与吾子之罪，几[115]天与之也！吾是以泣也。"

无几何而使梱之于燕，盗得之于道，全而鬻之则难，不若刖之则易，于是乎刖而鬻之于齐，适当渠公之街[116]，然身食肉而终。

啮缺遇许由曰："子将奚之？"

曰："将逃尧。"

曰："奚谓邪？"

曰："夫尧，畜畜然[117]仁，吾恐其为天下笑。后世其人与人相食与！夫民，不难聚也，爱之则亲，利之则至，誉之则劝，致其所恶则散。爱利出乎仁义，捐[118]仁义者寡，利仁义者众。夫仁义之行，唯且无诚，且假乎禽贪者器[119]。是以一人之断制[120]利天下，譬之犹一覕[121]也。夫尧知贤人之利天下也，而不知其贼[122]天下也，夫唯外乎贤者[123]知之矣。"

有暖姝[124]者，有濡需[125]者，有卷娄[126]者。

所谓暖姝者，学一先生之言，则暖暖姝姝而私自说也，自以为足矣，而未知未始有物也。是以谓暖姝者也。

濡需者，豕虱是也，择疏鬣长毛，自以为广宫大囿，奎蹏曲限[127]，乳间股脚，自以为安室利处，不知屠者之一旦鼓臂布草操烟火，而己与豕俱焦也。此以域进，此以域退，此其所谓濡需者也。

卷娄者，舜也。羊肉不慕蚁，蚁慕羊肉，羊肉膻也。舜有膻行，百姓悦之，故三徙成都，至邓之虚而十有万家。尧闻舜之贤，举之童土[128]之地，曰冀得其来之泽。舜举乎童土之地，年齿长矣，聪明衰矣，而不得休归，所谓卷娄者也。

是以神人恶众至[129]，众至则不比，不比则不利也。故无所甚亲，无所甚疏，抱德炀和[130]，以顺天下，此谓真人。于蚁弃知，于鱼得计，于羊弃意。

以目视目，以耳听耳，以心复心。若然者，其平也绳，其变也循。古之真人，以天待人，不以人入天。古之真人，得之也生，失之也死；得之也死，失之也生。

药也，其实堇[131]也，桔梗也，鸡痈[132]也，豕零[133]也，是时为帝[134]者也，何可胜言！

句践也以甲楯三千栖于会稽[135]，唯种[136]也能知亡之所以存，唯种也不知其身之所以愁。故曰，鸱目有所适[137]，鹤胫有所节[138]，解[139]之也悲。

故曰：风之过河也有损焉；日之过河也有损焉。请只风与日相与守河[140]，而河以为未始其撄也，恃源而往者也。故水之守土也审[141]，影之守人也审，物之守物也审。

故目之于明也殆，耳之于聪也殆，心之于殉[142]也殆。凡能其于府[143]也殆，殆之成也不给改[144]。祸之长也兹萃[145]，其反也缘功[146]，其果[147]也待久。而人以为己宝，不亦悲乎！故有亡国戮民无已，不知问[148]是也。

故足之于地也践，虽践，恃其所不蹍[149]而后善博也。人之于知也少，虽少，恃其所不知，而后知天之所谓也。知大一[150]，知大阴[151]，知大目[152]，知大均[153]，知大方[154]，知大信[155]，知大定[156]，至矣！大一通之，大阴解之，大目视之，大均缘[157]之，大方体[158]之，大信稽[159]之，大定持[160]之。尽有天[161]，循[162]有照，冥[163]有枢，始有彼[164]。则其解之也似不解之者，其知之也似不知之也，不知而后知之。其问之也，不可以有崖[165]，而不可以无崖。颉滑[166]有实，古今不代[167]，而不可以亏，则可不谓有大扬搉[168]乎，阖[169]不亦问是已？奚惑然为？以不惑解惑，复于不惑，是尚大不惑。

注释

①徐无鬼：隐士。女商：魏武侯的宠臣。

②病：困苦。

③盈耆欲：追求嗜欲的满足。

④长：增加。

⑤黜（chù）：减损，抑制。

⑥掔（qiān）：通“牵”，引申为排除。

⑦超然：若有所失的样子。

⑧质：材，材质，质地。

⑨执饱而止：吃饱就满足了。

⑩狸德：狐狸的习性，指贪食。

⑪视日：凝视太阳，比喻看得高远。

⑫若亡其一：好像忘了自己。

⑬国马：一国之好马。

⑭成材：天生的、无须训练的性能。

⑮恤：亡。

⑯超轶（yì）：超越。

⑰踉位其空：长久住在旷野。

⑱跫（qióng）然：脚步声。

⑲厌：饱食。

⑳宾：通“摈”，抛弃。

㉑干：求。酒肉之味：指官禄。

㉒神：心神。自许：自得。

㉓形：形势。造：导致。

㉔伐：夸耀。

㉕盛：陈列。鹤列：军阵名，借指军队。丽谯（qiáo）：城楼。

㉖徒：步兵。骥：骑兵。锱坛：宫名。

㉗大隗（wěi）：大道，一说是古时候的圣人。具茨：山名，在今河南省境内。

㉘方明：虚拟的人名。

㉙昌寓（yù）：虚拟的人名。骖乘：随车侍卫。

㉚张若、谓（xí）：朋：虚拟的人名。前马：向导。

㉛昆阍、滑稽：虚拟的人名。后车：车后随从。

㉜瞀（mào）：眼花。

㉝天师：天道之师。

㉞序：层次，逻辑性。

㉟察士：以名家见长的人。凌谇（suī）：言辞尖锐。

㊱囿：局限，束缚。

㊲招世之士：以呼民救世为己任的人。兴朝：使朝政振兴。

㊳中民：理民，统治人民。荣官：以官爵为显荣。

㊴筋力之士：大力士，壮士。矜难：以能解救危难而自豪。

㊵奋患：奋身除患。

㊶枯槁之士：隐士。宿名：保持自己的名声。

㊷广治：扩充统治的地盘。

㊸敬容：注重仪容。

㊹贵际：重视交际。

㊺草莱之事：开荒耕种。

㊻市井之事：指买卖、经商。

㊼旦暮之业：日常的工作。

㊽壮：气壮，自豪。

㊾尤：出众。

㊿势物之徒：追求权力的人。

51顺比于岁：投合于一时。

52不物于易：不为外物所牵累。

53形性：身心。

54不反：执迷不悟。

55前期：预定目标。

56公是：公认的是非标准，公理。

57杨：杨朱。秉：公孙龙的字。

58鲁遽：周初人，事迹不详。

59废：置，放。

60无当：不合。

61相拂以辞：用语言相反驳。

62蹢（zhí）：投。

63阍：守门人。

64钘（xíng）：乐器，形状像钟。唐：失。

65遗类：违反常理。

66岑（cén）：岸。造于怨：结怨。

67郢（yǐng）：楚国国都。垩（è）：石灰。

68匠石：工匠名。斫（zhuó）：削。

69运：挥动。斤：斧。

70听：任意。

71尽垩：把石灰全部削净。

72不失容：脸不变色。

73质：对手。

74夫子：指惠子。

75病矣：病危了。

76大病：死。

77属国：委任国政。

78鲍叔牙：齐国贤臣。

79不己若者：不如自己的。

80钩：曲，违背。

81上忘：在上不自高自大。下畔：对下亲善。

⑧²不闻：不干预。

⑧³不见：不细察。

⑧⁴深蓁（zhēn）：荆棘丛。

⑧⁵攫（jué）：搏。搔（zǎo）：抓。

⑧⁶尤：出类拔萃。

⑧⁷田禾：齐太公之名。

⑧⁸我必先之：我名声在先。

⑧⁹卖之：出卖名声。

⑨⁰鬻（yù）：贩卖。

⑨¹日远：一天天地远离。

⑨²觞（shāng）：本为牛角杯，此借为酒，用酒招待。

⑨³孙叔敖：楚庄王时的执政卿，当时孔子还没有出世，两个人不可能聚会，这里所讲的是寓言，并非史实。

⑨⁴不言之言：无言的言论，指关于道的理论。

⑨⁵弄丸：玩球。

⑨⁶甘寝：安寝。

⑨⁷愿有喙三尺：希望有像三尺长的鸟嘴那样的嘴巴。

⑨⁸彼：指市南宜僚和孙叔敖两人的做法。

⑨⁹不言之辩：无须言辩的言辩。

⑩⁰凶：危险。

⑩¹谥（shì）：古代君王和贵族死后，根据他的一生作为而评定一个封号，称为谥号。

⑩²摩：灭。

⑩³子綦：即上文的南伯子綦。

⑩⁴陈：列队。

⑩⁵九方歅（yīn）：相传是秦穆公时人，善看相。

⑩⁶梱（kǔn）：子綦子名。

⑩⁷瞿然：惊喜的样子。

⑩⁸索然：流泪的样子。

⑩⁹是极：这般境地。

⑪⁰牂（zāng）：母羊。奥：房子里的西南角。

⑪¹宎（yāo）：房子里的东北角。

⑪²乘天地之诚：顺天地之自然。

⑪³宜：合。

⑪④今也然：现在却。

⑪⑤几：大概。

⑪⑥当渠公之街：替渠公管街道。

⑪⑦畜畜然：不断追求的样子。

⑪⑧捐：抛弃。

⑪⑨禽贪者器：贪求者的工具。

⑫⓪断制：独裁。

⑫①一觋（piē）：一刀切。

⑫②贼：害。

⑫③外乎贤者：无心做贤人的人。

⑫④暖姝（shū）：沾沾自喜的样子。

⑫⑤濡（rú）需：偷安一时的样子。

⑫⑥卷娄：劳形自苦。

⑫⑦奎：两腿之间。蹏：即蹄字。曲隈：深曲处，这里指猪身上的隐蔽皱褶处。

⑫⑧童土：不长草木之地。

⑫⑨众至：来归附的人多。

⑬⓪炀（yáng）和：温和，不冷不热。

⑬①堇（jǐn）：药名，又叫紫堇。

⑬②鸡痈（yōng）：鸡头草。

⑬③豕零：猪苓。

⑬④帝：主要，贵重。

⑬⑤句（gōu）践：春秋时越国国君。会稽（kuài jī）：山名，在今浙江绍兴一带。

⑬⑥种：即文种，为越王句践的谋臣，辅佐句践灭吴，后被句践所杀。

⑬⑦适：适用。

⑬⑧节：度，分寸。

⑬⑨解：割断。

⑭⓪相与守河：同时对着河水吹晒。

⑭①审：宁静。

⑭②殉：追逐。

⑭③府：心脏。

⑭④不给改：不及改。

⑭⑤兹萃：增长愈多。

⑭⑥缘：由。功：功夫。

⑭果：有成效。

⑭问：探求。

⑭蹍（niǎn）：踩。

⑮大一：绝对的同一。

⑮大阴：极端的宁静。

⑮大目：大道的观点。

⑮大均：绝对平均。

⑮大方：大道的度量。

⑮大信：真实之理。

⑮大定：绝对的安定。

⑮缘：顺。

⑮体：体现。

⑮稽：稽核。

⑯持：守。

⑯尽有天：万物都有自然。

⑯循：遵循。

⑯冥：幽昧。

⑯彼：指道。

⑯崖：通“涯”，边际。

⑯颉（xié）滑：错综复杂。

⑯代：变换。

⑯摧（què）：粗略法度，大体轮廓。

⑯阖（hé）：通“盍、何”。

译文

徐无鬼由女商推荐去见魏武侯，武侯慰问他说：“先生辛苦啊！山林的生活困苦不堪，所以你才肯来见我。”

徐无鬼说：“我应该慰问你，你怎么却慰问我？你要追求嗜欲的满足，增加好恶之情，心性就受伤害；如果你要抑制嗜欲，弃除好恶，耳目就会无法忍受。我正要慰问你，你怎么却慰问我？”武侯若有所失而无法回答。

过了一会儿，徐无鬼说：“我给你说说我的相狗术。下等狗，吃饱了就心满意足，这是狐狸的习性；中等狗，看得高远；上等狗，好像忘了自身的存在。我的相狗术不如我的相马术。我相中的马，齿直如绳，项曲如钩，头方如矩，目圆如规。这是一国之好马，可是比不上全天下之好马。天下之好马天生优质，若亡若失，好像忘了自身的存在。像这样的马，跑起来飞快，顷刻就无影无踪了。”武侯听了非常高兴，哈哈大笑。

徐无鬼出来，女商说：“先生是怎么让君王高兴的？我取悦于君王的方法是，横讲《诗》《书》《礼》《乐》，纵讲《金板》《六弢》，而君王从未开口笑过。现在先生是怎样取悦于君王而使君王高兴成这个样子的？”

徐无鬼说：“我只是给他讲了讲我的相狗术和相马术。”

女商说：“是这样吗？”

徐无鬼说：“你没有听说过越国那些被流放的人吗？离开国都几天，见了自己所认识的人就高兴；离开国都几十天，见了曾经在国都见过的人就高兴；离开一年，见了似乎认识的人就高兴。不就是与人离别越久，思念之情越深吗？那些逃到荒凉之地的人，周围野草丛生，连老鼠出没的路径都堵塞了，长久住在旷野，听到人的脚步声就很高兴，何况是兄弟亲戚在旁边谈笑呢？已经很久没有人用真人之言在君主身旁谈说了啊！”

徐无鬼去见魏武侯，武侯说：“先生住在山林里，食野果，吃野菜，躲避寡人已经很久了！现在老了吧，是想求官禄吗？果真这样，那就是寡人和国家的福气了！”

徐无鬼说：“我出身贫贱，从未敢想谋求官禄，我是来慰问你的。”

武侯说：“为什么！如何慰问我？”

徐无鬼说：“慰问你的心神和形体。”

武侯说：“从何说起呢？”

徐无鬼说：“天地对万物的养育是一视同仁的，身居高位的不可自以为尊贵，处于下层的也不必自以为低贱。你独为万乘之主，劳苦一国的人民以供养你享受，心神却自感不舒服。心神喜欢平和而厌恶奸邪；奸邪导致生病，所以来慰问。你得病的原因是什么呢？”

武侯说：“我想见到先生已经很久了！我想爱民而为仁义停止战争，可以吗？”

徐无鬼说：“不可以。爱民是害民的开始；为仁义而停止战争是产生战争的根源。你从这里入手，恐怕不会成功。凡是建立美名的，都是凶器。虽然你施行仁义，但近乎虚伪。一种情势必然会导致另一种情势，两种对立的情势形成后必然会各自夸耀，情势的进一步变化必然会引起战争。你也决不要陈重兵在城下，不要集结兵骑在宫前，不要藏有贪心，不要用智巧去胜人，不要用谋略去胜人，不要用战争去胜人。屠杀别国的人民兼并他人的土地用来奉养自己的私欲和心神，这种战争有什么好处？胜利究竟表现在哪里？你如不愿无为而想做些什么，那就修养内心的真诚，顺应自然而不兴事扰民。人民已经免除了死亡之灾，你哪里还需要有意去停止战争？”

黄帝要去具茨山上拜见大隗，方明驾车，昌寓侍卫，张若、谐朋前导，昆阍、滑稽殿后。行至襄城的野外，这七个圣人都迷失了方向，并且无从问路。

此时，正好遇到一位牧马童子，于是向他问路："你知道具茨山吗？"童子叵答说："知道。"又问："你知道大隗在什么地方吗？"回答说："知道。"

黄帝说："小童真是奇异！不仅知道具茨山，还知道大隗的所在。请问如何治理天下？"

小童说："治理天下也像这样就行了，又何必生事呢？我小时候自己遨游于天地四方，当时我有目眩症，有位长者对我说：'你乘着太阳遨游于襄城的原野。'现在我的病稍有好转，我又遨游于天地四方之外。治理天下也像这样就行了。我又何必生事呢？"

黄帝说："治理天下的确不是你的事。尽管如此，还是请你谈谈如何治理天下。"小童不答话。

黄帝又问。小童说："治理天下和牧马没有什么两样！除掉害群之马就行了！"

黄帝叩头拜谢，称他为天师而告退。

智谋之士喜欢思虑多变，善辩之士喜欢言谈的逻辑有序，明察之士喜欢言辞尖锐，他们都被外在事物所束缚。

呼民救世之士使朝政振兴，为官者以官爵为显荣，壮士以能解危而自豪，勇敢之士奋发除患，战士热衷征战，山林隐士注意保持自己的名节，以法治国的人热衷扩大权力，礼教之士注重仪容，仁义之士重视交际。农夫没有耕作之事就心神不安，商贾没有买卖之事就不舒坦。普通人有日常工作就勤奋努力，工匠手艺高超就感到自豪。贪财的人不能积聚钱财就会忧虑，自吹自擂的人权小位卑时就自感悲哀。追求权力的人喜欢世事多变，遇到机会就有用武之地，而不甘于默默无为。这些人都是投合一时，被外物所牵累。他们逐时俯仰，沉溺于外物，终生执迷不悟，可悲啊！

庄子说："射箭的人没有预定目标，随便射中哪里都算是中，如果这样称得上是善射的话，那么天下的人都可以称为羿，可以这么说吗？"

惠子说："可以。"

庄子说："天下没有公认的是非标准，各自以主观标准为标准，那么每个人都可以称为尧，可以这么说吗？"

惠子说："可以。"

庄子说："那么，儒、墨、杨朱、公孙龙四家，加上先生共五家，究竟谁对呢？或者像鲁遽那样吗？他的弟子说：'我得到先生的道了！我能冬天烧鼎，夏天造冰了。'鲁遽说：'这只是以阳气召阳气，以阴气召阴气，而不是我所说的道。我给你演示一下我的道。'于是调整瑟弦，放一张在堂上，另放一张在室内，弹这把瑟的宫音，另一把瑟的宫音应和，弹这把瑟的角音，另一把瑟的角音应和，音律相同。如果调整一弦的调，与五音不合，再弹奏，二十五根弦全都起共鸣，音调并没有什么不同，可以称得上是众音的君主。你也像这样吗？"

惠子说："现在儒、墨、杨朱、公孙龙四家正在和我辩论，用言语相反驳，用名声相压制，而我并没有错，这该怎么说呢？"

庄子说："齐人把儿子放在宋国，让他像残废者一样做守门人，他有一个小钟包扎起来，唯恐破损，有人寻找丢失的儿子却不出门，这些都是违反常理的！楚人寄居在别人家里却顶撞看门人，半夜里在无人之际又和船夫打斗，船还没有离岸，却已经造成了仇怨。"

庄子送葬，经过惠子的坟墓，回过头来对跟随他的人说："郢人在鼻尖上涂了如蝇翼一般薄薄一层石灰，让匠石替他削掉。匠石飞快地挥动斧子，漫不经心地劈削下去，削净了石灰而鼻子完好无损，郢人站在那里面不改色。宋元君听说了这件事，把匠石找来说：'给我试试看。'匠石说：'过去我能削。但是，现在我的对手早已死了。'自从先生死后，我便没有对手了，也没有谈论的对象了。"

管仲得了病，齐桓公问他说："您的病已经很重了，还有什么不能说吗？您一旦去世，我把国政托付给谁好呢？"

管仲说："您打算托付给谁？"

桓公说："鲍叔牙。"

管仲说："不可以。他为人廉洁，是一位善士；他对于不如他的人就不亲近，他一听到别人的过错，便终生不忘。让他治理国家，对上违背国君，对下违逆民意。他得罪国君不会长久了。"

桓公说："那么谁可以呢？"

管仲说："实在不行的话，隰朋可以。他的为人，在上不自高自大而对下亲善，他自愧不如黄帝而怜爱不如他的人。以德施人称为圣，以财施人称为贤。以贤能居高临下地待人，没有能得人心的；以贤能谦虚待人，没有不得人心的。他对于国事不横加干预，对于家事不细察苛求。实在不行的话，隰朋可以。"

吴王渡过长江，登上猕猴山。群猴看到人，惊慌失措地奔跑，逃入荆棘丛中。有一只猕猴跳来跳去，向吴王显示它的灵巧。吴王射它，它敏捷地接住箭。吴王命随从急射，猕猴遂被射死。

吴王回过头对他的朋友颜不疑说："这只猕猴，夸耀它灵巧，它依仗敏捷傲视我，落了丧命的下场！要引以为戒啊！唉，不要以骄横的态度待人啊！"颜不疑回去便拜董梧为师，改掉骄傲的毛病，抛弃奢侈而辞谢荣华，三年之后，国人更称颂他。

南伯子綦靠着几案而坐，仰起头来嘘气。颜成子走进来说："先生是出类拔萃者。形体乃可以变成枯骨一般，心灵可以变成死灰一样吗？"

南伯子綦说："我曾经隐居在山洞中。在那个时候，田禾一来看我，齐国的民众便再三地祝贺他。我必定先有名声，他才知道；我必定名声外扬，他才来找我。如果我没有名声，他怎么会知道呢？如果我名声不外扬，他怎么会来找我呢？唉！我悲哀那些丧失自

已天性的人，我悲怜那些悲伤别人的人，我又悲怜人的自我迷失，我又悲伤那悲伤人的悲伤。随后一天天地远离那些可悲者，终于达到了寂寞无为的境界。

孔子到楚国，楚王设酒宴请他，孙叔敖手持酒器站立着，市南宜僚接过酒祝祭说："古时候的人啊！在这种场合发表议论。"

孔子说："我听过无言的言论，但还没有说过，就在这里讲一讲。市南宜僚因玩球而免除了卷入两家灾难的危险，孙叔敖高枕逍遥而使楚国偃兵息武。我没有那么多话可说。"

市南宜僚和孙叔敖可称之为无为之道，孔子可称之可不言之辩，所以德是统属于道的。智力无法掌握的就不去说它，就是最好的。道所同一的，德无法与之相等；智力所不能掌握的，就不能辩举；像儒墨那样以名声相标榜是危险的。所以，大海不拒绝东流入海的水流，广大至极；圣人包容天地，恩泽广被天下，而名声不为人知。因此生前没有爵位，死后没有谥号，不聚敛钱财，不树立名声，这就是大人。狗不因为会叫就是良狗，人不因为能说就是贤才，何况成就大业呢？成就大业不足以伟大，何况修养道德呢？最能体现大的莫过于天地；天地体现了大，所以无须追求什么。最具有智慧的无所追求，无所丧失，无所舍弃，不因外物而改变自己的天性。无止境地反求于自己，遵循古之大道而永不停息，这就是大人纯正的品性。

子綦有八个儿子，列队站在面前，叫来九方歅说："为我儿子看看相，看谁有福？"

九方歅说："梱有福。"

子綦惊喜地说："会怎么样呢？"

九方歅说："梱将会与国君享受同样的饮食以至终身。"

子綦黯然落泪说："为什么我的儿子会到这般境地？"

九方歅说："与国君同食，恩泽被及三族，何况父母呢？现在先生听到却哭，这是拒绝福气。儿子有福，父亲却没有福。"

子綦说："歅，你怎么知道梱有福呢？你只知道酒肉入于鼻口，而不知道它的来历！我没有放牧而屋里却生出羊来，没有打猎而屋里却生出鹦鹑来，你对此不感到奇怪，为什么呢？我与我的儿子遨游于天地。我与他同乐于天，我与他求食于地。我与他不求事业，不图谋虑，不立怪异。我与他顺天地之自然而不使他受外物所困扰，我与他循任自然而不使他被外事所牵制。现在却有了世俗的报答！凡有怪异的征兆，必有怪异的行为表现，危险啊！这不是我和儿子的罪过，大概是天的惩罚！我因此而哭泣。"

不久，梱被派去出使燕国，途中被强盗掳获，强盗觉得梱身体健全不好卖掉，不如砍掉脚容易卖，于是将他的脚砍掉卖到齐国，正好替渠公看管街道，而终生食肉。

啮缺遇见许由，问："你要去哪里？"

许由说："逃避尧。"

啮缺问："为什么呢？"

许由说："尧不断追求仁义，我担心他被天下人嘲笑。后世岂不要人与人相残食了吗？民众不难笼络，爱他们就亲近，施利就来，称赞他们就努力，给他们所厌恶的就离散。爱和利出于仁义，抛弃仁义的少，利用仁义的多。仁义的行为不但虚伪，而且会成为贪求者利用的工具。这是用一个人的独裁取利于天下，如同用一刀切。尧只知道贤人有利于天下，而不知道他们对天下的危害，只有无心做贤人的人才知道。"

有沾沾自喜的，有偷安一时的，有劳形自苦的。

所谓沾沾自喜的，只学一家之言，就扬扬得意，自以为饱学，实则一无所获。这就叫作沾沾自喜。

偷安一时的就像猪身上的虱子，选择猪毛疏长之处，自以为是宽广的宫殿苑囿，寄岙于蹄边胯下和乳腹股脚之间，自以为是安居的好地方，没想到屠夫一旦举臂放草拿火把，自己与猪一同被烧焦。将进退都局限在像猪身上一样的狭隘范围内，这就是所谓的偷安一时。

劳形自苦的就像舜一样。羊肉不爱蚂蚁，但蚂蚁爱羊肉，这是由于羊肉有膻味的缘故。舜的行为有膻味，百姓喜欢他，所以三次迁移形成了都邑，到邓地时，追随他的百姓已有十几万家。尧听说舜贤能，就把他从荒野提拔起来，说是希望得到他带来的恩泽。舜被从荒野提拔起来，年龄大了，智力衰退，却不能退居家中休息，这就是所谓的劳形自苦。

因此，神人讨厌来归附的人多，人多就不可能都亲近，不亲近就会生祸害而有所不利。所以不过分亲近，不过分疏远，坚守天德而温和，以顺应天下，这就叫作真人。对蚂蚁来说应该抛弃爱羊肉的心智，对鱼来说要得水适意，对羊来说要剔除吸引他物的意念。

用眼睛看眼睛所能看见的，用耳朵听耳朵所能听见的，用心灵领会心灵所能领会的。如果这样，就会平直如绳，变化顺手自然。古时候的真人以天道对待人事，不用人事去干预自然的天道。古时候的真人得失听其自然，以得为生，以失为死；以得为死，以失为生。

譬如药材，像紫堇、桔梗、鸡头草、猪苓这些草药，急需的时候就贵重，贵贱无定，怎么能说得清呢？

勾践仅剩下三千兵卒困守在会稽山上，只有文种能知道在败亡中图生存，也只有文种不知道自身的祸患。所以说，猫头鹰的眼睛有所适用，鹤的腿是有一定分寸的，如果截短，就可悲。

所以说，风吹过，河水就有损；太阳晒过，河水也有损。若是风和太阳同时对着河水吹晒，河水却未曾受损，这是由于靠着水源不断流入的缘故。所以，水守住了土就平静，影子守住了人就安宁，物守住了他物便融合不离。

所以，眼睛过于明察，耳朵过于灵敏，心神过分逐物，这样都是危险的。凡是才能，都要费心神，这对于心脏来说是危险的，造成危害就来不及挽救了。祸害迅速滋长而又多

端，要回头就需要经过下苦功，有成效就需要旷日持久。而人们却把目明、耳聪、才能之类视为自己的宝贝，岂不是太可悲了吗？所以，灭国杀人的事件层出不穷，却不知道从这里寻找原因。

脚所踩的地方不大，虽然不大，但要凭靠周围没有踩的地方才能走得远；人所知很少，虽然少，但要凭靠所不知的才会知道天所表现的自然之道。知绝对的同一，知极端的宁静，知大道的观点。知绝对的平均，知大道的度量，知真实之理，知绝对安定，就达到了最高的境界。绝对的同一来贯通，极端的宁静来解化，大道的观点来明察，绝对的平均来顺随，大道的度量来体现，真实之理来稽核，绝对的安定来持守。

万物之中有自然，循任之际有光明，幽冥之中有枢机，初始之际有彼端。在这种境地中，解悟了好像没有解悟一样，知道了好像不知道一样，不知道然后才能知道。追问它，不可以有边际，也不可以没有边际。错综复杂中有核心，古今不变，而不可以亏损，难道不可以说它有大体轮廓吗？为什么不探求它，而又疑惑呢？以不惑解惑，返归于不惑，这就是所崇高的大不惑。

则　阳

原文

则阳[①]游于楚，夷节[②]言之于王，王未之见，夷节归。

彭阳见王果[③]曰："夫子何不谭[④]我于王？"

王果曰："我不若公阅休[⑤]。"

彭阳曰："公阅休奚为者邪？"

曰："冬则擉[⑥]鳖于江，夏则休乎山樊[⑦]。有过而问者，曰：'此予宅也。'夫夷节已不能，而况我乎！吾又不若夷节。夫夷节之为人也，无德而有知，不自许[⑧]，以之神[⑨]其交，固颠冥[⑩]乎富贵之地，非相助以德，相助消[⑪]也。夫冻者假衣于春，暍[⑫]者反冬乎冷风。夫楚王之为人也，形尊而严；其于罪也，无赦如虎；非夫佞人、正德[⑬]，其孰能桡[⑭]焉！故圣人，其穷也使家人忘其贫；其达也使王公忘爵禄而化卑[⑮]。其于物也与之为娱矣；其于人也乐物之通而保己焉。故或不言而饮人以和，与人并立而使人化[⑯]父子之宜。彼其乎归居，而一闲其所施。其于人心者若是其远也。故曰'待公阅休'。"

圣人达绸缪[⑰]，周尽一体[⑱]矣，而不知其然，性也。复命摇作而以天为师[⑲]，人则从而命[⑳]之也。忧乎知而所行恒无几时，其有止也若之何！

生而美者，人与之鉴，不告则不知其美于人也。若知之，若不知之，若闻之，若不闻之，其可喜也终无已，人之好之亦无已，性也。圣人之爱人也，人与人名，不告则不知其爱人也。若知之，若不知之，若闻之，若不闻之，其爱人也终无已，人之安之亦无已，性也。

旧国旧都[21]，望之畅然。虽使丘陵草木之缗，入之者十九，犹之畅然，况见见闻闻者也，以十仞之台县众间者也！

冉相氏得其环中以随成[22]，与物无终无始，无几[23]无时。日与物化者，一不化者也，阖尝[24]舍之！夫师天而不得师天，与物皆殉[25]，其以为事[26]也若之何？夫圣人未始有天，未始有人，未始有始，未始有物，与世偕行而不替[27]，所行之备而不洫[28]，其合之也若之何？汤得其司御门尹登恒[29]，为之傅之，从师而不囿[30]，得其随成。为之司其名，之名嬴法，得其两见[31]。仲尼为之尽虑[32]，为之傅之。容成氏[33]曰："除日无岁，无内无外。"

魏莹与田侯牟约[34]，田侯牟背之。魏莹怒，将使人刺之。

犀首[35]公孙衍闻而耻之，曰："君为万乘之君也，而以匹夫从雠[36]！衍请受甲[37]二十万，为君攻之，虏其人民，系其牛马，使其君内热[38]发于背，然后拔其国。忌[39]也出走，然后抶[40]其背，折其脊。"

季子[41]闻而耻之，曰："筑十仞之城，城者既十仞矣，则又坏之，此胥靡[42]之所苦也。今兵不起七年矣，此王之基也。衍，乱人，不可听也。"

华子[43]闻而丑之，曰："善言伐齐者，乱人也；善言勿伐者，亦乱人也；谓'伐之与不伐乱人也'者，又乱人也。"

君曰："然则若何？"

曰："君求其道而已矣！"

惠子闻之而见戴晋人[44]。戴晋人曰："有所谓蜗者，君知之乎？"

曰："然。"

"有国于蜗之左角者，曰触氏，有国于蜗之右角者，曰蛮氏，时相与争地而战，伏尸数万，逐北旬有五日而后反。"

君曰："噫！其虚言与？"

曰："臣请为君实之。君以意在四方上下，有穷乎？"

君曰："无穷。"

曰："知游心于无穷，而反在通达之国，若存若亡乎？"

君曰："然。"

曰："通达之中有魏，于魏中有梁，于梁中有王。王与蛮氏有辩乎？"

君曰："无辩。"

客出，而君惝然[45]若有亡也。

惠子见，君曰："客，大人也，圣人不足以当之[46]。"

惠子曰："夫吹管[47]也，犹有嗃[48]也；吹剑首者，吷而已矣。尧、舜，人之所誉也；道尧、舜于戴晋人之前，譬犹一吷[49]也。"

孔子之楚，舍于蚁丘之浆[50]。其邻有夫妻臣妾登极[51]者，子路曰："是稯稯[52]何为者邪？"

仲尼曰："是圣人仆也。是自埋于民，自藏于畔[53]。其声销[54]，其志无穷[55]，其口虽言，其心未尝言，方且与世违，而心不屑与之俱，是陆沉[56]者也，是其市南宜僚邪？"

子路请往召之。孔子曰："已矣！彼知丘之著[57]于己也，知丘之适楚也，以丘为必使楚王之召己也，彼且以丘为佞人也。夫若然者，其于佞人也，羞闻其言，而况亲见其身乎！而何以为存？"子路往视之，其室虚矣。

长梧封人问子牢曰[58]："君为政焉勿卤莽[59]，治民焉勿灭裂[60]。昔予为禾[61]，耕而卤莽之，则其实亦卤莽而报予[62]；芸[63]而灭裂之，其实亦灭裂而报予。予来年变齐[64]，深其耕而熟耰[65]之，其禾蘩以滋[66]，予终年厌飧[67]。"

庄子闻之曰："今人之治其形，理其心，多有似封人之所谓。遁其天，离其性，灭其情，亡其神，以众为。故卤莽其性者，欲恶之孽，为性萑苇，蒹葭始萌[68]，以扶吾形，寻擢吾性[69]。并溃漏发，不择所出，漂疽[70]疥痈，内热溲膏[71]是也。"

柏矩[72]学于老聃，曰："请之天下游。"

老聃曰："已矣！天下犹是也[73]。"

又请之，老聃曰："汝将何始？"

曰："始于齐。"

至齐，见辜人[74]焉，推而强[75]之，解朝服而幕[76]之，号天而哭之，曰："子乎！子乎！天下有大菑[77]，子独先离[78]之。曰莫为盗！莫为杀人！荣辱立，然后睹所病[79]；货财聚，然后睹所争。今立人之所病，聚人之所争，穷困人之身使无休时，欲无至此，得乎！古之君人者，以得为在民，以失为在己；以正为在民，以枉[80]为在己。故一形有失其形者[81]，退而自责。今则不然，匿为物而愚不识[82]，大为难而罪不敢[83]，重为任而罚不胜[84]，远其涂而诛不至。民知力竭，则以伪继之，日出多伪，士民安敢不伪！夫力不足则伪，知不足则欺，财不足则盗。盗窃之行，于谁责而可乎？"

蘧伯玉[85]行年六十而六十化，未尝不始于是之[86]而卒诎[87]之以非也，未知今之所谓是之非五十九非也。万物有乎生而莫见其根[88]，有乎出而莫见其门[89]。人皆尊其知之所知，而莫知恃其知之所不知而后知，可不谓大疑乎！已乎！已乎！且无所逃，此所谓然与然乎？

仲尼问于大史大弢、伯常骞、狶韦曰[90]："夫卫灵公饮酒湛[91]乐，不听国家之政；田猎毕弋[92]，不应诸侯之际[93]。其所以为灵公者何邪？"

大弢曰："是因是也。"

伯常骞曰："夫灵公有妻三人，同滥[94]而浴。史鳝奉御而进所[95]，搏币而扶翼[96]。其慢[97]若彼之甚也，见贤人若此其肃[98]也，是其所以为灵公也。"

狶韦曰："夫灵公也死，卜葬于故墓[99]不吉，卜葬于沙丘而吉。掘之数仞，得石椁焉，洗而视之，有铭焉，曰：'不冯[100]其子，灵公夺而里[101]之。'夫灵公之为灵也久矣，之二人[102]何足以识之！"

少知问于大公调[103]曰："何谓丘里之言[104]？"

大公调曰："丘里者，合十姓百名而以为风俗也。合异以为同，散同以为异。今指马之百体而不得马，而马系于前者，立其百体而谓之马也。是故丘山积卑而为高，江河合水而为大，大人合并而为公。是以自外入者，有主而不执[105]；由中出者，有正而不距[106]。四时殊气[107]，天不赐[108]，故岁成；五官殊职，君不私，故国治；文武大人不赐，故德备；万物殊理，道不私，故无名。无名故无为，无为而无不为。时有终始，世有变化。祸福淳淳[109]，至有所拂[110]者而有所宜；自殉殊面[111]，有所正者有所差。比[112]于大泽，百材皆度；观于大山，木石同坛[113]。此之谓丘里之言。"

少知曰："然则谓之道，足乎？"

大公调曰："不然。今计物之数，不止于万，而期[114]曰万物者，以数之多者号而读[115]之也。是故天地者，形之大者也；阴阳者，气之大者也；道者为之公[116]。因其大以号而读之，则可也，已有之矣，乃将得比哉！则若以斯辩[117]，譬犹狗马，其不及远矣。"

少知曰："四方之内，六合之里，万物之所生恶起？"

大公调曰："阴阳相照[118]，相盖相治，四时相代，相生相杀[119]。欲恶去就[120]，于是桥起[121]；雌雄片合[122]，于是庸[123]有。安危相易，祸福相生，缓急相摩[124]，聚散以成。此名实之可纪，精微之可志[125]也。随序之相理[126]。桥运之相使[127]，穷则反[128]，终则始，此物之所有。言之所尽，知之所至，极物而已。睹道之人，不随其所废[129]，不原[130]其所起．此议之所止。”

少知曰：“季真[131]之莫为，接子[132]之或使，二家之议，孰正于其情，孰遍于其理？”

大公调曰：“鸡鸣狗吠，是人之所知；虽有大知，不能以言读其所自化，又不能以意其所将为。斯而析之，精至于无伦，大至于不可围，或之使，莫之为，未免于物而终以为过。或使则实，莫为则虚。有名有实，是物之居；无名无实，在物之虚。可言可意，言而愈疏。未生不可忌，已死不可徂。死生非远也，理不可睹。或之使，莫之为，疑之所假。吾观之本，其往无穷；吾求之末，其来无止。无穷无止，言之无也，与物同理，或使莫为，言之本也，与物终始。道不可有，有不可无。道之为名，所假而行，或使莫为，在物一曲，夫胡为于大方？言而足，则终日言而尽道；言而不足，则终日言而尽物。道物之极，言默不足以载。非言非默，议有所极。”

注释

①则阳：即彭阳，字则阳，鲁国人。

②夷节：楚国大夫。

③王果：楚臣。

④谭：通“谈”，介绍。

⑤公阅休：隐士。

⑥擉（chuō）：通“戳”，刺。

⑦山樊：山傍。

⑧不自许：投机取巧。

⑨神：神通。

⑩颠冥：沉溺。

⑪消：丧失。

⑫暍（yē）：中暑。

⑬佞人：有才干的人。正德：有纯正的道德。

⑭桡：通“挠”，屈服。

⑮化卑：变得卑谦。

⑯化：感化。

⑰达：通。绸缪（móu）：纠葛。

⑱周尽一体：调和得非常周全。
⑲复命：静。摇作：动。以天为师：以顺任自然为原则。
⑳命：名，称呼。
㉑旧国旧都：祖国，故乡。
㉒冉相氏：传说中远古时代的帝王。环中：枢纽，要领。随成：随顺天道而成功。
㉓几：期。
㉔阖尝：何曾。
㉕殉：逐，求。
㉖为事：对待事情。
㉗替：废。
㉘洫（xù）：败坏。
㉙司御：官吏。门尹：官名。登恒：人名。
㉚囿：束缚。
㉛两见：两方面都得到显现。
㉜尽虑：绝虑，无心。
㉝容成氏：传说是老子的老师。
㉞魏莹：即魏惠王，名莹。田侯牟：齐威王。
㉟犀首：魏国官名，类似将军。
㊱以匹夫从雠：用匹夫的手段报仇。
㊲受甲：领兵。
㊳内热：心火之热。
㊴忌：齐国将军田忌。
㊵抶（chì）：鞭打。
㊶季子：不知何人，一说为苏秦。
㊷胥靡：刑徒。
㊸华子：魏国贤臣。
㊹戴晋人：魏国贤人。
㊺惝（chǎng）然：恍惚不定的样子。
㊻当之：与之相比。
㊼管：竹管。
㊽嗃（xiāo）：吹管声，表示大而长的声音。
㊾吷（xuè）：吹气声，表示小而短的声音。
㊿蚁丘：山丘名。浆：指卖浆之家。

(51)极：屋顶。

(52)稯稯（zōng）：群聚在一起。

(53)畔：田垄。

(54)声销：名声消失。

(55)无穷：远大。

(56)陆沉：虽在陆地而如同沉入水中一般，意指不离开世间而隐居于世间。

(57)著：明了，了解。

(58)长梧：地名。封人：守封疆的人。子牢：孔子的弟子，宋国卿士。

(59)卤莽：草率。

(60)灭裂：轻薄。

(61)为禾：种庄稼。

(62)实：果实。报：报答。

(63)芸：除草。

(64)变齐：变更耕田的方法。齐：通“剂”，方法。

(65)熟耰（yōu）：反复耕作。

(66)繁：繁荣。滋：茂盛。

(67)厌飧（sūn）：饱食。

(68)萑（huán）苇、蒹（jiān）葭（jiā）：各种芦苇。

(69)寻：渐渐。擢（zhuó）：助长。

(70)漂疽（jū）：脓疮。

(71)溲膏：遗精。

(72)柏矩：老子门徒。

(73)犹是也：都是如此。

(74)辜人：被处死示众的犯人。

(75)强：借作“僵”，僵仆，推倒。

(76)幕：覆盖。

(77)菑：通“灾”。

(78)离：通“罹”，遭受。

(79)病：忧。

(80)枉：过失。

(81)一：一旦。形：通“刑”。

(82)匿为物而愚不识：隐匿真相而愚弄百姓。

(83)大为难而罪不敢：把困难扩大而归罪于那些畏难的人。

(84)重为任而罚不胜：把任务加重而处罚不能胜任的人。

(85)蘧（qú）伯玉：卫国贤大夫。

(86)始于是之：开始时认为对的。

(87)诎（qù）：通“黜”，贬斥，批判。

(88)根：根本。

(89)门：出口。

(90)大史：史官。大弢（tāo）、伯常骞、狶（xī）韦：三位太史之名。

(91)湛（dān）：通“耽”，沉溺。

(92)毕：古代捕猎用的长柄网。弋（yì）：系着绳子的箭。

(93)际：交际，盟会。

(94)滥：洗澡盆。

(95)史鰌（qiū）：卫国贤大夫。奉御：手捧御用的东西。

(96)搏币：接过币帛。扶翼：恭敬地扶住。

(97)慢：放荡。

(98)肃：敬。

(99)故墓：生前挖好的墓穴。

(100)冯：通“凭”，依靠。

(101)里：居。

(102)之二人：指大弢与伯常骞。

(103)少知、大公调：都是虚拟的寓言人物。

(104)丘里：古代四井为邑，四邑为丘，五家为邻，五邻为里。一说十家为丘，二十家为里。丘里之言，犹说街谈巷议。

(105)有主而不执：有主见但不固执。

(106)距：排斥，拒绝。

(107)气：气候。

(108)赐：偏私。

(109)淳淳：流行的样子。

(110)拂：逆，矛盾。

(111)面：向。

(112)比：譬如。

(113)坛：原意为用土堆成的台地，这里引申为基础。

(114)期：限定。

(115)读：称，表达。

⑯为之公：总括一切。

⑰辩：通“辨”，区别。

⑱相照：相应。

⑲杀：消除。

⑳欲：喜爱。恶：讨厌。去：疏远。就：接近。

㉑桥起：像桔槔一样翘起。

㉒片合：“片”通“牉”（pàn）。牉合，异性相交配。

㉓庸：常。

㉔相摩：互相转化。

㉕志：记。

㉖理：治理。

㉗相使：相互作用。

㉘穷则反：物极必反。

㉙废：终结。

㉚原：追根溯源。

㉛季真：齐国学士。

㉜接子：齐国学士。

译文

则阳到楚国游说，夷节将他推荐给楚王，楚王不接见，夷节就回去了。

彭阳见到王果，说：“为什么先生不把我介绍给楚王？”

王果说：“我不如公阅休。”

彭阳说：“公阅休是干什么的？”

王果说：“他冬天在长江刺鳖，夏天在山旁休息。过路的人问他，他说：‘这里是我的住宅。’夷节的推荐都不行。何况我呢？我还不如夷节。夷节的为人没有德而有智，投机取巧，在交际场上广显神通，沉溺在富贵场中，他不是从道德上帮助别人，而是使人丧德。受冻的人总想借助温暖的春天而如得寒衣一般，酷热难熬的人总希望能得到冬天的冷风。楚王的为人，仪表尊贵而威严；对于犯罪的人，凶猛如虎从不赦免；如果不是有才干或道德纯正的人，谁能说服他？所以，圣人在穷困的时候，使家人忘记贫寒；在通达的时候，使王公贵族忘记爵禄而变得卑谦。他对于物，和谐共处；他对于人，乐于沟通，而又不丧失自己的本性。他广施不言之教，以和顺的态度待人，与人共处能使人感化，如同父亲对儿子的影响一样。他返归山林隐居，以清静无为的处世态度对待一切。他与常人的心性迥然不同，相去甚远。所以说要等待公阅休。”

圣人化解矛盾纠葛，调和得非常周全，却不知道其中的原委，这是出于天性。静动都以顺任自然为原则，人们仰慕他而称之为圣人。为自己所知的事而担忧，所作所为通常难以持久，生命都要终止了，有什么办法呢？

天生美丽的，别人给他镜子，若是不赞美他，他也不知道自己比别人美。好像知道，又好像不知道，好像听到了，又好像没听到，他的欣喜没有止境，别人对他的喜爱也没有止境，这都是出于本性。圣人爱别人，是人们给了他圣人的称号，若是不赞誉他，他也不知道自己在爱别人。好像知道，又好像不知道，好像听到了，又好像没听到，他对别人的爱没有止境，人们安于被他爱也没有止境，这也是出于本性。

远游于异国他乡的人望见自己的祖国和故乡都会无限喜悦，即使是丘陵草木遮蔽住了它的十分之八九，心情也还是舒畅，何况是身临其境地看到了它的原貌，这就如同十仞高台悬在众人之间！

冉相氏得其要领而随物自成，与万物一齐变化，无终无始，无有定期。随时与物变化的，内心则静寂不变，何曾舍离过天道的要领？有心效法自然便适得其反，与外物相逐，怎么可以这样做呢？在圣人的眼里，不曾有天，不曾有人，不曾有始，不曾有物，与世同行而不废止，所行完备而不败坏，他是如何冥合于道的呢？汤得到司御门尹登恒而拜为师父，任凭师父所为而不加束缚，得以随物自成。这样一来，师父的美名和汤的师法两方面都得到显现。孔子忘怀绝虑，与之相辅相成。容成氏说：“没有日就没有年岁，没有内就

没有外。”

魏惠王和齐威王订立盟约，齐威王背约。魏惠王大怒，准备派人去刺杀他。

犀首公孙衍听到了觉得羞耻，于是对魏王说：“陛下是万乘之国的君主，却用匹夫的手段报仇！我请求领兵二十万，为陛下攻打齐国，俘虏人民，掠取牛马，使齐王内心焦急，然后攻占齐国。齐将田忌败走，然后鞭打其背，折断他的脊梁。”

季子听说后认为可耻，便对魏王说：“筑十仞高的城，城已十仞高了，再去毁坏它，这是让筑城的刑徒叫苦连天的行径。现在已有七年不打仗了，这是君王立业的基础。公孙衍是祸乱之人，不能听他的。”

华子听说后感到耻辱，对魏王说：“巧言伐齐的是祸乱之人；巧言不伐齐的也是祸乱之人；说伐齐和不伐齐的都是祸乱之人的人还是祸乱之人。”

魏王说：“那么该怎么办呢？”

华子说：“陛下追求虚无之道就行了！”

惠子听了，将戴晋人引荐给魏王。戴晋人说：“有所谓的蜗牛，陛下知道吗？”

魏王说：“知道。”

戴晋人说：“蜗牛的左角有个国家名叫触氏，右角有个国家名叫蛮氏，两国经常互相为争夺土地而打仗，战死者迭数万人，追击败兵半个月后才回师。”

魏王说：“噫！这是假话吧？”

戴晋人说：“那我就给陛下说说实情。陛下觉得上下四方有穷尽吗？”

魏王说：“没有穷尽。”

戴晋人说：“知道游心于天下，回过头来想一想通达之国，不觉得若有若无吗？”

魏王说：“是的。”

戴晋人说：“通达之国中有个魏国，魏国里有个梁都，梁都内有个君王。这个君王和那个蛮氏有什么区别呢？”

魏王说：“没有什么区别。”

客人告辞而魏王恍惚不定，若有所失。

客人退出，惠子入见。魏王说：“客人真是个伟大的人物，圣人也难以与之相比。”

惠子说：“吹竹管的还有悠长的声音；吹剑首的只有一丝轻音而已。尧和舜是人们所称誉的；在戴晋人面前谈论尧、舜如同一丝轻音罢了。”

孔子往楚国去，途中停宿在蚁丘的卖浆之家。邻居的夫妻臣妾爬上屋顶观望，子路说：“这些人聚集在一起干什么呢？”

孔子说：“这些是圣人的仆役。他们隐居于民间，藏身于田园。他们名声消亡，志向远大，口中虽言，内心却不曾言语。与世俗相违而不愿随波逐流。是位自隐之士，该不是市南宜僚吧？”

子路要过去请他们。孔子说："算了吧！他知道我了解他们。知道我要去楚国，以为我必定让楚王去请他，而且他视我为佞人，如果是这样的话，他连佞人的言论都羞于听，何况是亲自见面？你怎么能请到他呢？"

子路过去一看，屋内已空无一人。

长梧封人对子牢说："您为政不要鲁莽，治民不要轻薄。过去我种庄稼，耕作时草率，收成就很差；除草时马虎，收成也很不好。第二年，我改变了耕作方法，深耕细作，禾苗繁茂，结果收获甚丰，使我终年足食。"

庄子听到后说："现在人们整治形体，调理心性，很多都像封人所说的那样，逃避自然，离散本性，减损真情，丧失精神，去追随俗人的所作所为。所以对本性草率的，滋长恶欲，就如同芦苇般地蔽塞心性，欲念缠身，助长恶性。于是上溃下漏，百病皆生，流脓生疥，内发外泄。"

柏矩跟随老子学习，说："我想到天下去游历。"

老子说："算了吧！天下到处都一样。"

柏矩再次请求，老子说："你要先到哪里？"

柏矩说："先到齐国。"

柏矩到了齐国，看到被处死示众的犯人尸体，他将竖立的尸体放倒，脱下自己的朝服覆盖在尸体上，号天大哭说："你啊你啊！天下有了大祸，你首先遭难。所谓不要为盗！不要杀人！荣辱观树立之后，才可以看到由此而产生令人忧心的事；财货积聚在某些人手上的时候，才可以看到由此而产生的利害之争。现在树立人所忧心的，积聚人所纷争的，使人身穷困，无休无止。想不走到这般地步，办得到吗？古时候的人君，成功则归功于百姓，失败则归咎于自己；将正确的归于人民，将过失归于自己。所以一旦施刑不当，就退而自责。现在却不是这样，而是隐匿真相以愚弄百姓，制造困难而归罪于那些畏难的人，加重任务而处罚不能胜任者，延长路程而诛杀那些走不到的人。人民智力穷尽，于是就用虚伪来应付，人君经常虚伪，老百姓怎能不虚伪呢？能力不足便虚伪，智慧不足便欺诈，财物不足便盗窃。盗窃成风，该责备谁呢？"

六十年来，蘧伯玉在认识上年年都有变化，未尝不是开始时认为对的，而后来总是把原来认为对的当作错的，很难说现在所认为对的就不是五十九年来所认为是错的。万物都有它的产生却不见它的根本，有它的出处却不见它的门径。人们都看重他的智力所能认识的，而不知道凭借他们智力所不能知的而后达到所知，这难道不是大疑惑吗？罢了罢了！世人无法避免这种疑惑。这样说是对呢，果真是对的吗？

孔子问太史、大弢、伯常骞、狶韦说："卫灵公饮酒作乐，不理国政；醉心于田猎，不与诸侯交际。为什么他被谥号为灵公？"

大弢说："就是由于他这个样子的缘故。"

伯常骞说："卫灵公有三个妻子，他和她们同在一个浴盆洗澡。史鳍手捧御月的东西走进来，灵公忙命人接过他手上的东西，恭敬地扶接着他。灵公的生活放荡到如此地步，见到贤人又是这样恭敬，这就是他被谥为灵公的缘故。"

狶韦说："灵公死后，占卜安葬在生前挖好的墓穴不吉利，占卜葬于沙丘吉利。在选好的葬处挖地数仞，发现一具石椁，洗掉沙土一看，上面有铭文：'子孙不足依靠，灵公夺占居之。'由此看来，灵公之所以称为'灵'早已成定局。这两个人怎么会知道这些呢？"

少知问大公调说："什么是丘里之言？"

大公调说："丘里就是综合十姓百人而形成的风俗，合异成为同，散同成为异。现在分别指马的各个部位便不能称其为马，将马的各个部位综合起来，才可以称之为马。所以丘山聚积卑小而高，江河汇合众流而大，人人容合众人而大公无私。所以从外界进入内心，虽有主见却不固执；从内心发出的，虽有正理但不排斥外物。春夏秋冬气候不同，天不偏私，因而一年四季自然形成；五官不同职，君不偏私，所以国家大治；文武各有其才，人人不偏私，所以德性完备；万物各有其理，道不偏私，所以无可名状。无可名状，所以无为，无为而无不为。时序有终始，世事有变化。祸福流行，既有所违逆，也有所适宜；各自追求不同的方面，既有正确的，也有错误的。譬如大泽，各种材木都有它的用途；观看大山，树木和石头都依赖大山而存在。这就是所说的丘里之言。"

少知说："那么称之为道总该可以了吧？"

大公调说："不对。现在世间的事物超过万数，而限称为万物，是用数目中最多的数字来统称它。所以，天地是形体中最大的，阴阳是气体中最大的道则总括一切。因为它大而这样称呼是可以的，但已经有了名称，怎么还能和没有名称的相比呢？如果那样去区别，就如同狗和马相比，相差太远了。"

少知说："四方之内，六合之中，万物产生于哪里？"

大公调说："阴阳相应相害相克，四季相生相杀。欲、恶的意念纷纷而生；雌雄交合于是常有。安危互相变换，祸福相伴相生，缓急互相转化，聚散相因而成。这就是名实可为纲纪，精微可以记述。按照自然变化的程序相互治理，此起彼伏的相互作用，物极则反，终则复始，这是万物所具有的现象。用语言所能说清楚的，靠智慧可以想到的，都是以事物的现象为极限罢了。认识道的人不追寻物的终结，不探求物的起源，这就是议论的终点。"

少知说："季真主张的'莫为'，接子提倡的'或使'，这两家的理论，谁合情理？谁偏于理？"

大公调说："鸡鸣狗叫，这是人所知道的；即使是有大智慧的人，不能用语言来说明它们为什么会鸣叫，也无法根据鸣叫判断出它们想要干的事情。由此分析，精微至于绝伦，广大至于无限，主张或有所使，提倡莫有所为，都未免受物的局限而成为过当之言。‘或使’的主张过于拘泥，‘莫为’的理论则显得空虚。有名有实，是物的所在；无名无实，则空虚无物。可以言说可以意会，越说离道越远。未生的不能禁止，已死的无法阻拦。死生是身边常见的现象。死生之理却不能知晓。或有所使，莫有所为，所依据的就是疑惑。我观察它的过去，其往无穷；我探求它的未来，其来无尽。无穷无尽，言语虽无从表达，但符合事物之理；‘或使’‘莫为’是很多言论的基础，它们与外物相始终。不可以视道为有，也不可以视道为无。道的名称乃是假借之称。‘或使’‘莫为’两者的理论各片面局限于事物的一个方面，有什么资格谈论大道？言语周遍，则终日言说的都是道；言语偏执，则终日言说的尽是物。道是万物的顶点，言谈和沉默都不足以表达；既不谈说，也不沉默，才是最好的表达方式。”

外 物

原文

外物不可必[①]，故龙逢诛，比干戮，箕子[②]狂，恶来[③]死，桀、纣亡。人主莫不欲其臣之忠，而忠未必信，故伍员流于江，苌弘死于蜀，藏其血三年而化为碧。人亲莫不欲其子之孝，而孝未必爱，故孝己忧而曾参悲[④]。木与木相摩则然[⑤]，金与火相守则流[⑥]。阴阳错行，则天地大絯[⑦]，于是乎有雷有霆，水中有火[⑧]，乃焚大槐。有甚忧两陷[⑨]而无所逃，螴蜳不得成[⑩]，心若县[⑪]于天地之间，慰暋沈屯[⑫]，利害相摩，生火[⑬]甚多，众人焚和[⑭]，月[⑮]固不胜火，于是乎有僓然而道尽[⑯]。

庄周家贫，故往贷粟于监河侯[⑰]。监河侯曰：“诺，我将得邑金[⑱]，将贷子三百金，可乎？”

庄周忿然作色曰[⑲]：“周昨来，有中道而呼者。周顾视车辙中，有鲋鱼[⑳]焉。周问之曰：‘鲋鱼来！子何为者邪？’对曰：‘我，东海之波臣[㉑]也。君岂有斗升之水而活我哉？’周曰：‘诺。我且南游[㉒]吴越之王，激西江之水而迎子，可乎？’鲋鱼忿然作色曰：‘吾失我常与[㉓]，我无所处。吾得斗升之水然活耳，君乃言此，曾不如早索我于枯鱼之肆[㉔]！’”

任公子为大钩巨缁[㉕]，五十犗[㉖]以为饵，蹲乎会稽，投竿东海，旦旦[㉗]而钓，期年不得鱼。已而大鱼食之，牵巨钩，錎[㉘]没而下，骛扬而奋鬐[㉙]，白波若山，海水震荡，声侔[㉚]鬼神，惮赫[㉛]千里。任公子得若鱼，离而腊之[㉜]，自制河[㉝]以东，苍梧[㉞]已北，莫不厌[㉟]若鱼者。已而后世辁才讽说之徒[㊱]，皆惊而相告也。夫揭竿累[㊲]，趣灌渎[㊳]，守鲵鲋[㊴]，其于得大鱼难矣。饰小说[㊵]以干县令，其于大达亦远矣。是以未尝闻任氏之风俗，其不可与经于

世[41]亦远矣。

儒以《诗》《礼》发冢[42]，大儒胪传[43]曰："东方作[44]矣，事之何若？"

小儒曰："未解裙襦[45]，口中有珠。""《诗》固有之曰：'青青之麦，生于陵陂。生不布施[46]，死何含珠为？'接其鬓[47]，压其颏[48]，儒以金椎控其颐[49]，徐别[50]其颊，无伤口中珠！"

老莱子之弟子出取薪[51]，遇仲尼，反以告，曰："有人于彼[52]，修上而趋下[53]．末偻而后耳[54]，视若营四海[55]，不知其谁氏之子。"

老莱子曰："是丘也，召而来。"

仲尼至。曰："丘！去汝躬矜[56]与汝容知，斯为君子矣。"

仲尼揖而退，蹙然[57]改容而问曰："业可得进乎？"

老莱子曰："夫不忍一世之伤，而骜[58]万世之患，抑固窭[59]邪？亡其略弗及邪[60]？惠以欢为骜，终身之丑，中民之行[61]进焉耳，相引以名，相结以隐[62]。与其誉尧而非桀，不如两忘而闭其所誉。反无非伤也[63]，动无非邪也[64]。圣人踌躇以兴事，以每成功。奈何哉，其载[65]焉终矜尔！"

宋元君夜半而梦人被发窥阿门[66]，曰："予自宰路[67]之渊，予为清江使河伯之所[68]，渔者余且[69]得予。"

元君觉，使人占[70]之，曰："此神龟也。"

君曰："渔者有余且乎？"

左右曰："有。"

君曰："令余且会朝[71]。"

明日，余且朝。

君曰："渔何得？"

对曰："且之网得白龟焉，其圆五尺。"

君曰："献若[72]之龟。"

龟至，君再欲杀之，再欲活之，心疑，卜之，曰："杀龟以卜，吉。"乃刳龟，七十二钻而无遗策[73]。

仲尼曰："神龟能见梦[74]于元君，而不能避余且之网；知能七十二钻而无遗策，不能避刳肠之患。如是，则知有所困，神有所不及也。虽有至知，万人谋之。鱼不畏网而畏鹈鹕[75]。去小知而大知明，去善而自善矣。婴儿生无石师[76]而能言，与能言者处也。"

惠子谓庄子曰："子言无用。"

庄子曰："知无用而始可与言用矣。天地非不广且大也，人之所用容足耳。然则厕足而垫之，致黄泉[77]，人尚有用乎？"

惠子曰：“无用。”

庄子曰：“然则无用之为用也亦明矣。”

庄子曰：“人有能游，且得不游乎！人而不能游，且得游乎！夫流遁[78]之志，决绝[79]之行，噫，其非至知厚德之任与[80]！覆坠[81]而不反，火驰而不顾，虽相与为君臣，时也，易世[82]而无以相贱。故曰：至人不留行[83]焉。

“夫尊古而卑今，学者之流[84]也。且以狶韦氏之流观今之世，夫孰能不波[85]！唯至人乃能游于世而不僻，顺人而不失己。彼教不学，承意不彼。

“目彻[86]为明，耳彻为聪，鼻彻为颤[87]，口彻为甘，心彻为知，知彻为德。凡道不欲壅[88]，壅则哽[89]，哽而不止则跈[90]，跈则众害生。物之有知者恃息[91]，其不殷[92]，非天之罪。天之穿[93]之，日夜无降[94]，人则顾塞其窦[95]。胞有重阆[96]，心有天游[97]。室无空虚，则妇姑勃谿[98]；心五天游，则六凿相攘[99]。大林丘山之善于人也，亦神者不胜。

“德溢[100]乎名，名溢乎暴[101]，谋稽乎谘[102]，知出乎争，柴[103]生乎守官，事果[104]乎众宜。春雨日时，草木怒[105]生，铫鎒[106]于是乎始修，草木之到植[107]者过半而不知其然。静然可以补病[108]，眦搣可以休老[109]，宁可以止遽。虽然，若是劳者之务也，佚者之所未尝过而问焉。圣人之所以駴[110]天下，神人未尝过而问焉；贤人所以駴世，圣人未尝过而问焉；君子所以駴国，贤人未尝过而问焉；小人所以合时[111]，君子未尝过而问焉。

“演门[112]有亲死者，以善毁[113]爵为官师，其党人[114]毁而死者半。尧与许由天下，许由逃之。汤与务光，务光怒之。纪他闻之，帅弟子而踆于窾水[115]，诸侯吊之。三年，申徒狄因以踣河[116]。荃[117]者所以在鱼，得鱼而忘荃。蹄[118]者所以在兔，得兔而忘蹄。言者所以在意，得意而忘言。吾安得夫忘言之人而与之言哉！”

注释

①必：强求。

②箕子：商纣王的叔父，多次忠谏纣王未被采纳，因惧怕迫害而装疯。

③恶来：纣王的奸臣，助纣为虐，最后与纣王一起被杀。

④孝己：殷高宗的儿子，因遭后母虐待忧闷而死。曾参悲：曾对父母十分孝顺，但因常常遭父母毒打，故经常悲泣。

⑤然：同“燃”。

⑥相守：放在一起。流：熔化。

⑦绞（gāi）：通“骇”，动乱。

⑧水中有火：指雨中闪电。

⑨两陷：内心阴阳错乱。

⑩蹵㕷（chén dūn）：心神不定的样子。得成：一切得到成功。

⑪县：通“悬”。

⑫慰暋（mǐn）沈屯：苦闷沉郁。

⑬生火：心火上升。

⑭众人焚和：众人过于计较利害，致使心火升腾而失去调和。

⑮月：比喻人清静平明的本性。

⑯僓（tuí）然：败坏的样子。尽：丧失干净。

⑰贷：借。监河侯：监管河水的侯王，一说指魏文侯。

⑱邑金：封邑的租赋收入。

⑲忿（fèn）然：生气的样子。作色：变脸。

⑳鲋（fù）鱼：鲫鱼。

㉑波臣：水界的臣子，水官。

㉒游：游说。

㉓常与：时时同在一起的，这里指水。

㉔枯鱼之肆：卖鱼干的市场。

㉕任公子：任国的公子。缁：黑绳。

㉖犗（jiè）：阉割过的牛。

㉗旦旦：每天。

㉘錎（xiàn）：通“陷”。

㉙奋鬐（qí）：摆动鱼鳍。

㉚侔（móu）：同。

㉛惮（dàn）赫：震惊。

㉜离：剖开。腊（xī）：晾干。

㉝制河：即浙江。

㉞苍梧：山名，一说为九嶷山。

㉟厌：饱食。

㊱轮（quán）才：粗浅的才能，小才。讽说：道听途说，传说。

㊲累：细绳。

㊳灌渎：小溪，小水沟。

㊴鲵鲋：小鱼。

㊵小说：低微的言论。

㊶经于世：经理世事。

㊷发冢：盗墓。发：挖开。冢（zhǒng）：墓葬。

㊸胪（lú）传：传话。

㊹东方作：东方亮，太阳出来了。

㊺襦（rú）：短上衣。

㊻布施：施舍。

㊼接其鬓：揪着尸体的鬓发。

㊽颊（huì）：下巴的胡须，这里连指下巴。

㊾金椎：金属做的锤子。控：敲打。颐（yí）：面颊。

㊿徐别：慢慢地分开。

51老莱子：楚国隐士。出取薪：出去打柴。

52于彼：在那里。

53修上而趋下：上身长而下身短。

54末偻：背曲。后耳：耳朵向后贴。

55营四海：经营天下。

56躬矜：行为矜持。

57蹙（cù）然：局促不安的样子。

58骜：通“傲”，轻视。

59窭（jù）：本指贫穷。这里指智力贫乏。

60略：智略。弗及：不及，不能达到。

61中民之行：中等水平人的所作所为。

62隐：私。

63反：违反自然。无非伤：必有损害。

64动：不安静。无非邪：必生邪念。

65载：负。

66宋元君：宋国国君。阿门：侧门。

67宰路：渊名。

68清江：江名。河伯：河神。

69余且：渔夫名。

70占：占卜吉凶。

71会朝：朝见。

72若：你。

73无遗策：占算吉凶毫无遗失，十分应验。

74见（xiàn）梦：托梦。

75鹈鹕（tí hú）：水鸟名。

⑯石师：应为“硕师”，大师。

⑰厕：通“侧”，旁边，之外。堑：挖掘。致：至，达到。

⑱流遁：流荡逐物。

⑲决绝：固执己见。

⑳厚德：品德高尚。任：用。

㉑覆坠：指遇到极大的挫折。

㉒易世：世代变易。

㉓留行：固执于自己的所作所为。

㉔流：习气，风尚。

㉕波：震动。

㉖彻：灵通。

㉗颤（shān）：通“膻”，善于辨别气味。

㉘壅（yōng）：堵塞。

㉙哽（gěng）：通“梗”，阻塞。

㉚跈（zhěn）：通“抮”，乖戾。

㉛息：气息，呼吸。

㉜殷：畅盛。

㉝穿：通。

㉞降：减。

㉟窦：孔窍。

㊱胞：胎胞。阆（làng）：空隙。

㊲天游：自然活动。

㊳妇姑：婆媳。勃谿（xī）：争吵。

㊴六凿：六窍。攘：排斥。

⑩⓪溢：败坏。

⑩①暴：显露。

⑩②谿（xián）：急迫，紧急。

⑩③柴：塞。

⑩④果：成功。

⑩⑤怒：猛。

⑩⑥铫鎒（yáo nòu）：除草的农具。

⑩⑦到植：倒生。

⑩⑧静然：安静，静默。补病：养病。

⑩⑨眦㓕（zì miè）：按摩。休老：洗除老态，防止衰老。

⑪⓪䞜（xiè）：通“骇”，惊动。

⑪⑪合时：迎合时宜。

⑪⑫演门：宋国城门名。

⑪⑬毁：因悲伤而毁容。

⑪⑭党人：乡里，邻居。

⑪⑮踆（cūn）：通“蹲”。窾（kuǎn）水：水名。

⑪⑯申徒狄：隐士。踣（fù）河：投河。

⑪⑰荃（quán）：通“筌”，鱼筌，一种捕鱼的竹笼。

⑪⑱蹄：一种捕兔子的器具。

译文

外物不可强求，所以龙逢被杀，比干被害，箕子装疯，恶来丧命，桀、纣灭亡。君主都希望臣子忠心，但臣子忠心未必被信任，所以伍员浮尸于江，苌弘身死于蜀，他的血藏了三年后化为碧玉。父母都希望儿子孝顺，但儿子孝顺未必为父母所爱，所以孝己忧闷而死，曾参常常悲泣。木与木相摩擦则燃烧，金与火放在一起就熔化。阴阳错乱，则天地大震荡，于是就会有雷霆，下雨闪电，焚毁大树。忧虑过甚导致内心错乱而无法解脱，心神不定而一无所成，心就像悬吊在天地之间，苦闷沉郁，权衡利害，心火上升，众人过于计较利害致使心火升腾而失去调和，内心的清静平明之气不能克制火气，于是就会精神崩溃而道德丧失干净。

庄子家境贫穷，去向监河侯借粮。监河侯说：“好吧。我就要得到封邑的租赋，到时候借给你三百金，可以吗？”

庄子生气地说：“昨天我来的时候，半路上听到有呼唤我的，回头一看，车辙中有一条鲫鱼。我问它：‘鲫鱼，你在干什么呢？’他回答说：‘我是东海的水官。你有斗升的水救我活命吗？’我说：‘好吧。我将到南方去游说吴越之王，引西江的水来迎接你，可以吗？’鲫鱼气愤地说：‘我失去了赖以生存的水，无处栖身。我只需要斗升的水就能够活命，而你却说出这样的话，那还不如趁早到卖鱼干的市场上去找我！’”

任公子用大钩和粗长的黑绳做了一套钓具，用五十头牛做鱼饵，蹲在会稽山上，投竿于东海，天天守钓，一年都没有钓到鱼。一年后，大鱼忽然吞食钓饵，牵动大钩，沉入水下四处游荡，扬头摆尾，激起白浪如山，海水震荡，声如鬼神，震惊千里。任公子得到这条鱼，剖开晾晒成鱼干，从浙江以东，苍梧以北，没有人不饱餐这条鱼的。后世才疏学浅的道听途说之徒都惊奇地奔走相告。举着小竿细绳，驻足小水沟旁，守候小鱼小虾，就不

可能钓到大鱼。巧饰碎言细语以求高名，就不可能通达于道。因为他们不懂任公子不求急功近利的风尚，所以也就不可能经理世事。

儒生用《诗》《礼》盗掘坟墓。大儒传话说："天亮了，事情怎么样了？"

小儒说："衣服还没有脱掉，嘴里含有珠玉。"大儒说："《诗》中说：'青青的麦苗长在坡地上。生前不施舍人，死后为何含珠？'揪着尸体的鬓发，按着下巴，你用锤子敲开两腮，慢慢地分开两颊，不要伤了嘴里的珠玉！"

老莱子的弟子出去打柴，遇见孔子，回来告诉老莱子说："有个人在那里，上身长而下身短，伸头曲背耳朵向后，神情好像是在经营天下，不知道他是谁。"

老莱子说："那是孔丘，召他来。"

孔子走进来。老莱子说："孔丘，抛弃你行为的矜持和容貌的机智，就可以成为君主。"

孔子作揖而后退，局促不安地问："我的德业能够提高吗？"

老莱子说："不忍心一代人的悲伤而轻视了万世的祸患，是固陋无知呢，还是智略不及呢？以施恩惠取悦于世为骄傲，这是终生的羞耻，是中等人的所作所为，以名声互相引进，以私利互相勾结。与其称赞尧而非议桀，不如将两者都忘记而抛弃那些称赞和非议。违反自然必有损害，坐立不安必生邪念。圣人从容随物以兴事，而常常成功。为什么你总是背着矜持自傲的包袱呢？"

宋元君半夜梦见有人披头散发在侧门窥视，说："我从宰路深渊来，作为清江的使者到河伯那里去，渔夫余且捕获了我。"

宋元君醒来后，让人占卜，回报说："这是一只神龟。"

宋元君问："渔夫中有名叫余且的吗？"

身边的侍臣说："有。"

宋元君说："令余且前来朝见。"

第二天，余且来朝见。宋元君问："你捕获到了什么？"

余且回答说："我的鱼网捕获了一只白龟，直径有五尺。"

宋元君说："把你的龟献上来。"

龟送到后，宋元君又想杀掉，又想放生，犹豫不决，就进行占卜，答案是："杀龟占卜吉利。"于是宋元君杀了龟，用来占卜，占了七十二次，无不应验。

孔子说："神龟能托梦给宋元君，却不能逃脱余且的鱼网；智慧能多次占卜而无不应验，却不能避免开肠破肚的祸患。由此看来，智慧有所局限，神灵也有所不及。虽然有最高的智慧，但也要采用万众的谋略。鱼不知畏惧网而害怕鹈鹕。弃除小智则大智才明，去掉小善则大善自显。婴儿生来没有大师教就会说话，这是由于与会说话的人相处的缘故。"

惠子对庄子说："你的言论无用。"

庄子说："知道了无用才可以和你谈论有用的问题。天地并非不广大，而人所用的只是容足之地罢了。然而如果把立足之外的地方都向下挖掘到黄泉，那么人所立足的这块小地方还有用吗？”

惠子说：“无用。”

庄子说：“那么，无用就是有用的道理也就很明白了。”

庄子说：“人若能游，怎么会不游呢？人若不能游，怎么会游呢？流荡逐物的心志，固执己见的行为，唉，这都不是至知厚德者的所为！遭到重挫而不反悔，急速奔驰而不回头，虽然社会上有君与臣的相对关系，但这是时势所造成的，世代一变，君臣的关系也就变了。所以说，至人不固执于自己的所作所为。

“尊古而卑今，这是学者的风气。如果用豨韦氏时代的风气来观察衡量当今之世，谁能不感到震动？只有至人才能遨游于世而不偏僻，随顺人情而不丧失自己的本性。虽然别人教导我，但我无心去学他，我表面上接受，但我绝不会学成他那个样子。

“眼睛灵通是明，耳朵灵通是聪，鼻子灵通是膻，口舌灵通是甘，内心灵通是智，智慧灵通是德。凡是道就不能堵塞，堵塞就梗阻，梗阻不止就乖戾，乖戾就会产生种种危害。有生命的物类依靠呼吸，如果不畅盛，那不是天的罪过。天使人长了七窍，日夜一样的畅通，人们却自己堵塞了孔窍。胞胎都有空隙的地方，心灵也有自然活动的地方。如果住房不够宽敞，那么婆媳之间就会争吵；如果心灵没有自然活动的地方，六窍就会互相排斥。森林高山之所以使人心旷神怡，也是由于广阔无比的缘故。

“道德的败坏在于追求名声，名声的败坏在于过分显露自己，计谋产生于急近，智慧产生于争夺，滞塞产生于固执，行政事务的成功在于适应民众。春雨及时降下，草木怒生，于是修好了农具除草整地，然而草木大半却又再生，但不知道其中的原因。安静可以养病，按摩可以防止衰老，宁静可以平息急躁。虽然如此，这还是劳碌的人所做的事，闲逸的人是不过问的。圣人惊扰天下，神人不去过问；贤人惊扰世间，圣人不去过问；君子惊扰国家，贤人不去过问；小人迎合时宜，君子不去过问。

“演门有个死了双亲的人，因为善于悲哀毁容而被封为官师，他邻里的人却因为效法他悲哀毁容而死了大半。尧要把天下让给许由，许由逃避；汤要让位给务光，务光大怒；纪他听到后，带领众弟子蹲在窾水边准备跳河，诸侯都去慰问他，三年后，申徒狄因此跳河而死。筌是用来捕鱼的，捕到鱼就忘了筌；蹄是用来捕兔子的，捕到兔子就忘了蹄；言论是用来表达意思的，掌握了意思就忘了言论。我怎么能够遇到忘记言论的人而和他谈论呢？”

让　王

尧以天下让许由，许由不受。又让于子州支父[①]，子州之父曰：“以我为天子，犹之可也。虽然，我适有幽忧[②]之病，方且治之，未暇治天下也。”夫天下至重也，而不以害

其生，又况他物乎！唯无以天下为者，可以托天下也。

舜让天下于子州支伯[3]，子州支伯曰："予适有幽忧之病，方且治之，未暇治天下也。"故天下大器也，而不以易[4]生，此有道者之所以异乎俗者也。

舜以天下让善卷[5]，善卷曰："余立于宇宙之中，冬日衣皮毛，夏日衣葛絺[6]；春耕种，形足以劳动；秋收敛，身足以休食。日出而作，日入而息，逍遥于天地之间而心意自得。吾何以天下为哉！悲夫，子之不知余也！"遂不受。于是去而入深山，莫知其处。

舜以天下让其友石户[7]之农，石户之农曰："捲捲[8]乎后之为人，葆力[9]之士也。"以舜之德为未至也，于是夫负妻戴，携子以入于海，终身不反也。

大王亶父居邠[10]，狄人[11]攻之。事[12]之以皮帛而不受，事之以犬马而不受，事之以珠玉而不受。狄人之所求者土地也。大王亶父曰："与人之兄居而杀其弟，与人之父居而杀其子，吾不忍也。子皆勉居矣！为吾臣与为狄人臣，奚以异！且吾闻之，不以所用养害所养[13]。"因杖筴[14]而去之。民相连而从之，遂成国于岐山[15]之下。夫大王亶父，可谓能尊生[16]矣"。能尊生者，虽贵富，不以养伤身，虽贫贱，不以利累形。今世之人居高官尊爵者，皆重失之，见利轻亡其身，岂不惑哉！

越人三世弑其君，王子搜[17]患之，逃乎丹穴[18]。而越国无君，求王子搜不得，从之丹穴。王子搜不肯出，越人薰之以艾，乘以王舆。王子搜援绥[19]登车，仰天而呼曰："君乎！君乎！独不可以舍我乎！"王子搜非恶为君也，恶为君之患也。若王子搜者，可谓不以国伤生矣，此固越人之所欲得为君也。

韩魏相与争侵地。子华子见昭僖侯[20]，昭僖侯有忧色。子华子曰："今使天下书铭[21]于君之前，书之言曰：'左手攫之则右手废[22]，右手攫之则左手废，然而攫之者必有天下。'君能攫之乎？"

昭僖侯曰："寡人不攫也。"

子华子曰："甚善！自是观之，两臂重于天下也，身亦重于两臂。韩之轻于天下亦远矣，今之所争者，其轻于韩又远。君固愁身伤生以忧戚不得也！"

僖侯曰："善哉！教寡人者众矣，未尝得闻此言也。"子华子可谓知轻重矣。

鲁君闻颜阖[23]得道之人也，使人以币先[24]焉。颜阖守陋闾[25]，苴布之衣，而自饭牛[26]。鲁君之使者至，颜阖自对之[27]。使者曰："此颜阖之家与？"颜阖对曰："此阖之家也。"使者致币，颜阖对曰："恐听谬而遗[28]使者罪，不若审之。"使者还，反审之，复来求之，则不得已。故若颜阖者，真恶富贵也。

故曰：道之真[29]以治身，其绪余[30]以为国家，其土苴[31]以治天下。由此观之，帝王之功，圣人之余事也，非所以完身养生也。今世俗之君子，多危身弃生以殉物[32]，岂不悲哉！凡圣人之动作也，必察其所以之与其所以为[33]。今且有人于此，以随侯之珠[34]，弹千仞之雀，世必笑之。是何也？则其所用者重而所要[35]者轻也。夫生者，岂特[36]随侯之重哉！

子列子穷，容貌有饥色。客有言之于郑子阳[37]者，曰："列御寇，盖有道之士也，居君之国而穷，君无乃为不好士[38]乎？"郑子阳即令官遗之粟。子列子见使者，再拜而辞。

使者去，子列子入，其妻望之而拊心[39]曰："妾闻为有道者之妻子，皆得佚乐，今有饥色。君过而遗先生食，先生不受，岂不命邪？"

子列子笑谓之曰："君非自知我也。以人之言而遗我粟，至其罪我也，又且以人之言，此吾所以不受也。"其卒，民果作难而杀子阳。

楚昭王失国[40]，屠羊说[41]走而从于昭王。昭王反国，将赏从者，及屠羊说。屠羊说曰："大王失国，说失屠羊[42]；大王反国，说亦反屠羊。臣之爵禄已复矣，又何赏之有！"

王曰："强之[43]！"

屠羊说曰："大王失国，非臣之罪，故不敢伏其诛；大王反国，非臣之功，故不敢当其赏。"

王曰："见之！"

屠羊说曰："楚国之法，必有重赏大功而后得见。今臣之知不足以存国，而勇不足以死寇[44]。吴军入郢，说畏难而避寇，非故[45]随大王也。今大王欲废法毁约而见说，此非臣之所以闻于天下也。"

王谓司马子綦曰："屠羊说居处卑贱而陈义[46]甚高，子綦为我延之以三旌之位[47]。"

屠羊说曰："夫三旌之位，吾知其贵于屠羊之肆[48]也；万钟之禄，吾知其富于屠羊之利也。然岂可以食爵禄而使吾君有妄施[49]之名乎！说不敢当，愿复反吾屠羊之肆。"遂不受也。

原宪[50]居鲁，环堵之室[51]，茨以生草[52]，蓬户不完，桑以为枢[53]，而瓮牖[54]二室，褐[55]以为塞，上漏下湿，匡坐[56]而弦。

子贡[57]乘大马，中绀[58]而表素，轩车不容巷[59]，往见原宪。原宪华冠縰履[60]，杖藜而应门[61]。

子贡曰："嘻！先生何病？"

原宪应之曰；"宪闻之，无财谓之贫，学而不能行谓之病。今宪贫也，非病也。"子贡逡巡[62]而有愧色。

原宪笑曰："夫希世而行[63]，比周[64]而友，学以为人，教以为己，仁义之慝[65]，舆马之饰，宪不忍为也。"

曾子居卫，缊袍[66]无表，颜色肿哙[67]，手足胼胝[68]。三日不举火[69]，十年不制衣，正冠而缨绝[70]，捉衿而肘见[71]，纳屦而踵决[72]。曳縰而歌《商颂》，声满天地，若出金石。天子

不得臣，诸侯不得友。故养志者忘形，养形者忘利，致道者忘心矣。

孔子谓颜回曰："回，来！家贫居卑，胡不仕乎？"

颜回对曰："不愿仕。回有郭[73]外之田五十亩，足以给饘粥[74]。郭内之田十亩，足以为丝麻。鼓琴足以自娱，所学夫子之道者足以自乐也。回不愿仕。"

孔子愀然[75]变容曰："善哉，回之意！丘闻之：'知足者，不以利自累也；审[76]自得者，失之而不惧；行修于内[77]者，无位而不怍[78]。'丘诵之久矣，今于回而后见之，是丘之得也。"

中山公子牟谓瞻子曰[79]："身在江海之上，心居乎魏阙[80]之下，奈何？"

瞻子曰："重生，重生则利轻。"

中山公子牟曰："虽知之，未能自胜[81]也。"

瞻子曰："不能自胜则从[82]。神无恶乎？不能自胜而强不从者，此之谓重伤。重伤之人，无寿类矣。"

魏牟，万乘之公子也，其隐岩穴也，难为于布衣之士，虽未至乎道，可谓有其意矣。

孔子穷于陈蔡之间，七日不火食，藜羹不糁[83]，颜色甚惫，而弦歌于室。颜回择菜，子路、子贡相与言曰："夫子再逐于鲁，削迹于卫，伐树于宋，穷于商周，围于陈蔡，杀夫子者无罪，藉[84]夫子者无禁。弦歌鼓琴，未尝绝音，君子之无耻也若此乎？"

颜回无以应，入告孔子。孔子推琴，喟然而叹曰："由与赐[85]，细人[86]也。召而来，吾语之。"

子路、子贡入。子路曰："如此者，可谓穷矣！"

孔子曰："是何言也！君子通于道之谓通，穷于道之谓穷。今丘抱仁义之道以遭乱世之患，其何穷之为！故内省而不穷于道，临难而不失其德，天寒既至，霜雪既降，吾是以知松柏之茂也。陈蔡之隘[87]，于丘其幸乎！"

孔子削然反琴而弦歌[88]，子路扢然[89]执干而舞。子贡曰："吾不知天之高也，地之下也。"

古之得道者，穷亦乐，通亦乐。所乐非穷通也，道德[90]于此，则穷通为寒暑风雨之序矣。故许由虞于颍阳[91]，而共伯得乎共首[92]。

舜以天下让其友北人无择[93]，北人无择曰："异哉后之为人也，居于畎亩[94]之中而游尧之门！不若[95]是而已，又欲以其辱行[96]漫我。吾羞见之。"因自投清泠[97]之渊。

汤将伐桀，因卞随[98]而谋，卞随曰："非吾事也。"

汤曰："孰可？"

曰："吾不知也。"

汤又因瞀光[99]而谋，瞀光曰："非吾事也。"

汤曰："孰可？"

曰："吾不知也。"

汤曰："伊尹[100]何如？"

曰："强力忍垢[101]，吾不知其他也。"

汤遂与伊尹谋伐桀，剋[102]之，以让卞随。卞随辞曰："后之伐桀也谋乎我，必以我为贼[103]也；胜桀而让我，必以我为贪也。吾生乎乱世，而无道之人再来漫我以其辱行，吾不忍数[104]闻也。"乃自投椆水[105]而死。

汤又让瞀光，曰："知者谋之，武者遂[106]之，仁者居之[107]，古之道也，吾子胡不立乎？"

瞀光辞曰："废上，非义也；杀民，非仁也；人犯其难，我享其利，非廉也。吾闻之曰：'非其义者，不受其禄；无道之世，不践其土。'况尊我乎！吾不忍久见也。"乃负石自沈于庐水。

昔周之兴，有士二人处于孤竹[108]，曰伯夷、叔齐。二人相谓曰："吾闻西方有人，似有道者，试往观焉"至于岐阳[109]，武王闻之，使叔旦[110]往见之，与盟[111]1曰："加富[112]二等，就官[113]一列。"血牲而埋之[114]。

二人相视而笑，曰："嘻，异哉！此非吾所谓道也。昔者神农之有天下也，时祀尽敬而不祈喜[115]；其于人也，忠信尽治而无求焉。乐与政为政，乐与治为治，不以人之坏自成[116]也，不以人之卑自高也，不以遭时[117]自利也。今周见殷之乱而遽[118]为政，上谋而下行货[119]，阻[120]兵而保威，割牲而盟以为信，扬行以说众[121]，杀伐以要利，是推乱[122]以易暴也。吾闻古之士，遭治世不避其任，遇乱世不为苟存。今天下闇[123]，周德衰，其并乎周以涂吾身也，不如避之以洁吾行。"二子北至于首阳之山，遂饿而死焉。

若伯夷、叔齐者，其于富贵也，苟可得已，则必不赖[124]。高节戾行[125]，独乐其志，不事于世。此二士之节也。

注释

①子州支父：怀道之人，隐士。

②幽忧：深忧。

③子州支伯：即子州支父。

④易：交换。

⑤善卷：怀道之人，隐士。

⑥葛絺：粗布。

⑦石户：地名。

⑧捲捲（juàn）：勤苦的样子。

⑨葆力：勤力。

⑩大王亶（dàn）父：又称古公亶父，周文王的祖父。邠（bīn）：地名，在今陕西彬县、旬邑一带。

⑪狄人：当时与周族为邻的一个部族。

⑫事：奉送。

⑬所用养：指土地。所养：指百姓。

⑭筴：同“策”，马鞭。

⑮岐山：山名，在今陕西岐山县东北。

⑯尊生：珍重性命。

⑰王子搜：名叫搜的王子。

⑱丹穴：洞穴名，一说为南山洞。

⑲援绥：拉着绳子。

⑳子华子：魏国贤士，怀道之人。昭僖侯：韩国国君。

㉑铭：誓约。

㉒废：砍掉。

㉓颜阖：鲁国隐士。

㉔以币先：送去礼品以表达心意。

㉕陋闾：简陋的穷巷。

㉖苴（jù）布：麻布。饭牛：喂牛。

㉗自对之：亲自接待。

㉘遗（wèi）：致，给。

㉙真：精华。

㉚绪余：残余。

㉛土苴（jù）：糟粕。

㉜殉物：追逐名利。

㉝所以为：所以这样做。

㉞随侯之珠：随国国君的宝珠。

㉟要：求取。

㊱岂特：岂止。

㊲子阳：郑国执政卿，相国。

㊳好士：重视士人。

㊴拊心：表示痛心的样子。

㊵失国：指楚昭王因吴军攻占国都而逃亡在外。

㊶屠羊说：名叫说的屠羊者。

㊷失屠羊：因亡国而失去了屠羊的职业。

㊸强之：强令受赏。

㊹死寇：杀敌。

㊺故：故意，有心。

㊻陈义：陈说理义。

㊼三旌之位：卿位。

㊽肆：市，买卖。

㊾妄施：不按制度规定的滥施。

㊿原宪：孔子的弟子。

51环堵之室：极言居室矮小。

52茨以生草：用草盖房。

53桑以为枢：用树条做门枢。

54瓮牖（yǒu）：用破瓮做窗户。

55褐：粗布衣。

56匡坐：端坐，正坐。

57子贡：孔子的弟子。

58绀（gàn）：红青色。

59不容巷：街巷容纳不了。

60华冠：用华木皮做的帽子。縰（xǐ）：没有跟的鞋，形似拖鞋。

61应门：应声开门。

62逡（qūn）巡：进退犹豫不决。

63希世而行：观望社会风向而行事。

64比周：结党。

65慝（tè）：奸恶。

66缊（yún）袍：用乱麻做絮的袍子。

67肿哙（kuài）：浮肿。

68胼胝（pián zhī）：生茧。

69不举火：不生火煮饭。

70正：整。缨：帽子上的带子。绝：断。

71见：通“现”，露出。

⑫踵决：鞋跟破裂。

⑬郭：外城。

⑭饘（zhān）粥：稠粥。

⑮愀（qiǎo）然：表情改变的样子。

⑯审：明察。

⑰行修于内：进行内心的精神修养。

⑱怍（zuò）：惭愧。

⑲中山公子牟：魏国公子，名牟，封于中山，又称魏牟。瞻子：魏国贤人。

⑳魏阙：巍然高大的宫门，代指宫廷。

㉑自胜：自我控制。

㉒从：放任。

㉓糁（sǎn）：米粒。

㉔藉：凌辱，欺负。

㉕由：子路名。赐：子贡名。

㉖细人：见识浅的人，小人。

㉗隘：困厄。

㉘削然：取琴的动作声。反琴：再取琴而弹。

㉙扢（xì）然：威武的样子。

㉚德：通“得”。

㉛许由虞于颍阳：相传许由不接受尧的弹让，隐居于颍水之阳，自得其乐。

㉜共伯得乎共首：共伯名和，食封于共，贤而有才。周厉王出逃后，诸侯拥立共伯为君，执政十四年，史称“共和行政”。后周宣王即位，共伯隐退于丘首山，逍遥自得。

㉝北人无择：北方人，名无择。

㉞畎（quǎn）亩：田间。

㉟若：但。

㊱辱行：耻辱的行为。

㊲清泠（líng）：深渊名。

㊳卞随：怀道之人。

㊴瞀光：怀道之人。

⑩⓪伊尹：商汤的辅臣。

⑩①强力：顽强。忍垢：忍辱。

⑩②剋：通“克”，战胜。

⑩③贼：残忍。

⑩④数：屡次。

⑩⑤椆（zhōu）水：水名。

⑩⑥遂：完成，成功。

⑩⑦居之：指居天子之位。

⑩⑧孤竹：商代国名，在今辽宁、河北相邻一带。

⑩⑨岐阳：岐山之阳。

⑪⓪叔旦：周武王之弟周公旦。

⑪①盟：盟誓。

⑪②富：禄。

⑪③就官：任官。

⑪④血牲而埋之：古代举行盟誓仪式，杀牲取血涂于盟书上，然后埋入地下。

⑪⑤喜：福。

⑪⑥不以人之坏自成：不以别人的失败作为自己成功的条件。

⑪⑦遭时：遇到好时机。

⑪⑧遽（jù）：急。

⑪⑨行货：用利禄收买人。

⑫⓪阻：恃，依仗。

⑫①扬行：宣扬自己的行为。说：通“悦”。

⑫②推乱：行乱，制造祸乱。

⑫③闇：通“暗”。

⑫④赖：取。

⑫⑤戾行：与众不同的行为。

译文

尧将天下让给许由，许由不接受。又让给子州支父，子州支父说：“让我当天子也可以。但是，我刚刚患上深忧之病，正在治疗，没有工夫去治理天下。”天下是最贵重的，而他不因此妨害自己的性命，何况其他事情呢？只有对天下不在意的人才可以把天下托付给他。

舜让天下给子州支伯，子州支伯说：“我刚刚患深忧之病，正在治疗，没有工夫去治理天下。”天下是重大的名器，而不以此来交换性命，这就是有道之人与凡夫俗子的不同之处。

舜将天下让给善卷，善卷说：“我站在宇宙之中，冬天穿皮毛，夏天穿粗布；春天耕

种，鼓足力气劳动；秋季收获，放松身心休养；日出而作，日落而息，逍遥于天地之间而心情舒畅。为什么我要去治理天下呢？可悲啊，你不了解我！”善卷没有接受天下。于是远离尘世而潜入深山，不知隐于何处。

舜将天下让给他的朋友石户的农夫，石户的农夫说：“勤苦啊，君王的为人，你是勤力之士。”认为舜的德行还没有达到境界，于是农夫背负行装，妻子头顶器具，带着子女隐居于海岛，终生没有回来。

大王亶父率族众居住在邠地，屡遭狄人的攻击。周人相继拿出皮帛、犬马、珠玉奉送给狄人以求和，但狄人都拒不接受，他们所要的是周人居住的土地。大王亶父说：“如果强行与狄人抗争，周人的子弟势必有遭到残杀的，我实在不忍心。你们好好地居住下去！做我的臣民与做狄人的臣民有什么不同？而且我听说，不要因为占据土地而使土地上的人民受害。”于是大王亶父放弃了这块土地而另图居地。民众成群结队地追随他，在岐山之下建立了国家。大王亶父可以说是能珍重性命。能珍重性命的，虽然富贵，但不会因养尊处优而伤害身心；虽然贫贱，但不会因追求利禄而累伤形体。现时身居高官尊爵的人都把失掉既得利益看得非常重要，见利就不顾性命地去舍身追求，岂不是糊涂虫吗？

越国人杀了三世的国君，王子搜对此很忧惧，逃到丹穴藏身躲祸。越国没有国君，找不到王子搜，就追寻到丹穴。王子搜不肯出穴，越国人就用烧艾烟熏丹穴的方式迫使他出来，并用国君的车子来接他。王子搜拉着绳子登上车，仰天呼号说：“君王啊，君王！为什么唯独不肯放过我呢？”王子搜并不是厌恶当国君，而是厌恶当国君的祸患。像王子搜这样的人可以说是不愿因君位而伤害性命，这也正是越国人要他当国君的原因所在。

韩、魏两国互相争夺土地。子华子见到昭僖侯，昭僖侯面有忧色。子华子说：“现在让天下人在您面前写下誓约，誓约上写着：‘左手取它就要砍掉右手，右手取它就要砍掉左手，但是取到的就必得天下。’您愿意取它吗？”

昭僖侯说：“我不去取。”

子华子说：“很好！由此看来，两只手臂比天下重要，身体又比两只手臂重要。韩国远比天下为轻，现在所争夺的又远比韩国为轻。那么您何必愁身伤生地去忧虑得不到的东西呢？”

僖侯说：“好啊！劝说我的人很多，但我还未曾听到这样的妙语。”子华子可以说是知道轻重。

鲁国国君听说颜阖是得道之人，就派人带礼品前去致意。颜阖住在简陋的穷巷，穿着粗布衣服正在亲自喂牛。鲁君的使者来了，颜阖上前接待。使者说：“这里是颜阖的家吗？”颜阖回答说：“是的。”使者送上礼物。颜阖说：“恐怕听错了而连累使者受罪，不如核实一下。”使者回去，核实无误，又来找颜阖，但没有找到。像颜阖这样的人真正是厌恶富贵了。

所以说，道的精华用来修身，残余用来治国，糟粕用来治理天下。由此看来，帝王的功业只是圣人的余事，而不是用来保身养性的。现在世俗的君子多危身弃性去追逐名利，岂不可悲？大凡圣人的行动，必定明察其所以往和所以为的意义。假如现在有这样一个人，他用随侯之珠当作子弹去射高空的飞鸟，世人肯定会嘲笑他。为什么呢？因为他用贵重的东西去求取轻贱之物。就性命而论，它比随侯之珠还要贵重！

列子穷困，面容有饥色。有人对郑子阳说：“列御寇是有道之士，住在您的国内而穷困，难道您不重视士人吗？”郑子阳即派官吏送去粮食。列子见到派泉的使者，再三辞谢而不接受。

使者走后，列子走进屋里，妻子看着他，伤心地说：“我听说做有道之人的妻子都能悠闲快乐。现在饥寒交迫，相国关心你而派人送来粮食，而你却不接受，岂不是命中注定的吗？”

列子笑着对妻子说：“相国并不是自己了解我。他是听了别人的话而送给我粮食，那将来他也会听别人的话而怪罪我，这就是我不接受的原因。”最终，人民果然造反而杀了子阳。

楚昭王丧失国土。屠羊说跟随昭王逃亡。昭王返国后，要奖赏随从者，屠羊说也在奖赏之列。屠羊说说：“大王失去国土，我也失去了屠羊的职业；大王返国，我又重操旧业。我的爵禄已经恢复了，又有什么好奖赏的呢？”

楚昭王说：“强令他受赏！”

屠羊说说：“大王失去国土不是我的罪过，所以我不该受罚；大王返国也不是我的功

劳，所以我不应领赏。”

楚昭王说：“来晋见我！”

屠羊说说：“根据楚国的法令，必须是有大功而受重赏的人才能晋见。现在我的才智不足以保国，勇气不足以杀敌。吴军攻占国都，我畏惧危难而逃避敌寇，并不是诚心追随大王。现在大王要违反常规而接见我，这不是我希望让天下传闻的事。”

楚昭王对司马子綦说：“屠羊说地位卑贱而道义很高，你替我延请他出任卿职。”

屠羊说说：“我知道卿的职位比屠羊的职业尊贵；我知道万钟的俸禄比屠羊的收入丰厚。然而我怎么可以贪图爵禄而使大王蒙受滥施的名声呢？我不敢接受，希望重新操起我屠羊的旧业。”终于没有接受。

原宪住在鲁国，房屋矮小，茅草盖顶，蓬草编成的门户残缺不全，用桑树条做门枢，破瓮做窗户，居室一分为二，用粗布烂衣堵塞漏洞，屋顶漏地面潮湿，他却端坐在屋里弹弦唱歌。

子贡乘着大马，内衣红青而外衣素白，人马高车堵塞街巷，前去探望原宪。原宪破帽烂鞋，拄着藜杖应声开门。

子贡说：“咦！先生是什么病呢？”

原宪回答说：“我听说，没有钱财称为贫，有学问而不能施行称为病。我是贫，不是病。”子贡进退两难，面有愧色。

原宪笑着说：“见风使舵，结党为友，为了使人看重而学，为了自己的声誉而教，仁义的奸恶，车马的华饰，这是我所不屑于为之的。”

曾子住在卫国，衣着破烂，脸色浮肿，手足生茧。三天不生火煮饭，十年不添置衣服，一整帽子就断了带子，一拉衣襟就露出了胳膊肘，一穿鞋后跟就破裂。他趿拉着烂鞋唱《商颂》，声音充满天地，就像敲击金石乐器发出来的一样。天子不能使他做臣僚，诸侯无法和他交朋友。所以养志的人忘却形体，养形的人忘却利禄，求道的人忘却心机。

孔子对颜回说：“颜回，来，你家境贫穷居室卑陋，为什么不做官呢？”

颜回说：“不愿做官。我在郊外有田五十亩，足够供给吃饭；郊内有桑麻四十亩，足够供给穿衣；弹琴足以自娱，所学先生之道足以自乐。我不愿意做官。”

孔子变容改色说：“你的心意好极了！我听说：‘知足的人不因利禄而拖累自己；明察自己得失的人对于所失而不忧惧；修养内心的人没有官爵而不惭愧。’我常常诵读这些话，现在在你身上得到了体现，这是我的收获。”

中山公子牟对瞻子说：“虽身居江湖，心里却想着宫廷里的荣华富贵，怎么办呢？”

瞻子说：“重生。重生就轻利。”

中山公子牟说：“我虽然知道，但不能自我控制。”

瞻子说：“不能自我控制放任，心神不厌恶吗？不能自我控制而又硬要那样去做，这就是双重的损伤。双重损伤的人就不能长寿了。”

魏牟是万乘之国的公子，他隐居山间，要比平民困难得多，虽然还没有达到道的境界，但可以说有这种意念了。

孔子被围困在陈、蔡两国之间，七天吃不上熟食，野菜汤里没有一粒米，脸色疲惫不堪，但仍在室内弹琴唱歌。颜回采择野菜，子路和子贡相互议论说：“先生两次被鲁国驱逐，卫国不让居留，在宋国蒙受伐树之辱，在商周陷入困境，又在陈蔡被围困，杀了先生也不犯法，凌辱先生也无人禁止。而先生却弹琴唱歌，从不间断，君子有这样不知羞耻的吗？”

颜回无话可说，进屋告诉了孔子。孔子推开琴，叹气说：“子路和子贡是见识短浅的小人。叫他们进来，我对他们说。”

子路和子贡走进来。子路说：“落到这般地步，可以说是穷困了吧！”

孔子说：“这是什么话？君子通于道称为通，穷于道称为穷。现在我心怀仁义之道而遭乱世之患，怎么能叫穷？所以内心反省而不穷于道，临难而不丧失德，经过风雪严寒，我才知道松柏的茂盛。陈蔡的困厄，对我来说真是喜事啊！”

孔子取过琴来重新弹唱，子路威武地执干起舞，子贡说：“我不知道天高地厚。”

古时候得道的人穷困也快乐，通达也快乐。所乐的不是穷困和通达，在这里获得了道，穷困和通达就像寒暑风雪的循序变化一样平常。所以许由自娱于颍水之阳，共伯逍遥于丘首之山。

舜将天下让给他的朋友北人无择，北人无择说：“舜的为人真奇怪，身居田间，却投靠在尧的门下！不但如此，还想用他这种耻辱的行为来玷污我。我羞于见他。”于是自投于清冷之渊。

汤准备伐桀，找卞随谋划，卞随说：“这不是我的事。”

汤说：“谁可以？”

卞随说：“我不知道”。

汤又找瞀光谋划，瞀光说：“这不是我的事。”

汤说：“谁可以？”

瞀光说：“我不知道。”

汤说：“伊尹怎么样？”

瞀光说：“顽强而能忍辱，别的我不知道。”

于是汤与伊尹谋划伐桀，推翻了夏朝，要让位给卞随。卞随说：“君伐桀时找我谋划，一定以为我残忍；战胜桀后而让位于我，一定以为我贪权。我生在乱世，而无道的人又用耻辱的行为再来玷污我，我忍受不了屡屡闻见这些事。”于是自投椆水而死。

汤又让位于瞀光，说：“有智慧的人出谋划策，勇武的人打天下，仁义之人居天子

之位，这是自古以来的道理。为什么你不即位？”

瞀光推辞说：“废除君上，不义；杀戮人民，不仁；别人赴汤蹈火，我坐享其利，这是不廉。我听说：‘不合于义的，不受其禄；在无道的社会，不驻足在他的领土上。’何况要尊我为天子！我忍受不了长期看着这样的社会。”于是背负石头自沉于庐水。

从前周朝兴起的时候，有两位贤士住在孤竹国，名叫伯夷、叔齐。二人商量说：“听说西方有个人，好像是有道者，我们去看看。”到了岐山之阳，周武听说了，就派周公去见他们，立下盟约说：“加禄二级，授官一等。”然后将盟书涂上牲血并埋入地下。

伯夷和叔齐相视而笑说：“嘻，真奇怪！这不是我们所说的道。过去神农氏拥有天下，按时祭祀竭尽虔诚而不求福；对于人民，忠信尽力而无所求。人乐于政就为政，人乐于治就为治，不以别人的失败作为自己成功的条件，不以别人的卑微而显示自己的高贵，不因遇到机会就自谋私利。现在周人看到殷朝混乱，便急忙取而代之，崇尚谋略而收买人心，依仗武力而保持威势，杀牲盟誓作为信用，宣扬自己的行为以取悦于众，通过杀伐以谋取利益，这是制造祸乱以代替暴虐。我听说古时候的贤士逢治世不逃避责任，遇乱世不苟且偷生，现在天下黑暗，殷德衰败，与其同周人合作来玷污我们，不如避开以保持我们行为的高洁。”二人向北逃到首阳之山，终于饿死在那里。

像伯夷、叔齐这样的人，对于富贵，即使唾手可得，却也不获取。节操高尚，行为与众不同。独乐其志，不迎合世俗，这就是两位贤士的气节。

盗　跖

孔子与柳下季[①]为友，柳下季之弟，名曰盗跖[②]。盗跖从卒九千人，横行天下，侵暴诸侯，穴室枢[③]户，驱人牛马，取人妇女，贪得忘亲，不顾父母兄弟，不祭先祖。所过之邑，大国守城，小国入保[④]，万民苦之。

孔子谓柳下季曰：“夫为人父者，必能诏[⑤]其子；为人兄者，必能教其弟。若父不能诏其子，兄不能教其弟，则无贵父子兄弟之亲矣。今先生，世之才士也，弟为盗跖，为天下害，而弗能教也，丘窃为先生羞之。丘请为先生往说之。”

柳下季曰：“先生言为人父者必能诏其子，为人兄者必能教其弟，若子不听父之诏，弟不受兄之教，虽今先生之辩，将奈之何哉！且跖之为人也，心如涌泉，意如飘风，强足以距敌，辩足以饰非，顺其心则喜，逆其心则怒，易辱人以言。先生必无往。”

孔子不听，颜回为驭，子贡为右，往见盗跖。盗跖乃方休卒徒大山[⑥]之阳，脍人肝而餔之[⑦]。孔子下车而前，见谒者[⑧]曰：“鲁人孔丘，闻将军高义，敬再拜谒者。”

谒者入通[⑨]，盗跖闻之大怒，目如明星，发上指冠，曰：“此夫鲁国之巧伪人孔丘非邪？为我告之：‘尔作言造语，妄称文武，冠枝木之冠[10]，带死牛之胁[11]，多辞缪说。不耕而食，不织而衣，摇唇鼓舌，擅生是非，以迷天下之主，使天下学士不反其本[12]，妄作孝弟而儌幸于封侯富贵者也。子之罪大极重，疾走归！不然，我将以子肝益昼餔之膳！’”

孔子复通曰：“丘得幸于季，愿望履幕下[13]。”

谒者复通，盗跖曰：“使来前！”

孔子趋而进，避席反走[14]，再拜盗跖。盗跖大怒，两展其足[15]，案剑瞋目，声如乳虎，曰：“丘来前！若所言，顺吾意则生，逆吾心则死！”

孔子曰：“丘闻之，凡天下有三德：生而长大，美好无双，少长贵贱见而皆说[16]之，此上德也；知维[17]天地，能辩诸物，此中德也；勇悍果敢，聚众率兵，此下德也。凡人有此一德者，足以南面称孤[18]矣。今将军兼此三者，身长八尺二寸，面目有光，唇如激丹[19]，齿如齐贝，音中黄钟，而名曰盗跖，丘窃为将军耻不取焉。将军有意听臣，臣请南使吴越，北使齐鲁，东使宋卫，西使晋楚，使为将军造大城数百里，立数十万户之邑，尊将军为诸侯，与天下更始[20]，罢兵休卒，收养昆弟，共祭先祖。此圣人才士之行，而天下之愿也。”

盗跖大怒曰：“丘来前！夫可规以利而可谏以言者，皆愚陋恒民[21]之谓耳。今长大美好，人见而说之者，此吾父母之遗德也。丘虽不吾誉，吾独不自知邪？

“且吾闻之，好面誉人者，亦好背而毁之。今丘告我以大城众民，是欲规我以利而恒民畜[22]我也，安可久长也！城之大者，莫大乎天下矣。尧、舜有天下，子孙无置锥之地；汤、武立为天下，而后世绝灭。非以其利大故邪？

“且吾闻之，古者禽兽多而人少，于是民皆巢居以避之，昼拾橡栗，暮栖木上，故命之曰‘有巢氏之民’。古者民不知衣服，夏多积薪，冬则炀[23]之，故命之曰‘知生之民’。神农之世，卧则居居[24]，起则于于[25]，民知其母，不知其父，与麋鹿共处，耕而食，织而衣，无有相害之心，此至德之隆也。然而黄帝不能致德，与蚩尤[26]战于涿鹿之野，流血百里。尧、舜作，立群臣，汤放其主，武王杀纣。自是之后，以强陵弱，以众暴寡。汤武以来，皆乱人之徒也。

“今子修文武之道，掌天下之辩，以教后世。缝衣浅带[27]，矫言伪行，以迷惑天下之主，而欲求富贵焉。盗莫大于子，天下何故不谓子为盗丘，而乃谓我为盗跖？子以甘辞[28]说子路而使从之，使子路去其危冠[29]，解其长剑，而受教于子，天下皆曰‘孔丘能止暴禁非’。其卒[30]之也，子路欲杀卫君而事不成，身菹[31]于卫东门之上，是子教之不至[32]也。子自谓才士圣人邪？则再逐于鲁，削迹于卫，穷于齐，围于陈蔡，不容身于天下。子教子路菹此患，上无以为身，下无以为人，子之道岂足贵邪？

“世之所高[33]，莫若黄帝。黄帝尚不能全德，而战涿鹿之野，流血百里。尧不慈，舜不孝，禹偏枯[34]，汤放其主，武王伐纣，文王拘羑里[35]。此六子者，世之所高也，孰论[36]

之，皆以利惑其真而强反其情性，其行乃甚可羞也。

“世之所谓贤士：伯夷、叔齐。伯夷、叔齐辞孤竹之君，而饿死于首阳之山，骨肉不葬。鲍焦[37]饰行非世，抱木而死。申徒狄谏而不听，负石自投于河，为鱼鳖所食。介子推[38]至忠也，自割其股以食文公，文公后背之，子推怒而去，抱木而燔死。尾生与女子期于梁下[39]，女子不来，水至不去，抱梁柱而死。此六子者，无异于磔犬流豕[40]，操瓢而乞者，皆离名[41]轻死，不念本[42]养寿命者也。

“世之所谓忠臣者，莫若王子比干、伍子胥。子胥沉江，比干剖心。此二子者，世谓忠臣也，然卒为天下笑。自上观之，至于子胥、比干，皆不足贵也。

“丘之所以说我者，若告我以鬼事，则我不能知也；若告我以人事者，不过此矣，皆吾所闻知也。

“今吾告子以人之情。目欲视色，耳欲听声，口欲察味，志气欲盈。人上寿百岁，中寿八十，下寿六十，除病瘦死丧忧患，其中开口而笑者，一月之中不过四五日而已矣。天与地无穷，人死者有时，操有时之具[43]，而托于无穷之间，忽然无异骐骥之驰过隙也。不能说其志意，养其寿命者，皆非通道者也。

“丘之所言，皆吾之所弃也，亟[44]去走归，无复言之！子之道，狂狂汲汲[45]，诈巧虚伪事也，非可以全真也，奚足论哉！”

孔子再拜趋走，出门上车，执辔三失[46]，目芒然无见，色若死灰，据轼[47]低头，不能出气。归到鲁东门外，适遇柳下季。柳下季曰：“今者阙然数日不见，车马有行色，得微[48]往见跖邪？”

孔子仰天而叹曰：“然。”

柳下季曰：“跖得无逆汝意若前[49]乎？”

孔子曰：“然。丘所谓无病而自灸也，疾走料[50]虎头，编虎须，几不免虎口哉！”

子张问于满苟得曰[51]：“盍不为行[52]？无行则不信，不信则不任，不任则不利。故观之名，计之利，而义真是也。若弃名利，反之于心[53]，则夫士之为行，不可一日不为乎！”

满苟得曰：“无耻者富，多信[54]者显。夫名利之大者，几[55]在无耻而信。故观之名，计之利，而信真是也。若弃名利，反之于心，则夫士之为行，抱其天[56]乎！”

子张曰：“昔者桀、纣贵为天子，富有天下。今谓臧聚[57]曰：‘汝行如桀、纣’，则有怍色，有不服之心者，小人所贱也。仲尼、墨翟，穷为匹夫，今谓宰相曰：‘子行如仲尼、墨翟’，则变容易色[58]，称‘不足’者，‘士诚贵也’。故势为天子，未必贵也；穷为匹夫，未必贱也；贵贱之分，在行之美恶。”

满苟得曰：“小盗者拘，大盗者为诸侯，诸侯之门，义士存焉。昔者桓公小白杀兄入嫂[59]，而管仲为臣；田成子常杀君窃国，而孔子受币。论则贱之，行则下之[60]，则是言行之情悖战[61]于胸中也，不亦拂[62]乎！故《书》曰：‘孰恶孰美？成者为首，不成者为尾。’”

子张曰：“子不为行，即将疏戚[63]无伦，贵贱无义，长幼无序。五纪六位将何以为别乎[64]？”

满苟得曰：“尧杀长子，舜流母弟[65]，疏戚有伦乎？汤放桀，武王杀纣，贵贱有义乎？王季为适[66]，周公杀兄[67]，长幼有序乎？儒者伪辞，墨者兼爱，五纪六位将有别乎？且子正为名。我正为利。名利之实，不顺于理，不监[68]于道。吾日与子讼于无约[69]，曰：‘小人殉财，君子殉名，其所以变其情，易其性，则异矣；乃至于弃其所为而殉其所不为，则一也。’故曰：无为小人，反殉而[70]天；无为君子，从天之理。若枉[71]若直，相而天极[72]；面观四方，与时消息[73]。若是若非，执而圆机[74]；独成而意，与道徘徊。无转[75]而行，无成而义，将失而所为。无赴[76]而富，无殉而成，将弃而天。比干剖心，子胥抉[77]眼，忠之祸也；直躬证父[78]，尾生溺死，信之患也；鲍子[79]立干，申子[80]自理，廉之害也；孔子不见母[81]，匡子不见父[82]，义之失也。此上世之所传，下世之所语，以为士者正其言，必其行，故服[83]其殃，离[84]其患也。”

无足问于知和曰[85]：“人卒[86]未有不兴名就利者。彼富则人归之，归则下之，下则贵[87]之。夫见下贵[88]者，所以长生安体乐意之道也。今子独无意焉，知不足邪？意知而力不能行邪？故推正[89]不忘邪？”

知和曰：“今夫此人[90]，以为与己同时而生、同乡而处者，以为夫绝俗过世[91]之士焉，是专无主正[92]，所以览古今之时、是非之分也，与俗化世。去至重[93]，弃至尊[94]，以为其所为也，此其所以论长生安体乐意之道，不亦远乎！惨怛[95]之疾，恬愉之安，不监[96]于体；怵惕之恐，欣欢之喜，不监于心。知为为而不知所以为，是以贵为天子，富有天下，而不免于患也。”

无足曰：“夫富之于人，无所不利。穷美究势[97]，至人之所不得逮[98]，贤人之所不能及。侠[99]人之勇力而以为威强，秉人之知谋以为明察，因人之德以为贤良，非享国而严若君父。且夫声色、滋味、权势之于人，心不待学而乐之，体不待象[100]而安之。夫欲恶避就[101]，固不待师，此人之性也。天下虽非我，孰能辞之！”

知和曰：“知者之为，故动以[102]百姓，不违其度，是以足而不争。无以为，故不求。不足，故求之，争四处而不自以为贪；有余，故辞之，弃天下而不自以为廉。廉贪之实，非以迫外也，反监之度[103]。势为天子而不以贵骄人；富有天下，而不以财戏人。计其患，虑其反，以为害于性，故辞而不受也，非以要名誉也。尧、舜为帝而雍[104]，非仁天下也，不以美害生也；善卷、许由得帝而不受，非虚辞让也，不以事害己。此皆就其利、辞其害，而天下称贤焉，则可以有之，彼非以兴名誉也。”

无足曰：“必持其名，苦体绝甘，约养[105]以持生，则亦久病长阨而不死者也。”

知和曰：“平为福，有余为害者，物莫不然，而财其甚者也。今富人，耳营[106]钟鼓管

籥之声，口嗛于刍豢醪醴[107]之味，以感其意，遗忘其业，可谓乱矣；侅溺[108]于冯气，若负重行而上阪[109]，可谓苦矣；贪财而取慰[110]，贪权而取竭，静居则溺，体泽[111]则冯，可谓疾矣。为欲富就利，故满若堵[112]耳而不知避，且冯而不舍，可谓辱矣。财积而无用，服膺[113]而不舍，满心戚醮[114]，求益而不止，可谓忧矣。内则疑劫请[115]之贼，外则畏寇盗之害，内周楼疏[116]，外不敢独行，可谓畏矣。此六者，天下之至害也，皆遗忘而不知察。及其患至，求尽性竭财，单以反一日之无故，而不可得也。故观之名则不见，求之利则不得，缭意绝体而争此[117]，不亦惑乎！"

注释

①柳下季：鲁国大夫，姓展名获，字禽，食邑柳下，又称柳下惠。

②盗跖（zhí）：东周时代的大盗。

③枢：应作"抠"，探取。

④保：通"堡"。

⑤诏：教导。

⑥大（tài）山：即泰山。

⑦脍（kuài）：细切。餔（bǔ）：食。

⑧谒（yè）者：负责接待和传达的人。

⑨入通：进去通报。

⑩枝木之冠：装饰华丽的帽子。

⑪死牛之胁：指牛皮带。

⑫反：通"返"。本：本性。

⑬望履幕下：意即望见足下。

⑭反走：退步而趋，表示恭谦。

⑮两展其足：两腿叉伸。

⑯说：通"悦"。

⑰维：包罗。

⑱南面称孤：当国君。

⑲激丹：鲜红的朱砂。

⑳更始：重新开始。

㉑恒民：常人。

㉒畜：待。

㉓炀（yáng）：烧火取暖。

㉔居居：安稳的样子。

㉕于于：自得的样子。

㉖蚩（chī）尤：中国神话传说中的部族首领。

㉗缝衣：宽大的衣服。浅带：宽博的衣带。

㉘甘辞：甜言蜜语。

㉙危冠：高冠。

㉚卒：结果。

㉛菹（zū）：剁成肉酱。

㉜至：成功。

㉝高：推崇。

㉞偏枯：半身不遂。

㉟羑（yǒu）里：殷代监狱名。

㊱孰论：认真说来。

㊲鲍焦：周代隐者。

㊳介子推：晋文公的忠臣。

㊴尾生：人名。期：约会。梁：桥。

㊵磔（zhé）犬：被肢解抛弃的死狗。流豕：被抛在河里淹死的猪。

㊶离名：追求名声。

㊷不念本：不重视本性。

㊸有时之具：有限的生命。

㊹亟（jí）：急，快。

㊺狂狂汲汲：投机钻营。

㊻执辔（pèi）三失：三次拿马缰绳都拿不稳。

㊼据轼：扶靠着车前横木。

㊽得微：莫非。

㊾若前：如我前面所说的那样。

㊿料：通“撩”，挑弄。

51子张：孔子的弟子。满苟得：虚拟的人物。

52为行：修善德行。

53反之于心：扪心自问。

54多信：善于夸耀。

55几：几乎，大概。

56天：天性，自然的本性。

(57)臧聚：仆隶贱役。

(58)变容易色：满脸喜色。

(59)入嫂：娶嫂为妻。

(60)下之：顺从。

(61)悖战：交战。

(62)拂：紊乱，矛盾。

(63)疏戚：亲戚。

(64)五纪：即五伦，指父子、君臣、夫妇、长幼、朋友的关系。六位：即六纪，谓诸父、兄弟、族人、诸舅、师长、朋友。

(65)舜流母弟：指舜以分封为名变相流放同母兄弟。

(66)適：通“嫡”。周太王违反嫡长子继承君位的传统，将君位传给小儿子王季。

(67)周公杀兄：指西周初年周公平定“三监”之乱，杀管叔、蔡叔之事。

(68)监：通“鉴”，明。

(69)无约：虚拟的人名。

(70)而：尔，你。

(71)枉：曲。

(72)天极：自然的准则。

(73)消：消亡。息：生息。

(74)圆机：循环变化的枢纽。

(75)转：通“专”，固执。

(76)赴：趋赴，追求。

(77)抉（jué）：挖。

(78)直躬：人名。证父：证实父亲偷了别人的羊。

(79)鲍子：即鲍焦。

(80)申子：即申徒狄，一说申子指晋献公之子太子申生。

(81)孔子不见母：指孔子周游列国而长期在外，其母临终时未能相见。

(82)匡子不见父：匡子姓匡名章，齐国人，因劝谏父亲而被赶出家门，终生不见其父。

(83)服：受。

(84)离：通“罹”，遭。

(85)无足、知和：都是虚拟的人名。

(86)人卒：人众、人们。

(87)贵：尊崇。

(88)见下贵：被人尊崇。

⑧⑨推正：推求正理。

⑨⓪此人：指兴名就利者。

⑨①绝俗过世：出类拔萃。

⑨②专无主正：内心没有主见。

⑨③至重：指生命。

⑨④至尊：指道。

⑨⑤惨怛（dá）：痛苦的样子。

⑨⑥监：显现。

⑨⑦穷美究势：享尽天下的善美和人间的威势。

⑨⑧逮：达到。

⑨⑨侠：通“挟”，挟持，利用。

⑩⓪象：效法。

⑩①就：追逐。

⑩②以：随。

⑩③反监之度：反省的标准。

⑩④雍：祥和。

⑩⑤约养：节俭。

⑩⑥营：谋，求。

⑩⑦醪醴（láo lǐ）：美酒。

⑩⑧侅（gāi）溺：沉溺，深陷。

⑩⑨阪：山坡。

⑪⓪取：带来，导致。慰：病。

⑪①泽：肥。

⑪②堵：墙。

⑪③服膺（yīng）：时常挂在心上。

⑪④戚醮（jiào）：烦恼。

⑪⑤劫请：强求，劫取。

⑪⑥楼疏：防御盗贼的设施。

⑪⑦缭意：心慌意乱。绝体：竭尽全力。

译文

孔子和柳下季是朋友，柳下季的弟弟名叫盗跖。盗跖的兵卒有九千人，他们横行天

下，侵犯诸侯，穿室探户，夺人牛马，掠人妇女，贪利忘亲，不顾父母兄弟，不祭祀祖宗。所过之处，大国守城，小国避入堡中，万民为其所苦。

孔子对柳下季说："做父亲的必定能管教他的儿子；当兄长的必定能教导他的弟弟。如果父亲不能管教儿子，兄长不能教导弟弟，那就没有父子兄弟的亲情可言了。现在先生是当世的才士，弟弟为盗跖，为害于天下，却不能教导他，我暗中为先生感到羞耻。我愿意替先生去说服他。"

柳下季说："先生说做父亲的必定能管教儿子，当兄长的必定能教导弟弟，如果儿子不听父亲的管教，弟弟不受兄长的教导，即使是先生这样善辩，又能把他怎么样？况且跖的为人心如涌泉，意如飘风，强悍足以拒敌，辩才足以掩饰过错，依顺他的心意就高兴，违逆他的心意就愤怒，轻易地用语言侮辱人。先生千万不要去。"

孔子不听劝阻，让颜回驾车，子贡护卫，去见盗跖。此时，盗跖正和部卒在泰山之南休息，烹炒人肝而食。孔子下车走上前去，拜见传达说："鲁人孔丘，闻知将军高义，专程前来拜见。"

传达进去通报，盗跖闻之大怒，目如明星，怒发冲冠，说："是鲁国那个狡猾虚伪的孔丘吗？替我告诉他：'你花言巧语，妄称文、武，头戴华丽的帽子，腰束死牛之皮，胡言乱语，不耕而食，不织而衣，摇唇鼓舌，搬弄是非，以迷惑天下的君主，使天下学士忘掉本性，妄作孝悌，以侥幸求得封侯富贵。你罪大恶极，赶快回去，不然我就要取你的心肝当午餐！'"

孔子再次请求说："我有幸和柳下季为友，希望能拜见足下。"

传达又去通报，盗跖说："让他进来！"

孔子快步走进去，避席退步，再拜盗跖。盗跖大怒，叉伸两腿，按剑瞪眼，声如乳虎，说："孔丘过来，你所说的话，顺我的心就留你活命，逆我的心就死！"

孔子说："我听说，天下的人有三种美德：生得高大，英俊无双，老少贵贱见了他都喜欢，这是上德；知识广博，善于分析各种事物，这是中德；勇敢果断，聚众率兵，这是下德。凡是具有其中一种美德的人，就足以面南称王。现在将军兼备三种美德，身高八尺二寸，面目有光，唇如鲜丹，齿如齐贝，声合音律，却名叫盗跖，我暗中为将军感到羞耻不取。将军若有意听我的，我请求南使吴越，北使齐鲁，东使宋卫，西使晋楚，让他们为将军建造数百里之大城，立数十万户之都邑，尊将国为诸侯，一切重新开始，罢兵休卒，收养昆弟，供祭祖宗。这是圣人才士的作为，也是天下人的愿望。"

盗跖大怒说："孔丘过来，能够用利禄和言语引诱劝谏的都属于愚陋的常人。我现在高大英俊，人见人爱，这是我父母的遗传。即使你不赞美我，难道我自己不知道吗？

"而且我听说，喜欢当面称赞人的也喜欢背后诋毁人。现在你告诉我有大城众民，是想用利禄引诱我而把我当成常人看待，怎么可以长久？城池再大，也没有大过天下的。

尧、舜拥有天下，他们的子孙却没有置锥之地；汤、武立为天子，他们的后代却已灭绝。难道这不是由于他们利禄太多的缘故吗？

“而且我听说，古时候禽兽多而人少，于是人都筑巢而居以躲避禽兽，白天拾橡栗，晚上睡在树上，所以称之为有巢氏之民。古时候的人不知道穿衣，夏天多存柴草，冬天用来烤火取暖，所以称之为知生之民。神农的时代，睡觉时安安稳稳，起来后舒适自得，民知其母，不知其父，与麋鹿共处，耕田而食，纺织而衣，没有相害之心，这是道德最高尚的时代。然而黄帝不能做到至德，和蚩尤大战于涿鹿之野，血流百里。尧、舜兴起，设立群臣，汤流放其君主，武王杀纣。从此以后，以强凌弱，以众侵少。汤、武以来，都是祸害人民之徒。

“现在你修习文、武之道，掌握天下的舆论来教化后世，宽衣博带，巧言伪行，以迷惑天下的君主，而企图谋求富贵，你是最大的盗贼。为什么天下不称你为盗丘，而称我为盗跖呢？你用甜言蜜语说服子路跟从你，让子路脱去高冠，解除长剑，而受教于你，天下都说孔丘能够止暴禁非。其结果是，子路想杀卫君而没有成功，在卫国东门之上被剁成肉酱，这是你教导的不成功。你不是自称为才士圣人吗？然而却两次被鲁国驱逐，被卫国禁止居留，受困于齐，被围于陈、蔡，无法容身于天下。你使子路遭此祸患，上不能保身，下不能为人，你的说教还值得推崇吗？

“世上所推崇的莫过于黄帝。黄帝尚不能德行完备，而战于涿鹿之野，血流百里。尧不仁慈，舜不孝顺，禹半身不遂，汤流放其君主，武王伐纣，文王被拘禁在羑里。这六个人是世上所推崇的，认真说来，他们都是被利禄迷惑了本性而强力违背了情性，他们的行为是非常可耻的。

“世上所谓的贤士莫过于伯夷和叔齐。伯夷和叔齐辞让孤竹国的君位，饿死在首阳山上，尸体不得安葬。鲍焦行为清高，不满现实社会，抱着树木枯死。申徒狄诤谏不被君主采纳，负石自投于河，为鱼鳖所食。介子推忠心耿耿，自己割下腿上的肉给晋文公吃，后来文公行赏时忘记了他，子推愤而离去，抱着树木而被烧死。尾生与一女子相约在桥下相会，女子没来，洪水冲来他也不肯离去，抱着桥柱被淹死。这六个人无异于被屠宰抛弃的猪狗和持瓢的乞丐，都是重名而轻死，不珍惜自己的生命。

“世上所谓的忠臣莫过于王子比干和伍子胥。子胥沉尸于江，比干剖腹挖心。这两个被世人称为忠臣的人，终为天下所讥笑。从上述人物来看，直到子胥、比干，都不足贵。

“你所劝说我的，如果告诉我是有关鬼的事，那我就无法知晓；如果告诉有关人的事，不过如此而已，都是我所知道的。

“现在我告诉你人的性情：眼睛想看颜色，耳朵想听声音，口舌想尝滋味，心理追求满足。人的上寿一百岁，中寿为八十岁，下寿为六十岁，除疾病死丧忧患外，开口笑的一

月之中不过四五天而已。天地是无穷的，人的生命是有限的，将有限的生命寄托在无穷的天地之间，其疾速消逝无异于骏马奔驰一闪而过。不能欢畅其意志、保养其寿命的，都不是通达于道的人。

“你所说的都是我所抛弃的，赶快回去，不要再说了！你的这套说教投机钻营，诈巧虚伪，不能保全真性，有什么好说的？”

孔子拜了又拜，快步急走，出门上车，三次拿马缰绳都拿不稳，眼睛茫茫然而无所见，面如死灰，扶靠着车轼垂头丧气，紧张得连气都喘不过来。回到鲁国东门外，正巧遇到柳下季。柳下季问：“近来数日不见，车马风尘仆仆，莫非是去见了跖？”

孔子仰天而叹说：“是的。”

柳下季问：“跖是不是像我前面所说的那样伤害了你呢？”

孔子说：“是的。我是所谓没有病而自己用艾烧灼，急急忙忙地跑去摸虎头、捋虎须，差一点落入虎口啊！”

子张问满苟得说：“为什么不修养德行？没有德行就不能取信，不能取信就不被任用，不被任用就不能得利。所以从名利的角度来看，义才是品行修养的根本。即使不要名利，扪心自问，对于士人的品行修养来说，也不可一日不修仁义呀！”

满苟德说：“无耻贪婪的人富有，善于夸耀的人显赫。大的名利几乎都是由无耻夸耀而来。所以从名利的角度来看，夸耀才是最重要的。如果抛弃名利，扪心自问，对于士人的品行修养来说，也只有持守自然的本性了。”

子张说：“从前，桀、纣贵为天子，富有天下，如果现在对仆隶说，你的行为像桀、纣，那他就会面带怒容，心里很不高兴，可见这种行为是连小人都鄙视的。如果现在对宰相说，你的行为像孔子、墨子，那他就会满脸喜色，说自己难以和他们相比，可见这种行为是士大夫所推崇的。所以虽权势如天子，却未必可贵；虽穷困如匹夫，却未必低贱；贵贱的区分在于行为的善恶。”

满苟得说：“小盗被拘捕，大盗当诸侯，诸侯的门下就是仁义之所在。从前，齐桓公杀兄娶嫂，而管仲却做他的辅臣；田成子杀君窃国，而孔子却接受他的礼品。口头上表示鄙视，实际上却顺从他们，言论和行动互相打仗，岂不是很矛盾吗？所以《书》说：‘谁坏谁好？成功的就是好，失败的就是坏。’”

子张说：“你不修养德行，就会亲疏无伦，贵贱无义，长幼无序。五伦六纪，怎么区别呢？”

满苟得说：“尧杀长子，舜流放母弟，亲疏有伦吗？汤放桀，武王杀纣，贵贱有义吗？王季僭越嫡位，周公杀兄，长幼有序吗？儒者虚言伪辞，墨者提倡兼爱，五伦六纪有区别吗？而且你正在求名，我正在求利。名和利的实质既不顺于理，也不明于道。从前，我和你在无约面前争论说：‘小人追求财，君子追求名，他们变易性情，原因各不相同，但在舍弃修身养性而追求名利方面则是一样的。’所以说，不要做小人所做的事，要反求你的天性；不要做君子所做的事，要顺从自然之理。曲也罢，直也罢，按照你自然的准则行事就是了；面观四方，随着时间的推移而变化。是也罢，非也罢，掌握你循环变化的枢纽；形成你独立的见解，随着周旋。不要固执你的行为，不要推行你的仁义，否则就会丧失你的自然之道。不要追逐富贵，不要急于求成，否则就会舍弃你的天性。比干被剖心，子胥被挖眼，这是忠的祸害；直躬证实父亲偷羊，尾生淹死，这是信的祸患；鲍子抱木枯死，申子自沉于河，这是廉的危害；孔子不见母，匡子不见父，这是义的丧失。这些都是前代相传，后世的议论，认为士人要语言正直，行为高尚，所以才受其祸殃，遭其祸患。”

无足问知和说：“人们没有不喜名求利的。他富有人就归附他，归附就服从他，服从就尊崇他。受人尊崇，这是长寿安乐和心情愉快之道。现在你竟然对此不感兴趣，是才智不足呢，还是心有余而力不足，抑或是遵循你固有的行为准则而不愿如此？”

知和说：“现在这种人认为与自己同时而生的，同乡而居的，就是出类拔萃之士，他们内心没有主见，在看待古今之时和是非的标准上人云亦云。世俗之人舍弃生命，背弃大道，以追求名利，根据这些来谈论长寿安乐之道，岂不是离题太远了吗？痛苦的疾病，愉快的安乐，不表现在身体上；惊慌的恐惧，欢欣的喜悦，不显现在心灵中。只知道做而不知道为什么要这样做，即使贵为天子，富有天下，仍不免于祸患。”

无足说：“财富对于人，无所不利。享尽天下的善美和人间的威势，这是至人所不能得到、贤人所不能企及的。挟持别的勇力作为自己的威势，掌握别人的智谋以为明察，凭借别人的德行以为贤良，虽然不曾掌握国政而威严如君主。而且人们对于声色、滋味、权势，不用学心里就喜好，不用模仿身体就安适。欲求、憎恶、回避、追逐，这些本来就不需要教导，是人的天性。虽然天下人非议我，可谁又能拒绝享乐和权势呢？”

知和说：“智者的所作所为，以百姓的意志为转移，不违反法度，所以够用了就不去争，不需要的就不去求。由于不够用而去求，四处争夺而自己不认为是贪；有剩余所以才辞让，舍弃天下而自己不认为是廉。廉和贪的实质并不是取决于外界条件，而是取决于内在的主观标准。势为天子而不以尊贵骄人，富有天下而不以财富欺人。权衡祸患，反复思虑，认为有害于自己的本性，所以推辞而不接受，这并不是邀取名誉。尧、舜做帝王而祥和，这并不是有意对天下仁爱，而是为了不因华美而危害性命；善卷、许由得到帝位而不接受，这并不是虚情假意的推辞，而是为了不让政事损害自己。他们都是有利于本性的就接受，有害于本性的就拒绝，而天下称赞他们贤达，他们有避害之心，而不是为了沽名钓誉。”

无足说：“如果一定要固守名声，身受劳苦，弃绝甘美，节约奉养以维持性命，那就如同长久病困而又死不了的人一样。”

知和说："均平是福，多余是害，万物都是这样，而财物更甚。现在的富人，耳朵要听钟鼓管笛之声，口中要尝佳肴美酒，以满足享乐的情趣，而遗忘了自己的正业，可以说是迷乱；沉溺于盛气就像负重爬上山坡，可以说是劳苦；贪财而致病，贪权而使精神疲竭，安静闲居则沉溺不振，身体强壮则盛气横生，可以说是疾病；为了富贵求利，积财如高墙而不知足，仍贪求不舍，可以说是耻辱；聚财而无所用，时常挂在心上而恋恋不舍，满心烦恼，贪求不止，可以说是忧愁；居家担心窃贼劫舍，外出畏惧寇盗伤害，里面构筑防御设施，外面不敢单独行动，可以说是畏惧。以上六种情况是天下最大的祸害，人们对此都忘乎所以而不加留意，等到祸患来临，就是想竭尽财富以求换取过一天的太平日子也办不到了。所以，名和利都是身外的虚空之物，劳心伤体地去争这些东西，岂不是糊涂吗？"

渔 父

原文

孔子游乎缁帷之林[①]，休坐乎杏坛[②]之上。弟子读书，孔子弦歌鼓琴。奏曲未半，有渔父者，下船而来，须眉交[③]白，被发揄袂[④]，行原[⑤]以上，距[⑥]陆而止，左手据[⑦]膝，右手持[⑧]颐以听，曲终而招子贡、子路，二人俱对。

客指孔子曰："彼何为者也？"

子路对曰："鲁之君子也。"

客问其族[⑨]。子路对曰："族孔氏。"

客曰："孔氏者何治[⑩]也？"

子路未应，子贡对曰："孔氏者，性服忠信，身行仁义，饰礼乐，选[⑪]人伦，上以忠于世主，下以化于齐民[⑫]，将以利天下。此孔氏之所治也。"

又问曰："有土之君[⑬]与？"

子贡曰："非也。"

"侯王之佐与？"

子贡曰："非也。"

客乃笑而还行，言曰："仁则仁矣，恐不免其身；苦心劳形以危其真[⑭]。呜呼！远哉其分[⑮]于道也！"

子贡还，报孔子。孔子推琴而起，曰："其圣人与！"乃下求之，至于泽畔，方将杖拏而引其船[⑯]，顾见孔子，还乡而立。孔子反走，再拜而进。

客曰："子将何求？"

孔子曰："曩[⑰]者先生有绪言而去，丘不肖，未知所谓，窃待于下风[⑱]，幸闻咳唾之音，以卒相丘也[19]。”

客曰：“嘻！甚矣，子之好学也！”

孔子再拜而起，曰：“丘少而修学，以至于今，六十九岁矣，无所得闻至教，敢不虚心！”

客曰：“同类相从，同声相应，固天之理也。吾请释吾之所有而经[20]子之所以。子之所以者，人事也。天子、诸侯、大夫、庶人，此四者自正，治之美也；四者离位而乱莫大焉。官治其职，人忧其事，乃无所陵[21]。故田荒室露，衣食不足，征赋不属[22]，妻妾不和，长少无序，庶人之忧也。能不胜任，官事不治，行不清白，群下荒怠，功美[23]不有，爵禄不持，大夫之忧也。廷[24]无忠臣，国家昏乱，工技不巧，贡职不美，春秋后伦[25]，不顺天子，诸侯之忧也。阴阳不和，寒暑不时，以伤庶物[26]，诸侯暴乱，擅相攘伐，以残民人，礼乐不节，财用穷匮，人伦不饬[27]，百姓淫乱，天子有司[28]之忧也。今子既上无君侯有司之势，而下无大臣职事之官，而擅饰礼乐，选人伦，以化齐民，不泰[29]多事乎？

“且人有八疵，事有四患，不可不察也。非其事而事之，谓之摠[30]；莫之顾而进之，谓之佞；希意道言[31]，谓之谄；不择是非而言，谓之谀；好言人之恶，谓之谗；析交离亲，谓之贼；称誉诈伪以败恶人，谓之慝；不择善否，两容颊适[32]，偷拔[33]其所欲，谓之险。此八疵者，外以乱人，内以伤身，君子不友，明君不臣。所谓四患者：好经[34]大事，变更易常，以挂功名[35]，谓之叨[36]；专知擅事，侵人自用[37]，谓之贪；见过不更[38]，闻谏愈甚，谓之很[39]；人同于己则可，不同于己，虽善不善，谓之矜。此四患也。能去八疵，无行四患，而始可教已。”

孔子愀然而叹，再拜而起曰：“丘再逐于鲁，削迹于卫，伐树于宋，围于陈蔡。丘不知所失，而离[40]此四谤者，何也？”

客凄然变容曰：“甚矣，子之难悟也！人有畏影[41]恶迹而去之走者，举足愈数[42]而迹愈多，走愈疾而影不离身，自以为尚迟，疾走不休，绝力而死。不知处阴以休影，处静以息迹，愚亦甚矣！子审仁义之间，察同异之际，观动静之变，适[43]受与之度，理好恶之情，和喜怒之节，而几于不免矣。谨修而[44]身，慎守其真，还以物与人[45]，则无所累矣。今不修之身而求之人，不亦外乎！”

孔子愀然曰：“请问何谓真？”

客曰：“真者，精诚之至也。不精不诚，不能动人。故强哭者虽悲不哀，强怒者虽严不威，强亲者虽笑不和。真悲无声而哀，真怒未发而威，真亲未笑而和。真在内者，神动于外，是所以贵真也。其用于人理[46]也，事亲则慈孝，事君则忠贞，饮酒则欢乐，处丧则悲哀。忠贞以功为主，饮酒以乐为主，处丧以哀为主，事亲以适[47]为主。功成之美，无一其迹[48]矣；事亲以适，不论所以矣；饮酒以乐，不选其具矣；处丧以哀，无问其礼矣。

礼者，世俗之所为也；真者，所以受于天也，自然不可易也。故圣人法天贵真[49]，不拘于俗。愚者反此。不能法天而恤于人，不知贵真，禄禄而受变于俗，故不足。惜哉，子之蚤湛于人伪而晚闻大道也！”

孔子又再拜而起曰：“今者丘得遇也，若天幸然。先生不羞而比之服役，而身教之。敢问舍所在，请因受业而卒学大道。”

客曰：“吾闻之，可与往者与之，至于妙道；不可与往者，不知其道，慎勿与之，身乃无咎。子勉之！吾去子矣，吾去子矣！”乃刺船而去，延缘苇间。

颜渊还车，子路授绥，孔子不顾，待水波定，不闻拏音而后敢乘。

子路旁车而问曰：“由得为役久矣，未尝见夫子遇人如此其威也。万乘之主，千乘之君，见夫子未尝不分庭抗礼，夫子犹有倨敖之容。今渔父杖拏逆立，而夫子曲要磬折[50]，言拜而应，得无太甚乎？门人皆怪夫子矣，渔人何以得此乎？”

孔子伏轼而叹曰：“甚矣，由之难化也！湛于礼义有间矣，而朴鄙之心至今未去。进，吾语汝！夫遇长不敬，失礼也；见贤不尊，不仁也。彼非至人，不能下人，下人不精，不得其真，故长伤身。惜哉！不仁之于人也，祸莫大焉，而由独擅之。且道者，万物之所出也，庶物失之者死，得之者生；为事逆之则败，顺之则成。故道之所在，圣人尊之。今渔父之于道，可谓有矣，吾敢不敬乎！”

注释

①缁（zī）帷之林：幽暗茂密如黑色帷幕的树林。

②杏坛：坛名，在鲁国都城东门外。

③交：皆。

④揄袂（yú mèi）：挥袖。

⑤原：广平之地。

⑥距：至。

⑦据：按。

⑧持：托。

⑨族：姓氏。

⑩治：为，所作所为。

⑪选：制定。

⑫齐民：平民。

⑬有土之君：指国君。

⑭真：天性。

⑮分：离。

⑯拏（yú）：船桨。引：开。

⑰曩（nǎng）：从前，刚才。

⑱下风：下方。

⑲卒：终。相：助。

⑳经：分析。

㉑陵：乱。

㉒不属：不按时完成。

㉓功美：功绩显赫。

㉔廷：朝廷。

㉕春秋后伦：朝见失序。

㉖庶物：众物。

㉗饬（chì）：整顿。

㉘有司：掌管各种具体事务的职官。

㉙泰：太。

㉚摠（zǒng）：滥。

㉛希意道言：迎合别人的心意而说恭维的话。

㉜两容颊适：投人所好，两面讨好。

㉝拔：助长。

㉞经：理。

㉟挂功名：沽名钓誉。

㊱叨（tāo）：贪功。

㊲侵人自用：仗势欺人。

㊳更：改

㊴很：执拗。

㊵离：通“罹”，遭遇，遭受。

㊶畏影：害怕自己的影子。

㊷数：快。

㊸适：调节，均衡。

㊹而：你。

㊺还以物与人：将东西归还给别人，意即与人无争。

㊻理：伦理。

㊼适：和顺。

㊽无一其迹：不拘于一种途径。

㊾法天：效法自然。贵真：珍重本真。

㊿磬折：鞠躬时，腰弯曲得像磬一样，形容非常恭敬。

译文

孔子在缁帷之林中游历，坐在杏坛上休息。弟子们读书，孔子弹琴唱歌。乐曲还未弹到一半，有一个渔父下船走了过来，他的胡须眉毛全白了，披发挥袖，走过平地，在高处坐下，左手按着膝盖，右手托腮，听孔子弹琴。乐曲一停，他便招呼子贡和子路二人过来问话。

渔父指着孔子问："他是干什么的？"

子路回答说："是鲁国的君子。"

渔父问孔子的姓氏。子路回答说："姓孔氏。"

渔父问："孔氏有何作为？"

子路没有吭声，子贡回答说："孔氏性守忠信，身行仁义，修饰礼乐，制定人伦，对上忠于君主，对下教化平民，以利于天下。这就是孔氏的所作所为。"

渔父问："他是国君吗？"

子贡说："不是。"

渔父又问："是侯王的辅臣吗？"

子贡说："也不是。"

于是渔父笑着往回走，边走边说："仁义倒是仁义，只恐怕难免身心受累，苦心劳身以危害天性。唉，离道太远了！"

子贡回来，将遇到渔父的事情告诉了孔子。孔子推开琴，起身说："他是圣人啊！"于是就去追渔父。赶到河边，渔父正要摇桨开船，回头看见孔子，就转过身来站起。孔子后退几步，行了礼走上前去。

渔父问："你有什么要求？"

孔子说："刚才先生只说了个开头就走了，我愚陋不才，未解其意，恳望先生赐教，即使有幸听到先生的咳嗽声，对我也会有很大的教益。"

渔父说："咦！你太好学了。"

孔子再行拜礼，起来说："我从小修学，到现在已经六十九岁了，还没有听到过最好的教导，岂敢不虚心！"

渔父说："同类相从，同声相应，这是固有的自然之理。我想就我所知道的分析你的所为。你的所为都是人事。如果天子、诸侯、大夫、庶人这四种人各安其位，天下就会大治；如果他们离弃本位，天下就会大乱。官吏尽其职守，百姓操心其事，就不会发生混乱。所以，田荒屋坏，衣食不足，拖欠赋税，妻妾不和，长幼无序，这是庶人所忧虑的；能力不能胜任，公务处理不善。行为不清不白，部下不尽其职，功绩不够显赫，爵禄不能保持，这是大夫所忧虑的；朝廷没有忠臣，国家混乱不堪，工技不够精巧，贡品不够完美，春秋朝见失序，不顺天子之意，这是诸侯所忧虑的；阴阳不和，寒暑失时，伤害众物，诸侯暴乱，擅自互相攻伐，残害人民，礼乐不合制度，财用匮乏；人伦失序，百姓淫乱，这是天子所忧虑的。现在既然你上无君侯有司的权势，下无大臣职事的官位，却擅自修饰礼乐，制定人伦，教化平民，岂不是太多事了吗？

“而且，人有八种毛病，事有四种祸患，不可不明察，不属于自己所管的事却要去管，叫作‘揔’；别人不理睬却屡屡进言，叫作‘佞’；迎合别人的心意而说恭话的话，叫作‘谄’；不辨别是非而进言，叫作‘谀’；喜欢议论别人的短处，叫作‘谗’；挑拨离间别人的亲情关系，叫作‘贼’；称誉奸诈虚伪的人，败坏自己所憎恶的人的名声，叫作‘慝’；不分善恶，两面讨好，以达到自己不可告人的目的，叫作‘贼’。这八种毛病在外扰乱他人，在内伤害自身，君子不与他交友，明君不用他为臣。所谓四种祸患是：喜欢办理大事，标新立异，以沽名钓誉，叫作‘叨’；独断专行，恃势陵人，刚愎自用，叫作‘贪’；见错不改，听人劝谏后反而变本加厉，叫作‘很’；和自己意见相同的就称赞，与自己意见不同的即使好也不说好，叫作‘矜’。这就是四种祸患。能够去掉八种毛病，不做四种祸患之事，才可以接受教导。”

孔子悲伤叹气，再行拜礼说：“我两次被鲁国驱逐，卫国不让居留，在宋国受伐树之辱，被围困于陈、蔡之间。我不知道有什么过失，而受到这四次侮辱？”

渔父凄然变色说：“你真是执迷不悟啊！有个人害怕自己的影子，厌恶自己的足迹，为了摆脱自己的影子和足迹而跑，抬脚越快，足迹越多，跑得越快，影子却不离身，他还自以为太慢，于是快跑不停，终于筋疲力尽而死。他不知道走到阴暗的地方使影子消失，静止不动使足迹不再出现，太愚蠢了！你倾心于仁义之间，分辨同异的界限，观察动静的变化，调节取舍的尺度，疏导好恶的情感，调和喜怒的分寸，却几乎不免于祸患。你要谨慎地修身，持守本真，与人无争，这样就没有拖累了。现在你不修身却求之于人，岂不是本末倒置了吗？”

孔子悲伤地说：“请问什么是真？”

渔父说：“真就是精诚之至。不精不诚，就不能感动人。所以，强装哭泣的人虽然悲戚却不哀伤，强装发怒的人虽然严厉却无威势，强装亲善的人虽然笑却不和悦。真正的悲痛没有声而哀伤，真正的愤怒没有发作而威严，真正的亲善没有笑容而和悦。真情存在于内心的，神色表现于外表，这就是贵真。将它用在人的伦理上，事亲则慈孝，事君则忠贞，饮酒则欢乐，处丧则悲哀。忠贞以功名为主，饮酒以欢乐为主，处丧以悲哀为主，事

亲以和顺为主，功绩的完美不局限于一种途径。事亲以和顺，不论为什么；饮酒以欢乐，不挑选酒具；处丧以悲哀，不拘泥于礼仪。礼仪是世俗人为的东西；真性是禀受于自然的，不可变易。所以圣人效法自然而珍贵本真，不受世俗的约束。愚昧的人正好与此相反。不能效法自然而体恤人，不知道珍贵本真，平平庸庸而随世俗变化，所以不足。可惜啊，你沉溺于人情世故太早而闻知大道太晚了！”

孔子又再拜而起说：“今天我遇到您，真是幸运。若先生不以收我为徒而感到羞耻的话，我想接受先生的亲身教导。敢问先生住在何处，请让我跟随您受业而学习大道。”

渔父说：“我听说，能够体会的就传授给他，可以领悟妙道；不能体会的，就不懂道，小心不要传授给他，自身就不会有过失。你好好努力吧！我要离开你了，我要离开你了！”于是撑船而去，沿着河边的芦苇丛走远了。

颜渊掉转车子，子路递过车绳，孔子不回头，等到水波平息，听不到船桨的声音才敢上车。

子路靠近车子问：“我做您的弟子已经很久了，还未曾见过先生待人如此之恭敬。即使是万乘之主、千乘之君，见了先生也要以礼平等相待，先生还有傲慢之容。现在渔父手持船桨对面站着，而先生却恭恭敬敬地弯腰鞠躬，答话前都要行礼，是不是太过分了？弟子们都在怪先生，渔夫怎么会受到您的这般尊敬？”

孔子伏在车轼上叹气说：“你真是难以教化啊！你长期沉湎在礼义之中，而粗鄙的心理至今还没有除去。过来，我告诉你！遇到长者不恭敬，这是失礼；见到贤者不尊重，这是不仁。他若不是圣人，就不能使人谦下；对人谦下而不精诚，就不能得到真，所以常常伤身。可惜啊！对于人来说，不仁是最大的祸患，而你却偏偏就是这样。而且道是万物的渊源，众物失去道便死亡，获得道便生机勃勃，做事违背道则失败，顺应道则成功。所以道的所在，圣人尊敬它。现在渔父对于道，可以说是胸中怀有，我岂敢不恭敬？”

列御寇

列御寇之齐，中道而反，遇伯昏瞀人[①]。伯昏瞀人曰：“奚方[②]而反？”

曰：“吾惊焉。”

曰：“恶乎惊？”

曰：“吾尝食于十浆[③]，而五浆先馈[④]。”

伯昏瞀人曰：“若是，则汝何为惊已？”

曰：“夫内诚不解[⑤]，形谍[⑥]成光，以外镇[⑦]人心，使人轻[⑧]乎贵老，而螫[⑨]其所患。夫浆人特为食羹之货[⑩]，多余之赢[⑪]，其为利也薄，其为权也轻，而犹若是，而况于万乘之主乎！身劳于国而知尽于事，彼将任我以事而效我以功，吾是以惊。”

伯昏瞀人曰；“善哉观乎！女[12]处已，人将保女矣！”

无几何而往，则户外之屦满矣。伯昏瞀人北面而立，敦[13]杖蹙之乎颐，立有间，不言而出。

宾者[14]以告列子，列子提屦，跣[15]而走，暨[16]乎门，曰：“先生既来，曾不发药[17]乎？”

曰：“已矣！吾固告汝曰：人将保汝，果保汝矣！非汝能使人保汝，而汝不能使人无保汝也，而焉用之感豫[18]出异也！必且有感，摇而本才，又无谓也。与汝游者，又莫汝告也，彼所小言，尽人毒也。莫觉莫悟，何相孰也！功者劳而知者忧，无能者无所求，饱食而敖游，泛若不系之舟，虚而敖游者也。”

郑人缓[19]也，呻吟裘氏之地[20]。只[21]三年而缓为儒，河润[22]九里，泽[23]及三族，使其弟墨[24]。儒，墨相与辩，其父助翟[25]。十年而缓自杀。其父梦之[26]，曰：“使而子为墨者，予也，阖胡尝视其良[27]，既为秋柏之实矣。”

夫造物者之报[28]人也，不报其人而报其人之天。彼故使彼[29]。夫人[30]以己为有以异于人，以贱其亲，齐人之井饮者相捽[31]也。故曰今之世皆缓也。自是，有德者以不知也，而况有道者乎！古者谓之遁[32]天之刑。

圣人安其所安[33]，不安其所不安[34]；众人安其所不安，不安其所安。

庄子曰：知道易，勿言难。知而不言，所以之天也；知而言之，所以之人也。古之人，天而不人。

朱泙漫学屠龙于支离益[35]，单[36]千金之家，三年技成而无所用其巧。

圣人以必不必[37]，故无兵；众人以不必必之，故多兵。顺于兵，故行有求[38]。兵，恃之则亡。

小夫之知[39]，不离苞苴竿牍[40]，敝精神乎蹇浅[41]，而欲兼济道[42]物，太一形虚[43]。若是者，迷惑于宇宙，形累不知太初。彼圣人者，归精神乎无始，而甘冥乎无何有之乡[44]。水流乎无形，发泄乎太清[45]。悲哉乎！汝为知在毫毛而不知大宁[46]！

宋人有曹商[47]者，为宋王使秦。其往也，得车数乘。王说之，益车百乘。反于宋，见庄子曰：“夫处穷闾阨巷[48]，困窘织屦，槁项黄馘[49]者，商之所短也；一悟万乘之主而从车百乘者，商之所长也。”

庄子曰：“秦王有病召医，破痈溃痤者得车一乘，舐[50]痔者得车五乘，所治愈下，得车愈多。子岂治其痔邪？何得车之多也？子行矣！”

鲁哀公问乎颜阖曰：“吾以仲尼为贞幹[51]，国其有瘳[52]乎？”

曰：“殆哉圾[53]乎！仲尼方且饰羽而画[54]，从事华辞[55]，以支为旨[56]，忍性[57]以视民而不知不信，受乎心[58]，宰乎神[59]，夫何足以上民[60]！彼宜女与？予颐[61]与？误而可矣！今使

民离实学伪，非所以视民也，为后世虑，不若休之！难治也。”施于人而不忘，非天布[62]也，商贾不齿[63]。虽以事齿之，神[64]者弗齿。为外刑[65]者，金与木也[66]；为内刑者，动与过也。宵[67]人之离外刑者，金木讯[68]之；离内刑者，阴阳食[69]之。夫免乎外内之刑者，唯真人能之。”

孔子曰：“凡人心险于山川，难于知天。天犹有春秋冬夏旦暮之期，人者厚貌[70]深情。故有貌愿而益[71]，有长[72]若不肖，有顺懁[73]而达，有坚而缦[74]，有缓而釬[75]。故其就[76]义若渴者，其去[77]义若热。故君子远使之而观其忠，近使之而观其敬，烦[78]使之而观其能，卒然问焉而观其知，急与之期[79]而观其信，委之以财而观其仁，告之以危而观其节，醉之以酒而观其侧[80]，杂之[81]以处而观其色。九征[82]至，不肖人得矣。”

正考父一命而伛[83]，再命而偻，三命而俯，循墙而走，孰敢不轨！如而夫[84]者，一命而吕钜[85]，再命而于车上儛，三命而名诸父[86]，孰协唐许[87]！

贼莫大乎德有心而心有睫[88]，及其有睫也而内视，内视而败矣！凶德有五[89]，中德[90]为首。何谓中德？中德也者，有以自好也而吡其所不为者也[91]。

穷[92]有八极，达有三必，形有六府。美、髯、长、大、壮、丽、勇、敢，八者俱过人也，因以是穷。缘循、偃佒[93]，困畏不若人，三者俱通达。知、慧外通，勇、动多怨，仁、义多责。达生之情者傀，达于知者肖；达大命者随，达小命者遭。

人有见宋王者，锡[94]车十乘。以其十乘骄稚[95]庄子。

庄子曰：“河上有家贫，恃纬萧[96]而食者，其子没[97]于渊，得千金之珠。其父谓其子曰：‘取石来锻[98]之！夫千金之珠，必在九重之渊而骊龙颔下[99]。子能得珠者，必遭其睡也。使骊龙而寤[100]，子尚奚微之有哉！’今宋国之深，非直九重之渊也；宋王之猛，非直骊龙也。子能得车者，必遭其睡也。使宋王而寤，子为齑粉夫！”

或[101]聘于庄子，庄子应其使曰：“子见夫牺牛[102]乎？衣以文绣[103]，食以刍叔，及其牵而入于大庙，虽欲为孤犊，其可得乎！”

庄子将死，弟子欲厚葬之。庄子曰：“吾以天地为棺椁，以日月为连璧[104]，星辰为珠玑[105]，万物为赍送[106]。吾葬具岂不备[107]邪？何以加此！”

弟子曰：“吾恐乌鸢[108]之食夫子也。”

庄子曰：“在上为乌鸢食，在下为蝼蚁食，夺彼与此，何其偏也！”

以不平平，其平也不平；以不征征，其征也不征。明者唯为之使，神者征之。夫明之不胜神也久矣，而愚者恃其所见入于人，其功外也，不亦悲乎！

注释

①伯昏瞀（mào）人：楚国隐士，又称伯昏无人。

②奚方：何事。

③十浆：十家卖浆的。

④馈（kuì）：赠送。

⑤解：融会贯通。

⑥谍：显露。

⑦镇：服。

⑧轻：轻视。

⑨訾（jī）：招致。

⑩货：买卖。

⑪赢：赚。

⑫女：汝。

⑬敦：竖立。

⑭宾者：负责接待宾客的人。

⑮跣（xiǎn）：光着脚。

⑯暨：及。

⑰发药：指规劝人的金石之言。

⑱感豫：感到愉快。

⑲缓：人名。

⑳呻吟：诵读。裘氏：地名。

㉑只：经过。

㉒河润：浸润，施惠。

㉓泽：恩泽。

㉔墨：成为墨者。

㉕翟：缓弟之名。

㉖其父梦之：托梦于其父。

㉗良：坟墓。

㉘报：赋予。

㉙彼故使彼：由于他的本性就是那样。因此就使他变成那样。

㉚夫人：此人。

㉛相捽（zuó）：互相斗殴。

㉜遁：违背。

㉝所安：自然。

㉞所不安：人为。

㉟朱泙（pèng）漫、支离益：都是虚拟的人物。

㊱单：通“殚”，尽。

㊲以必不必：把必然的视为不必然，即不固执。

㊳求：贪。

㊴小夫：匹夫。知：通“智”。

㊵苞苴：香草，意指馈赠。竿牍：竹简，书信，意指问候。

㊶敝：耗费。蹇浅：浅陋。

㊷道：引导。

㊸太一：达到与万物同一的境界。形虚：体内清虚。

㊹无何有之乡：虚无的境界。

㊺太清：太虚之道。

㊻大宁：非常宁静的境界。

㊼曹商：人名。

㊽阨巷：狭窄的小巷。

㊾槁项黄馘（guó）：形容面黄肌瘦的样子。

㊿舐（shì）：舔。

51贞幹：栋梁，国家重臣。

52瘳（chōu）：治愈。

53圾：通“岌”，危。

54饰羽而画：雕琢文饰。

55从事华辞：卖弄华丽的文辞。

56支：末。旨：本。

57忍性：矫饬性情。

58受乎心：受制于心。

59宰受神：受精神主宰。

60上民：统治人民。

61颐：养。

62天布：自然布施。

63不齿：看不起。

64神：精神，思想。

65外刑：施在体外的刑罚。

(66)金：指金属刑具。木：木制的刑具。

(67)宵：通“小”。

(68)讯：拷问。

(69)食：通“蚀”，侵蚀。

(70)厚貌：外表不浅露。

(71)貌愿：表面谦虚老实。益：骄傲自满。

(72)长：内在的优良品德。

(73)儇（xuān）：固执。

(74)缦（màn）：软弱。

(75)釬（hàn）：通“悍”，凶悍。

(76)就：追求。

(77)去：抛弃。

(78)烦：复杂。

(79)期：相约。

(80)侧：仪态。

(81)杂之：男女杂处。

(82)征：检验，考察。

(83)正考父：宋大夫。命：册命，任命。一命为士，再命为大夫，三命为卿。

(84)而夫：凡夫。

(85)吕钜：骄傲自大的样子。

(86)名诸父：直呼名位叔伯之名，轻视长者。

(87)唐许：指唐尧和许由。

(88)德有心：有心为德。心有睫：有心眼。

(89)凶德有五：指心、耳、眼、舌、鼻，这五者是致祸的根源。

(90)中德：指心。

(91)自好：自以为是。吡（bǐ）：訾，诋毁。

(92)穷：困，潦倒失意。

(93)偃佒（yǎng）：“佒”通“仰”。偃仰：俯仰从人，意即卑顺。

(94)锡：通“赐”。

(95)骄稚：炫耀。

(96)纬：编织。萧：芦苇。

(97)没：潜。

(98)锻：砸碎。

⑨⑨骊：纯黑色。颔（hàn）：下巴。

⑩⑩寤（wù）：睡醒。

⑩①或：有人。

⑩②牺牛：祭祀时用作祭品的牛。

⑩③文绣：有花纹的织绣。

⑩④连璧：贵重的玉璧。

⑩⑤珠玑：玉珠。

⑩⑥赍（jī）送：指送葬的物品。

⑩⑦备：齐备。

⑩⑧乌：乌鸦。鸢（yuán）：老鹰。

译文

列御寇去齐国，中途返回，遇到伯昏瞀人。伯昏瞀人说："你为什么返回？"

列御寇说："我受了惊吓。"

伯昏瞀人说："受了什么惊吓？"

列御寇说："我经过十家卖浆的饮食店，其中有五家把浆送给我。"

伯昏瞀人说："为什么你对此感到害怕？"

列御寇说："内心对道还未融会贯通，外表便显露出光辉，用外貌镇服人心，使人对我的崇敬超过了对老者的尊重，这会招致祸患的。卖浆者做的是小买卖，本钱不大，赢利微薄，也没有什么权势，他们尚且这样待我，何况是万乘之君呢？身体为国家操劳而智能耗尽于政事，他将委任我国事而要我去效力。所以我害怕。"

伯昏瞀人说："你真善于观察啊！你安居吧，人们会归附你的！"

过了不久，伯昏瞀人去看列子，见门外摆满了鞋子。伯昏瞀人面向北站着，头紧靠在竖着的拐杖上，站了一会儿，没有说话就出来了。

负责接待宾客的人告诉了列子，列子提着鞋，光着脚跑出来，追到门口，说："先生既然来了，还不开导我吗？"

伯昏瞀人说："算了吧！我说过人们要归附你，果然归附你了。不是你能使人归附你，而是你不能使人不归附你，你何必因此感到高兴而显得与众不同呢？必定还会有感动人的事，使你的本性动摇，但这又是无谓的事情。和你在一起的人又不会给你忠告，他们那琐碎的言语都是害人的。不觉不语，怎么能够互相明察呢？智巧的人忧劳，无能的人无所求，饱食而遨游，飘浮不定就像一叶失控的小舟，空虚心志而遨游。"

郑国有个名叫缓的人，在裘氏之地诵读。经过三年成为儒者，施惠四方，恩泽及于三族，使他的弟弟成为墨者。儒、墨互相辩论，他父亲站在其弟一边。十年后，缓自杀了。

他托梦于父亲说："使您的儿子成为墨者的是我，为什么不去我的坟墓上探视？上面的柏树已经长出果实了。"

造物者赋予人的，不赋予人为而赋予天性。由于他的本性就是那样，因此就使他变成那样。缓自以为与众不同而责怪他的父亲，就像齐人掘井饮水互相斗殴一样。他们不明白井水是出于天然，而不是各人挖井的功劳。所以说，现在的人大都像缓一样贪天之功。自以为是，有德的人视其为不明智，何况是有道的人呢？古时候称之为违背天理的刑罚。

圣人安于自然，不安于人为；众人安于人为，不安于自然。

庄子说："知道容易，不说出来困难。知道而不说，可以达到自然的境界；知道而说出来，这是人为的举动。古时候的人奉行自然而抛弃人为。"

朱泙漫跟随支离益学屠龙，耗尽千金家产，三年学成后，却没有机会运用他的技能。

圣人不斤斤计较，所以没有战争；众人过于计较，所以战争频繁；放任战争，所以有贪求的行为。依仗武力行事的则一定灭亡。

匹夫的智慧只知周旋于礼尚往来，把精神耗费在浅陋的小事上，却想兼济于下，引导万物，达到与万物同一的境界。这样的人必然迷惑在广大无边的宇宙之中，直至精疲力竭也无法理解太初的妙道。像那圣人，将精神归于无始而甜睡在虚无的境界。水流没有固定的渠道，纯粹出于自然。可悲啊！你把心智耗费在毫毛小事上，而不知道极其宁静的境界。

宋国有个名叫曹商的人，替宋王出使秦国。他去的时候有车数乘；秦王喜欢他，给他增加了一百乘车。他返回宋国，见到庄子说："住在穷里陋巷，靠打草鞋苦苦度日，煎熬得面黄肌瘦，这是我干不了的；一下子就能说动万乘之君，获得车辆百乘，这是我所擅长的。"

庄子说："秦王有病召请医生，能够除疮去脓的赏车一乘，舔痔疮的赏车五乘，所医治的越是卑下，得到的赏车就越多。大概你给他舔痔疮了吧？不然怎么能得这么多的车呢？你走开吧！"

鲁哀公问颜阖说："我任用仲尼为重臣，能否把国家治理好？"

颜阖说："危险啊！仲尼喜欢雕琢文饰，卖弄华丽的文辞，以末为本，矫饬性情以教示人民而不知自己不信，受制于心，被精神所主宰，怎么能够治理人民？他适合于你吗？让他畜养人民吗？那就要误事了。现在使人民抛弃朴实而学习虚伪，这不是教示人民的好办法。为后世考虑，不如算了。国家难治啊！"

施恩于人而念念不忘，这不是自然的布施，商贾都看不起他，虽然商贾的买卖投机行为和他的所作所为有相似之处，但在内心还是看不起他。

施在体外的刑罚是刀斧和桎梏；施于内心的刑罚是妄动和懊悔。小人遭受外刑，用刀斧和桎梏来治罪；遭受内刑的，通过阴阳交错来侵蚀他。能够避免外刑和内刑的，唯有真人才能做到。

孔子说："人的心比山川还要险恶，比了解天还要困难；天还有春夏秋冬早晚的规律可循，而人却很难测度。所以，人有表面谦虚实则骄横的，有内秀而外不肖的，有外表固执而内心通达的，有看似坚强实则软弱的，有看似和顺实则凶悍的。所以，追求义如饥似渴的，抛弃义也急如避火。所以，君子让他远行以观察他是否守信，让他管理钱财以观察是否忠诚，让他待在身边以观察他是否恭敬，让他处理复杂的事务以观察他的才能，突然向他提出问题以观察他的智力，在紧急情况下和他相约以观察他是否廉洁，告知他危难的事情以考验他的节操，让他醉酒以观察他的仪态，让他和女人相处以观察他是否好色。经过这九项考察，就可以判断出不肖的人了。"

正考父一命为士而曲背，再命为大夫而弯腰，三命为卿而身伏于地，顺着墙边走路，如此谦虚的人谁敢对他不尊敬？若是那些凡夫俗子，一命为士就骄傲自大，再命为大夫就得意忘形地在车上手舞足蹈，三命为卿就把长者不放在眼里，谁能够做到唐尧、许由那样的谦让？

最大的危害莫过于有心为德而心眼太多，心眼太多就会主观武断，主观武断则必然失败。凶德有五种，以中德为首。什么是中德？中德就是自以为是而打击异己。

穷困有八种极端，通达有三项必然，身体有六个腑脏。如果貌美、多髯、身长、高大、健壮、华丽、勇武、果敢这八个方面都超过别人，就会自恃骄傲而陷入穷困。如果顺任自然、对人卑顺、懦弱谦下这三者都能做到，就会通达顺利。智慧外露，勇武好动则多

结怨，行仁义则招致责难。通达性命之情的伟大，通于智巧的渺小，达于天命的顺任自然，通于人命的苟且而安。

有个人拜见宋王，宋王赐给他十辆车，此人用这十辆车向庄子炫耀。

庄子说："河边有一靠编织芦席为生的贫苦人家，儿子潜入深渊。得到一颗价值千金的宝珠。父亲对儿子说：'拿石头来砸碎它！这颗千金之珠一定是在九重深渊骊龙颔下，你能得到这颗珠，一定是骊龙正在睡觉。若是骊龙睡醒，你就会被一点不剩地吃掉！'现在的宋国比九重之渊还要深；宋王的凶猛更甚于骊龙。你能够得到车子，一定是正遇到宋王睡觉。若是宋王醒来，你就要粉身碎骨了！"

有人聘请庄子，庄子答复使者说："你见过用作祭祀的牛吗？它披着纹饰华丽的织绣，吃着精美的饲料，等到将它牵入太庙，这时它想做一头无人照料的小牛还能办得到吗？"

庄子快要死了，弟子们准备厚葬他。庄子说："我以天地为棺椁，以日月为连璧，以星辰为珠玑，以万物为送葬的物品。我的葬具还不齐备吗？还有什么比这些更好呀？"

弟子说："我们担心乌鸦老鹰吃了先生。"

庄子说："露在外面被乌鸦老鹰吃，埋入土中被蝼蚁吃，不让乌鸦老鹰吃，而让蝼蚁吃，为什么如此偏心呢？"

以不平等的方式去平等，其实这种平等是不平等；把未经应验的看作应验，其实这种应验是不应验。人事只有被天道所支配，而天道才是可信的。人事服从天道由来已久，而愚蠢的人以其偏见沉溺于人事，舍本求末，真是可悲啊！

天　下

天下之治方术[①]者多矣，皆以其有为不可加矣[②]。古之所谓道术者，果恶乎在？曰："无乎不在。"曰："神何由降？明何由出？""圣有所生，王有所成，皆原于一。"

不离于宗，谓之天人；不离于精，谓之神人；不离于真，谓之至人。以天为宗，以德为本，以道为门，兆[③]于变化，谓之圣人。以仁为恩，以义为理，以礼为行，以乐为和，熏然[④]慈仁，谓之君子。以法为分[⑤]，以名为表[⑥]，以参[⑦]为验，以稽[⑧]为决，其数[⑨]一二三四是也，百官以此相齿[⑩]，以事为常，以衣食为主，蕃息畜藏[⑪]，老弱孤寡为意[⑫]，皆有以养，民之理也。

古之人其备乎！配[⑬]神明，醇天地[⑭]，育万物，和天下，泽及百姓，明于本数[⑮]，系于末度[⑯]，六通四辟[⑰]，小大精粗，其运[⑱]无乎不在。其明而在数度[⑲]者，旧法、世传之史尚多有之。其在于《诗》《书》《礼》《乐》者，邹鲁之士、缙绅先生多能明之[⑳]。《诗》

以道[21]志，《书》以道事，《礼》以道行，《乐》以道和，《易》以道阴阳，《春秋》以道名分。其数散于天下而设于中国者，百家之学时或称而道之。

天下大乱，贤圣不明，道德不一，天下多得一察焉以自好[22]。譬如耳目鼻口，皆有所明，不能相通。犹百家众技也，皆有所长，时有所用。虽然，不该[23]不遍，一曲[24]之士也。判[25]天地之美，析[26]万物之理，察[27]古人之全，寡能备于天地之美，称[28]神明之容。是故内圣外王之道[29]，暗而不明，郁[30]而不发，天下之人各为其所欲焉以自为方。悲夫！百家往而不反，必不合矣！后世之学者，不幸不见天地之纯[31]，古人之大体[32]，道术将为天下裂。

不侈于后世，不靡[33]于万物，不晖[34]于数度，以绳墨自矫[35]，而备[36]世之急。古之道术有在于是者，墨翟、禽滑釐闻其风而说之[37]。为之大[38]过，已之大循[39]。作为《非乐》[40]，命[41]之曰《节用》；生不歌，死无服。墨子泛爱兼利而非斗[42]，其道不怒[43]；又好学而博，不异[44]，不与先王同，毁古之礼乐。

黄帝有《咸池》，尧有《大章》，舜有《大韶》，禹有《大夏》，汤有《大濩[45]》，文王有《辟雍[46]》之乐，武王、周公作《武》。古之丧礼，贵贱有仪，上下有等。天子棺椁七重[47]，诸侯五重，大夫三重，士再重。今墨子独生不歌，死不服，桐棺三寸而无椁，以为法式[48]。以此教人，恐不爱人；以此自行，固[49]不爱已。未败墨子道，虽然，歌而非歌，哭而非哭，乐而非乐，是果类[50]乎？其生也勤，其死也薄，其道大觳[51]。使人忧，使人悲，其行难为也，恐其不可以为圣人之道，反天下之心，天下不堪。墨子虽独能任[52]，奈天下何！离于天下，其去王[53]也远矣。

墨子称道曰："昔禹之湮[54]洪水，决江河而通四夷九州也，名川三百，支川三千，小者无数。禹亲自操橐耜而九杂天下之川[55]，腓无胈[56]，胫[57]无毛，沐甚雨[58]，栉[59]疾风，置万国。禹大圣也，而形劳天下也如此。"使后世之墨者，多以裘褐为衣[60]，以跂跻[61]为服，日夜不休，以自苦为极[62]，曰："不能如此，非禹之道也，不足谓墨。"

相里勤[63]之弟子，五侯[64]之徒，南方之墨者苦获、已齿、邓陵子之属[65]，俱诵《墨经》，而倍谲[66]不同，相谓别墨[67]。以坚白同异之辩相訾，以觭偶不仵之辞相应[68]；以巨子[69]为圣人，皆愿为之尸[70]，冀得为其后世[71]，至今不决。

墨翟、禽滑釐之意则是，其行则非也。将使后世之墨者，必自苦以腓无胈胫无毛相进[72]而已矣。乱之上也，治之下也。虽然，墨子真天下之好也，将求之不得也，虽枯槁不舍也，才士也夫！

不累于俗，不饰于物，不苟[73]于人，不忮[74]于众，愿天下之安宁，以活民命，人我之养，毕足[75]而止，以此白心[76]。古之道术有在于是者，宋钘、尹文闻其风而悦之[77]。作为华山之冠[78]以自表，接万物以别宥[79]为始。语心之容[80]，命之曰心之行。以聏[81]合驩，以调海内，请欲置之以为主[82]。见侮不辱，救民之斗，禁攻寝兵，救世之战。以此周行天下，上说下教，虽天下不取，强聒[83]而不舍者也，故曰上下见厌[84]而强见也。

虽然，其为人太多，其自为太少，曰："请欲固置五升之饭足矣。"先生恐不得饱，弟子虽饥，不忘天下，日夜不休。曰："我必得活哉！"图傲[85]乎，救世之士哉！曰："君子不为苛察[86]，不以身假[87]物。"以为无益于天下者，明之不如已也。以禁攻寝兵为外，以情欲寡浅为内。其小大精粗，其行适至是而止。

公而不当，易而无私，决然无主[88]，趣物而不两[89]，不顾于虑，不谋于知，于物无择，与之俱往。古之道术有在于是者，彭蒙、田骈、慎到闻其风而悦之[90]。齐万物以为首，曰："天能覆之而不能载之，地能载之而不能覆之，大道能包之而不能辩之。"知万物皆有所可，有所不可，故曰："选则不遍，教则不至，道则无遗者矣。"

是故慎到弃知去己，而缘不得已。泠汰[91]于物，以为道理，曰："知不知，将薄知而后邻伤之者也[92]。"謑髁[93]无任，而笑天下之尚贤也；纵脱[94]无行，而非天下之大圣。椎拍輐断[95]，与物宛转；舍是与非，苟可以免。不师知虑，不知前后，魏然[96]而已矣。推而后行，曳而后往，若飘风之还，若羽之旋，若磨石之隧[97]，全而无非，动静无过，未尝有罪。是何故？夫无知之物，无建己[98]之患，无用知之累，动静不离于理，是以终身无誉。故曰："至于若无知之物而已，无用贤圣，夫块不失道。"豪桀相与笑之曰："慎到之道，非生人之行，而至死人之理，适得怪焉。"

田骈亦然，学于彭蒙，得不教[99]焉。彭蒙之师曰："古之道人，至于莫之是、莫之非而已矣。其风窢然[100]，恶可而言？"常反人，不见观[101]，而不免于魭断[102]。其所谓道非道，而所言之韪[103]，不免于非。彭蒙、田骈、慎到不知道。虽然，概乎皆尝有闻者也。

以本[104]为精，以物为粗，以有积为不足，澹然[105]独与神明居。古之道术有在于是者，关尹[106]、老聃闻其风而悦之，建之以常无有，主之以太一；以濡弱[107]谦下为表，以空虚不毁万物为实。

关尹曰："在己无居[108]，形物自著[109]。其动若水，其静若镜，其应若响。芴乎若亡，寂乎若清。同焉者和，得焉者失。未尝先人，而常随人。"

老聃曰："知其雄，守其雌，为天下谿；知其白，守其辱，为天下谷。"人皆取先，己独取后，曰"受天下之垢"；人皆取实，己独取虚，无藏也故有余，岿然而有余。其行身也，徐而不费，无为也而笑巧；人皆求福，己独曲全，曰"苟免于咎"。以深为根，以约为纪，曰"坚则毁矣，锐则挫矣"。常宽容于物，不削于人，可谓至极。关尹、老聃乎！古之博大真人哉！

芴[110]漠无形，变化无常，死与生与，天地并与，神明往与！芒乎何之，忽乎何适，万物毕罗，莫足以归。古之道术有在于是者，庄周闻其风而悦之，以谬悠[111]之说，荒唐[112]之言，无端崖[113]之辞，时恣纵而不傥[114]，不以觭见之也。以天下为沉浊，不可与庄语，以卮言为曼衍[115]，以重言[116]为真，以寓言[117]为广。独与天地精神往来，而不敖倪[118]于万物，不谴是

非[119]，以与世俗处。其书虽瑰玮而连犿无伤也[120]，其辞虽参差，而諔诡[121]可观。彼其充实不，可以已，上与造物者游，而下与外死生、无终始者为友。其于本也，弘大而辟[122]，深闳而肆[123]；其于宗也，可谓稠适[124]而上遂矣。虽然，其应于化而解于物也，其理不竭，其来不蜕，芒乎昧乎，未之尽者。

惠施多方[125]，其书五车，其道舛驳[126]，其言也不中[127]。"历[128]物"之意，曰："至大无外，谓之'大一'；至小无内，谓之'小一'。无厚，不可积也，其大千里。天与地卑，山与泽平。日方中方睨[129]，物方生方死，大同而与小同异，此之谓'小同异'；万物毕同毕异，此之谓'大同异'。南方无穷而有穷[130]，今日适越而昔来[131]。连环可解[132]也。我知天下之中央，燕之北、越之南是也[133]。泛爱万物，天地一体也。"

惠施以此为大，观于天下而晓辩者，天下之辨者相与乐之。卵有毛[134]，鸡三足[135]，郢有天下[136]，犬可以为羊[137]，马有卵[138]，丁子有尾[139]，火不热[140]，山出口[141]，轮不蹍地[142]，目不见[143]，指不至，至不绝[144]，龟长于蛇[145]，矩不方，规不可以为圆[146]，凿不可以为枘[147]，飞鸟之景未尝动[148]也，镞矢[149]之疾，而有不行不止之时，狗非犬[150]。黄马骊牛三[151]，白狗黑[152]，孤驹未尝有母[153]，一尺之棰，日取其半，万世不竭[154]。辩者以此与惠施相应，终身无穷。

桓团、公孙龙辩者之徒[155]，饰人之心，易人之意，能胜人之口，不能服人之心，辩者之囿也。惠施日以其知与人之辩，特与天下之辩者为怪[156]，此其柢[157]也。

然惠施之口谈[158]，自以为最贤，曰："天地其壮乎！"施存雄而无术。南方有倚人[159]焉曰黄缭，问天地所以不坠不陷，风雨雷霆之故。惠施不辞而应，不虑而对，遍为万物说，说而不休，多而无已，犹以为寡，益之以怪。以反人为实，而欲以胜人为名，是以与众不适也。弱于德，强于物，其涂隩[160]矣。由天地之道观惠施之能，其犹一蚊一虻之劳者也。其于物也何庸[161]！夫充一尚可，曰愈贵道，几矣！惠施不能以此自宁，散于万物而不厌，卒以善辩为名。惜乎！惠施之才，骀荡[162]而不得，逐万物而不反，是穷响以声，形与影竞走也。悲夫！

注释

①方术：一方之术，指某一方面特定的学问。

②以其有：认为自己所主张的。不可加：无以复加，达到顶峰。

③兆：预示。

④熏然：温和慈爱的样子。

⑤分：分寸，尺度。

⑥名：名号。表：标志。

⑦参：比较。

⑧稽：考核。

⑨数：指等级之数。

⑩齿：序列。

⑪蕃息：生产。畜藏：储藏。

⑫意：关心。

⑬配：合。

⑭醇：借为准。醇天地：以天地为准，效法自然。

⑮本数：根本，指天道。

⑯末度：末节，指法度。

⑰六通：上下四方六合通达。四辟：春夏秋冬四时顺畅。

⑱运：作用。

⑲数度：即本数末度。

⑳邹鲁之士：邹国和鲁国的士人，指儒生。缙绅先生：指做官的。

㉑道：讲述，表达，记载。

㉒一察：一管之见。自好：自我欣赏。

㉓该：完备。

㉔一曲：孤陋寡闻。

㉕判：割裂。

㉖析：离析，支解。

㉗察：离散。

㉘称：相称，符合。

㉙内圣：内在修养。外王：外在才能。

㉚郁：压抑。

㉛纯：纯真，指自然的本质。

㉜大体：全貌。

㉝靡（mí）：浪费。

㉞晖：炫耀。

㉟矫：勉励。

㊱备：应付。

㊲墨翟：即墨子。禽滑釐：墨子的弟子。

㊳大：通“太”。

㊴已：止。循：顺。

㊵《非乐》：《墨子》一书中的篇名。

㊶命：名。

㊷泛爱：博爱。兼利：使大家都得到利益。非斗：反对战争。

㊸不怒：不互相结怨。

㊹不异：不立异。

㊺《大濩（hù）》：乐章名。

㊻辟雍：本义是周代为贵族子弟所设的大学，这里指乐名。

㊼重：层。

㊽法式：标准。

㊾固：实在。

㊿类：象。

51觳（què）：苛刻。

52独能任：独自能够做到。

53王：王道。

54湮：堵塞，治理。

55橐（tuó）：盛土的器具。耜（sì）：挖土的工具。九杂：汇合。

56腓（féi）：腿肚子。胈（bá）：汗毛。

57胫（jīng）：小腿。

58沐：淋。甚雨：暴雨。

59栉（zhì）：梳发。

60裘：兽皮。褐：粗布。

61跻（juē）：草鞋。

62极：准则。

63相里勤：姓相里名勤，墨家学派南方派的首领。

64五侯：人名，墨家学派的重要人物。

65苦获、已齿、邓陵子：均为南方墨者的重要人物。

66倍谲：分歧。

67别墨：非正统的墨家。

68觭（jī）：即奇。不仵（wǔ）：不合。奇偶不仵与坚白同异均为当时辩论的命题。

69巨子：墨子死后墨家学派首领的称谓，意即墨学高超的人。

70尸：主，首领。

71冀：希望。后世：继承人。

72相进：互相竞进。

73苟：应为“苛”字之误。

⑭忮（zhì）：违逆。

⑮毕足：满足。

⑯白心：表白心愿。

⑰宋钘、尹文：齐宣王时代人，曾在齐国的稷下学宫聚徒讲学，并有著作传世，是当时著名的学者。

⑱华山之冠：形状像华山的帽子。

⑲别宥：不带偏见。

⑳容：思维，感受。

㉑胹（ér）：柔和。

㉒主：主导思想。

㉓强聒（guō）：说个不停。

㉔见厌：被人讨厌。

㉕图傲：伟大。

㉖苛察：对人对事苛求挑剔。

㉗假：借助，利用。

㉘决然无主：排除主观的先入之见。

㉙趣物而不两：随物变化而不三心二意。

㉚彭蒙：齐国人。田骈：齐国人。慎到：赵国人。他们都曾在稷下学宫讲学，位列上大夫，均有著作传世。

㉛泠（líng）汰：听从放任。

㉜薄：迫。邻伤：损伤。

㉝謑髁（xí kē）：随便的样子。

㉞纵脱：放纵无羁。

㉟椎、輐（wān）：均为古代的刑具。

㊱魏然：“魏”通“巍”。巍然：独立的样子。

㊲隧：转动。

㊳建己：标榜自己。

㊴不教：不言之教。

⑩⑩窢（huò）然：迅疾的样子。

⑩①不见观：不受尊敬。

⑩②鼋（yuán）断：没有棱角。

⑩③韪（wěi）：是。

⑩④本：指道。

⑮澹（dàn）然：恬淡的样子。

⑯关尹：早期道家学派的重要人物，传说他比老聃年长，周平王时曾任函谷关令。

⑰濡弱：柔弱。

⑱在己无居：自己不存私意。

⑲形物自著：有形之物各自彰显。

⑳芴：应为“寂”字。

㉑谬悠：虚远而不可捉摸。

㉒荒唐：广大不可测度。

㉓无端崖：不着边际。

㉔恣纵：放肆。不傥：随意无拘。

㉕卮言：无心之言。曼衍：散漫流行，不拘常规。

㉖重言：庄重的言论。

㉗寓言：寄语他人他物的言论。

㉘敖倪：傲视，轻视。

㉙不谴是非：不拘泥于是非。

㉚瑰玮：奇伟。连犿（fān）：宛转，随和。

㉛諔（chú）诡：奇异。

㉜辟：通达。

㉝深闳（hóng）：深广。肆：畅达。

㉞稠适：调和。

㉟方：术。

㊱舛（chuǎn）驳：杂乱无章。

㊲不中：不当。

㊳历：分析。

㊴睨（ní）：斜视。

㊵南方无穷而有穷：方向可以无限延伸。

㊶今日适越而昔来：今天我到越国去，犹如昨天他到来。今天与昨天是相对而言的。

㊷连环可解：从形状上看，连环是分不开的；但从环环相套的关系及其变动来看，连环又是可以分开的。

㊸我知天下之中央，燕之北、越之南是也：天下的中央之地在当时的燕国之南、越国之北，但南的方位只是相对的，无法确切定其方位。

㊹卵有毛：小鸡孵出时已有毛，可知蛋里有毛的因素。

㊺鸡三足：鸡足的名称为一，鸡实有二足，加起来即为三。

⑬⑥郢有天下：郢为天下不可分割的一部分，因此可以说“郢有天下”。

⑬⑦犬可以为羊：犬与羊的名称是人叫的，如果大家都叫犬为羊，那么犬也就成了羊。

⑬⑧马有卵：虽然马是胎生的，但胎之初期也如卵。

⑬⑨丁子有尾：丁子即青蛙，青蛙的幼虫为蝌蚪，由于蝌蚪有尾，因而推论青蛙也有尾巴。

⑭⓪火不热：热和冷都是相对的，对火的感觉物各不同，有感到火不热的。

⑭①山出口：即山有口。在山间呼喊，山有回荡之声，能发出声即说明山有口。

⑭②轮不蹍地：车轮转动时，只有其中一点与地面接触，整个轮子并没有着地。

⑭③目不见：眼睛看见东西是有条件的，眼睛在黑暗中就看不见东西。

⑭④指不至、至不绝：指事不能达到物的实际，即使达到，也不能绝对的穷尽。

⑭⑤龟长于蛇：龟有大小，蛇有长短，大龟可以长过短小的蛇。

⑭⑥矩不方，规不可以为圆：矩和规划出来的都不是绝对标准的方和圆。

⑭⑦凿不可以为枘（ruì）：枘，榫头。凿孔是套榫头的，凿孔与榫头间还是有空隙的，不能围得完全紧贴。

⑭⑧飞鸟之景未尝动：飞鸟和其影子在某一时间是停留在某一点上的。

⑭⑨镞矢：箭头。疾：快速。

⑮⓪狗非犬：古人称大狗为犬，小狗为狗，大小不同。

⑮①黄马骊牛三：黄马与骊牛合起来是一个集合的概念，分开来是两个概念，加起来是三个概念。

⑮②白驹黑：白狗身上有黑，如眼珠。根据毛白，可以叫白狗，根据眼黑，也可以叫黑狗。

⑮③孤驹未尝有母：既然称为孤，就没有母。

⑮④一尺之棰，日取其半，万世不竭：棰，杖。每天取一半，最后总还留有一半，所以万世都不尽。

⑮⑤桓团、公孙龙：都是赵国人，名家学派的代表人物。

⑮⑥为怪：制造怪异之说。

⑮⑦柢（dǐ）：根本。

⑮⑧口谈：口才。

⑮⑨倚人：怪异之人。

⑯⓪隩（ào）：深曲处。

⑯①庸：用。

⑯②骀（dài）荡：放荡。

译文

天下搞学术的人很多，都认为自己的学问达到了顶峰。古代所谓的道术究竟在哪里？回答说："无所不在。"问："神由何而降？明从何而生？"回答说："神圣自有其由来，王业自有其成因，都渊源于一。"

不离根本，称为天人。不离精纯，称为神人。不离本真，称为至人。以天为主宰，以德为根本，以道为门径，能够预示变化，称为圣人。以仁布施恩惠，以义作为道理，以礼规范行为，以乐调和性情，温和慈爱，称为君子。以法律为尺度，以名号为标志，以比较为验证，以考核来判断，等级之数像一二三四那样明白，百官以此为序列，以职事为常务，以衣食为主旨，生产储藏，关心老弱孤寡，使其皆有所养，这是养民的常理。

古代的圣人是很完备的啊！合于神明，效法自然，养育万物，泽及百姓，以天道为根本，以法度为末节，六合通达而四时顺畅，无论小大精粗，其作用无所不在。古时候的道术和法规制度很多还保存在传世的史书中。保存在《诗》《书》《礼》《乐》中的，邹鲁一带的学者和缙绅先生们大都知晓。《诗》用来表达志，《书》用来记载事情，《礼》用来规范行为。《乐》用来调和，《易》用来说明阴阳，《春秋》用来正名分。其散布于天下而设立于中国的，百家之学还常常引用它。

天下大乱，贤圣不显，道德分歧，天下人多各得一孔之见而自我欣赏。譬如耳目鼻口，它们各有其功能，却不能互相通用。犹如百家众技，各有所长，时有所用。虽然如此，但不完备和全面，都是孤陋寡闻的人。割裂天地的完美，离析万物之理，把古人完美的道德弄得支离破碎，很少能具备天地的完美，相称于神明之容。所以，内圣外三之道暗而不明，抑郁而不发挥，天下的人各尽所欲而自为方术。可悲啊！百家各行其道而不回头，必定不能相合。后世的学者不幸不能见到天地的纯真和古人的全貌，道术将被天下所

割裂！

不以奢侈影响后世，不靡费万物，不炫耀礼法，用规矩自我勉励，以应对社会的危难，这是古代道术的内涵之一。墨翟、禽滑厘对这种道术很喜欢，但他们实行得太过分，局限性太大。提倡非乐，主张节用，生不作乐，死不服丧。墨子倡导博爱兼利而反对战争，主张和睦相处；又好学而渊博，不立异，不与先王相同，毁弃古代的礼乐。

黄帝有《大韶》之乐，尧有《大章》之乐，禹有《大夏》之乐，汤有《大濩》之乐，文王有《辟雍》之乐，武王、周公作《武》乐。古代的丧礼，贵贱有仪法，上下有等级，天子的棺椁七层，诸侯五层，大夫三层，士两层。现在墨子独自主张生不歌乐，死不服丧，只用三寸厚的桐木棺而没有椁作为标准。以此来教导人，恐怕不是爱人之道；自己去实行，实在是不爱惜自己。尽管墨子的学说是成立的，然而应该歌唱而不歌唱，应该哭泣而不哭泣，应该作乐而不作乐，这合乎人情常理吗？生前辛勤劳苦，死后简单薄葬，这种主张太苛刻了。使人忧劳，使人悲苦，实行起来是很困难的，恐怕不能够成为圣人之道，违反了天下人的心愿，天下人是不堪忍受的。虽然墨子独自能够做到，但对天下的人却无可奈何，背离了天下的人，也就远离了王道。

墨子称道说："从前禹治理洪水，疏异江河而沟通四夷九州，大川三百，支流三千，小河无数。禹亲自持筐操铲劳作，汇合天下的河川，辛苦得连腿上的汗毛都磨光了，风里来雨里去，终于安定了天下。禹是大圣人，为了天下还如此劳苦。"从而使后世的墨者多用兽皮粗布为衣，穿着木屐草鞋，白天黑夜都不休息，以自苦为准则，并说："不能这样，就不是禹之道，不足以称为墨者。"

相里勤的弟子，五侯的门徒，南方的墨者苦获、已齿、邓陵子之流都诵读《墨经》，却各有分歧，互相指责对方不是正统的墨家。他们以坚白同异的辩论相诋毁，以奇偶不合的言辞相对答；以巨子为圣人，都愿意奉他为首领，希望能成为他的继承人，至今还纷争不决。

墨翟、禽滑厘的用意是很好的，但具体做法却太过分。这将使后世的墨者以极端劳苦的方式互相竞进。这种做法乱国有余，治国不足。尽管如此，墨子还是真心爱天下的，这样的人实在是难以求得，即使辛苦得形容枯槁，也不舍弃自己的主张，真是有才之士啊！

不为世俗牵累，不用外物矫饰，不苛求于人，不与众人发生矛盾，希望天下安宁使人民活命，生活上以饱暖为满足，以此来表白心愿，这是古代道术的内涵之一。宋钘、尹文对这种道术很喜欢，制作了形状像华山一样的帽子以表示上下均平主张，应接万物以不带偏见为先；谈论内心的思维，称之为心理活动，以柔和的态度投合别人的喜欢，以调和天下，希望树立上述主张作为行动的主导思想。受到欺侮不以为耻辱，调解人民的争斗，禁止攻伐平息干戈，将天下从战火中拯救出来。用这种主张周行天下，对上劝说诸侯，对下教导百姓，尽管天下的人都不接受，但他们仍然不停地劝说，所以说，人们都讨厌而他们还是硬要宣扬自己的主张。

尽管如此，他们还是替别人考虑得太多，为自己打算得太少，说："我们只想要五升米的饭就够了。"不仅先生们吃不饱，弟子们也常常处在饥饿之中，但他们仍然不忘天下，日夜不休，说："我们一定能活下去！"真是伟大的救世之士啊！他们说："君子不苛刻计较，不使自身被外物所利用。"认为对天下没有益处的，与其揭示它，不如禁止它。以禁攻息兵为外在活动，以清心寡欲为内在修养，无论从大的方面说，还是从细微的方面说，他们的所为也就到此为止了。

公正而不阿党，平易而无偏私，排除主观的先入之见，随物变化而不三心二意，没有顾虑，不求智谋，对万物毫无选择地随顺，和它一起变化，这是古代道术的内涵之一。彭蒙、田骈、慎到对这种道术很喜欢，以齐同万物为首要，说："天能覆盖万物却不能承载，地能承载万物却不能覆盖，大道能包容万物却不能分辨。"知道万物都有所能，有所不能，所以说："选择则不普遍，教导则有所不及，大道则无所遗漏。"

所以慎到抛弃智慧去除己见而随任于不得已，听任于物作为道理，他说："强求知其所不知，就会为知所迫而受到损伤。"随便任用人，而讥笑天下推崇贤人；放任不羁不拘形迹，而非议天下的大圣。刑罚之轻重随着事态的发展而相应地变化，抛弃了是非，才可以免于刑罚。不依赖智巧谋虑，不瞻前顾后，巍然独立。推动而往前走，拖拉而向后退，像飘风的往返，像羽毛的飞旋，像磨石的转动，完美而无错，动静适度而无过失，未曾有罪。这是什么原因？没有知觉的东西，就不会有标榜自己的忧患，不会有运用智谋的牵累，动静合于自然之理，所以终生不会受到毁誉。所以说："达到像没有知觉的东西就行了，不需要圣贤，土块不会失于道。"豪杰们嘲笑他说："慎到的道对活人没有用而只适用于死人，实在怪异。"

田骈也是这样，受学于彭蒙，得到不言之教。彭蒙的老师说："古时候得道的人达到了无所谓是非的境界。他们的道术像风吹过一样迅速，怎么能够用语言表达出来呢？"常常违反人意，不受人们所尊敬，仍不免于随物变化。他们所说的道并不是真正的道，而所说的是不免于非。彭蒙、田骈、慎到不懂得真正的道。然而，他们都还大概地听闻过一点道。

以无形无为的道为精微，以有形有为的物为粗鄙，以积蓄为不足，恬淡地独自与神明共处，这是古代道术的内涵之一。关尹、老聃对这种道术很喜欢，主张建立在常无与常有的基础上，以太一为核心，以柔弱谦下为外表，以空虚不毁伤万物为实质。

关尹说："自己不存私意，有形之物各自彰显。动如流水，静如平镜，反应如回响。忽然如无有，寂静如清虚。相同则和谐，有得则有失。未曾争先而常常随顺别人。"

老聃说："知道雄强，持守雌柔，愿成为天下的沟壑；知道明亮，持守暗昧，愿成为天下的山谷。"人人都争先，独自甘愿居后，说承受天下的垢辱；人人都务实，独自甘愿守虚，不敛藏所以有余，多如高山堆积。他立身行事，从容不迫，无为而嘲笑机巧；人人都求福，独自甘愿委曲求全，说姑且免于受罪。以深藏为根本，以俭约为纲纪，说坚硬的易于毁坏，锐利的易于挫折。常常宽容待物，从不侵削别人，可以说达到了顶点。

关尹、老聃啊！真是古代的博大真人！

寂寞无形，变化无常，死死生生，与天地并存，与神明同往！茫然何往，忽然何去，包罗万物，不知归属，这是古代道术的内涵之一。庄子对这种道术很喜欢，以虚远不可捉摸的理论，广大不可测度的言论，不着边际的言辞，放纵而不拘执，不持一端之见。认为天下沉浊，不能讲庄重的话，以危言肆意推衍，以重言体现真实，以寓言阐发道理。独自与天地精神往来而不傲视万物，不拘泥于是非，与世俗相处。虽然他的书奇伟，却婉转随和，虽然言辞变化多端，却奇异可观。他内心充实而思想奔放，上与造物者同游，下与忘却死生不分终始的人为友。他论述道的根本，博大而通达，深广而畅达；他论述道的宗旨，和谐妥帖而上达天意。然而，他对于事物变化的反应和解释没有止境，不离于道，茫然暗昧，未能穷尽。

惠施的学问广博，他的书多达五车，道术杂乱无章，言辞多有不当。他分析事物之理，说："大到极点而没有边际的，称为'大一'；小到极点而没有内核的，称为'小一'。没有厚度，不可累积，但能扩大到千里。天和地一样低，山和泽一样平。太阳刚刚正中的时候就偏斜，万物刚刚生出就向死亡转化。大同和小同相差异，这叫'小同异'；万物完全相同也完全相异，这叫'大同异'。南方既没有穷尽，也有穷尽，今天到越国去而昨天已来到。连环可以解开。我所知的天下的中央在燕国之北、越国之南。泛爱万物，天地合为一体。"

惠施认为这些是大道理，炫耀于天下而引导辩士，天下的辩士也乐于和他辩论。鸡蛋有毛；鸡有三只脚；郢都包有天下；犬可以变为羊；马有卵；青蛙有尾巴；火不热；山有口；车轮不着地；眼睛看不见东西；物指的概念不相称，相称也没有止境；龟比蛇长；矩不方，规划出的不圆；凿孔不能围住榫头；飞鸟的影子未曾移动；疾飞的箭头有不走也有不停的时候；狗不是犬；黄马、骊牛是三个；白狗是黑的；孤驹不曾有母；一尺长的木棍每天截掉一半，永远也截不完。辩士们用这些辩题与惠施相辩论，终身无穷。

桓团、公孙龙这些好辩之徒迷惑人心，改变人意，能够用口舌战胜人，却不能服人之心，这是辩者的局限。惠施每天靠他的智慧与人辩论，专门和天下的辩士一起制造怪异之说，这就是他们的根本。

然而惠施口若悬河，自认为最能干，说天地果真就伟大吗？惠施有雄心而没有道术。南方有个名叫黄缭的怪异之人，问为什么天地不坠不陷，风雨雷霆是怎么回事。惠施毫不推辞地接受提问，不假思索地应对，广泛解说天地万物，滔滔不绝，没完没了，还嫌说得太少，又增加了一些怪异的说法。把违反人之常情的事说成真实的，想通过辩赢别人而获取名声，所以与众不合。轻视道德修养，努力追逐外物，他走的是歪门邪道。从天地之道来看惠施的才能，他就像一只蚊虫那样徒劳。对于万物有什么用处？作为一家之说还可以，如果能进一步尊崇大道，那就差不多了！惠施不安于道，分散心思于万物而乐上不疲，终于以善辩出名。可惜啊！惠施的才能放荡而不行于正道，追逐万物而不知回头，这

就像用声音去追逐回响，用形体和影子竞走一样。可悲啊！

精彩点拨

《庚桑楚》涉及许多方面的内容，但多数段落还是在讨论养生。《徐无鬼》内容很杂，但多数是倡导无为思想的。《则阳》的主旨在于道论，反映了庄子的世界观。《外物》内容依旧很杂，但多数文字在于讨论养生处世，倡导顺应，反对矫饰和有所操持，从而做到虚己而忘言。《寓言》假托于故事、人物阐述道理和主张，其方法正是《庄子》语言表达上的一大特色。《让王》的主旨在于阐述重生，提倡不因外物妨碍生命的思想。《盗跖》的中心是抨击儒家，指斥儒家观点的虚伪性和欺骗性，主张返归原始，顺其自然。《渔父》指斥儒家的思想，并借此阐述了“持守其真”、还归自然的主张。《列御寇》主要是阐述忘我的思想。《天下》记录先秦诸子百家的历史渊源和来龙去脉，是评价主要思想，并加以批评的总结性的论文。《天下》的主旨既是《庄子》一书的导言，又是中国最早的哲学史学史。

阅读积累

比 干

比干（生卒年不详），沫邑（今河南省卫辉市）人，封于比邑（今山西省汾阳市），故称比干，商王文丁的儿子，商王帝乙的弟弟，商纣王帝辛的叔父（一说是纣王的兄弟），殷商王室的重臣。幼年聪慧，勤奋好学。授以少师，辅佐商王帝乙。接受托孤之重，辅佐商纣王帝辛，历经两朝，忠君爱国，为民请命，敢于直言劝谏。从政四十多年，主张鼓励发展农牧业生产，提倡冶炼铸造，富国强兵，成为“亘古忠臣”。帝辛二十九年（前1047）去世，终年六十四岁。唐太宗时期，追赠太师，谥号忠烈。